童詩
閱讀教學探究
—以「在夢裡愛說童話故事的星星」為例

如果把曾經的回憶放入教學中，我們和學生一
起把自我的經驗，放在個人生命史的哪個位置？
我們會在哪個位階和自我兩相觀照？

黃連從 著

謝誌

月光，晚餐。
孩子，遠方。
（張清斗寫於 2003）

　　這一份論文文本，寫下了我和孩子們的教學行動歷程，沒有這三十二位孩子就不會有可愛的故事、可愛的笑容、可愛的「人」的「生」活樣貌。他們的名字也在論文中表現了這個「曾經的故事」，我也在這當中以墨明、金毛菊等筆名表現了我的創作，我們都敘說了自己，以不同的樣式，像大自然中的一切行旅。我們相信「夢想」、相信「對待方式」、相信「關懷」、相信這是我們與文化「連結」的個人意義，我們充滿著感恩，像一種祈禱的姿態。六年四班六月二十日將走向另一個旅程。我愛這群孩子，淚珠的晶瑩裡如星光閃爍在心靈深處。

　　在論文指導的過程中，慶華老師給了我充分的討論時間和意見，聆聽我想完成的方向，讓我在尊重與自由的空間裡走動，我好像回到小學教室裡一般，可以和自己的導師耍脾氣，而他還是一直鼓勵我、支持我寫完這個實務探究的經驗。送交論文初稿給慶華老師的那一個午後正下著微微絲雨，他撐著傘在宿舍門口等候，我的摩托車正好在他的跟前停下，他一股腦地把傘立在我的上頭，自己淋著雨，我拿過雨傘一起撐著傘小聊片刻。論文口考這一天，我說著：「整個論文完成後，我一直思考著我論文中的直觀精神究竟是為何時？我湧現著面見自我心性中的感恩與珍惜，在孩子的學習敘說當前，我只能沉思、靜默在孩子的感動當中生活。」慶華老師說：「寫作是一種儀式的完成。當以詩感的寫作方式完成論文，會有別於一般的論文書寫體例。」我也明白地知道這是文學意象，如果剎那是一種永恆，我命名那是「關懷」、那是「眷顧」。萬象老師則在閱讀初稿時給我電話、給我意見，因此這論文的每一次修稿，我都看見這成長的軌跡。我想著我們都是幸福的人，我們以這樣的現場、現象「面見」。市立台北師範學院崇生老師在校務、教學繁忙之中答應為我論文口試，能得到一位在生活中簡單，在學術探究細膩的長輩指導是我的榮幸，口試這一天的聚會讓我見到他也喜歡孩子們的敘說文本，真謝謝他給我這次機會。這一些對一個剛剛走入學術領域的孩子是重要的，

在論文寫作的過程中，我是個孩子，他們曾是羊群、曾是牧羊人，他們「知」「道」愛一個孩子，所以我寫完了這個故事。而汪履維校長給了我一個班級、給了我一種生活上的思考、給了我一個人的生命元素，他給我留下的心靈意象是「溫暖」、「清澈」、「可愛的」，那一對明亮的眼睛看什麼都可愛，這是我該學習的。文珍、學謙、本瑛老師在學習科目上對我的寬容與指導，讓我深深感受師生之間的人文關懷。

我的大女兒慈任曾對我說：「爸爸，等我長大了再回來照顧你！」我的二女兒笠箴對我說：「爸爸，你做的東西都很好，真想看看你的作品！」而我為「新娘子」寫下「東方的眼睛」一首詩，謝謝她的陪伴，讓我的生命有笑容、有省思。

在省思、獨處小學教育的時、空下，我私密性地常會想起高雄的唐忠義學長，我聽他手舞足蹈的生活講演，聽他講演小學教室的實務現場故事，如實地在生活中傾聽一個孩子的故事，尊重一個孩子自立、自主的生活決定權，我總帶著欣喜表現的淚光聆聽回憶，我想他的上帝看見他都會笑的，而我常不自覺地懷念起，這個十字架心靈意義中的「自由人」。

再則談內心話的好朋友信賢、清斗、明玄在學術上、心靈的溫暖上、生命清晰感的陪伴、扶持，這令人欣慰的友情星光。研究所就學期間給我成長契機的昭惠、文勇、啟銘、雅閔，讓我在學習上不孤獨，聽我談一些觀點的寬厚，總是鼓舞我再找一些資料來補充一些不足，真謝謝這群同學。

最後我想把這份感覺，第一個通知我的親情，大姐美靜、妹妹美吟、弟弟藝峰，和在我的心靈湧現的雙親，這「在夢裡愛說童話故事的星光」。

這一本論文的背後其實像一條河流一樣，現在在這裡。1986 年在南投縣山區發展文章基架教學、小組討論教學、發問技巧教學。1987 年在台東縣發展思考表白教學、探索教學中的輔導課題。1989 年在高雄縣發展數學思考教育、發展班級文化模式、教室教育故事寫作、文學作品戲劇化教學、兩性教育教學、電影導賞教學。1990 年台南縣發展低年級摘取文章大意教學、寫作思考表白教學、童詩教學初探。1995 年花蓮縣發展自然科教學、中年級少年小說閱讀與寫作、童詩寫作教學、班級人際互動教學。2001 年台東市發展社會科與體育科教學探索、跟著徐文勇老師學習游泳教育。感謝不同年齡層的孩子們，在教學實務上教我學習許許多多如何教學的功課。我的成就是我喜

愛當一個國小老師，隨時有一群可愛的孩子帶著可愛的笑容，願意和我分享生活中的可愛故事，讓我一路上看見夢想與幸福，像一種有笑容的腳步。

我喜愛學弟張清斗（2003）送給我的一首詩「散步」，我把這首詩放在謝誌頁首，那一年的父親節他湧現了我的心境，讓我思念著這一群知心人。走了一段教學與人生的探索，總是懷著祈禱的姿態……謝謝大家。我書寫的是大家，我敘說的是大家，我們一起生活的教室。

最末，我希望以這首詩送給所有的孩子，「我們的，希望的，聲音」：

我們的，希望的，聲音

當時間在進行著交響曲，
春天的漣漪便由草原的心中排開，
直到五月之末，
由嫩綠而淺綠交疊深綠，
當遠方更綠了，
大哥哥、大姊姊在我們身上的
曾經已然成了夏季的海。
我們可以感覺到海浪拍打的聲音，
那是對妳們的記憶。
五月之末，
苦楝樹紫色與白色花絮剛在風中微笑過。
木棉花紅得向天空的小學故事追求佈景。
樟樹綠色的花香還在這裡蠢動，
五月之初阿勃勒在風裡盪漾
如個孩子的風景，不安分地
讓一個日子固定在指針上頭，
他們總是讓時間追著夏風跑步的無憂無慮。
是妳們這種笑聲鼓舞了我們的希望。
而夏末的海還是藍藍的，
怎地，一片蟬聲飄揚便可輕易收拾
逐漸消失的童年。
海和遠方的地平線接近的天空。
有一個日子看向明天的日子，

而日子在這處停留的時間改變
是臉上貼了一層即將改變的什麼來著？
今年的六月，
我會週旋於春天在歲月上的情感，
以散落在三月雨中醒來的
散落的嫩綠，向妳們祝福：
我們的曾經像窗外清晰明亮的記憶。
遠方的邊緣有一朵雲
在窗外，
校園的綠色思想走進天空
空間便是它所有的名字？
我們的目光從妳們的世界拉出
一張張的生活照片。
這個窗口外的風景，
由數個鏡頭從童年的深處按下快門，
校園好像無邊地想對妳們說些什麼？
讓天空的不固定形狀
有我們曾在一起的位置？
讓妳們的未來
有陽光在它的風箏上飛翔？
大哥哥、大姊姊！
妳們永遠是我們的希望的歌聲，
在今天把祝福為妳們別上微笑。

目次

第一章　緒論

第一節　前言

回憶是一種希望。

沙漠是凝視者的鏡子。

（Amichai, trans. 2002, p.14）

世界和我有共同的眼睛：

我用它們窺探世界，世界用它們窺探我。

（Amichai, trans. 2002, p.10）

　　這是李魁賢（2002）翻譯歐洲詩人 Yehuda Amichai 的兩首詩「乾哭」與「給自己的歌」，在生命經驗中，每個人都有自己的話要說。如果能透過閱讀的時刻，讓自我處在開放的領域，閱讀作品、閱讀自我、閱讀他人，那我們更能深入地看看自己的一切，處在世界中與自我和諧相處，這有如一處與自己握手言和的花園，只要有陽光、泥土、水分和一份大自然的氣息，這趟行旅的每一朵小花，都是美麗的。

　　不管怎麼說，生命經驗都是一種嘗試與自我內在對話的開始，這是回憶召喚的力量，我們透過經驗瞥見自我的許多面貌，從這些面貌，我們了解了自己的價值觀、想法、行為組群的謀合之處，這行為組群本身即具有意義，而觀看行為組群又是另外一層生活著的意義。因為生活發生在行動之中，這些行動我們可以知道自己的「好」，一切都與自我認知相關，因為自己曾經這麼認知、這麼想，所以行為發生了。從行為歷程中，我們可以觀看自己生活歷程故事中的自我「意圖」，更可深入「意圖」去觀看自己生命的「核心」，走完這「核心」，我們可以說：「我做了一個自己」或「我是這樣的一個人」，我知道我為什麼這麼認定經歷生命經驗的轉彎處，我不斷再經驗、再創造、再轉化，讓自己的生活故事經歷著自我教學、自我學習、自我發展，像歐洲詩人 Amichai 的詩，像金毛菊的詩，他們都存在「再經驗」回憶深淵召喚的力量。

　　如果把曾經的回憶放入教學中，我們和學生一起把自我的經驗，放在個人生命史的那個位置？我們會在那個位階和自我兩相觀照？如詩作「喝那一杯自己如是」和「用妳自己的音符游過綠洲」一樣「為自己命名，成為自己的來源。」(Friedman, trans. 2001，丁興祥序，p.5)這裡有一個聲音，我是……

喝那一杯自己如是

黑色咖啡在寧靜當中的，
黑色影像
是我？喝那一杯自己如是？
心田上映照的每一個面貌
是道，是路上調出的影子？
杯子的空間，是路？
道途中的消失之巔
映照著，杯中無思無辯
（金毛菊寫於 2003）

用妳自己的音符游過綠洲

我有許多孩子
野地的一朵花
自由、解脫
悠遊自然的表情
沉思者的漫步
文字、雲朵
彩霞與青天與星辰共舞
初冬的名字淡淡的
一片葉落之黃在湖邊散逸
魚兒長大了
正可以有他們自己看著天空的姿勢
這樣的孩子有一首歌
繁殖對於他們來說
這是春天的一個名字

　　　　　　而愛情就是跟著我

　　　　　　用妳自己的音符

　　　　　　　游過綠洲

　　　　　　而生活就是跟著我

　　　　　　用你自己的姿勢

　　　　　　　游過綠洲

　　　　　（金毛菊寫於 2003）

　　像詩人陳克華、王文華在為什麼要讀小說的專題中說：「走下自己這座山頭，爬上另座山頭：讀小說好像旅行。又像作夢。……如果在終點回望，能清晰地看見了自己，便是小說與讀者最愜意的相逢與結局了。」（陳克華，2003，第 7 版）「小說是一種懷念：不要看小說，否則你就會開始懷念起你生命中類似的人開始懷念起你自己。」（王文華，2003，第 7 版）而在童詩閱讀教學探索中，我也期盼在教學歷程中所引發的敘說經驗，都可以是再呈現小說或故事般的回憶裡，有著理解、有著同情、有著傾聽、有著支持，看看自己、聽聽別人，想想我們一起能看出什麼意義？我們也因為別人的故事而淨化了自己的故事。

到了某個地方的回憶

　　　　　每一個人都有一個通過

　　　　　　　自己的角落

　　　　　　　在那裡單獨

　　　　　像手指輕輕撕開的回憶

　　　　心裡風乾的這片葉黃似掌紋

　　　　聽著妳在琴鍵的每一條路徑

　　　　看著妳在編織裡頭留下的繭

　　　書寫的文字握著妳的手，回憶

　　　　　就已寫在這共同的秘密裡

　　　　我們用自己的歌對語月光

　　　　　　　那樣打開

　　　　　　　那樣打開

　　　到了某個地方的未來與過去

那樣打開

那樣打開

窸窣的腳步聲走在初冬

夜風語弄湖面波紋

像字句一樣的眼睛

不是錯落而是自然的醉舞

而妳在哪裡？回憶……

（金毛菊寫於 2003）

第二節　研究動機

我學著 Rollo May 的「創造性等待（creative waiting）」（May, trans. 2003, p.224），如我的詩作「等吧」：

等吧

我會在那裡

找到妳。

（金毛菊寫於 2003）

「教」與「學」這是我所不能預期的，我先把自己完全融入文本「在夢裡愛說童話故事的星星」這一詩作中，去體驗作者思想。而我自己身為文本的創作者，我亦想由文本中再覺察創作者的思考歷程與意圖。「詩人是兩重觀察者。他的視線一方面要內傾，一方面又要外向。對內的省察愈深微，對外的認識也愈透澈。……最幽玄最縹渺的靈境要藉最鮮明最具體的意象表現出來。……詩人卻不安於解釋和說明，而要令人重新體驗整個探討的過程。」（梁宗岱，2002，頁 90-91）而 J.Hillis Miller（2002）言及亞里士多德的論斷：「對隱喻的掌握是詩人天才的標誌。因為對出色隱喻的創造，有賴於捕捉相似特徵的『慧眼』。現代語言學家和哲學家告訴我們，無論是其本意還是隱喻之意，一個詞自身都沒有固定不變的意思。一個詞的意思來自於它所處的句子，以及該句所處的語言及超語言的環境。」（Miller, trans. 2002, p.21）、「這當中可能會有突出的實例，說明了敘事線條的各種複雜問題，如何通過交互作用來產生意義（或懸置意義）。」（Miller, trans. 2002, p.2）

　　「人生故事屬於一個願望。從某種意義而言，每個故事、神話，以及人成長過程中新質素的浮現，都是由一個願望開始；它是始於對存有新質素的思慕，和完成願望的渴求。這個故事的願望恰好是孕育。」（Richard E.May, trans. 2003, p.230）而我把閱讀當成是一次自我探索的歷程，把教學當作是一個人生故事，這故事由我開始行走……是一個夢想的完成歷程。夢想也是一種孩子的權利，也是希望的遠方，像一顆顆珍珠般的糖果，深藏在糖果屋中，我們和孩子們一起登其殿堂，品嚐每一種滋味，我們會愉悅地說：「我們這樣曾經，這樣孩子般的天真走過日子。」或許如日本小說家村上春樹所說：「我所能夠做到的，只有為你提供幾個真切的故事而已。……請你自己靠自己找出來。……把你所有的問題，……通過所謂故事這個強有力的隧道直接聯繫上。……你絕對不是孤獨的……在那連結之中你會得到什麼，只有你自己知道。……我相信故事的力量，只要我還相信，……我跟各位在某個地方便互相聯繫著。」（村上春樹，trans. 2001，頁 7-8）如 Miller 在「解讀敘事」一書中的結語所說的一般：「講故事就是為了使故事之講述不斷持續下去。任何故事都具有永無止境向前發展的潛能。故事本身包含永遠再生或永遠再現的種子。」（Miller, trans. 2002, p.225）用自己生命經驗的實證，為「愛」尋找「保留概念」，這核心只有自己能懂得，自己走著這樣的故事，為自我的終極目標，安置了這個生命位置，如辛棄疾詩句的「欲說還休，卻道天涼好箇秋」的生命瞬間，瞥見個什麼來著。像 Walter Benjamin 在「柏林記事」寫道：「自傳必須同時間、順序性以及形成連續的生活之流的因素相一致。而我的寫作，只涉及空間、瞬息和非連續性。」（Benjamin, trans. 2003, p.9）而在這樣的敘述中，我閱讀著 Benjamin 敘述的語文訊息「而我的寫作」，這「我的」可說是 Benjamin 為自我的人生概念做了「保留」，安置了自己，這也是他在「向後閱讀自己」（reading oneself backward），「把所有用來進行回憶的過去生活的材料當作未來的預示。」（Benjamin, trans. 2003, p.9）從這歷程中 Benjamin 發現了「自我」。而 Miller 亦提及：「任何種類的任何文本，都要求讀者理解其意，閱讀就是對這種要求的一種回應。然而，無論是文學文本還是生活文本，都不會毫不含糊地支持我們的任何一種理解。這意味著閱讀不是一個單純的認知行為，它在一定程度上具有施為性質。讀者必須對自己在一定程度上強加於文本的理解負責。當人們認識到，一個事件（尤其是最後一個事件）的突變可能會改變一整串敘事事件的意義。這種對於最後

一事能改變終身命運的認識也反映了一種讓人極為不安的敘事上的洞見。」
（Miller, trans. 2002, p.33）

　　語文教育的研究，是有意將語文教育中的聽、說、讀、寫環節，以閱讀為一核心，在閱讀教學中連貫著聽、說、寫的能力。這是在教育的一個面相，有賴引進教育理論、教學理論結合語文教學，使之成為一個新的「語文教育的願景」。那另一個面相當回到文學教育本身的領域，藉助「文學」的「原初教材」文本，教學者有意識地在教室教學生活當中，將其轉化為「教學教材」來進行「教」、「學」。師生共處教學的小型社會情境之下，文本、教學歷程、人際互動也都讓教師和學生成為共同的閱讀者與創作另一文本的創作者。也就是說，在這「教」與「學」的生活歷程，我們不禁要反思叩問自己：「我讀到了什麼？」、「我怎麼讀的？」、「這對我有什麼意義？」這也是語文學習作為一個「工具學科」和語文學習作為一個「內容學科」，是語文教育的教學者必須思索的兩條教學路線。第一作為「工具學科」來說，在這裡所培育的技能目標，將可以為其他領域的學科學習，做為一個良好的工具來運用，以能成為學習其他學科的內容目標，以利向生活學習，看出生活的意義。而語文學習作為一個「內容學科」，其本身在深入各文體中的內容大意，掌握文章重要訊息，推取主旨與做為體察文學生命意涵的價值目標。亦即語文做為一個工具學科，發展語文敘事能力、書寫技能、閱讀技能、閱讀策略，以協助各學科的學習；和語文作為一個內容學科，以學習文章中所欲傳達的主要訊息、主題意涵、作者在文章背後所欲傳達的人生感悟、人生思索，做為閱讀者的亦藉助文本進入主角人物的內心世界，隨著文本的情節起伏，共同體察人生諸多現象，走過每一次替代性的人生經驗。如 Miller 所說的「這位陌生人的命運所點燃的火焰給我們帶來溫暖，而這種溫暖無法從我們自己的命運中得到。吸引讀者閱讀小說的正是這麼一種希望：用讀到的死亡來溫暖自己顫抖的生活。」（Miller, trans. 2002, p.226）最後也是在閱讀自我的生命經驗中，一方面瞥見自我在文化情境中集體潛意識被建構的價值觀、信念、習慣，一方面反思自我主動建構屬於自己的生命世界。

　　「教」與「學」有它本身的「意向性」。一個有經驗的老師會將教育哲學知識、教室情境知識、一般教育知識、課程知識、學科知識（實質知識、本質知識、思維方式）、教學內容知識（教材、教法、教學表徵）等，落實在教室現場工作領域。這成為他個人的「支援意識」，而面對教室中的教學

事件與生活事件，他成為一個一連串的「被召喚者」，因為教學「發生」在教室的小型社會當中，師生之間的「對話」、「交流」即在現場「互為雙向召喚」的共感歷程而「互相應合」，師生彼此之間也「互為映照」，這有如進入一處有機、熟悉、朦朧的內在生態之旅，這行旅的道途中，我們或許發現了許多驚訝、陶醉與警訊，或許寧靜地享受師生個體生命的有機成長。我們因為「有行動、有感覺」而敘說捕捉了這一些歷程，這一些敘說文本是我和孩子們一起逗留過的痕跡，我們共同保留了一份探險，而我將以研究者的角色界定，選擇以第一人稱的敘事方式來進行詮釋「童詩閱讀教學探究」。協作者（學生）的個人創作文本，亦選擇以第一人稱的敘事方式來敘說，這代表著我們都是這小型社會生活中的一員，都是一位獨立的個體，彼此尊重、彼此學習，而這一些「教」、「學」的體驗，是我們生命交會的處所，這一些教室生活中的「真實」都是可愛的，由一群可愛的孩子用笑容編織成的一份禮物，我們一起創造了一份美好的回憶，放在每一個季節裡。亦即說：

> 這教學裡頭到底發生了什麼事？
> 或有什麼新的內省智慧？
> 在教學探索後
> 自我對話的
> 那便是教學生活在
> 微笑走著的目的

第三節　研究目的

從這個身份──「一個小學老師」，我開始走在這道途。孩子們跟著我，跟從「我」──這個身份──「一個學習者，學生」。我們一起開始走入這主動建構自我心靈藍圖的教室生活。這教室生活裡的思想、價值觀、行為的釐清、判斷、決定、對生命自我追尋的保留概念，為自己做出人生的決定，把自己決定的權利從成人手上轉移過來，透過合作、省思，被信任的和平過程中，兒童以自己進入教室教學的權力中心，贏回被尊重、被傾聽、被了解的「一個小孩子的人權」。希望孩子從依賴走向獨立而自我旅人生，有一個聲音在召喚自我的生命位置，是生活的、是文學的、是教學的、是詩化的生活、是自我藝術的生命表現。我也看見自我的教學風格和孩子們在教室課

堂裡表演這一段人生，這一段人的生活，充滿可能性的人生想像，充滿可能性的人生夢想，有人性的多重面貌，有走向一個正面積極的正向思考位置，我和學生，「我們」都做了一個這樣的人，喜歡教人、教書的平淡的人，喜歡學習教室生活中快樂的孩子，「我們」都在這當中發展自我、看看自我。而我這個老師，選擇了這一個行業以為我的生命職志，而最終的「我」呢？我將命名自己是個詩人，是個教學詩人，是個對所有的堅持保持懺悔的生活人。我私密性的個人領域亦將透過詩人這命名，通向人群的窗口，無遮蔽地敞開自己的人生，向著自由飛翔的心靈出發。

有一天，我和這群孩子們將彼此離開對方，這永恆的畫面，一幕幕地留給彼此，我們不對任何一次的生命探索失望。生命是一種流動的過程：「從我的探索開始，我們先走向自己，『這個我』的建立，再走向人群的『我們一起』。當我們那日再碰面時，我們都欣喜為自己曾經走過的這段路『會心微笑』。所以我們會看著對方的眼睛光彩，說上真摯的「再見」，生命的再見面。因此本書意欲：

一、探究國小高年級學生對童詩閱讀理解的取向。

二、探究引導教學對國小高年級學生童詩解讀表現的影響。

三、探究引導教學對國小高年級學生童詩解讀策略的影響。

四、探究國小高年級學生對閱讀自我經驗文本的表現。

第二章　文獻探討

第一節　童詩理論

一、詩的定義

　　尉天驄（2005）在「是夢也是追尋」一書中，以「說新詩」主題為前言，寫著：「中國是世界上最具有詩意生活的民族，他們對大自然的感喟、對現實生活的關懷、對美好事物的企慕，處處都流露著他們的關心和冥想，這種人與人、人與物、人與事、人與夢……之間的契合，經過他們心靈的提煉和創造，便產生詩的產品。詩是從自己內心深處生發出來的，經由詩的語言，讓事事物物都能在相互的關係中呈現和諧的境地，然後經由這種和諧而讓人有著相互的感動與啟發，這是人們的一種精神的完成。詩它本身就是一種生命，正如一首偉大的樂曲、一幅動人的繪畫、一尊有力的雕塑那樣，它們堅實地呈現自己的世界和意義。」（尉天驄，2005，頁 11-13）

　　中國大百科全書對於「詩歌」的釋義：「詩歌，文學體裁之一。從表現形式看，早期詩歌與音樂、舞蹈等密不可分。漢代『毛詩序』中的論述：『詩者，志之所之也，在心為志，發言為詩。情動於中而形於言，言之不足故嗟嘆之，嗟嘆之不足故永歌之，永歌之不足，不知手之舞之，足之蹈之也。』所謂『在心為志，發言為詩』就說明詩是用來『言志』的。『志』指的是詩人的精神境界、理想情操，應當是感情與思想的結合。『詩論』創作實踐表明，感情是詩的直接表現對象，也是詩的內在生命。詩人的著眼點並不在於客觀地描述生活事件和人物故事，而在於透過某種事件或景物表現自己的主觀感受，或直抒胸臆，或觸景生情，或借古詠懷，或托物言志。詩歌的基本特點有抒情性、音樂性、語言的高度凝煉和形象化。」（姜椿芳，1986，頁724-725）

　　簡明大英百科全書中對於「詩」的釋義：「詩是一種特殊的運用語言的方式，也是語言的原始形式。自從有了人類歷史，就有了詩。有人說，詩就是詩，因為它給人以特殊的視覺和聽覺，而這種視覺和聽覺作用又是互為因果的。法國詩人梵樂希（Paul Valery）說，散文是行走的，詩是舞蹈的。美國詩人佛洛斯特（Robert Frost）說，詩是散文言所未盡之處；人有所懷疑，

則用語言去解釋，用散文解釋之後，尚有待解釋者則須由詩來完成。這可說是詩的最近乎精確的定義了。要區分散文與詩兩者之間的重要區別在於情調、步調和注意所在。散文注意於過程的自然的、物質的、可以度量的特點，而詩則注意於這個過程對於其經歷者的意義。詩有下列幾種形式，外部形式、明顯外部形式、常規形式、虛擬形式、包含於虛擬形式中的現實形式、隱喻形式、語言形式、語音形式，同時全詩的簡練縮約，也十分突出。詩人也是在探討人類千辛萬苦探問人生之途此類問題，而明知不能獲得滿意的回答。詩，先是對客觀事物的悲愴思辨，後是安慰，最後是創傷獲得醫治。最偉大的詩人也是這樣，一方面明確指出世界的邪惡、恐怖和美，另一方面又發出弦外之音：一切都會十分美好。」（苗育秀，1989，頁 598-599）

方瑜（2003）在「空間　圖像　靈光」一文提及：「文字本來就並非直接賦形，而是經由詩語營造的象喻，讓詩人的想像激發讀者的想像，我們不但在文字中『看見』圖像，而且那圖像還有靈光，因為詩人也『點亮』了它的『內在精神』，這才是真正創造的力量。」（方瑜，2003，頁 155）Virginia Woolf（2004）在「鄧恩三百年祭」一文中說著：「鄧恩詩歌吸引我們的第一個特質，必非他的意義，儘管他的詩歌蘊涵深意，而是某種更加純粹、直覺的東西。它的詩歌劈頭就具有極強的震撼力。沒有開場白，不兜圈子，以最迅捷的方式徑直躍入詩的境界。」（Woolf, trans. 2004, p.311）而詩歌評論家李元洛（1990）認為：「詩是美文學，是文學的精華。」（頁 9）、「詩，是詩作者對於做為審美客體的生活的一種藝術反映和表現。詩歌又是詩作者這一審美主體對生活的一種積極的審美精神觀照，它所反映和表現的生活，是生活的心靈化，或心靈化的生活，是生活與心靈交會的閃光。」（頁 2）梁宗岱（2002）也說：「一件藝術品的美就是它本身各部分之間或推而至於它與環繞著它的各事物之間的勻稱，均衡與和諧。──對於一首詩或其它完成的藝術品我們卻在『人』之外，還要求『藝術』。──所以一首好詩必定同時具有『最永久的普遍』和『最內在的親切』。」（梁宗岱，2002，頁 212-213）再則董崇選（2004）也說：「詩作是藝術品，藝術品必須達到美學的標準才行。詩是一種文學，文學是一種人際間溝通情思的方式。」（董崇選，2004，頁 18-19）

既然詩是文學的類別，是美文學，是一藝術作品，那理所當然把詩視為一藝術創作物，Martin Heidegger（trans. 1994）在「林中路」一書中也認為：

「藝術是藝術作品和藝術家的本源。本源即存有者之存有現身於其中的本質來源。」（p.37）、「作品的本質就是真理的發生。」（p.36）、「真理之生發在作品中發揮作用。」（p.37）、「作品在自身中突現著，開啟出一個世界，並且在運作中永遠守持這個世界，作品存有就是建立一個世界。」（p.25）、「我們應該回轉到存有者那裡，從存有者之存有的角度去思考存有者本身，但與此同時，通過這種思考又使存有者保持原樣。」（p.14）Heidegger（trans. 1993）也在「走向語言之途」一書中說：「心靈的體驗顯示心靈所關涉的事情。」（p.213）更在「路標」一書中提及：「在不同的插話中總是表達出 Kant 的一種原始的沉思，而這種原始的沉思絕不誤以為自己是最後封閉的沉思了。」（p.445）、「為了思『存有』和『是』，就需要另一道眼光，它不受對事物的唯一考察和對事物的計算的引導。」（p.450）最後 Heidegger（trans. 1996）對於「哲學的終結和思想任務」中提到：「沉思執著於追問。追問乃通向答案之途。如果答案畢竟可得，那它必在於一種思想的轉換，而不在於一種對某個事態的陳述。」（p.1243）、「那麼，思想的任務的標題就不是『存在與時間』，而是澄明與在場性嗎？」（p.1261）

　　我們也可以說一字一語都是一個世界，都是一個現象存有的小天地，例如：「樂觀」這二字在生活中的體驗已足足有餘地過好一個生活，我們只活在「觀」這個字，也能把客體與主體都看成是宇宙中的一個小現象的發生而已，如果把「樂觀」的「觀」字去掉呢？只是一個「樂」字，這生活中的趣味就更加天真可愛了。我們再看「過意不去」這四字在生活中的實驗，生活現象已經「經過」而「意念」卻存放心中的「不去」，還是「在意」這事端現象，因此諸多纏縛的「真」「理」也在其中，「真實」落實在生活中的一個「理」不也是生活得很「現實」嗎？「現在」很「實在」。如 Heidegger（trans. 1996）點醒我們的：「……人詩意地棲居……」（Heidegger, trans. 1996, p.467）只是我們常從別人的眼光來看待自己，很少從自己的生活眼神中看待自己，所以我們該是對自己說出心內話語的時候了，我自己要什麼自己都知「道」，這有一個名字叫「知」「己」，知道自己的不假外求。這也符合藝術創作家創作的真理，如 Benjamin（trans. 2002）在「經驗與貧乏」一書中評 Hoelderlin 的兩首詩中所說的：「美學評論這一意圖是要揭示 Goethe 稱為『內涵的內在形式』，是這詩的任務所證實的那一世界的精神直觀結構。」（p.1）、「文學創作真理的獨特區域，是那些最嚴肅的藝術家們所極力宣稱的、他們的創作產

品的這種『真理』，應當理解為對他們創造的客觀化，理解為藝術任務的完成。『每一藝術作品都含有其先驗的理想和存在的必然性（諾瓦利斯）。』就其一般形式而言，創作物是精神與直觀秩序的合成統一體。這一統一體所獲得的特殊形體便是特殊創作的內在形式。在形式與素材的整體之中，創作物與詩作本身共有一個最基本的特徵，創作物本身也是依照藝術有機體的基本法則而建構的。現實存在的潛在於詩中的確定性以及其他確定性」（p.2）、「由於詩作受所有確定性的現實存在的決定，以致它作為這種意義上的詩，只能從整體上來理解。通過這種與詩作的直觀和精神功能整體的關係，創作物表現為對詩的界定。同時，它也是界定另一功能整體的概念，因為界定概念總是作為概念之間的界線才可能存在。這另一功能整體便是任務的思想，它與解決這一任務的思想——這便是詩作——是相應的對於創作者來說，這一任務的思想始終是生活。在生活中存在著另一個極端的功能整體。如此，創作物表現為生活的功能整體向詩作的功能整體的過渡。在這一過渡中，生活由詩作所決定，任務由其解決決定。此構成基礎的藝術所決定的生活關聯。」（p.3）、「詩的世界的最內在的關聯究竟意味著什麼？」（p.8）、「在所有具體結構，在段落和畫面的內在形式之中，都將表現出這一法則的實現，它最終在詩的所有關係的中心產生以下效果：直觀與精神形式之中以及之間的統一性——所有形象在精神總和中，即與生活同一的創作物中，在時空上的相互滲透——但這裡必須指出的只是這一秩序當前的形體圍繞著詩的中心，這一詩作形象的新秩序基礎是這兩者對詩人的命運和他的世界的感性秩序所具有的意義。」（p.9）、「按照詩的意義，這種秩序可稱為『位置』（Lage）的真理通過它，那兩種秩序相互滲透構成同一性。」（p.11）、「這一內在的立體時間形式、話語在詩中達到了它們的直觀意義。生者的意義的內在形式是他們被納入詩人的——確定和被確定的，空間中的真實的——命運的生存。」（p.12）、「如 Hoelderlin 的「『神聖的清醒者』這一詞出自於對自身在精神生活中所處位置的深刻自信，在這種精神生活中，這一清醒是允許的、必要的，因為它自身是神聖的、高尚的，不需要任何提高。」（p.22）

　　如此，我們便不難心情相同地了解二十世紀阿根廷詩人 Jorge Luis Borges（trans. 2001）所說的：「當您讀到詩的時候，你會感受到詩的質感，那種詩中特有的悸動。」（p.24）、「詩應該要有的樣子也就是熱情和喜悅。」（p.7）、「文字之所以為詩，是因為文字背後的情境。」（p.16）、「我們在這裡就有了

詩意的體驗。」（p.10）、「我們嘗試了詩；我們也嘗試了人生，而我也可以很肯定地說，生命就是由詩篇所組成的。詩並不是外來的……正如我們所見，詩就埋伏在街角那頭。他可是隨時都可能撲向我們的。」（p.7）、「事實上，詩與語言都不只是溝通的媒介，也可以是一種激情，一種喜悅……當理解到這個道理的時候，我不認為我真的了解這幾個字，不過卻感受到內心起了一些變化，這不是知識上的變化，而是一個發生在我整個人身上的變化，發生在我這血肉之軀的變化。」（p.10）、「閱讀詩一再讓我們的感官感受與印象重現。每一次讀詩都是一次新奇的體驗，每一次我閱讀一首詩的時候，這樣的感覺又會再度浮現，而這就是詩。每當我們讀詩的時候，藝術就這麼發生了。」（p.11）

　　我們會好奇地追問這藝術裡頭究竟發生了什麼？是這藝術創作物的精神直觀結構和詩的任務思想透過語言文字的呈現、給出，這存有給了我們生命求索的體驗？是一種植根大地的生命基礎感，讓我們在生活中體驗「思想之箴言唯有在思想與箴言之所說的對話中才能得到翻譯。而思想乃是作詩，而且作詩並不是在詩歌和歌唱意義上的一種詩。存有之思乃是作詩的原始方式。思是原詩：它先於一切詩歌，卻也先於藝術的詩意因素，因為藝術是在語言之領域內進入作品的。一切作詩在其根本處都是運思。思的詩性本質保存著存有之真理的運作。」（Holzwege, trans. 2000, p.306）我想葉維廉（1994）給了我們更好的體會，他說：「艾略特曾表示，使他最醉心的詩是，那種『可解』與『不可解』的事物融會，能『延長靜觀的一刻』，使『一連串的意象重疊或集中成一個深刻印象』的詩，『真詩的暗示性是包圍著一個熠亮、明澈的中心之靈氣，那中心與靈氣是不可分的。』」（頁80）、「讀者用『想像或理念』聯繫詩中所『未發表的關係』，而覺察到這是一個平行暗示的『情境』，這詩中表面描寫的意象便立刻產生作用，而成為『暗示出』或『處於其間』的象徵。而這些關係存在於一種使我們無法確切決定何者特別明顯的『曖昧不清』之中。它們融合成一種充滿著『不可名狀』的『靜態戲劇』（static drama）。詩的效果，就是詩人與讀者在世界中純粹的存在或出現。詩人很少舉出明顯的、固定的或個人的關係，卻重新把現實中一個插曲或片段的『真性』與『原形』捕捉和紀錄於詩中，詩中的『自然』是一個純然的『存在』，而非『指述』的或『賦名』的存在。」（頁83-84）而汪裕雄、桑索（2002）在「宗白華美學思想臆解」一書中亦提及：「狄爾泰主張，詩『以生命為出發，與人、

物、自然的關係由於人的體驗而成為詩的創作的內在核心……所有這樣的體驗的主要內容是詩人對生命意義的反思』。而生命意義的反思，則是通過象徵的途徑實現的：『一次偶然的事件成為一種象徵，它並不象徵著某一特定的觀念，而象徵生活中被探索到的複雜性——是詩人根據自己的生活體驗而得到的。』在生命美學看來，象徵已遠不是一種藝術技巧、藝術手法，或修辭手段，而是觀察、體驗生活，反思人生價值意義的重要途徑。」（頁186）、「宗白華以為，象徵正是使藝術描摹取得普遍價值的保證。」（頁184）、「藝術的描摹，不是機械的攝影，乃係以象徵方式，提示人生情境的普遍性。『一朵花中窺見天國，一粒沙中表象世界。』藝術家描寫人生萬物，都是這種象徵式的……古人說：『超以象外，得其環中。』借幻覺以表現最深的真境，由幻以入真，這種『真』，不是普通的語言文字，也不是科學公式所能啟示的真實。人生的深境，需要象徵手法才能表達出來。象徵，也是德國浪漫派詩人美學家特別鍾愛的藝術表現方式。在他們看，藝術的『小宇宙』象徵著自然這『大宇宙』，有限象徵著無限。美既是有限見出無限，象徵便是美的創造的必由之路。到二十世紀初年，隨著生命本體論哲學的建立，生命美學更將象徵的最終指向，定位為對無限的、永恆的生命（生活）價值意義的反思。無論狄爾泰、奧伊肯、斯賓格勒、西美爾，都把歌德「浮士德」結尾處的兩句詩奉為圭臬：

> 一切生滅者，
> 皆是一象徵。

宗白華先生的生命哲學也做出如下解說：『有限裡就含著無盡，每一段生活裡潛伏著生命的整個與永久。每一剎那都須消逝，每一剎那就是無盡，即是永久……在這些如夢如幻流變無常的象徵背後潛伏著生命與宇宙永久深沈的意義。』」（頁185）

另外梁秉鈞（1979）在「書與城市」一書中提及：「朱湘談詩的文章，沒有一字知性分析，完全用散文重現詩中的感覺，叫人彷彿置身南方高而深的屋宇中，在那春天梅雨的天氣，接觸到事物的潮潤，感覺到空中的清寒，聆聽到雨聲在屋頂上，在屋內引起了回音。在這裏，朱湘擅用了他的敏感，運用於欣賞之上，叫即使一時在感覺上生了繭的讀者，也重新打開感官之門，對詩中景物有新的體會，讓那詩從文字中活轉過來，進入讀者的觀看與

聆聽之中，在撲面的微寒與指頭的潮潤裏。」（頁 81）體驗梁秉鈞的這一段話也只有置身於南方的情境，在那梅雨的天氣裡實際接觸、實際覺察，實際聆聽雨聲的回音，在高而深的屋宇中，用眼睛去聽，用耳朵去看，用心去被摸過，用鼻子去嚐過，吐露舌尖去聞過，你就驗證了這一番潮潤的文學生活。所以美國當代著名批評家 Stanley E・Fish（trans. 1998）說：「對什麼是詩歌所作的諸多定義本身便已經制定了這一模式，因為這些定義在引導讀者去看看一首詩存在著什麼時，也就是要讀者遵循這些定義所規定的模式，也就是說，讀者在詩中所發現的正是這些定義本身希望讀者所了解的。」（p.51）、「詩歌特點本身並不足以能夠使它具有某種吸引力，對於（詩歌）給予某種關注反倒可以最終能發現詩歌特點本身。」（p.50）況且，「詩的真實將人的普遍性以及人類存在的一切層面與這個早晨的這個人的個性融為一體。這並不意味著要成為可能的經驗的樣本，也不意味著成為一天的模仿或複製，而是意味著成為一種壓縮作品；這是詩的象徵的創造。」（古斯塔夫・繆勒，trans. 2001, p.149）生活中的主體、客體無一不是象徵的造化，如王維的詩句：「明月」「松間」「照」，「清泉」「石上」「流」，也只有我在台東市氣象觀測站裡，找到那幾棵老松樹的樹下，躺著讓眼睛接受月光的來源處，眼珠子爬在松間逗著玩耍，我心領了這「間」字，心領了這「照」字的妙不可言。也只有我在台東新武呂溪躺著，讓自己是一塊大石頭，享受溪水流過我真實的身上時，在台東市的琵琶湖畔躺著享受泉水流過我真實不虛的身體時，我才享有了這詩句「清泉」「石上」，「流」的一切夢想。我這讀者不也是一次藝術創作物的歷程？一次次詩的定義？

　　綜合上述詩人、哲學家、思想家、美學評論家對於詩的定義，我們不難整理出詩創作者和閱讀者與詩藝術創作物等不同視點的交流面相，「詩」是詩創作者於生活中有所感動、感悟人生，其內心情感和思想在主觀意念的詩意、想像、意境，透過文字形象化與象徵，以表現其美感，而反映人生、批評人生的藝術文學作品。而閱讀者在閱讀文本時，引發共感，融入文本體驗作者詩中的感官意象，在經驗印象的重現，這一熱情亦是積極的審美精神觀照，是作者與讀者生活與心靈交會的昇華。詩創作物是詩人精神直觀結構的任務思想的完成，成為一在場呈現給出的存有，以江寶釵（2004，第 7 版）的話來說：「撒可努說，世界，便是你在的這個地方。卡希勒（Ernst Cassirer）說，命名是無可比擬的儀式。在那一剎那，心靈的觀想與對象交通，產出意

義,遂有價值。有一個名字,就有一個故事。……『一切意象在我眼中被發生。』」這也像宗白華(1996)翻譯歌德的「游行者之夜歌」所言:「歌德是個詩人,他的詩是給予他自己心靈的煩擾以和平以寧靜的。但他這位近代人生與宇宙動象的代表,雖在極端的靜中仍潛示著何等的鳶飛魚躍!大自然的山川在屹然峙立裡周流著不捨晝夜的消息。」(宗白華,1996,頁 22)

游行者之夜歌(二)

一切山峰上
是寂靜,
一切樹梢中
感不到
些微的風;
森林中眾鳥無音。
等著罷,你不久
也將得著安寧。

(宗白華,1996,頁 22)

我想,也只有詩才能給詩一個滿意的定義,也只有生活才能給出生活。我也只能以宗白華譯解的這首詩,嘗試敘說著「詩」。我想海德格的哲學思想存有在「知道,一切的所有,在語言之先」,那如果「不知道,一切的所有,在語言之先」呢?在無思傾聽寧靜的逗留當中,我們是否體察了翻譯?

二、童詩的定義

國內學者周慶華(2004)指出:「文體是指文章(作品)的體裁,也就是組構成文章的語言的形式。而這種形式,還可以因為具體實踐的不同而有類型的差異。(頁 5)以語言表述的內在樣式或取義向度作為依據,暫且把文體區分為『抒情性的文體』、『敘事性的文體』、『說理性的文體』等三大類型。(周慶華,2001,頁 48-49;轉引自周慶華,2004,頁 17)這三大類型在寫作表現上,又可以有前現代式的、現代式的和後現代式的等文化形態的差別。(周慶華,2004,頁 17)兒童文學,在總體上可以說是『兒童所能理解的文學』或『大人所認為兒童所能理解的文學』。(周慶華,1998;轉引自周慶華,2004,頁 20)換句話說,這種文學是切合兒童經驗的。依文體類型與

相關的次次文體類型分類，自成一個屬於兒童文學的分類系統。」（周慶華，2004，頁 20-21）他將童詩分類於抒情詩的類別，而抒情詩則屬於抒情性的文體類型。

兒童詩是詩的、是兒童的、是兒童文學的。既然是詩的，就會有詩的特點。是兒童的，就會是兒童生活世界當中的「情感」、「思想意境」表現和兒童生活世界當中的「想像」湧現、兒童生活世界當中的「夢想」、兒童生活世界當中的「情趣」。是兒童文學的美就會是讀者與作者生活與心靈互相交映的精神生活觀照，就會有生活成長的諸多樣貌與生活成長該面對的不同課題。就鉅觀的社會情境，兒童面對成人世界的人際互動學習，為作為一個成熟的社會人而學習，敏感成人世界做人處世的自我定位學習。就微觀的社會情境，兒童面對同儕友伴世界的學習，他要和成人一樣面對社會地位的學習，學習知識上的成熟、情緒上的成熟、社會化的成熟、道德的成熟、不同生活主題的建構學習與思考，從這情境中不斷探索自我，面對問題、面對解決歷程、面對結果、面對生活中的回響與省思，身處成人世界之中，我這兒童的人權、尊嚴是如何由我的探索開始取得被尊重，享有自我決定權的同時也被成人領域認同和了解的。這生活的實際面目都是可以為詩化的生活，因此兒童詩的定義依然會圍繞著讀者角度、作者角度、文學角度、詩藝術創作物角度來為兒童詩做出一個適切的定義。國內陳正治（1999）整理兒童詩是什麼？舉出各家都有自己的看法，因此他列舉幾家對於兒童詩的定義看法，並作說明如下表列：

表之一：兒童詩的定義（陳正治，1999）

作者	定義
林良	從創作的觀點來看，應該是指『為兒童寫的詩』。
詹冰	『兒童詩』是什麼？我認為『兒童詩』就是兒童也可以欣賞的詩。
蕭蕭	寫給兒童看的詩，適合兒童看的詩，就是兒童詩。不論作者是成人，或是兒童。
梅沙	兒童詩是指為少年兒童創作，切合他們的心理特點，適於他們閱讀欣賞的詩歌。
傅林統	兒童和少年們所閱讀的，或為了給他們閱讀而寫的新體詩。
以上五家的兒童詩定義，可以歸納為：兒童（或少年兒童）、詩（或新體詩）兩項。「兒童」，是指兒童詩欣賞的對象；「詩或新體詩」，是指兒童詩的文體特質。

劉崇善	兒童詩是指切合兒童的心理，抒兒童之情，寄兒童之趣，適合不同年齡的少年兒童閱讀和欣賞的詩歌。
徐守濤	兒童詩是專屬於兒童的文學作品，它是新詩的支流，具有新詩的特質。講求美感，講求意境，講求修辭、鍊句，更強調深入淺出、淺顯易懂、感情真摯。
冉紅	兒童詩是為兒童創作，結合兒童的理解，表現出濃烈感情的詩歌。
林飛	兒童詩是切合少年兒童心理特點，適合他們閱讀、吟誦，為他們所理解、欣賞和喜愛的詩歌。
林武憲	兒童詩是以分行的、想像的、有韻律的口語，來表現兒童見解、感受和生活情趣的一種兒童文學形式。
洪中周	作者受到某種感動，運用語料與文字來發抒個人的情感，並且具有真善美的藝術價值的一種文學作品。

以上六家的兒童詩定義，可以歸納為：兒童（或兒童少年）、詩的形式、抒情或功用等四項。「兒童」，指兒童詩的欣賞對象；「詩的形式」，指文體特質；「抒情」，指兒童詩的內容本質；「功用」，指兒童詩的影響。

吳鼎	兒童詩歌，是一種有思想、有情感，用和諧的文字把它表達出來，與兒童生活有密切關係，兒童喜愛它、吟誦它，因而增進兒童美感、發展兒童想像力，這便是兒童詩歌。
許義宗	兒童詩是專為兒童寫作，用最精鍊而富有節奏的語言，以分行的形式，將兒童世界的一切事物的主觀意念，予以形象化和創造意境，而能適合兒童欣賞的詩。
蔡尚志	兒童詩是用最精鍊而富有節奏的文字，以詩的形式，發抒兒童誠懇真摯的情意，或描述多采多姿的兒童世界，發展具體明晰的啟示，藉以引導兒童體驗美妙情趣的意境，品味親切溫馨的感情，能啟發兒童的想像和智慧，開拓他們的生活經驗，充實他們的生活意志的作品。
張清榮	童詩是以精鍊、音樂性的文字，詩的技巧和形式，表現兒童真摯感情世界的人己事物，重視意象的浮現，造成音韻、圖畫美感的意境，具明快趣味，兒童樂於閱讀，且能促進正面成長的作品。

以上四家的兒童詩定義，可以歸納為：兒童、口語或文字、情感或意念、詩歌形式、功用等五項。「兒童」，屬於兒童詩的欣賞對象；「口語或文字」，屬於兒童詩的表達工具；「情感或意念」，屬於兒童詩的內容本質；「詩歌形式」，屬於兒童詩的文體特質；「功用」，屬於兒童詩的影響。

　　「由以上十五家的兒童詩定義來看，兒童詩的構成要素，有的採用簡說的方式，只舉欣賞的對象是『兒童』和文體的性質是『詩』等兩項，也就是指：專供兒童欣賞的詩的意思。有的採用詳述的方式，舉了欣賞的對象是『兒童』，文體的性質是『詩』，以及詩的功用。而在文體的性質是『詩』下，又詳舉了『語言文學』、『思想感情』、『詩體形式』的特色。」（陳正治，1999，頁 3-6）而在詩的定義上，我把詩視為一藝術創作物的思想任務達成，在此對於童詩的定義，我想以林良（2002）寫下的「淺語的藝術」一書中的話語來說，這也較為貼近我想要表達的：「藝術的真正含意是『對材料的巧妙處理』。因此『敘述』的藝術也是這樣：對一件事情的巧妙處理。」（頁 144）、「文學作品是一件藝術品，是一個獨立的小世界。」（頁 145）、「『文學』是語言的藝術。我們欣賞的是語言的『某種作用』。這種『作用』高過了一般『表情達意』的層次。它『啟發』。」（頁 147）、「哲學家的『啟發』，常常使人進入『抽象的思維』。文學作家對讀者的『啟發』，是使『思想』變成『感覺』，變成一個『有聲有色的世界』。這就是『文學的藝術』！」（頁 155）、「文學能使我們『恢復成小孩子的樣子』，所以我們都能受到文學作品的感動，進入『天國』。」（頁 158）、「『啟發性的語言』的背後是『啟發性的思想』，這裡含有作家的多少深思，多少觀察，多少領悟！他的作品『昇華』了我們的『人生』。」（頁 149）、「小說家要能在生活中探討人生的意義，要能提升讀者的心靈，使讀者進入較高的人生境界，使讀者領悟了一點兒什麼。」（頁 161）、「『詩』的定義，應該從形式跟『寫作意向』來下。『形式』是用自由自在的『散語』來寫作，這一點跟『散文』沒法子區分。詩是分行寫的，『分行』是很美的詩的形式。對『押韻』是不重視的。『寫作意向』是希望詩裡的語言都寫得很有技巧，很有意味，能令人驚喜，能令人動心。詩句有獨創性，有新鮮感，讀者讀了能嚐到純正的『文學趣味』。」（頁 222-223）、「那麼，詩是什麼呢？詩就是『我們所感覺到的東西』。如果把它寫出來或者說出來，那就是詩了。」（頁 234）、「一個理想的兒童詩作者要有『詩心』，要有『童心』，要有『愛心』。」（頁 227）、「如果你問：世界上有什麼東西能夠增進人類的同情心，能夠使人有更敏銳的感受力，能夠訓練人的想像力？那個答案就是『詩』。」（頁 235-236）、「孩子讀這些詩，會覺得快樂，會得到安慰。」（頁 238）、「兒童詩的世界，永遠不可能成為詩派的舞台。這一方面是無論哪一個『詩派人』，只要一走進兒童詩的世界，就會忍不住用寫標語

的紙給小孩子摺起紙船來……在春天，滿山都是泉水聲的日子，小孩子要的只是紙船兒。」（頁248）

　　當然，從詩的定義到童詩的定義，我想回到生活體驗中來認定童詩的定義，在形式上分行是必要的，在文學的或是生活的，我想開始尊重兒童的世界，從體驗中的「詩」的「藝術」開始，定義兒童世界的「存有」。這也是周慶華（2004）所說：「如果以一種常態性的意涵來限定童詩，那麼凡是越能夠超常態性或反常態性的表現的就越有差異創新的可能性；而這種可能性一但成形了，童詩這一文類就越見它的可塑性及其在『推移變遷』或『改造修飾』語言世界上的意義。」（周慶華，2004，頁72）

三、我的詩觀

　　而我的詩觀也一直持續著變化，並接受一些前輩的理論和作品的感染，常常沉思我的詩觀是什麼？我要如何帶領一個孩子在詩的創作物面前感動？我要如何帶領一個孩子閱讀詩？我要怎麼傳達自己在於詩中的體驗？因此我寫了一篇「詩和散文的區別」和孩子們分享，同時也表達了我這教學者的詩觀，因為一位教學實務的工作者，他自己的觀點會在教室生活中自然湧現的。文本如下：

　　詩和散文有什麼不同之處？我們一直很困擾這個問題。老師很想和小朋友談談這個不同點，讓你能更清楚地操作詩和散文。散文和詩都是在紀錄日常生活中的內心感受與對人生的體會。它們都共同強調一篇文稿要能傳達出一種有所感覺、有所感情、有所生活體會的內涵。這內容能讓讀者和作品產生相類似，或引發相同舊經驗的共鳴性情感，這引導著讀者對自己的生活經驗再做一次沉思、反省的工作。

　　詩，就像小朋友看海報圖片的經驗一樣，它快速地引導你馬上去感受、馬上去察覺，圖片要傳達的主要意義，或立即觸動下所引發的當場感覺。詩就是這樣子來表現的，它可能是由很多張心靈圖片（意象）組合起來，卻是一張一張的立即呈現，而這整組的一套心靈圖片（意象），共同通向作者企圖引發讀者的內在感受或傳達某種人生的涵義。這種圖片式的呈現可能是強烈的、溫和的、沉默的、靜止的、反思的、說不出所以然的感覺、抗議的、控告的。就因為它是一張張心靈圖片（意象）的立即呈現，而引導你立即觸動引發現場的感覺，所以它的語言要求非常精短、精簡、熟練。形容詞、動

詞、比喻的使用，都在使每一張心靈圖片（意象）馬上而且直接地敲到你的心扉。你會感覺好像來不及閃避，就已被作者的心靈圖片拉到現場，直接去感受詩的環境、效果。例如侯吉諒（1999，第 37 版）的「童年」：

童年

妳的童年從秋千上掉了下來
坐在泥土上孤獨的哭泣
大家都上課去了，而你卻未聽見鐘響
整個世界像上課的教室那樣遙遠
快樂如粉筆字被老師擦去了
只留下灰塵的乾燥氣味

妳坐在操場的沙地上和自己生氣
風吹過來，像教室裡傳來的鋼琴聲音
安慰妳小草一般的心靈
秋千空蕩蕩的，搖擺著寂寞的童年
掛在我生鏽的心裡
遺失音符的旋律那樣，搖擺著
太亮太亮的陽光，鑲在記憶的邊緣
彷彿曝光過度的鏡頭

讀完這一篇作品後，我們回頭再去思索、感覺題目，我們會控制不了被引發出來的情緒反應，它逼著我們忍不住要問，作品中表達的是一個怎樣的童年？是一個「曝光過度，再也洗不出像音符旋律一般，美麗的色彩童年」，它的感覺是由這一些，「孤獨的、遙遠、灰塵的乾燥、小草一般的、空蕩蕩的、寂寞的、太亮太亮的、過渡的」的這一群形容詞，共同組合成一種難過的感受。和「掉了下來、未聽見、擦去了、生氣、吹過來、安慰、搖擺、鑲在、曝光的」的這一群動作，組合成失落、被遺棄、被拿走心愛東西的不安全感受。

散文則像小朋友看連續劇的經驗一樣，它慢慢地、慢慢地、慢慢地呈現連續性的細節，使用這一些連續性來引導你，去感受一件事的原因、經過情形、結果而引發的感動，這和詩有很大的不同是：呈現的心靈圖像是連續性的發展。例如簡冬青（1998，第 36 版）「這一天，他們為天竺鼠舉行葬禮」

散文稿:「下午我踏過秋陽篩落樹梢的剪影,來到孩子上學的幼兒園接他(圖片 1)。正想開啟前院圍籬的柵門時,身後乍然傳來一聲問話:「你今天會留下來參加葬禮嗎?」我轉身見是一位熟悉的家長(圖片 2)。「誰的葬禮?」我很不安地問(圖片 3)。孩子跟著大人慢慢安靜地走過後院的草地,來到原先已有一隻兔子幾年前被埋葬的小墓園(圖片 4)。我們到達時,土地已掘開了一個洞穴(圖片 5),領在前頭的老師手上捧著一個無蓋的小紙盒(圖片 6),紙盒內除了萊拉僵硬的軀體外,還躺著一塊形狀圓滑,巴掌一般大的米色石塊(圖片 7),上頭寫著萊拉.1998.秋天(圖片 8)。大家圍著那塊靠圍籬的小墓穴,好奇地等待著儀式的進行(圖片 9)。每個孩子的臉上幾乎都扣上一絲因期待而透露的緊張肅穆(圖片 10)。」

　　通過這一群圖片的組合,我們更加清楚作者的這篇散文稿,是由圖片 1 到圖片 10 的連續性來引導我們讀者,走入他要描寫的事件現場。我們的心思就跟著作品慢慢地感覺,一起喜、怒、哀、樂。

　　我們透過這篇散文作品,截取一段來分析散文的心靈圖片(意象)是如何呈現的方式?它有如電影中的慢鏡頭,慢慢地、仔細地、連續性地,描述這個事件的進行過程。包括作者在現場中記錄這個環境下,人物、發生事件的事實部分。這所看到的、聽到的、做出來的表情動作、內心裡的感覺、心裡所想到的,一步步具體地描繪出來。這好像把我們帶到事件發生的現場去參與、去經驗它的發展現況。在這彷彿實際參與的經驗引導下,我們和這事件產生相同的共鳴(心有戚戚焉的感覺),所以我們被這一篇作品的發生事實,引出一種內心的感動。

　　而我自己寫詩的過程,讓我更喜愛靜默的生活,聆聽自己心底的迴音。在現實世界中,有些是落印在深層意識的思想、景象,像水與岩石的對話。不論是沉默的、發為聲音的。身為創作者,我選擇了自己的語言、符號、意象、比喻來傳達我從生活中的迷失與反觀的一些心得。看看這一些日子的詩篇,我和他們同為創作者,都是與自我對話的開始,我自己也成為一位讀者,看著作品時,有如自然的歌者一般,從作品中脫下外衣,找到自己的果核,領受祂靜默的行旅。這些作品如能回到自己的內心底處時,這都該屬於天、地之間的諸多慈愛與眷顧。我常迷失自己,所以作品產生了。希望我是自己詩作「共處一室」中的尾聲,在懺悔中睡去,在懺悔中醒來。這相應、感應的心靈饗宴,勾勒模仿物像所在的位置,而覺知作者內心世界的本質轉變。

現象界的擷取內在存有，這是語言發生之前的意念，翻譯出現象界的物象。由現象界的物象，再一次回到自我對話一般的反思活動，閱讀意念如同提供一個微妙觀照的無形參照點，只觀察一切意念的本質，不斷地轉變。而描述心靈牽涉的人生事件，語言在作者內心本質的轉變與心理地位上的重要，為何選取這符號，這意象群牽涉的人生關聯，內心共同的識見，讓我不得不重新回到意象的現場去覺知，去重新勾勒自己的一幅素描。

　　試想人的生活中居留著，許許多多的生命意象圖片，這群生命經驗與閱歷的事件群，讓人群在獨處時，在行進時，在觸發的類似中，進入冥想過去與冥想編織未來的場域裡，行進著自我與自我的對話。內心升起的意念發生的聲音，意念的前進、追求、苦難與外在的現象界同步、同時進行著超連結，這群觸發而牽纏生活經歷的曾經居有事件，一連串不斷進行著的活動。當我們暫時靜止意念或想像之時，我們觀察著方才的一切變化，與每一幅意象影集的當下心境，我們或沉或浮或頓然體認了新的生活意涵與新的個人生命現象，個人做為一個現象記憶的現場保存者，像收藏家一般，收藏自我的意符，一切都在進行著，一切都在消逝著，或許保留著怨憎的記憶就如同保留著地獄，保留著極樂的記憶就如同保留著淨土，詩人都是很愛生活的說話者與傾聽者，對他人不斷地說話，從這處窗口，觀察著自己的靈感，瞬間的發生、瞬間的哲思，剎那瞥見的生活詩感，而詩感與現場域的意象同時呈現著，或為詩的或為哲學的。

　　詩人都是很愛生活的說話者與傾聽者，對自己不斷地說話，自己作為一個傾聽者，只許傾聽。自己與自己的自我對話，如一靜默、沉思、冥想的行進者，從這處缺口，覺察著自己的靈感，瞬間的發生、瞬間的哲思，剎那瞥見的生活詩感，而詩感與現場的意象同時呈現著，或為詩的或為哲學的。

　　他們二者都不得不承認，靈感的發生存在著一種等待，就等待著它的發生，靈感是一種自天而降的召喚，詩人翻譯著這種感應的意符，作品的完全都不是個人獨有的，像大自然一般存在的共享。感覺它的存在就是自己。詩人清楚這一段感覺，當下的覺受與記憶。當詩人對著另一個人說著這一次經歷時，那湧現的內心變化和當時他在校園中的獨步同時呈現，至此他體認了當下的獨自存有，每一個當下均是對自己的感覺，對自己說的。像詩歌一般，每一首詩歌的背後，都有一連串的生命意象與生活意符，過去的、現在的、未來的、彼此的串連，走過的人知道它的靜默不語，只存唯美的感受，獨一

性的與讀者共存，個人式的獨有。如 Bachelard（trans. 2003）所說：「詩歌的奔放（exubérance）和深切（profondeur），永遠是『共鳴╱迴盪』的同源異形現象。就好像詩歌要透過其奔放來重新煥發我們內在的深切感。」（Bachelard, trans. 2003, p.42）

詩人是由內在生命的輪舞之中，自我開放、空蕩蕩地、朗然地在生活的行動當中，讓詩的感覺、詩的韻律、節奏、文字自然呈現般地發生。此是一種如湖水在深淵一般地深靜、靜寂，無思無攝而自然的氣流川湧其中，在這般存一真實的景況當中，忽有一小魚苗從湖底瞬間的躍起水花，這躍升而成漣漪朵朵，微微暈開這湖的靜謐心田；從此而歌而樂而手舞足蹈，揭示這景況的外延；詩人由內在明鏡如湖一般的位置觀照著、覺察著這一切現像，摘取湧現的詩感，此自然情感的流露清澈觀照，是通向對未來人生的覺察、省思。人生（內在意念）＋事件（物像）近處、遠處。群體（一般性）＋共通現象（客體世界）。情境（大自然的外在實體世界），應合著宇宙生命本體的流動觀照，此本體可如是無思辯的如明如白，而自我了了分明不受拘絆牽縛的自然感、自由感。

四、我對童詩的看法

陳正治（1999）在「世界兒童詩名篇精選」中選出的兒童作品「姑娘，別指望王子！」與「假使和如果」如下：

姑娘，別指望王子！

沒有王子會來把你搭救，
如果你在昏睡中送走歲月，
如果你不運用腦子，
老把思考推向明天。

沒有王子會來把你擁抱，
從現在起就得開步快跑。
自己掙脫自己的長眠，
不然你仍是個可憐的笨蛋。

沒有王子會來送你一個吻，
別因憂傷送了你的小命；
也沒有王子打這兒走過，
把你從鍋台帶到寶座。

你可以自己建立生活，
必須自信有力量這樣做。
今天就得去嘗試，
別指望童話書裡面的王子！

（德，約瑟夫・雷丁；綠原譯；轉引自陳正治，1999，頁 33-34）

假使和如果

假使給鹿兩只翅膀，
牠就能夠把鷹追上，

如果玩偶能縫能裁，
衣服它就能穿起來。

假使天上掉下糧食，
天下的人就全夠吃。

如果河裡是奶在流，
乾酪終年隨吃不愁。

假使冬天像五月，
屋裡不用生火取暖。

如果河裡生著爐灶，
到河邊魚湯就能喝飽。

不過光是「假使」、「如果」，
請問又能解決什麼？

（南斯拉夫，約萬・茲馬伊；任溶溶譯；轉引自陳正治，1999，頁 36-37）

　　以下這兩首童詩作品，是我現在任教班級六年級學生崔爾軒的作品「小孩在玩」與「這是一個美麗的夜晚」，詩作如下：

小孩在玩

黑暗中有一顆星
照亮了整個大地
星星說

從此
我們活的不再是今天
我們要活在今天的新的明天……

這是一個美麗的夜晚

星星始終掛在天空閃
在夢鄉裡的寶藏
始終也藏在我的心間
小孩在那古老的城堡跑來又跑去
一眼望去
那忘憂草正幽靜的在那輕輕的擺動
來自內心的感動
從妳的心扉散發出來
那內心世界的魅力
從妳的思想展現光芒
星空閃閃那北極星正在那
對我們溫柔的笑著
月亮的光芒照亮了太陽與星星的秘密
始終忘不去的夢鄉幻境
思思念念的古老城堡
雖然那只是童話讓我們看到的卻是
我們的智慧結晶
他讓我們看到智慧散發光芒
也讓我們感受到夢鄉裡的童話正在倒帶
今晚再讓我們去那甜蜜又遙遠的夢之故鄉

我們一直認為孩子的童詩是童趣的、天真的,孩子的內心世界是單純的、質樸的,但從國外兒童寫下來的作品和我親自看著國內兒童寫下來的作品中,我頓見了孩子世界的生命哲思,孩子的內心情感世界和成人世界有某些契合之處,是我們忽略了,孩子的世界依然有屬於他們的生命追索問題,從上述四首童詩中,我領略著對孩子們的「訝然」,這裡頭一定有什麼神秘的禮遇,是要我這教學者去深思、體認的。而我也想著:「如果把語文研究法的性質定位在『研究語文的方法的特性及其功能和限制等』層次,那麼就可以獨自展開探討。至於它的探討方向,則可以比照一般方法論所准用的,極力去探究人解決語文研究問題和建立相關理論所牽涉到的基本假定、取捨安排和評鑑標準等等。」(周慶華,2004,頁 23-24)

五、童詩的內容與教育價值

作為一個文本的童詩內容,依然有著閱讀者和作者的雙向交流角度,身為作者要在內容上表現童心的真情感,以反映出兒童的生活想像情趣、創造形象和意境表現作者風格。而身為讀者的角度亦要在詩中欣賞文學的美、體悟生活中的回味。詩人兼詩評家簡政珍也說:「詩創造了可以洞穿現實的世界,讓自我與他人在詩中做意識交感;詩人可以在詩中自我騰空,以他人的立場、感受來看世界,與他人的兩相觀照下,更能逼視自我。」(簡政珍,1999,頁 20)英國現代作家 Virginia Woolf(2004)在「普通讀者」一書中亦說:「詩人永遠是我們的同時代人。初讀詩時,我們身心集中、緊縮的,就像個人情感受到猛烈衝擊時那樣。隨後,確乎如此,這種情感開始在我們心中漣漪似地蕩漾、開展,觸發更多的情思;於是開始了理性的探詢和詮釋,我們終於聽到了心靈的反饋和回聲。詩歌的精練可以涵蓋形形色色的情感。」(Woolf, trans. 2004, p.611)

在上述詩的定義、童詩的定義、童詩的內容與教育價值後,我選定一首成人為兒童寫的童詩「在夢裡愛說童話故事的星星」文本,帶入小學高年級的教室課堂,實際進行童詩閱讀教學探索,其中的文本教材分析、教學歷程、教學方法與和兒童互動交流的教室生活經驗,希望能和其他教學者與研究者共同分享這一次的教學旅行。

第二節　閱讀理論

一、閱讀的本質

　　國內研究者吳惠玲引用 Manguel 在「閱讀地圖」裡說道:「天文學家閱讀一張不復存在的星星圖;建築師閱讀準備蓋房子的土地;動物學家閱讀森林動物的足跡;玩紙牌者閱讀伙伴的手勢;舞者閱讀編舞者的記號法,而觀眾則閱讀舞者的動作;雙親閱讀孩子的表情;醫生幫助病人閱讀自己飽受困擾的夢;夏威夷漁夫將手插入海中閱讀海流;農夫閱讀天空……」(Manguel, trans.1999;轉引自吳惠玲,2003,頁 12)、「我們每個人都閱讀自身及週遭的世界,俾以稍得了解自身與所處。」他又說:「我們閱讀以求了解或是開竅。我們不得不閱讀。閱讀幾乎就如同呼吸一般,是我們的基本功能(本能)。」(Manguel, trans.1999;轉引自吳惠玲,2003,頁 12)而「閱讀主體本身就是一個社會存在(但不否定他的部分生理和心理是個別存在),所以他才會在閱讀的過程中內蘊及繼續『社會需求』。」(周慶華,2003,頁 38)例如,周慶華(2002)的一首詩「蝴蝶夢」的存在一般:(周慶華,2002,頁 93)

蝴蝶夢

彩麗當前
是蛻變一生的代價
莊周不必嫌棄
蝴蝶也有做夢的權利

二、閱讀的意義

　　吳惠玲(2003)引用啟動英國閱讀年的英國教育部長 Blunkett 的話指出,「每當我們翻開書頁,等於開啟了一扇通往世界的窗,閱讀是各種學習的基石。在我們所做的事情中,最能解放我們心靈的,莫過於學習閱讀。」(頁11)國內學者周慶華(2003)也指出:「閱讀主體在進行閱讀時必須運用到他的一些生活經驗或學習經驗。而這些生活經驗或學習經驗就跟他所在環境中的人事物有密切的關係。」(周慶華,2003,頁 44)、「新近的閱讀理論認為,讀者在面對文章時,會運用自己的生活經驗和先備的語言知識去思考、推測,幫助推斷、記憶生字語詞的意義;他們也會整理句子和段落的意義,

從而理解全文。一個能念取多字卻掌握不到意義的學生，並不是真正的閱讀者。閱讀的重點是在文章的理解，有效的閱讀並不是知覺、辨認文章中所有的文字，而是了解意義，閱讀的終極目標應是『意義的獲得』。」（轉引自李宜真，2002，頁 2）、「Atkins（1993）宣稱『讀者的時代』已經來臨，他認為：『所有的閱讀活動，應是起於讀者，終於讀者』。作為一個現代的讀書人，已不能再做一個棲居於『文本』的寄生蟲，而是要成為『滋養』作品的主人。」（轉引自李宜真，2002，頁 3）、「Goodman（1986）說：『閱讀乃讀者與作者相信它們能藉由書面語言互相了解時，人類間之文字互動。閱讀是讀者與作者在閱讀中相交易（trade），閱讀是個建構的過程（constructive process），讀同一篇文章的兩個讀者永遠不會建構出相同的意義。』」（轉引自李宜真，2002，頁 5）李宜真指出「閱讀是作者和讀者透過作品進行情感、思想知識、信仰、價值甚至美感交會的協調歷程。」（轉引自李宜真，2002，頁 5）、「而人們會因為社會的需要而從事閱讀這項活動，因此社會性的交流需求也納入考量。李宜真從建構論的觀點，指「讀者內發性的從事閱讀且從閱讀中發現個人在脈絡環境中的意義，將觸動個體的個人存在意義，有助於確立其自身價值。」（轉引自李宜真，2002，頁 6）這也如周慶華（2001）「夜禪」這首詩的詩情一樣，表現著閱讀者與作者在文本之中的不同意義：

夜禪

張著眼
睜退出風
洞接
連
想
到
生
（周慶華，2001，頁 44）

「閱讀是什麼？『閱讀』（reading）對不同的人，其意義亦有所不同。例如，Carver（1973）繼 Spache（1965）之後，提出閱讀的四個層次：

(一) 將字解碼（decoding），並決定這些字在特殊句子中的意義。

(二) 將某些個別的字的意義聯合起來，以完全了解句子。

(三) 了解段落和段落所隱含的主旨，以及原因與結果、假設、證明、含
　　 意、未明白說出的結論、甚至與段落主旨有關但暫時離題的觀念。
(四) 評價各種觀念，包括邏輯、證明、真實性、與價值判斷等的問題。
　　前兩層次代表基本的閱讀技巧，重點包括解碼、字義觸接、和語句整合；
後兩個層次代表 Carver 所稱之「推理」（reasoning）及傳統所謂之「閱讀理
解」（reading comprehension）。閱讀理解，重點在討論對科目領域之先前知識
的角色、有關文章結構及推論工作之策略知識，以及有關理解監控和有目的
閱讀的後設認知知識。」（Mayer, trans. 1990, p.280）
　　國內研究者洪婉莉（2002）在國小推動兒童閱讀運動之研究中，認為閱
讀是一種相當廣泛的學習活動，是指在傳達與接受訊息間的一段歷程。閱讀
行為一直被視為人類達到社會化的一項重要行為表徵。她收集中外學者對閱
讀提出的解釋整理如下表：

表之二：閱讀的意義（洪婉莉，2002，頁 9-11）

1973，頁 104	Barker & Escarpit	閱讀是一項溝通的行為，透過書裡的文字與圖畫內容的表述，作者向人傳達自己的知識和經驗，達到溝通的目的；而讀者以自己的認知再藉著閱讀的加強作用而將作品重新建構成為一個全新的作品。
1975，頁 31	Smith	閱讀是認知並理解印製或書寫出來的符號之能力，這些符號代表著閱讀者的口說語彙；當個人閱讀時，他教符合個人經驗的資訊，從口說的語彙改為視覺的呈現方式，加以認知與了解。
1980，頁 5	Rubin	閱讀是繁雜、動態的過程，讀者一方面把自我意義帶進閱讀裡，另一方面從讀物中獲取意義，最後統整為閱讀理解的歷程。
1982，頁 15	Rosenblatt	閱讀是讀者與文章在特定的時空背景下，雙向溝通的歷程。
1989，頁 3	Beck	閱讀是極為複雜的心智操作，從認知的觀點出發，閱讀理解非單一的歷程，而是由許多相關聯的成分所組成，如，認字識義、從字串中發展概念、作推論、聯結已知的知識。

1996，頁44	Gudakovska	閱讀被視為一種符碼的轉譯過程，是「個人和創造性的歷程」。
1998，頁5	Gibson & evin	閱讀是從一堆資料中擷取資訊的過程，這些資料不限於白紙黑字的內容，同時也包括圖片、表格、圖示、標示說明等所呈現的訊息。
1998，頁2	Graves	閱讀是讀者從讀物中積極、主動搜尋意義內涵的過程；搜尋過程中，讀者既有的知識或基模，以及用心，共同強力的決定了他從讀物中所建構或取得的訊息。
1998，頁15	Goodman	閱讀是理解文章的過程，讀者與作者在閱讀中相交易（trade），是心理語言的猜謎遊戲。
1998，頁146	洪瑞琴	「讀者本位模式」（reader-based models）將閱讀視為一種有順序、可逐字逐句分析課文以獲得意義的過程；讀者運用個人先備知識及後設認知對閱讀行為的監控，用既有的知識去讀解文字，將讀進來的文字資料加以組織、理解與預測，並從閱讀的過程中驗證假設。閱讀是一種相當廣泛的學習活動，其產生是在傳達與接受此一訊息間的一段歷程。

三、讀者反應理論

讀者反應理論（Reader-response Theory）認為文學絕不僅僅是侷限在文本中孤立的事實，而是必須依據於讀者的閱讀才能實現其效應的動態過程。先前所認定的文學作品本體的特徵——敘述、情節、人物性格、文體風格、結構等都不再被認為是可以客觀地自我展示，而是必然地經歷讀者的感受經驗，才能生成文學的意義。即以讀者自身因素，閱讀文本之後的感受經驗所形成的自由建構為主，取決於讀者個人的創造性闡釋。（李宜真，2002，頁6）隨著讀者反應理論的興起，提供了語文教育研究者和教學者一個很好的觀點。文學作品只是一種客觀的存在，只有讀者閱讀它們之後，才能成為藝術品；作品意義何在，那只能依據讀者閱讀的結果而定，讀者是各式各樣的，閱讀印象也各有差異，所以對文學的理解也千差萬別。此一觀點確定了閱讀文學作品時個人意見表達的價值。此外，她更引用 Iser 從現象學美學 Ingarden

關於文學的藝術作品的理論中，借鑑了未定性此一概念，Iser 提出了他意義空白與意義未定性理論。他認為：

(一) 文學作品的文本與一般性著作的文本有著根本的區別。一般性著作（如學術著作理論論文、新聞報導文章等）的文本只是說明某個事實或闡明一種道理，用的是「解說性語言」（erltauternde Sprache），而文學作品是用形象的藝術來表現人們生活與想像的世界，表現人們的思想感情，它的文本採用的是一種「描寫性語言」（darstellende Sprache）。文學作品的語言包含許多意義未定性（Sinnunbestimmtheit）和意義空白（Sinnleerstellen）。這種意義未定性和意義空白是文學作為讀者接受並產生效果的基本條件。

(二) 文學作品的意義只有在閱讀的過程中才能產生，它是作品和讀者相互作用的產物，在接受過程中作品的內容不僅被讀者「現實化」，而且在不同時間、空間的個性變異的原因，是由於它的現實性存在於讀者的想像力和受其所處的社會和文化狀況所制約。

(三) 文學作品中的意義未定性與意義空白的作用，在於能促使讀者在閱讀過程中賦予文本的未定性以確定的涵義，並填補文本中的意義空白，這就是作品的「召喚結構」。讀者把作品與自身的經驗以及自己對世界的想像聯繫起來，產生意義反思，這種反思是歧異百出的，從這種意義上說，接受過程是一種在創造的過程。

(四) 文學的特點就在於未定性與意義空白給予讀者能動的反思與想像的餘地。一部作品的未定性與空白太少，或根本沒有，就不能稱為好的藝術作品。文學的接受亦應放在整個社會的「一般歷史」中加以考察，要與讀者的整個生活經驗與他們對世界的基本看法聯繫起來分析。（引自張湘君，1993；轉引自李宜真，2002，頁 27）

讀者反應理論家兼美國比較教育博士 Louise M.Rosenblatt（1938）出版的讀者反應理論經典之作「文學作為探索」（Literature as Exploration），提出「一件文學作品的意義，並非一個獨立自主的事件，而是產生於讀者與作品相互交流的過程（transaction process）。作品未經讀者想像力的重新建築和體驗，只是一堆字，而不是真正的美學客體，讀者的投入應該被重視。」1977年，羅氏進一步在其所著「讀者、文本與詩」（The Reader, the Text, and the Poem）裡，把文藝作品的閱讀經驗稱為「美感式的閱讀」（Aesthetic reading），

以區別另一種攝取知識的「傳達式閱讀」（efferent reading）。羅氏認為閱讀文學作品時，讀者是與文本共同演出（the reader performs with the text），紙上文字的律動喚起了讀者的記憶，激發他的情感，刺激他去思考，而同時讀者也把自身的個性、過去的回憶、此刻的感受一併融進作品裡，種種因素的集合，共同締造了讀者對作品的反應。因此讀者在閱讀作品時，是主動建構意義，而非被動的接受作品所傳遞的訊息。（張湘君，1993；轉引自李宜真，2002，頁 29）根據 Ruddell & Unrau 的看法（1994）：「文學作品的討論是學生、文本及教師之間一個交互作用的意義建構過程。學生各有其情意上或認知上的先備知識與信念，教師亦然。這些都會影響其對文本（即文學作品）的詮釋。此外，教室的文化、權威以及文本的特色等，也會影響意義協商的過程及結果。」（轉引自李宜真，2002，頁 30）

四、閱讀的歷程

　　人們究竟如何來進行閱讀呢？閱讀者除了運用閱讀交互作用模式的「由下而上」歷程之外，也利用「由上而下」的「字義觸接」（meaning access）歷程，對字的意義進行搜尋，運用語意學知識（亦即字的意義）和造句法知識（亦即有關詞類的文法規則）來了解課文中所出現的字彙。因此閱讀字彙時所涉及的「脈絡效果」（context effect）和「語彙效果」（vocabulary effect）更讓教學者注意到語彙訓練（vocabulary training）及句子結構訓練（sentence structure training)可增進字義觸接歷程之效率的常見技巧。(Mayer, trans.1990, pp.266-299）字彙的閱讀會牽扯到解碼及字義觸接的歷程，然而，閱讀一段課文更牽涉到「語句整合」（sentence integration）的歷程，將不同字彙加以整合為通順有意義的句子結構。(Mayer, trans. 1990, p.303)

　　而閱讀者閱讀文章，對文章的理解需要各種技巧來協助閱讀理解，研究者認為有三種知識對有效的閱讀理解是必備的：(1)內容知識：如具備及運用先前知識。(2)策略知識：如在閱讀時做推論及運用文章結構來確定文章重要的訊息。(3)後設認知知識：如監控是否充分理解教材內容（Mayer, trans. 1990, p.313）。讀者閱讀一篇有意義的文章時，是主動的嘗試去了解這篇文章，必須將新的訊息同化到現存的知識「基模」（schemas）來引導其閱讀，這種主動理解的過程 Bartlett（1932）稱之為「努力追求意義」（effort after meaning）的過程，人們從閱讀中所學的並不直接與所呈現的短文相對應，而是與「所

呈現的短文」和「讀者內部同化此一短文材料的基模」二者的聯合相對應。
（p.172；轉引自 Mayer, trans. 1990, pp.314-316）同時 Bartlett 也主張：故事
的回憶是一種主動的「建構歷程」（process of construction），他的主要理論概
念是「基模」，包括以下幾點：

(一) 普遍性（general）──基模可廣泛被運用在許多不同情境，以做為
　　 了解輸進來的訊息的基本架構。

(二) 知識（knowledge）──基模就如同我們所知道的事物一樣是存在
　　 於記憶之中的。

(三) 結構（structure）──基模圍繞著某些主題而被加以組織。

(四) 包含（comprehension）──基模中包含有一些要用短文的特殊訊息
　　 來加以填補的空間。基模乃是閱讀者的普遍性知識結構，用來選擇
　　 及組織輸入的訊息，使納入一個整合的、有意義的架構之中。（轉
　　 引自 Mayer, trans. 1990, p.318）

　　就敘述文的基模而言，Mandle & Johnson（1977）；曾經主張許多民間故
事可分割成兩個主要部分：「故事＝背景＋插曲」；「插曲＝開頭＋發展部
分」；「發展＝反應＋結束」；「反應＝簡單反應＋行動」或「反應＝複雜反應
＋目標途徑」；「目標途徑＝嘗試＋後果」。（轉引自 Mayer, trans. 1990, p.319）
當一個讀者在閱讀或聽一個故事時，他會預期故事會有一個結構，就像曼德
勒和詹森的故事結構法所示的那樣。學習閱讀還涉及用故事的特殊事實來填
補結構的一般性部份（例如，每個插曲的開頭、行動、及結束）。

　　閱讀理解的歷程，Rosenshine（1980）發現閱讀理解的技巧的那些技巧
都強調以下八個技巧：找出細節、辨認主要的概念、辨認事件的次序、下結
論、辨認因果關係、瞭解上下文中的字彙、做解釋、以及從課文中做推論。
（轉引自 Mayer, trans. 1990, p.319）Brown、Campione & Day（1981）等人所
提出的閱讀者在「努力追求意義」的歷程中所可能使用的三種知識：

(一) 內容知識，是指有關文章的主題領域的訊息。

(二) 策略知識，是指學生所知道的有效學習的程序知識。

(三) 後設認知知識，這些技巧包括理解監控、自我檢核、及依不同的目
　　 標調整實作表現。而且利用成人進行文章學習之研究最一致的發現
　　 是：在教學上的含意讓我們統整了，閱讀者都用閱讀他們的「先前
　　 知識」來幫助他們自己了解閱讀的內容，如果閱讀者缺乏適當的觀

點，或者其觀點和寫作者的觀點不同，則了解該文章便會有困難。閱讀理解一部分是要靠閱讀者閱讀時所帶來的內容知識，另外班級討論和活動也能夠為閱讀者提供了解文章內容所需的先前知識，而這些閱讀前的活動亦有助於將不熟悉的文章轉變為熟悉的文章。（轉引自 Mayer, trans. 1990, p.325-328）

利用成人進行文章學習的研究之另一個一致發現（Johnson, 1970; Mayer, trans. 1983; Meyer & McConkie, 1973; Meyer, 1975; Kintsch, 1976；轉引自 Mayer, trans. 1990, p.329）說明了有技巧閱讀者知道文章的鉅觀結構（macrostructure），亦即知道將文章分解為幾個觀念，和知道這些觀念在階層性大綱中彼此間的關係。（Mayer, trans.1990, p.329）Mayer（1975）判定閱讀者是否使用文章的「頂層結構」（它是文章主題的架構大綱）通常，學生在回憶內容應該會圍繞著頂層結構而加以組織的。（轉引自 Mayer, trans.1990, p.331）

在教學上的涵義，如何幫助閱讀者學習將注意力集中在文章的頂層結構（或上序訊息）呢？Brown & Smiley（1978）提供證據顯示：結構本位的閱讀策略有潛在的可訓練性。（轉引自 Mayer, trans.1990, p.333）顯然的，較年輕的讀者需要練習一些有效的技巧以便適合運用文章的階層組織。（轉引自 Mayer, trans.1990,p.334）Taylor & Beach（1984）教導七年級學生使用一種階層式的摘要程序來閱讀社會科的文章，學生要列出一個文章架構的大綱，在該文最上端寫出全文的主題陳述句，以標題方式在每節前面寫出該節主要觀念的陳述句，針對每一主要觀念句子，想出兩三個重要支持性細節，在課文各該節左邊的邊緣處寫出上序題旨的標題。（轉引自 Mayer, trans.1990, p.335）做推論的能力：由 Paris（1978）及其同事發現兒童有一種發展趨向：即閱讀時隨著兒童的發展，兒童愈來愈能夠做推論，賦予文章某種意義（轉引自 Mayer, trans.1990, pp.335-337）。例如：推論時自我提問討論故事之前先做些什麼？預測故事裡將發生什麼？閱讀文章時你會想到什麼？把個人經驗與文章結合來做解釋或做為舉例的例證說一說自己曾有的人生經驗？這一篇文章的主要觀念在說什麼？

另外，Brown, Campione & Day（1981）指出：要把後設認知技能教給學生特別困難，但對有效的閱讀卻很重要。例如，理解監控（comprehension monitoring）、自我檢核（self-checking）、和對閱讀目標之敏感度等就是三種與閱讀有關的後設認知。理解監控是指一個人對自己是否了解自己正在閱讀

什麼的察覺；基本上，一個具有良好理解監控技能的閱讀者常常不斷的問：「這是不是有意義」？（轉引自 Mayer, trans. 1990, p.343）Myers & Paris（1978）也對學童晤談，訪問閱讀的後設認知知識，其中有些問題集中於理解的監控，例如：「你是否曾經需要回到某一段的開頭或故事的開頭才能理解一個句子的意義呢？為什麼？」（轉引自 Mayer, trans. 1990, p.342）而 Baker & Anderson（1982）也請大學生閱讀短篇說明文進行研究，這些結果說明一個事實，那就是：閱讀理解監控乃是優秀的閱讀者的特徵（轉引自 Mayer, trans. 1990, p.343）。

　　另外一種後設認知技能是「自我檢核」，可以用「察覺自己是否正確的將文章加以譯碼」來表示。第三種後設認知的技能就是根據自己的目標來調節閱讀者的技巧。在教學上的含意，如何幫助學生發展正確的後設認知的技能呢？根據現有有關兒童的理解監控的研究，Markman（1985）做成以下的一些建議：（轉引自 Mayer, trans.1990, p.344）

　　(一) 兒童應該閱讀「各種組織完善、結構嚴密的短文」，裡面包括「簡單的邏輯關係、因果關係，和時間關係」。預測下一步將發生什麼，預測某主角的各項行動，推論各事件在因果系列中發生的先後次序，猜測事件的起因，或是推論主角的動機。

　　(二) 應該給予學童一系列的一般性問題，讓他們在閱讀中自我發問，例如：「我是不是已經瞭解了？」「要點究竟是什麼？」「我是不是還知道其他相關的事情」？自我測試已經成功的被使用在增進可教育性智障兒童的閱讀理解方面。

　　(三) 學童們應該接觸那些能示範正確理解監控技能的老師。

　　(四) 學童應該練習評估文章中各種解釋的正確性，例如：從一些可能的解釋中選取哪一個最為貼切。

　　(五) 學童應該練習找出文章中矛盾或問題的所在。總而言之，教導使用後設認知的知識可以改進學生們的理解成績，閱讀者使用先前知識、作重要性的判斷、作推論、以及監控歷程等所扮演的角色。（轉引自 Mayer, trans.1990, p.344）建構有效的五種閱讀理解方案如下：

1、SQ3R

Robinson（1941）建議訓練學習者使用五個步驟來閱讀新的文章：瀏覽（survey）、問題（question）、細讀（read）、背誦（recite）、複習（review）。

瀏覽的階段，閱讀者要先概覽課文以擷取文章的大意。問題的階段，閱讀者會針對子標題或單位提列問題。細讀（read）的階段，閱讀者把目標放在回答問題上面。背誦（recite）的階段，閱讀者以自己的話回答每一問題。複習（review）的階段，閱讀者練習試著回憶他從文章每一節所記得的訊息。（轉引自 Mayer, trans. 1990, p.345）

2、REAP

Eanet & Manzo（1976）曾主張訓練閱讀者使能把作者的文字翻譯成閱讀者自己的文字。REAP 的四個步驟是：閱讀（read）、編碼（encode）、註解（annotate）、和審思（ponder）。「閱讀」是指要嘗試去閱讀作者的文字；「編碼」是指嘗試用自己的話去重述作者的文字；「註解」涉及自己的話去寫出摘要；「審思」涉及複習和對摘要加以思考。（轉引自 Mayer, trans. 1990, p.346）

3、DRTA

「引導閱讀與思考活動」（Directed Reading and Thinking Activity）包括三個步驟：預測（predict）、細讀（read）、和查驗（prove）。預測這篇文章討論什麼的。這篇故事所討論的是什麼。在「細讀」階段裡，學生要默讀這篇文章，並為他們的預測尋找「證明」（proof）。在「查驗」階段裡，要要求學生說出在邏輯上可以支持或否證其預測的訊息。（Stauffer, 1969；轉引自 Mayer, trans. 1990, p.346）

4、ReQuest

在 ReQuest 的程序 Manzo（1979）中，學生和教師默讀一篇文章，然後輪流彼此質問這篇文章的有關問題。（轉引自 Mayer, trans. 1990, p.346）

5、芝加哥精熟學習閱讀方案

本方案分為幾個學習單元，每一學習單元都有一個或多個學習目標。學習目標可能包括諸如：辨識文章段落結構的不同型態、使用標題或次標題、推論題目語句、和擬定文章所附的問題等之類的特定的閱讀策略。例如，問自己問題的技能便是與自我檢核的後設認知技能有關。

綜合上述，閱讀者理解文章的歷程，亦即閱讀理解歷程。Bartlett「努力追求意義」的觀念。閱讀理解有關的三種知識：內容知識，例如先前知識；策略知識，例如使用文章結構和做推論；以及後設認知知識，例如理解監控

和為目的而閱讀。去了解如何經由訓練內容知識、策略知識、或後設認知知識來影響兒童的閱讀理解歷程。閱讀者的現存知識（內容、策略、後設認知）在閱讀歷程中的重要貢獻。（轉引自 Mayer, trans.1990, p.349）

　　閱讀及寫作兩者皆是建構性的、產生意義的社會歷程。（Christine C. Pappas, Barbara Z. Kerifer & Linda S. Levstik, trans. 2003, p.363）這兩種歷程之間的關係及關聯是很重要的，我們強調了讀者與作者二者共同建構內容，他們二者之間也意識到這種讀者與作者之間的關係。我們經由閱讀而學習閱讀，經由書寫而學習書寫，但是我們也從書寫中學習閱讀，從閱讀中學習書寫。閱讀與書寫的歷程中有共同點，這兩個歷程之間也彼此協助。（Pappas et al., trans. 2003, p.358）因為讀者及作者都依據他們的基模將意義帶入本文之中。閱讀是一種建構性、解決問題的歷程，讀者提出關於本文的問題，這種過程的本質是預測。讀者預測文字代表的意義，包含各種猜測。讀者會運用各種策略，例如：語言方面的線索，或是作者提供的線索，運用這些線索來建立、建構他們自己與本文有關的有用的、個人世界，從讀者的觀點而言，意義並不在文本本身，而是源起於交流（transaction）之中（這種交流為文本中書面文字與讀者之間的互動）。意義並不像一般認為地存在於文本之中。閱讀比較屬於由上至下，由全體到部分的過程，因此，理解是相對的，當讀者與文本互動時，可能會產生不止一個的詮釋。（Pappas et al., trans. 2003, pp.348-350）閱讀是一種社會性的讀者與文本之間的交流，讀者與文本的互動來自於：（1）讀者的特徵（知識、態度、技巧、價值等）；（2）文本的特徵（文本類型、文本架構、內容、主題等）；（3）社會情境的特徵（立即的情況情境，像是某個班級中的某個情境，及較廣的社會文化情境）。「交流」這個詞強調了閱讀過程中主動的意義建構，或是讀者如何體驗、引出這些文本。同時孩子也發展出一些跨領域閱讀的一般技巧。這些交流反映出孩子參與及在閱讀之前、之中、之後回應的各種方式。有一類交流是讀者在情感、實驗、自傳方面的回應。而聯結式的交流和讀者的先備的經驗知識、文本中的想法及現有的各種主題或經驗基模的想法有關；描述性及分析性的交流是指注意到文本中的特點或者檢視作者實際的架構及用字；詮釋性或推敲式的交流意謂著讀者運用使合理化、問題解決策略來預測、思考、推論、解釋、沈思、提問一些想法，來決定文本對他們的意義；評量式的交流是思考內容的合理性，讀者藉以評定作者用來表達他們訊息的想法、論點及效度；自我

省思式的交流讓讀者注意並監督自己的閱讀歷程。當孩子監視、評量自己的閱讀時，他們也反映出他們的思考，由此而促進了後設認知知覺。寫作的歷程也是主動的、建構性的、社會性的、產生意義的過程。寫作的歷程也是主動的、建構性的、社會性的、產生意義的過程。作者運用他們自己的基模（包括他們對語言系統及各種書面語言文本類型使用慣例的知識）來創造讓讀者運用的文本。因為作者必須決定他們的文本中要包含什麼、要如何表達他們的訊息，寫作歷程本身就在作者身上產生了新的想法、見識、新的意義及深層的思考。近來的書寫方面的研究也強調書寫的歷程及描述作者如何建構他們的作品。書寫的歷程包含了寫前練習、打草稿、修改、編輯、發表這五個活動並非單一寫作過程中直線型或分離的步驟或階段。反之，就如同閱讀中包含了互動、自發性的經驗或交流等，書寫的活動或經驗也是雙向的，並會彼此相互影響及產生互動。（Pappas et al., trans. 2003, pp.351-355）以下表之三、表之四、表之五，即是 Bulter & Turbill（1984）的寫作經驗研究，從寫前經驗、打草稿、修改及編輯、發表的歷程，我們要像作者般閱讀、要像讀者般寫作，讀者經由書寫、作者經由閱讀而學習。

表之三：寫前經驗（Bulter & Turbill, 1984）

讀者在閱讀之前所做的事	作者在書寫之前所做的事
有能力的讀者帶入並使用以下知識：	有能力的作者帶入並使用以下知識：
關於主題（語義方面的知識）	關於主題（語義方面的知識）
關於使用的語言（句法方面的知識）	關於將要使用的語言（句法方面的知識）
關於聲音——符號系統（圖音方面的知識）	關於聲音——符號系統（圖音方面的知識）
有能力的讀者藉由以下事項將某些期待帶入閱讀線索之中：	有能力的作者依以下事項而帶入某些期待：
先前的閱讀經驗	先前的書寫經驗
閱讀的目的	先前的閱讀經驗
閱讀的聽眾	寫作的目的
	作品的觀眾
資料來源：（Bulter & Turbill, 1984；轉引自 Pappas et al., trans. 2003, p.359）	

表之四：打草稿、修改及編輯（Bulter & Turbill, 1984）

讀者在閱讀時所做的事	作者在書寫時所做的事
有能力的讀者參與：	有能力的作者參與：
閱讀草稿時	寫草稿時
──快速瀏覽、略讀	──寫下筆記及想法
──尋找情理	──尋找進行的方式
──預測結果	──選擇結果
──重新定義、寫作意義	──重新閱讀
重讀	──修改、書寫意義
──當目的確立、澄清或改變之後，重新閱	重寫
讀某些部分	──當目的改變或變得更確立、更清楚時，
──思考何宜性及聽眾	重新書寫本文
──討論內容、記下筆記	──思考讀者及想傳達的訊息
──大聲唸出來，以聆聽訊息	──討論、修改本文
運用作者的線索	──重讀來聆聽訊息
──運用標點符號來使意思更清楚	為讀者做準備
──運用拼字慣例來使意思更清楚	──閱讀，以便加入正確的標點符號
	──檢視拼字、用法慣例
	──決定合宜的呈現方式
資料來源：（Bulter & Turbill，1984；轉引自 Pappas et al., trans.2003, p.360）	

　　在閱讀中認清何種互動、如何互動及書寫中表達出何種建構、如何表達皆取決於讀者與作者的問題或假設。目的與這兩種歷程都是一致的。

　　在閱讀與書寫之中，讀者與作者都必須打草稿、修改及編輯。在打草稿時，他們直接應付手中的文本；而在重新檢視、重新評估、改變、澄清原始的目的、問題、假設時，修改及發生於重新閱讀及重新書寫之中。（Pappas et al., trans. 2003, p.359）

表之五：發表（Bulter & Turbill, 1984）

讀者在閱讀之後所做的事情	作者在書寫之後所做的事情
有能力的讀者：	有能力的作者：
以許多方式回應（例如：交談、實際去做、寫作）	從讀者處獲得回應
針對閱讀省思	供應讀者
有成就感	有成就感
想要再讀一次	想要再寫
資料來源：（Bulter & Turbill，1984；轉引自 Pappas et al., trans.2003, p.360）	

　　讀者與作者針對本文所表達的意義加以回應省思。除此之外，在這兩個歷程中也發展出態度及動力，這將引至更多成功的閱讀及創作。（Pappas et al., trans.2003, p.360）

　　此外，讀者與作者之間的閱讀歷程與書寫歷程，在文本內容中的交流互動。當孩子了解作者在以有讀者為前提之下寫作，讀者在有作者為前提之下閱讀的情況時，就能發展出一致性的溝通（Pappas et al., trans.2003, p.362）。

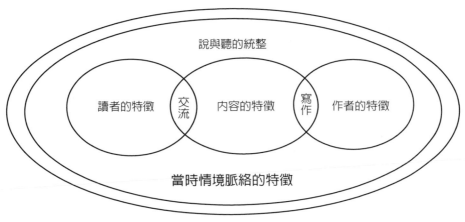

圖之一：聽說讀寫的統整式語文觀的要素（Bulter & Turbill, 1984；轉引自 Pappas et al., trans.2003, p.362）

　　Buber（1965）在和 Rogers 的對話中很堅持 person 的指稱，是 Rogers 哲學中所欲重建的那種人，「具體存在的個人」。Buber 對於 person 的說明是「一個 person……乃是一個個人而實實在在地與世界生活在一起。而所謂與世界在一起，並不意指他只在世界之內……而是他和世界有真實的接觸，有真實的相互性，且是在世界之能與人相遇的各點上，皆能如此……這才是我所謂的 a person……」（p.184；轉引自宋文里，1989，頁 7-8）這一段話引領我不斷地深入追索，追索我在教學生涯二十年中，我在教導孩子什麼？孩子們跟著我學到了什麼？如果我的教學歷程像分行的詩句，那我和孩子們交流的的行動，就好像詩人的詩句迴盪，會帶來存在的轉變。我們師生彼此就如 Nancy Freedman 的詩句一般發出這樣的內在聲音：

> 現在來我身邊吧！將我從殘酷的麻煩鬆解，
> 　　為我成就我心想望
> 　為了完成：你就是我的助手！
> （Freedman, trans. 2003, p.302）

> 　不是蜂蜜
> 　不是蜜蜂
> 　為我存在
> （Freedman, trans. 2003, p.436）

　　希望我們師生走過每一段路途，就如 Erickson 回答一個學生，對於他一本書的答案：

> 　看，你發掘的
> 　就是屬於你自己的
> 　它可能會跟其他人
> 　所重視的不同，
> 　　包括我。

　　Friedman 可以想像出 Erickson 臉上那種堅定而熱誠的笑容（Friedman, trans.2001, p.11）。讓這一條詩般教學的路上，像 Jouve 寫道：「詩就是一個靈魂成為一種形式（forme）舉行的落成禮。」（Bachelard, trans. 1884-1962, p.41）。

套用 Buber 的話與堅持，我如何在教室的教學生活，實實在在地與孩子與文本藝術創作物生活在一起，和文本藝術創作物有真實的接觸，有真實的相互性，且是在文本藝術創作物與自己與他人與不同文本藝術創作物閱讀相遇的各點上，皆能如此……這才是我所謂的閱讀教學。如此的閱讀教學就必須循著教室情境脈絡、教學者、閱讀者、文本創作物、作者、教學推展歷程的相互性面相做一思考，我開始著手參考 Bulter & Turbill（1984）的「聽說讀寫的統整式語文觀的要素表」（轉引自 Pappas et al., trans.2003, p.362），並構思出一個教學網絡（如圖之二）來觀照自己的教學歷程：

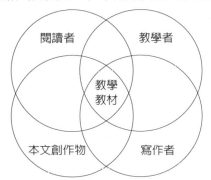

圖之二：閱讀教學教學者、閱讀者、文本創作物、作者交流圖

「有關自我與社會的心理分析書」艾瑞克森在一個研討會發表這個理論，他用一段話很清楚的解釋書中的觀點：「運作中的社會，透過傳統機制（家庭、學校）使個體信任（透過兒童訓練）進而試著給予持續驅力和能力。當個體與環境成功的建立目的的共通性時，一系列正向態度產生，可以幫助社會和個體。」（Friedman, trans. 2001, p.193）

五、閱讀的功效及影響

Carl R.Rogers 在「成為一個人」一書中提及：「每一個人所問的問題總是雙重的；一方面他在問：『我是誰？』另方面他又問：『我怎樣才能變成我自己？』」、「一個展現自身的人會有哪些值得注意的屬性；這樣一個人如何對於他的有機官能的所有因子都能更為開放；這樣一個人如何發展出對自身之有機官能的信任，並用它來過感覺敏銳的生活；這樣一個人如何接納他自身之內極具有評價樞紐的事實，而不必仰賴別人告訴他好壞；這樣的人會學習

以參與的方式過生活,他參與在一個流變不止的過程中,而他可以在這種體驗之流中不斷發現自己的新面目。」(Rogers, trans.1990, p.148)Woolf(2004)也提及:「做為讀者,我們依然有我們的責任,甚至有我們的重要地位。我們樹立的標準,我們所做的判斷,會悄然融入空氣中,變成作家寫作時呼吸的氛圍的一部分。於是,一種影響力便由此產生,即使永遠不可能形諸文字,但它實實在在對作家產生了作用。……至少,我有時夢想著,在最後審判的那天……萬能的上帝看到我們腋下夾著書走近時,他轉過身來,不無欣羨地對彼得說:『瞧,這些人不需要獎賞。我們這裡沒有什麼東西可以給他們,他們一生愛讀書。』」(Woolf, trans. 2004, p.618-619)

另外,吳惠玲(2003)在研究兒童閱讀活動的省思中也提及:「這是一種對於人類生命本質的一種關懷。不同的工作領域會產生不同的經驗,在我個人的教學經驗當中,我發現不僅是輔導與童話可以,只要是有意義的閱讀都可以幫助我們的孩子,從恐懼、憤怒、被壓抑、被扭曲的困境中覺醒過來,並且重新探索與激盪,整合出一個真正的自己,再度勇敢的踏出成長的步伐。一次有意義的自我閱讀,引導我們走向蛻變之路;只要是能夠觸動讀者內心活動的閱讀主題,都能夠帶領孩子去體驗、感知及激發出內心的急流與波瀾,使一個飽受束縛的心靈獲得震盪與澄清,於是心靈得到自由,生命的開關也得以重新啟動。這樣閱讀自己內在的某種知覺,回過頭來澄清再造,人格的重整是無聲無息,但卻是可以努力的。引導我們的孩子自我閱讀與閱讀別人、自助與助人,應該是教育工作中非常重要的一環;兒童閱讀活動在實際環境中對人格發展的影響力與助益,也應該是我們帶孩子閱讀應該關懷的重要主題之一啊!」(吳惠玲,2003,頁87-88)

第三節　教學理論

林清山在「教育心理學──認知取向」一書的譯者序言中提及:認知取向教育心理學的四個特點,一是重視分析教學目標中預期學生要習得的知識和認知技能是什麼,包括陳述性知識(declarative knowledge)、程序性知識(procedural knowledge)、認知策略(cognitive strategy)、和後設認知(meta cognition)。二是認為每一位學生都是一個能主動處理外界訊息的個體。因此特別重視了解學習者特性(learner characteristics),建議教師要特別注意分析

學生帶著什麼先前知識（prior knowledge）、錯誤概念（misconcepts）、學習風格（learning styles）等來到教室。三是重視教學模式及學習策略的使用，以協助學生從學習者特性所顯示的初始狀態出發，轉換而為教學目標所預期的終結狀態。有時在協助學生由生手（novice）而進入專家（expert）的轉換過程中，還需要教師將其教學策略與學生的學習策略相配合，並善為利用教室歷程和評量技術。四是強調內容特定（content specific），亦即不管學習結果的保留（retention）或遷移（transfer），假定其效果只限於教師所教學的特定的學科領域（林清山，1990）。Mayer（1986）也在原著序言中提及：本書是幫助了解教與學的歷程。本書是根據 1970 年代及 1980 年代支配教育研究的認知主題而來，學習是一種主動的歷程，在這種歷程裡，學習結果如何，須視學習者如何處理進來的訊息而定。本書有一個統一的主題——那就是教學歷程可以使學習者內部的認知歷程和知識發生關連。Mayer 亦引用 John Dewey（1902）所謂的「兒童中心法」：強調「兒童本身才是出發點、中心點、和終結點。他的發展，他的生長才是理想所在」。這種取向的教材內容是知識——學生內心裡面發生改變的事物。這種取向的理論觀點可以稱之為「主動學習者」的觀點：「學習是主動的，它涉及自內心伸展去接觸外界；它涉及自內部出發去進行有機的同化吸收」。Dewey 偏愛以「兒童中心法」的看法：「兒童並不是經由坐在事情發生的教室中而使其性格、知識、和技能重新建構的。事情必須發生在他身上……」和他的理想「要去了解發生於兒童身上的那些事情是如何的影響兒童內部心理的成長。」（Mayer, trans.1990）

　　「教學、學習」歷程模式所根據的觀念是：學習要靠教師所呈現的教材和學生處理學習材料的方式兩方面。因此改進教材呈現的方式（亦即教學方法）和改進學生處理訊息的方式（亦即學習和思考策略）。（Mayer, trans. 1990, p.189）有技巧的閱讀者可能把文章視為有組織的一組有意義的知識。這類閱讀者知道下列的事情：（一）如何決定文章的主題。（二）如何決定那些是重要的事實。（三）如何記憶重要的事實。這是「學習策略」（learning strategies）的例子。（Mayer, trans. 1990, p.190）因此 Norman（1980）「教導學生如何學習」的「認知工程」（cognitive enginecring）和 Lochhead（1979）「教學生如何處理訊息」的「認知歷程教學」（cognitive process instruction）是閱讀教學中所要強調的環節。（並轉引自 Mayer, trans. 1990, p.192）

　　教學理論是「教學」與「學習」的歷程中，「教師」與「學生」雙向互動的歷程。我將以 Bruner 的發現學習論、Ausubel 的接受學習論、Gagné 的學習與教學事件論、後設認知的學習策略論來思考調整我的教學推展歷程。其中會以 Gagné 的學習與教學事件論為主，來進行教學，而發展閱讀策略的部分，則將後設認知的學習策略論，列為主要的教學理論重點，試著協助孩子建立閱讀的後設認知策略。

　　Bruner 主張：「我們教某一門學科，不在於製造學生成為該學科有限的活圖書館，而是讓學生按精確方式自行思考，去考慮如史學家做的事情，去參與獲取知識的過程。認知是一種過程，而不是一種成果。」（Bruner, 1966, p.72；轉引自王文科，2003，頁 156）Ausubel 最反對發現學習，他認為學生不可能完全知道什麼是重要的或是有關聯的，很多學生需仰仗外在的力量，激發他們去學習學校所教的必要的認知作業。因此，Ausubel 另提出一種替代的教學模式：接受學習（reception learning）。（Ausubel, 1968；轉引自王文科，2003，頁 158）其核心「解釋教學法」（expository method），是教師有系統地計畫教導學生有意義的資訊而言，其認定教師角色與發現學習論的共同論題是：要求學生主動地投入學習過程與強調先前的資訊關係到新的學習。和假定資訊一旦「納入」學習者的心智，就不斷發生變化。它提供了四個主要階段（Joyce, Weil & Calhoun, 2003；轉引自王文科，2003，頁 159）的課程，可分成（一）呈現前置組體：說明課程的目的，導引學生至學習的任務後，呈現前置組體（advance organizer）（二）呈現學習資訊（即任務和材料）：新的學習任務和材料以講演、討論、放影片、規定作業等方式，向學生提出。本階段有兩件比較重要的事情，一是維持學生的注意力能夠集中，二是使學生明確瞭解材料的組織，以便有個整體的方向感。在呈現材料的過程中，邏輯順序明確可循，好讓學生得以見到觀念間的關聯性。（三）聯結組體與呈現的學習資訊：提醒學生每一個特定細節與整體大結構的關係。向學生發問，以發現他們是否了解課文，以及他們是否將之與先前的資訊、在前置組體描述的組織結合。允許學生發問，俾使他們對課文的理解超越上課的內容。（四）應用：提供於學生的資訊，可供學生學習一種技巧或協助其解決問題之需，並將所習得的內容應用於後續的學習任務。

　　前置組體提供學習者將要學習的內容先做概念性的預習（conceptual preview），並協助他們將這些內容加以儲存、標記和整理，以供記憶和以後

運用之需。將概念融入課文結構內，提供鳥瞰式的作用，所有主題的學習以後將有關聯性的存在。前置組體可以文字或插圖與圖表方式呈現。前置組體有解釋性和比較性兩種：（一）解釋性組體（expository organizers）先提供種類關係的基本模式概念，建立起解釋性組體，描述它是什麼，如何發揮作用，並舉隅說明。（二）比較性組體（comparative organizers）則多用於比較熟悉的材料，其設計乃要將新的概念與存在於認知結構中基本上相似的概念統整起來，並就概念予以釐清彼此之間的異同，讓材料固著在舊材料中。Gagné主張學習活動需滿足若干條件（conditions），並闡述這些條件與主要的「教學事件」（events of instruction）的關係；教學事件係指將資訊傳遞給班級學生的步驟。Gagné 將學習事件（events of learning），依序分成八項，代表在學習者心智中進行的「內在」事件（internal events）與代表著由教師、學習者或工作的特徵所構成的「外在」條件（external events）。茲分述如下：（一）動機階段（motivation phase）：激發學習者對主題、成績、學習用處的動機。（二）察覺階段（apprehending phase）：進行學習時教學事件所具有的主要特性所在。學習者需注意到教師所說內容的有關部分或教科書中有關的主要觀念。文件以不同字體、列出標題、或整理成大綱等方式引發學習者的注意。（三）獲得階段（acquistion phase）：學習者對呈現的資訊需轉化成有意義的形式，如心像或在新、舊資訊之間建立聯結的關係。運用前置組體、展現心像、允許學生看見或操弄物體、指出新知與舊知之間的關係。（四）保留階段（retention phase）：新近獲得的資訊由短期意義轉移到長期記憶之中，可透過複誦（rehearsal）、練習、精密化（elaboration）等方式完成。（五）回憶階段（recall phase）：學習者藉著組織的安排，按類別或概念歸類過的有組織材料來回憶。（六）類化階段（generalization phase）：學習過程中，將資訊類化或遷移至新情境及構成遷移。（七）表現階段（performance phase）：學習者以外顯表現，揭示以習得的資訊。（八）回饋階段（feedback phase）：學生表現之後，應接受回饋，以標示它們是否已經瞭解。對成功的表現給予的回饋，可視同增強物（頁 163）。（Gagné, 1985；轉引自王文科，2003，頁 160-166）

　　就教學事件（events of instruction）言之。Gagné 根據自己對關鍵的學習事件所作的分析，提出關鍵的教學事件。他指的學習事件雖也能應用於教室及教室之外的發現學習或獨立學習，不限於教師實施的教學。但是卻以假定一位教師對一班學生上課的情形而論：

　　（一）引發動機與告知學習者目標（activating motivation and informing the learner of the objective）：上課的內容足以激發學生的興趣，或點出資訊的用途並告知學生這學習能做什麼事，學生需了解為什麼他們現在要學的這些內容以及未來要學那些內容。（二）導引注意（directing attention）：教師必須把學生的注意力導引到有關資訊的關鍵點上。（三）刺激回憶（stimulating recall）：學生能有效同化新資訊與新材料的關係。（四）提供學習輔導（providing learning guidance）：即提供新知並進行討論，強調概念學習，可能是敘述規則以及給予正確例子與反例。（五）提升保留（enhancing retention）：要求學生練習新技能，多提供範例、分段複習有助於提升保留能力。（六）增進學習遷移（promoting transfer of learning）：促使學生能將原理或概念類化至新的環境之中。（Gagné & Driscoll, 1988；轉引自王文科，2003，頁164）

圖之三：學習階段與教學事件的關係（Gagné & Driscoll, 1988；轉引自王文科，2003，頁165）

　　Gagné 認為學習成果（learning outcomes）有些是可觀察的表現於外的部分，有些可能是儲存於個體內部的部分，後者便稱之為能力（capabilities），該五種成果簡述如下：（一）智能技巧（intellectual skills）：學習一種智能技巧指著學習「如何去做」每種智能類的事情，一般來說，是所謂習得「程序知識」（procedure knowledge），這種「認知如何」（knowinghow）的知識與「認知事實」（knowing that，如某東西存有或具備若干特性）的「語文資訊」不同。智能技巧分成五類：學習者需能認識概念、「分辨」概念、概念需以例子與反例的方式予以「定義」、「規則」、將簡單規則結合成為「高層次規則」。（二）認知策略（cognitive strategies）：學習者習得用來管理自己的學習、記憶與思考的技巧，意即用以控制自己內在過程的技巧，通稱為認知策略。透過認知策略的學習，學習者得以成為「學習如何學習」的獨立學習者。（三）（語文）資訊（〔verbal〕information）：（語文）資訊是一種我們能夠「敘述」的知識，是一種認知事實或陳述性知識（declarative knowledge），可用口語寫作、打字、繪圖等方式表達出來。（四）動作技巧（motor skill）：指學習者學會以若干經過組織的動作行動執行運動而言。（五）態度（attitude）：指學習者習得會影響個人做行動選擇的心理狀態。此種對學習者來說是「選擇」而非「特定表現」的傾向，即是所謂的態度。（Gagné，1985，pp.47-49；轉引自王文科，2003，頁 166）

　　後設認知（metacognition，亦譯元認知、監控認知）這個詞的英文字頭 meta 有「在……之上」，「在……之前」的意思，而 cognition 則涉及思考過程，因此後設認知便是指涉學習者用以理解所接受之內容的心理過程，是以有所謂吾人對自己的學習的了解（Brown, 1978; Flavell, Miller & Miller, 1993；轉引自王文科，2003，頁 184-186）；或對如何學習的認知；或對認知的認知等說法。學生在發展的過程中，學習評量自己，以了解是否真正習得、計算學習某內容所需時間、選擇有效的解題計畫等技巧均包括在內。帕琳莎 Palincsar 採用「交互教學法」（reciprocal teaching）對於閱讀理解感到困難的學生，傳授關鍵性的後設認知技巧，交互教學法除了上述用以指導閱讀理解有困難學生的學習技巧外，也運用以下四種活動，將典型的討論活動轉變成為更具有生產性與自我指導性的學習經驗：（一）預測（predicting）：討論活動一開始便根據書中的標題或副標題；該團體先前對該主題有關之知識的了解；與該類資訊有關的經驗等，來預測書中有待學習的內容。（二）發問

（questioning）：推選一人引導全體討論已讀過之內容每一部分。引導討論者接著就有關的資訊發問，學生針對問題回答，並進而提出更多的問題。（三）摘要（summarizing）：引導討論者接著摘要說明書中的內容，其他學生則可針對摘要，提出評論或加以修正。（四）釐清（clarifying）：書中的若干部分（如概念或詞彙）不清楚，需加以討論以求釐清。（Palincsar & Brown, 1989；轉引自王文科，2003，頁 185）

　　Flavell（1976）將後設認知定義為「一個人對自己認知過程、結果的覺知及自我調整」，（Flavell, 1976；轉引自鄭麗玉，2002，頁 232）在另一篇文章中又將後設認知定義為「有關任何認知的知識和認知」，並將後設認知分為「後設認知知識」（metacognitive knowledge）和「後設認知經驗」（metacognitive experience）。以下分別說明：

(一) 後設認知知識：指的是一個人獲得有關認知（或心理）事件的知識，可分為三類：人的變項、工作的變項和策略變項的知識。

(二) 後設認知經驗：是對認知和情意的有意識經驗。多做計畫，聯繫過去、現在、未來事件能促進後設認知發展；為兒童示範或讓兒童直接練習後設認知活動，會幫助兒童調整和監控自己的認知……等。（Flavell, 1987；轉引自鄭麗玉，2002，頁 232-234）。

　　Brown 認為後設認知一般被視為包括兩個分離卻相關的領域：一為認知的知識（knowledge about cognition），一為認知的調整（regulation of cognition），說明如下：

(一) 認知的知識：指的是人們對自己認知歷程的知識，通常具有穩定、可陳述、可能會錯、且較晚發展的特性。是屬於傳統上所謂「知道某事」（knowing that）的陳述性知識。

(二) 認知的調整：由用來調整和監督學習的活動所組成。包括計畫活動（預測結果、安排策略和各種形式的嘗試錯誤等），學習中的監控活動（監控、測試、修正和重新安排學習策略），以及查核結果（評估各種策略行動的結果是否符合效能與效率的標準）。這些活動具有不穩定、不一定可陳述和獨立於年齡之外（age independent）等特性。（Brown,1987；轉引自鄭麗玉，2002，頁 234-235）

　　另外根據 Brown 後設認知概念有四大歷史淵源：（一）以口頭報告為認知歷程（verbal reports as cognitive processes）的傳統（從內省法到現在的有

聲思考法（thinking aloud）都是以口頭報告一個人自己的認知歷程，其假設就是人能夠反省自己的思考）；（二）訊息處理的模式的執行控制（executive control）概念；（三）Piaget 的自我調整（self regulation）理論；（四）Vygotsky 的他人調整（other-regulation）理論（兒童透過和成人互動學到各種認知技能，其發展由他人調整進步到自我調整）。在這四種歷史淵源中，「認知的知識」源自第一種，「認知的調整」源自其餘三種。（Brown,1987；轉引自鄭麗玉，2002，頁 234-237）

　　由於閱讀是許多學習的基礎，而且後設認知在閱讀領域得到相當多的探討。在後設認知知識方面：閱讀目的是獲得意義的過程。對段落的語意結構，以及不了解時的補救策略的敏感。在後設認知監控方面：能評估他們對作業說明的了解，能看出作業需更多的訊息，能有效地利用前後文來監控理解，能有效地利用補充的上下文，能根據閱讀目的調整閱讀。假如告知閱讀目標，優秀的讀者會比較注意和目標有關的訊息、有效地應用背景知識、有效地做推論、展示比較好的摘要技巧、使用文章組織促進回憶、知道他們什麼時候不了解，知道不了解的時候該怎麼做，知道修正的策略，什麼時候使用這些策略等。（鄭麗玉，2002，頁 238-239）

　　後設認知在閱讀過程中一般可指三種技能：覺知（awareness）、監控（monitoring）及開展補救策略。覺知指知道自己的認知資源，知道不同閱讀目的（或不同閱讀材料）有不同的需求，知道自己相對於閱讀工作的能力，以及知道什麼時候如何使用某種策略……等。監控指監控理解，就是判斷自己了解的品質，建立計畫或目標，發展假設，驗證假設，評估結果，以及必要時採取補救策略等的能力。展開補救策略則是當意識到理解失敗或遇問題時，有補救的策略可用。（Carrell,1988；轉引自鄭麗玉，2002，頁 240）許多研究者發現閱讀前先瀏覽文章標題、次標題、圖表、介紹、摘要、前後問題等可以增進對文章組織、要求的覺知，還有根據標題引發相關背景知識及預測作者意圖可以促進理解。（Malena & Coker, 1987; Tomlinson, 1987; Greenwald, 1985; Kendall & Mason, 1982；轉引自鄭麗玉，2002，頁 240）因此教師應鼓勵學生利用先備知識去了解文章或預測作者意圖，如此可以增進覺知和監控理解。在閱讀中，研究者發現監控理解的一個很有效方法是自我發問。許多種自我發問都能促進理解。如「這段有任何我不了解的地方嗎？」、「這段在說些什麼？」、「這段的主旨是什麼？」、「這節裡的觀念和前

節的怎麼關聯？」……等。閱讀時能利用上下文線索推測字義也是有效閱讀的特徵。閱讀後作摘要是很重要的後設認知策略之一，它迫使學習者深層次地處理文中較重要的訊息，並使學習者能察覺學到什麼。（Tei & Setwart,1985；轉引自鄭麗玉，2002，頁241）教師要有效地教給學生還必須藉助有效的的教學法。有兩種方法是研究者證實相當有效的，那就是示範（modeling）和互相教學（reciprocal teaching）。無論教師要教給學生何種後設認知策略，教師都必須示範或明白地解釋過程，再讓學生練習，才容易奏效。（Duffy, Roehler & Herrmann, 1988; Roehler & Others, 1987; Palincsar, 1985; Jolley, 1985; Kendall & Mason, 1982；轉引自鄭麗玉，2002，頁241）互相教學使學生在閱讀時存放著教的心理，因此更認真、更主動地閱讀，有許多研究證實互相教學是促進理解和監控理解的有效活動。（Palincsar, 1987; Braun & Others, 1985; Palincsar, 1985; Palincsar & Brown, 1983；轉引自鄭麗玉，2002，頁242）教師有必要幫助學生發展他們的後設認知能力。教師可將這些技能或策略融入教學中，藉著示範，使學生明白監控和調整自己學習的重要，並能應用出來，改進學習。不只在閱讀領域，在許多領域，教師皆可應用後設認知的概念，幫助學生成為自己學習的主宰者。教師可藉著注意優秀學生的後設認知策略，作為幫助成績差的學生改進學習的參考。如此教師的教學也改進了。（Hall & Esposito, 1984；轉引自鄭麗玉，2002，頁242）

第三章 研究方法

　　Bogdan & Biklen（2003）認為教育研究開始強調描述（description）、歸納（induction）、紮根理論（grounded theory）、對人們理解的研究，此一研究取向即稱為「質性研究」（qualitative research）（Bogdan & Biklen, trans. 2003, p.1）。愈來愈多的教育研究課程，完全以質性研究方法為焦點（Wlocott, 1983; Bogdan, 1983；轉引自 Bogdan & Biklen, trans. 2003, p.2）。我們相信，「學習質性研究最好的方式，是以一個特別的傳統作為開端，從這裡延伸出去，探索其他質性研究取向，最後找到一個或創造一個來代表你自己的取向。」（Bogdan & Biklen, trans. 2003, p.2）前述我引用 May 的話：「故事的願望恰好是孕育。」（May, trans. 2003, p.230）而我自己也把閱讀當成是一次自我探索的歷程，把教學當是一個我和學生一起的人生故事。因此，我擇取「質性研究」（qualitative research），以敘說分析為本研究主軸的研究方法，來探究高年級童詩閱讀教學。

第一節　研究範圍

一、學生

　　本研究的「學生」係指國小六年級學童為研究對象。2004 年我擔任台東大學附屬實驗國民小學級任教師，這個班級我第一年接任，為了教學實務經驗的研究方便，我以這個班級的三十二位學童為對象，在語文領域的教學時數中，截取部分時間，進行「童詩閱讀教學探究」。

二、敘事

　　敘事被視為因果相接的一串事件。這些事件就如同一串珠子，有開頭、中部和結尾。（Miller, trans. 2002, p.43）Polkinghorne（trans. 1995）將敘說（narrative）視為是一種言談（discourse）的形式，而在質性研究中，敘說一詞的運用分別指稱了散文（prosaic）和故事（story）。「故事化敘說的語言形式保存了人類行動在其時間序列內相互關係的複雜性、動機、偶然機遇，以及變動的人際互動和環境脈絡（p.7）；這種故事化的敘說，即是事件被聚集

與整合成為一個具時間性的組織化整體的過程。（p.5）」（Polkinghorne, 1995；轉引自范信賢，2003，頁 49）。Bell 把「敘說」（narrative）等同於「故事」（story），並進行了結構性的定義。每個故事都可以辨認出開始和結束（coda），「由聯結完整的類別（及單元故事，episodes）所組成，依時間或因果彼此關連。」（Bell, 1988, p.101；轉引自 Riessman, trans. 2003, pp.89-90）。Mayer 也提到就敘述文的基模而言，曾有幾位學者提出閱讀者會使用的「故事法」（Mandle & Johnson, 1977; Rumelhert, 1975; Thorndyke, 1977；轉引自 Mayer, trans. 1990, p.319）。Mandle & Johnson 曾經主張許多民間故事可分割成兩個主要部分：「故事＝背景＋插曲」；「插曲＝開頭＋發展部分」；「發展＝反應＋結束」；「反應＝簡單反應＋行動」或「反應＝複雜反應＋目標途徑」；「目標途徑＝嘗試＋後果」。當一個讀者在閱讀或聽一個故事時，他會預期故事會有一個結構，就像曼德勒和詹森的故事結構法所示的那樣。學習閱讀還涉及用故事的特殊事實來填補結構的一般性部份（例如，每個插曲的開頭、行動及結束）。（Mandle & Johnson, 1977；轉引自 Mayer, trans. 1990, p.319）而故事可以把「失序的」（disorderly）經驗加以型塑，就如同敘說理論所預測的。（Riessman, trans. 2003, p.60）

在本研究的教學歷程中，我把教學視為一連串的事件組合，而學童在教學生活中的文本（口頭報告、討論、文字筆述、思考表白、個人經驗的敘寫）都是一種敘說的言談類型，亦是源自於教與學的教室生活事件，是一敘述事件的基模。在本研究中，我使用故事化敘說的言談類型進行教學探究，因此採用「敘事」一詞做為研究指稱。

第二節　質性研究的特性與理論基礎

一、質性研究的特性

質性研究所蒐集的資料被稱為「軟的」（soft）資料，這是因為對於描述相當豐富且是在脈絡中建構出研究的主題，也關注從研究對象自己的參照架構來理解它的行為。研究者資料的蒐集往往是透過在場域中持續地跟研究對象接觸，此研究最著名的代表性方法，是研究者所使用的技術「參與觀察」（participant observation）和「深度訪談」（indepth interviewing）。研究者進入他（她）想要探究的世界，熟悉他們並獲取他們的信任，並系統地用書面

詳細地記錄下所聽到和所觀察到的事情。這些資料還需其他資料的補充，包括了學校日誌與記錄。

研究者在許多的細節上傾向於去理解人們如教師、學生等究竟是如何地思考，又是如何發展出現在所持有的觀點。這類目標經常引導研究者在其研究對象上，詢問開放性的問題並記錄下來他們的回應。研究的開放性質使得研究對象能從自己的參照架構來回答，而不是根據先前設計好的結構化問題來回答。研究者的工作是讓研究對象針對特定的主題來自由地表達他們的想法。（Bogdan & Biklen, trans.2003, p.8-9）在教育中，質性研究經常被稱之為「自然式的」（naturalistic），因為研究者經常將他（她）感興趣的事件放在自然發生的情境中。所蒐集的資料也是由人們的自然行為而來，像是談話、拜訪、觀看、飲食等等。（Guba, 1978; Wolf, 1979a；轉引自 Bogdan & Biklen, trans. 2003, p.10）

質性研究之特性包括了如下幾項：

（一）意義

研究者透過參與的觀點來瞭解不同的人如何建構他們生活的意義。「意義」（meaning）是質性取向之主要關注點。運用質性取向之研究者對於各式各樣的人如何使其生活有意義是相當有興趣的。換言之，質性研究者關心所謂的「參與者觀點」（participant perspectives）。（Erickson, 1986; Dobbert, 1982；轉引自 Bogdan & Biklen, trans. 2003, p.15）關心他們是否能正確地掌握研究對象的觀點。研究者想要盡可能正確地掌握人們自己詮釋意義的方式。教育領域的質性研究者經常以人為探究的對象，詢問如下的問題：「他們正在經歷的經驗為何，他們如何詮釋這些經驗，以及他們自身又是如何建構所生活的社會世界」。（Psathas, 1973；轉引自 Bogdan & Biklen, trans. 2003, p.16）質性研究者設定一些策略與程序，始能從資料提供者的觀點來考量他們的經驗。對有些研究者而言，質性研究歷程之特性正是研究者和他們對象之間的對話或是互動。（Bogdan & Biklen, trans. 2003, p.16）

（二）自然式的研究場域

作為直接資料的來源，而研究者本身則是關鍵的工具。質性研究都以實際場域（actual settings）作為直接資料的來源，研究者走向特定的研究場域，

因為他們關心的是「背景脈絡」（context）。他們感覺到要瞭解行動的最好方式就是在行動發生的場域來作觀察。（Bogdan & Biklen, trans. 2003, p.12）如果人類學的解釋是在建構發生了什麼的文本，那麼將它跟發生的事情分離，像是跟這個時間、這個地點、特定的人所說的話、所做的事、所發生的事以及這個世界整個廣大的事務分離，就是使文本跟應用分離，並使它成為空虛的。對任何事情如一首詩、一個人、一段歷史、一項儀式、一個機構、一個社會等的好的解釋，就是帶領我們到它的核心，它本身就是解釋。（Geertz, 1973, p.18；轉引自 Bogdan & Biklen, trans. 2003, p.13）研究者所蒐集的資料，是研究者假定人類的行為是相當程度地受到事件發生的場域之影響，因此，他們盡可能地走向現場。（Bogdan & Biklen, trans. 2003, p.13）

（三）描述性資料

以文字或圖畫呈現，而非數字。質性研究是描述性的（descriptive）。蒐集而來的資料是以文字或圖像的形式呈現，而不是數字。研究的書面成果包含從資料而來的引用文字以說明並形成陳述。質性文章和記錄稱為「軼事」（anecdotal）。這是因為他們經常包含引文，且試著以敘述的形式來描述一個特定的情境或一個世界的觀點像是什麼。質性研究取向主張當檢視這個世界時，要假定沒有任何的事物是瑣碎的，任何事物都是有可能發展成線索，以開啟所研究事物之更為全面的理解。當每一個細節都被考慮後，「描述」可以成功地作為一種資料蒐集的方法。（Bogdan & Biklen, trans. 2003, p.13-14）

（四）歷程的關注

質性研究者關注研究歷程，而非結果。質性研究者關注研究歷程（process），而不僅是成果或結果。人們如何形成意義來？探究中的活動或事件之發展歷程為何？（Bogdan & Biklen, trans. 2003, p.14）是如何形構了特定的故事。（Chase, 1995；轉引自 Bogdan & Biklen, trans. 2003, p.14）質性研究對於歷程之強調，特別有利於在教育研究中對於「自我應驗預言」（self-fulfilling prophecy）的釐清，這個寓言是指學生在學校中的認知表現會受到教師對他們期待的影響。（Rosenthal & Jacobson, 1968；轉引自 Bogdan & Biklen, trans. 2003, p.14）質性策略則是建議教師的期待是如何被轉化進入日常的活動、程序和互動中。（Bogdan & Biklen, trans. 2003, p.14）

（五）歸納性的方法

質性研究者以歸納的方法來分析資料，而不是尋求證據來證實或否證在研究之前所持的假設。質性研究者傾向以歸納的（inductive）方法來分析資料。他們不是尋求證據來證實或否證在研究之前所持的假設，而是將蒐集而來的部分及合起來形成摘要。如此逐漸發展起來的理論是由下而上的（而不是由上而下），是將許多相異的片段互相聯結成集體的證據。研究者並不是在拼一幅早已經知道的圖像，而是在建構一幅圖像，隨著部分與部分的蒐集與檢查之後逐漸成形。因此研究者計畫運用研究的一部份，已知道究竟重要的問題是什麼。（Bogdan & Biklen, trans. 2003, p.15）

二、質性研究的理論基礎

（一）質性教育研究之傳統

質性研究之傳統歷史根植於美國早期人類學家與社會學家實地現場進行資料蒐集，嘗試去理解他們所研究的特定人群是如何使其生活的世界成為有意義的。Malinowski 主張一個文化理論必須藉由觀察或歸納尋找，以紮根在特定人類的經驗中。這事件形塑了「實地工作」（field work）的導向。（Malinowski, 1960；轉引自 Bogdan & Biklen, trans. 2003, p.17）人類學家的實地（田野）研究是後來稱為「芝加哥社會學」（Chicago sociology）模式的一項重要來源（Douglas, 1976；Wax，1971；轉引自 Bogdan & Biklen, trans. 2003, p.17）。

芝加哥大學的社會學者在理論上，他們都將符號和人格（symbols and personalities）視為從社會互動中浮現出來的。（Faris, 1976；轉引自 Bogdan & Biklen, trans. 2003, p.18）芝加哥學派領導人之一的 Robert Park 帶來一些新聞記者的實務經驗，像研究的實務重視在現場的重要性，以及將個人的觀察移向最前線等。（Faris, 1967; Hughes, 1971; Matthews, 1977; Wax, 1971；轉引自 Bogdan & Biklen, trans. 2003, p.18）這種對於社會脈絡與個人傳記之間交錯的強調，是當代將質性研究描述為「整體的」（holistic）之淵源。正如「行為可從其發生的情境來順利地研究」，（Wells,1939, p.428；轉引自 Bogdan & Biklen, trans. 2003, p.19）讓人對自己的觀點「發出聲音（giving voice）」。（Bogdan & Biklen, trans. 2003, p.19）

　　教育社會學者 Waller 在「教育社會學」（Sociology of Teaching）一書中，藉由深度訪談、生活史、參與觀察、個案記錄、日記、信件、以及其他個人文件，描述教師和學生的社會世界。對 Waller 而言，這本書的起點是他的信念：「兒童與教師並不是不具肉體的智慧，不是教學機器和學習機器，而是置身在社會交纏的複雜迷宮中之整個全人。學校是一個社會世界，因為人類生活其中。」（Waller, 1932, p.1；轉引自 Bogdan & Biklen, trans. 2003, p.20）Waller 借用了「文化人類學家」、「唯實小說家」，以及我們現在稱之為質性研究者所使用的方法。Waller 認為「洞察」（insight）給予科學方法活力，而不是相反過來。（Waller, 1934；轉引自 Bogdan & Biklen, trans. 2003, p. 20）Waller 所主張的社會學概念中，最優先的概念是 Thomas 的「情境的界定」，（definition of the situation）（Thomas, 1923；轉引自 Bogdan & Biklen, trans. 2003, p.20）這很清楚是互動的觀點，建議人們在採取行動之前先檢視和「界定」情境。這些「界定」指出情境為何對於我們是真實的。（Bogdan & Biklen, trans. 2003, p.20）

　　Charles Booth 是一位統計學家，從 1886 年開始進行倫敦貧民的社會調查。（Webb, 1926；轉引自 Bogdan & Biklen, trans. 2003, p.21）他的目標是要親身經歷研究對象的生活。（Taylor, 1919；Webb, 1926；Wells, 1939；轉引自 Bogdan & Biklen，trans. 2003, p.21）Beatrice Webb 也在實地工作經驗中的同情心和投入理解，使她了解了 Roy Stryker 所說的「眾多個人組成一個人群」的意義。（Scott, 1973, p.53；轉引自 Bogdan & Biklen, trans. 2003, p.21）Webb 的親身參與她所參與的對象之生活後，這個抽象的名詞變成有血有肉的具體實在。（Bogdan & Biklen, trans. 2003, p.22）

　　在意識形態與社會變遷環境，Wolcott 在其著作中寫下使「人們相信你不是在愚弄他們，也不是要揭發他們或他們的生活」的重要性。（O'Neal, 1976；轉引自 Bogdan & Biklen, trans. 2003, p.25）美國人在這個時期，不論是在文學、雜誌、攝影或非學術的研究，受到自然式研究取向的吸引，因為它強調記錄個人的經驗和意義。（Bogdan & Biklen, trans. 2003, p.25）研究重視現場中所有參與者觀點之瞭解，挑戰了「局外人」觀點的所謂「可信性的層級」（the hierarchy of credibility）。（Becker, 1970c；轉引自 Bogdan & Biklen, trans. 2003, p.27）這典型的研究歷程之一部份，就是引出那些從來就不被認

為有價值的或有代表性的人們之觀點（Bogdan & Biklen, trans. 2003, p.27），「局內人」的觀點。（Wax, 1971, p.11；轉引自 Bogdan & Biklen, trans. 2003, p.42）

（二）質性研究的理論基礎

Bogdan 和 Biklen（2003）在「質性教育研究——理論與方法」對於理論的用法則是跟社會學和人類學的用法一致，類似「派典」（paradigm）這一語詞。（Ritzer, 1975；轉引自 Bogdan & Biklen, trans. 2003, p.32）「派典」是邏輯上相關的假定、概念或命題之集合，導引思維和研究。當我們指涉「理論導向」（theoretical orientation）或「理論觀點」（theoretical perspective）時，我們所指的是一種觀看世界的方式，是人們對於什麼是重要的、什麼使世界運作的假定。研究者會察覺他們的理論基礎，並用來協助資料的蒐集和分析。理論使資料一致，並使研究不至於變成是沒有目的的、沒有系統的說明之堆砌。（Bogdan & Biklen, trans. 2003, p.32-33）

現象學模式中的研究者嘗試理解日常人們在特定情境中的事件和互動之意義。現象學者不會假定他們知道事物對於其研究對象有何意義。（Douglas, 1976；轉引自 Bogdan & Biklen, trans. 2003, p.35）「現象學的研究開始於沉默」。（Psathas, 1973；轉引自 Bogdan & Biklen, trans. 2003, p.35）這個「沉默」（silence）是一種嘗試，嘗試要掌握他們所要研究的是什麼。因此，現象學者所強調的是人們行為的主觀層面，亦即「完全看你從那個角度來看，事物對你的意義為何」。他們想要得到進入研究對象的概念世界，（Geertz, 1973；轉引自 Bogdan & Biklen, trans. 2003, p.35）以理解他們對於日常生活當中的各種事件是如何建構出意義來，這些意義又是什麼。現象學者相信當我們跟他人互動時，我們可以有多種詮釋經驗的方式，而正是我們經驗的意義建構了實在（reality）。（Greene, 1978；轉引自 Bogdan & Biklen, trans. 2003, p.35）「實在」最後說來是「社會建構的」。（socially construction）（Berger & Luckmann, 1967；轉引自 Bogdan & Biklen, trans. 2003, p.35）不管立場為何，質性分析必須自我覺察這個理論上和方法論上的議題。質性研究者強調主觀的思維，認為我們生活在我們的想像中，較多象徵的而非具體的場域中。研究者可以記錄人們所說的和所做的。這些記錄或是實施札記就是資料。雖然他們不會宣稱他們蒐集的資料包含一定的「真理」，或說是記錄經驗世界的唯一方式，他們的確宣稱他們記錄的描寫是可以從正確性來評鑑的。也就是

說，在研究者對於發生的說明和實際發生的事件之間，必須有、也應該有對應的關係。此外，他們努力於使自己的寫作跟他們蒐集的資料有一致性，這不是說他們宣稱他們的斷言是「真」的，而是假定資料正確的情況下他們是「似真的」（plausible）。在這種意含下，質性研究者將自己當作經驗的研究者，將他們所完成的研究報告和文章，不當作是超驗的真理，而是特定的描寫或是對紮根在經驗世界的實在之詮釋。（Bogdan & Biklen, trans. 2003, p.35-36）

　　符號互動論取向的基本假定，且跟現象學觀點並容的是「人類經驗是以詮釋做為媒介」。（Buumer, 1969；轉引自 Bogdan & Biklen, trans. 2003, p.37）客體，人們、情境和事件等並不具備自己的意義；相反的，意義是被賦予在他們之上的。人們賦予他們經驗的意義，以及他們的詮釋歷程，是本質性與構成的，而不是偶然的或次要於經驗的。人們的行動不是基於對先前界定的目標做預定回應，而是做為詮釋者、界定者、指示者，以及符號和信號的讀者；研究者要理解他們的行為，只能採取參與觀察之類的方法來進入他們的界定歷程。詮釋不是自主的行動，也不是被任何特定的人類或其他因素所決定。個體透過互動來建構意義。在既定情境的人們（如在特定教室中的學生）經常發展出共同的界定（或是符號互動論的術語），「分享觀點」（share perspective），當有些人採取「分享的界定」（shared definitions）來指出「真實」時，其意義仍總是要經過協商的。符號互動論的一個重要部分是「自我」（self）的建構。自我是人們（跟他人互動）關於自己是誰而創造出來的「界定」。自我因此也是一個社會建構，是人們如何知覺他們自己的結果，進而透過互動的歷程來發展出一個界定。這個迴路使人們能夠改變和成長，尤其是他們透過互動的歷程而對自己學習知道的更多時。研究的主題聚焦在不同的參與者如何看待和經驗這些目標。研究者關心的是多面相的實在，而不是單一的實在。（Bogdan & Biklen, trans. 2003, p.37-41）

　　「做為可理解的符號之交互運作的系統，文化並不是權利，不是社會事件、行為、機構或歷程等可以因果地歸因的事物；它是一種脈絡，在其中某些事物才能夠容易理解地描述，是一種厚實的描述。」（Geertz, 1973, p.14；轉引自 Bogdan & Biklen, trans. 2003, p.41）在這個含意下，文化跟人們歸因到事件的意義之間有交互作用。這個界定的現象學倒像是相當清晰的。人類學家 Wax（1971）提出文化第三種概念。根據 Wax 的主張，理解不是在人們

之間的「神秘的同理」，而是一種「意義分享」的現象。也因此，人類學家在字面上是從他（她）的社會接受度之外，在象徵上則是從理解之外而開始。當他開始分享時，他開始「理解」。他擁有了一部份的「局內人的觀點」。（Wax, 1971, p.11；轉引自 Bogdan & Biklen, trans. 2003, p.42）理論影響我們如何談論我們跟資料的關係，跟經驗世界的關係，同時也影響我們認為在我們所理解的當中，什麼是有意義的。「方法論」是個較為通稱的語詞，指涉到一個研究方案的一般邏輯和理論觀點。「方法」指的是研究者使用的特定技術，像是調查、訪談、觀察等，是研究的較為技術性的層面。「質性研究」作為一種方法論。在參與觀察和深度的訪談的技術，現象學理論和歸納性分析之間有著邏輯的連結。（Bogdan & Biklen, trans. 2003, p.46）

（三）敘說分析

　　敘事，在科學理性思維下，它好像太感性、太瑣碎、太個人性……，而不足以端上「研究」的檯面。我們忽視了：在我們生活世界中，關於意義的理解與協議、關於自我形塑和能動性、關於文化的置身在地性等，我們是透過敘事的方式生成的。（范信賢，2003，頁 51）「我們是透過我們自己的敘事法，才能建構出我們存在於世界的一個版本，而文化就是透過它自己的敘事法才能為它的成員提供身分認同（identity）和能動性（agency）的種種模型」。（Bruner, 1996/2001, p.23；轉引自范信賢，2003，頁 51）敘事是思考和組織知識的基本方法（Conle, 2000；轉引自范信賢，2003，頁 50），我們用敘事來進行思考、表達、溝通並理解人們與事件，說故事、聽故事本來就是我們生活的一部份，我們也生活在故事裡。故事，就像其他的文化事件，它表達或再現了其文化自身。（范信賢，2003，頁 50）Bruner 說：「我們大部分的生活是在一個根據敘事的規則和設計而建構的世界裡發生，如有這樣的提議：我們必須把我們的意識轉向於敘事理解所創造而成的現實世界，這樣說有什麼費解的呢？」（Bruner, 1996/2001, p.223；轉引自范信賢，2003，頁 51）Connelly and Clandinin 亦宣稱：「我們視經驗是敘事性的，所以我們敘事性的研究經驗。換言之，我們視敘事既是一種現象，也是一種方法。」（引自 Clandinin & Huber, 2002, p.162；轉引自范信賢，2003，頁 51）Coles 在其自傳式「故事的呼喚」一書中提及理論的意義它的字根是希臘文 θεάομαι, theamai，意為「我看」，就是我們在戲院裡所見到的。我們的心靈收容所有事

物的視覺印象；以此推論，理論就是觀察的放大。（Coles, trans. 2001, p.61）一個人能靠教授小說和詩而不停學習，是因為每個讀者的反應都有他自己令人吃驚、富指點性的力量；這正是我想要傳達的。（Coles, trans. 2001, p.29）隨你怎麼處置都會「揭露」一些事物。我們的生活中都積蓄了許多故事，每個人都有這些故事的歷史，所有人的故事都是獨一無二的；如果我們學著把種種事件串在一起，放在該放的位置，每個人都能夠成為自己的鑑賞家或評論家；事實上，這樣它們就成為一個傳統的故事。（Coles, trans. 2001, p.46-47）這隱含著自己秘而不宣的故事──那是關於我們如何看待生命的故事，我們選擇什麼來強調，我們認為什麼細節才重要，我們詮釋事物的時候表現出什麼形象。如果我們的工作是使病患說出他們的故事，幫助病患從說故事來瞭解自己所經驗的事物；我們的工作同時也是去瞭解，做為主動的傾聽者，我們將聽到的賦予輪廓，將他們的故事轉變成我們的故事。（Coles, trans. 2001, p.56）Rogers 也說出：「能成為自己之後，好像又能促發另一種結果：關係變得真實了。真實的關係具有一種極能產生活力與意義的方式。」（Rogers, trans. 1990, p.20）

　　Riessman 從敘事中經驗再現的歷程，以圖表示敘事探究的過程如下：

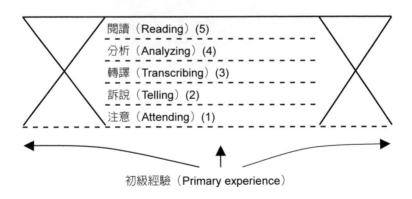

閱讀（Reading）(5)

分析（Analyzing）(4)

轉譯（Transcribing）(3)

訴說（Telling）(2)

注意（Attending）(1)

初級經驗（Primary experience）

圖之四：研究過程中的再現層次（Riessman, 1993, p.10；轉引自范信賢，2003，頁63）

　　從協作者的觀點而言，Riessman（1993）認為在敘事探究過程中，相對於實證主義的真理符應觀點，協作者提供的資訊不能視為反應外在世界的鏡子（mirror），它們是協作者所建構的、創生的、修辭的和詮釋的。（Riessman, 1993, pp.4-5；轉引自范信賢，2003，頁63）

　　Riessman 採用現象學（phenomenology）的觀點出發，在「敘說分析」一書中從敘事中經驗再現的歷程，以圖表示敘事探究的過程。他說個人是透過說故事扼要地重述他們的生命，並重新加以解釋。（Riessman, trans. 2003, p.4）研究者無法直接進入一個人的經驗，我們所處理的是某種模糊性質的經驗再現──包括談話、文本、互動和解釋。這是無法完全中立和客觀的，我們所能做的僅僅只是再現（相對的是解釋）其世界。（Peller, 1978；轉引自 Riessman, trans. 2003, p.19）Riessman 敘說自己一個經驗故事來參照說明上述圖之四：某個清晨，我從飯店外出散步，沿著一個無人的沙灘走著。如果我們採用現象學（phenomenology）的觀點出發，來思考每天片刻經驗所棲息的存在世界，我所寓居的這個海灘，其世界將是「在反思開始之前『就已存在』，如同一個不可異化的存在（inalienable presence）」。（Merleau-Ponty, 1962/1989, p.Ⅶ；轉引自 Riessman, trans. 2003, p.21）行走在黎明時刻，在經驗的前語言範疇裏，我所遭逢的──意象、交織的光影與色彩、浮動的聲響、轉眼即逝的感覺──都呈現在川流不息的意識裡，我是這個世界的一部份。這時，我無法區辨我身體的感覺，以及我意識所構成的這個沙灘。就像所有的社會行動者，我是以一種「自然的態度」（natural attitude）來經驗這個世界，並視之為理所當然，而不是去思考它的成分或分析它。（Husserl, 1939/1973; Schutz, 1932/1967；轉引自 Riessman, trans. 2003, p.21）這是圖表中的底層初級經驗（Primary experience）部分。

　　我在意識流裏關注傾聽，並分離出某些形貌──反思、回憶、從觀看裡拼湊。我關注的對象，經由關注，我使某些現象具有了意義，也就是圖之四再呈現的第一個層級。在關注時是有所選擇的，我在未經反思的整體（基本的經驗）裡做了選取。因理論上的興趣及價值吸引了我。在再呈現的第一個層級裡，藉由思考，我以新的方式主動地建構了真實。（Riessman, trans. 2003, p.22-23）這是圖之四再呈現的第一個層級關注經驗。（attending to experience）

　　下一個階段訴說（telling），即個人敘說的展現。我在和朋友的對話裡，把這些事件再度呈現給聽者，並在某個程度上加以條理化，雖然經驗是之前發生的事，但我就像是在描述著自己內在的一個經驗，在對話裡我將行動演出。我描述那時的環境、角色、開展的情節，用一種觀點縫補著故事，以使我對這些事情的解釋變得清晰。把描述這些事物的真實世界，帶到述說空間裡，依序地重新形成事件，以回應他們的線索我擴大了參考脈絡，對於我的

生命計畫所具有的意義。藉由說和聽，我們共同產生了一個敘說。（Riessman, trans. 2003, p.23-24）在說的過程裡，我所擁有的經驗和傳遞的經驗之兼具有一個無法避免的縫隙。用尼采的話來形容就是一個「語言的牢房」（prison house of language），（引自 Jameson, 1972；轉引自 Riessman, trans. 2003, p.24）語言是無法穿越到我語言所指涉的想法上，因為語言「除了自己本身之外，無法傳遞任何事物」。（Merleau- Ponty, 1962/1989, p.188；轉引自 Riessman, trans. 2003, p.24）就如 merleau- Ponty 所言：我們的語言能力使我們在往下進入到我們基本知覺和情感的經驗範疇裡，找尋一個真實，是容易受到言詞理解所影響，而且這個企圖向前引出了一個意義性解釋，來說明這個基本層次中的我們經驗，……從經驗中尋找意義，然後以話語來表達這些意義，說者讓所有的人共同思考這個經驗，而不只是生活於其中而已。（引自 Polkinghorne, 1988, pp. 29-30；轉引自 Riessman, trans. 2003, p.25）意義有時也會以其他方式而有所改變，因為它是在互動過程的第二個層級裏建構出來的。這個故事說給特定的人聽，如果聽眾是其他的人，可能會有不同的版本。在這個情況下，我不是在中立的處境下呈現這個經驗。而是處在與進行的特殊對談，他們對我而言具有特定的意義。在訴說這個經驗時，我也在創造一個自我（self）——我想如何被他們認識。敘說被脈絡染上特定的顏色。就像所有的社會行動者一樣，我企圖說服自己和其他人，我是一個好人。（Riessman, trans. 2003, p.26）因此，我的敘說不可避免地就是一種自我的再呈現。（Goffman, 1959；轉引自 Riessman, trans. 2003, p.26）

　　不管使用哪種錄製形式，最後都必須以某種文本呈現它。用 Ricoeur 的話來說，這是一種將行動「固著」（fixation）以為一種書寫的文字。（引自 Packer & Addison, 1989；轉引自 Riessman, trans. 2003, p.26）轉錄的過程是不完整的、部分和具有選擇性的。一位早期的當代女性運動者 Millett，對錄音機做了評論：「如果沒有這個機器來保留語言的真實聲音，我們可能無法知道實際上人們是如何說的：他們的停頓、抑揚頓挫、強調的部分、未完成的句子、短的結尾。所有模仿那些口頭語言的企圖都似乎過於矯揉造作，我不得不尊敬起 Gertrude Stein 的極為沈靜，和佩服她是如何小心地處於聆聽狀態。」（Millett, 1971, p.32；轉引自 Riessman, trans. 2003, p.26）Millett 討論了轉錄成文字稿所遇到的問題：在她的這卷錄音帶上，我經常代言，希望能給她支持，最後在進行編輯整理時，再把我的部分去除。（Millett, 1971, p.31；

轉引自 Riessman, trans. 2003, p.27）Millett 把「大量的工作將所說的話轉換成直線條列式的語言（linear- language）」，或採用一個鬆散的口語敘說，並把這位女性所說的加以摘要。就像一個四重奏的樂譜，不同的聲音「是以不同的樂器來表達它們互異的經驗。」（Millett, 1971, p.32-33；轉引自 Riessman, trans. 2003, p.28）把說的語言轉換成文字文本這個過程，現在已經被認真地加以考量了，因為深思的研究者不再假定語言具有透明性（transparency）。質性研究者現在會質問自己轉錄的過程應該多詳盡？何者應該被包括和如何安排及呈現文本，這些看起來似乎是不重要，但是這些選擇及安排，都會影響到一個讀者將會如何理解這個敘說。（Riessman, trans. 2003, p.28）再呈現的形式反映了一位藝術家的觀點和概念——強調何者是重要的。研究者藉由拒絕（讀者）的訊息，將本質固定下來。矛盾的是，他們以為我們提供了空間，由我們自己來填補。雖然我們對它們知道很少，但是經由分析這些圖像（或談話），我們可以建構一個完整的世界。因此，我對我的故事有了更進一步的了解。（Riessman, trans. 2003, p.29）轉錄言說（discourse）是個解釋性的過程。決定要如何登錄，就像是決定要如何訴說與傾聽，這個過程是受到理論的引導，（Ochs, 1979；轉引自 Riessman, trans. 2003, p.29）而且是修辭的。以特定的方式來呈現文本，我們為自己的論點提供了背景不同的轉錄慣例會引發及支持了不同的解釋與意識型態的立場，創造了不同的世界。對於同一段談話若用不同的轉錄方式，將會是以不同的方式建構其意義。（Riessman, trans. 2003, p.29）這是圖之四再呈現的第三個層級轉錄經驗（transcribing experience）。

　　研究者仔細的對訪談逐字稿或謄本（transcript）（有時是許多的謄本）進行分析。也許研究的議題是，如何定義啟發工作認同的關鍵時刻（Riessman, trans. 2003, p.30）。也許，其他的社會科學家也會把他們研究工作的轉捩點或主顯節（epiphanies）加以敘事化。（Denzin, 1988；轉引自 Riessman, trans. 2003, p.30）一個研究者要把這一系列的談話加以剪裁，使它合於一個報告或書面的內容，試圖理解其意義以及創造戲劇性的張力。形式、次序、呈現的風格、如何安插訪談中所得到的生命片段，都涉及決策的過程。（Riessman, trans. 2003, p.30）最後，分析者創造一個後設故事（metastory），說明發生了什麼事。藉由訴說訪談故事的意涵，將被說出來的加以編輯和賦予新的型態，以及將它轉變成一個混合性的故事，成為一個「虛構的文件」（false document）。

（Behar, 1993；轉引自 Riessman, trans. 2003, p.30）雖然在某個程度上來說，這是種出賣——海灘故事和其他類似的故事都在另一種陌生的話語中再度誕生——但這卻是必須且是有建設性的。個人生命經驗的口述故事走走停停方式，會以不同的方式重新拼貼及組合。（Riessman, trans. 2003, p.31）這是圖之四再呈現的第四個層級分析經驗（analyzing experience）。

一個讀者所擁有的只是分析者的再度呈現。（Riessman, trans. 2003, p.32）每個文本都是「多重聲音（plurivocal），開放給多種的閱讀方式和不同的建構（Rabinow & Sullivan, 1979/1978, p.12；轉引自 Riessman, trans. 2003, p.32）。甚至對於相同的讀者而言，一個作品在不同的歷史脈絡下，可以引起相當不同的閱讀，合作是不可避免的，因為讀者是此文本的一個行動者。（Bruner, 1986；轉引自 Riessman, trans. 2003, p.32）批判性的讀者會從他們對一個作品的解釋下，放入了對作品當中某些「成分」（makings）的理解，因為一個作者不可能訴說所有的部分。（Riessman, trans. 2003, p.32）文字文本的這些脈絡可以帶到讀者面前，透過讀者加以闡述。（Riessman, trans. 2003, p.33）這個觀點認為所有的文本都位在一個移動的地基上，將不會有一個主要的（固定的）敘說。（Glifford, 1986; Clifford & Marcus, 1986; Sosnoski, 1991；轉引自 Riessman, trans. 2003, p.33）一個文本的意義總是對於某些人才具意義。我們所建構的真實「對特定歷史情境下的某個特別的解釋群體才具有真實的意義」。（Clifford, 1988, p.112；轉引自 Riessman, trans. 2003, p.33）雖然，傳統社會科學宣稱可以再現某個文化和群體的經驗，新的批評主義卻讓我們有理由相信，最終我們還是無法對其他人說，這是最後的說法。因為我們的對象「無法靜止不動地被描繪」。（Clifford, 1986, p.10；同時參閱 Wolf（1992）；Riessman, p.33；轉引自 Riessman, trans. 2003, p.33-34）這是圖之四再呈現的第五個層級「閱讀經驗」。

經驗再呈現的所有形式都是有限的描繪。在解釋和創造文本，讓符號能夠代表那些我們無法直接到達的基本經驗（primary experience）。意義本身是模糊的，因為它出現於人們互動過程之中——即自我、說者、聽者，與錄音者、分析者以及讀者。（Riessman, trans. 2003, p.34）我們敘說他人的故事時，我們的敘說是我們世界的產物。「不可能不從某個角度出發的觀點」，（Nagel, 1986；轉引自 Riessman, trans. 2003, p.34）過去在此時此地說出可能對現在或未來有某種意義。因為意義是流動且具脈絡性的，它不是固定的且普世的。

我們所能做的只是談話和文本，它們是部分地、選擇性、不完整地呈現了真實。（Riessman, trans. 2003, p.34）訴說者從「整體」經驗只選擇某些特色來敘述，但同時也增加了其他的選擇元素。研究歷程的討論架構著重在「再呈現」（representation），而非「階段」（stages）或「觀點」（perspectives）上，強調了我們主動的選擇，可以讓那些部分以完全不同的方式呈現。（Riessman, trans. 2003, p.35）再呈現的觀念為社會科學工作的性質帶來了建構的觀點，Said 更進一步，使他的想法為所有研究者帶來了支持：實在（The real）的議題是，是否確實有一個對於任何事物而言，所謂真實的再呈現，無論是單一或所有的再呈現，他們首先都嵌於語言當中，然後嵌於文化、制度和呈現者模糊的政治氛圍中。如果後者的說法是對的（就如同我所相信的），我們必須準備接受這個事實──再呈現基本上就與許多「真實」之外的東西牽連、糾結、嵌入、編織在一起，真實它本身就是一種再呈現。（Said, 1979, pp. 272-273；轉引自 Riessman, trans. 2003, p.35）。

　　什麼是敘說？Labov 特別認為，所有的敘說都是關於過去某件特定事情的故事，它們共有的特質（如下所述）。大多數的學者把敘說當作是分離的單位，有清楚的開始和結束，可從圍繞的言說（discourse）中分離出來，而非只是情境中的事件。（Labov, 1972 轉引自 Riessman, trans. 2003, p.38）在「詩篇」（ploetics）裏，Aristotle（亞里斯多德）曾說，一個敘說有起、中段和結束。從那時到現在，對敘說而言，學者們都同意，就算沒其他的部分，次序（sequence）是不可缺少的。（Cronon, 1992; Polanyi, 1985；轉引自 Riessman, trans. 2003, p.38）Labov 和 Walezky（1967）主張故事編年式的次序（chronological sequence）。Young（1987）主張後結果式的次序（consequential sequencing），又有人主張主題式的次序（thematic sequencing）。（並引自 Michaels, 1981；轉引自 Riessman, trans. 2003, p.39）並不是所有的敘說都是語言學所謂的故事，個人在描述經驗時，使用了多種的敘說文類（narrative gerres）。（Riessman,1991；轉引自 Riessman, trans. 2003, p.40）這一些文類包括了習慣式敘說（habitual narratives）、假設式敘說（hypothetical narratives）、主題式敘說（topic- centered narratives），敘說的文類有特殊的類型和結構，它們是訴說者所選擇的再呈現方式，不同的文類說服的程度不同，它們使我們關心的部分是，敘說文類與訴說者想把我們拉到它們觀點的程度。（Riessman, 1991；轉引自 Riessman, trans. 2003, pp.40-41）

對於敘說的結構（narrative structures），Labov（1972, 1982; Labov & Walezky, 1967）的結構取向是個典範：主張敘說具有形式上的特徵，每一個部分都有其功能。一個「完整形式」（fully formed）的敘說包括六個共同的元素：摘要（abstract）（總結敘說的內容）、狀態（orientation）（時間、地點、情境、參與者）、複雜的行動（complicating action）（事件的次序）、評價（evaluation）（行動的重要性和意義、敘說者的態度）、解決方式（resolution）（最後發生了什麼事）、結局（coda）（回到對現在的展望）。（轉引自 Riessman, trans. 2003, p.42）「任何有關動機的完整陳述，都將提供對下列這五個問題某種程度的回答：做了什麼（行動）、在什麼時間或地點做的（場景）、誰做的（行動者）、他（她）如何做的（行動方式）、為什麼（目的）。」（Burke, 1945, p.xv；轉引自 Riessman, trans. 2003, p.42）還有另一種結構取向是由 Gee（1986）所提出來的。他關注於一個故事是如何被說的。他使用詩的單位——詩段（stanzas）和詩節（strophes），來探究談話是如何組織的、前後的條理、如何被理解的，（轉引自 Riessman, trans. 2003, pp.42-43）其他研究者也已經注意到普通言說中，詩意的表述方式。（Richardson, 1992; Tannen, 1990；轉引自 Riessman, trans. 2003, p.54）形成敘說的不只關於我們過去的行動，同時也包括個人是如何理解這些行動——也就是意義。（Riessman, trans. 2003, p.43）分析來說，語言具有三種不同但互相依賴的功能，（Halliday, 1973, p.37；轉引自 Riessman, trans. 2003, p.46）這對所有的意義解釋都是很基本的。理念的功能（ideational function）、人際間的功能（interpersonal function）、文本的功能（textual function）。Sarbin（1986a）稱敘說是一個基本隱喻（root metaphor）：這是關於單元故事（episodes）、行動和行動陳述如何被組織的方式；這算是一個成就，將平凡的事實和幻想的創造合併於一處，而時間和地點都整合在一起。敘說允許包含行動者行為的理由，同時也包括所發生知識的原因（Sarbin, 1986a, p.9；轉引自 Riessman, trans. 2003, p.48）。Sarbin 在「個人敘說團體」，（Sarbin, 1989a, p.9；轉引自 Riessman, trans. 2003, p.49）以另一種方式描述了真實，這也回應了 Riessman 的基本立場：當談論到他們的生命時，人們有時候會說謊、忘記許多事、過分誇大、變得糊塗、搞錯了一些事。但是它們正在揭露著真實，這些真實並不像科學典型的真理，個人敘說的真實不是等待證明的，也不是自我證成的（self-evident）。我們只有經過解釋，很細心地注意那些形成他們故事脈絡，以及灌注於當中的世界觀，我們才開始明白這些經驗。有時，我們從個人敘說裡所看到的真實，會震撼我們脫離

自以為是的安全感，而這些真實，讓我們突然意識到我們自己在這個世界的位置，如同置身事外，也在我們的解釋裡扮演了部分角色，型塑了我們從它們所得到的意義。（Langellier, 1989, p.261；轉引自 Riessman, trans. 2003, p.50）敘說是解釋性的，反過來也需要被解釋；分析性解釋是部分的、相對真實的，其目標是朝向「可信度（believability）（而不是確定性），及朝向增加理解，而非控制」。（Stivers, 1993, p.424；轉引自 Riessman, trans. 2003, p.50）

　　敘說分析的方法並非只有單一的方法，有許多的取向都適合研究不同的敘說型式的文本。而我們可以用不同的方法，系統地分析個人對過去經驗的回憶。（Riessman, trans. 2003, p.57）這一動能性（agency）和主體性（subjectivity），在方法論的層次上，每個例子都提出了一些關於我們在研究報告中如何再現經驗的問題：

　　1、訴說如何被轉換成一個文字的文本？如何對敘說進行分割？

　　2、敘說的哪些面相構成了解釋的基礎？

　　3、誰來決定敘說的意義為何，以及是否可能有其他方式的文本？

　　　　（Riessman, trans. 2003, p.58）

　　如同 Kuhn（1962/1970）所主張的，範例（examplars）往往承載著許多的默會知識（tacit knowledge）。而故事可以把「失序的」（disorderly）經驗加以型塑就如同敘說理論所預測的。（Riessman, trans. 2003, pp.59-60）

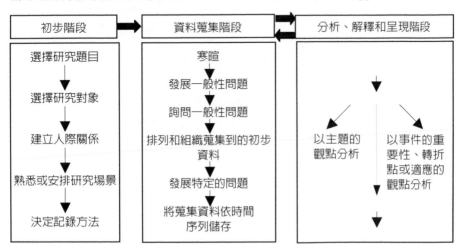

圖之五：生活史研究的進程（Hitchcock & Hughes, 1989；參考許傳德,1999；
　　　　轉引自范信賢,2003,頁 62）

　　范信賢（2003）以收集協作者經驗生活史資料的方式來進行敘事探究。

　　結合 Hitchcock & Hughes 和 Riessman 的觀點，我將敘事探究的歷程看成經驗的再呈現與文本分析的過程，以進入小學高年級的教學現場，邀請敘說（協作者詮釋自己在教學歷程中的教與學的經驗）、資料收集（教學前、教學中、教學後協作者的文本）、資料分析（研究者詮釋協作者和自己在教學歷程中的教與學的經驗）、研究書寫等建構過程。

第三節　研究歷程與方法

一、選擇協作對象

　　敘說訪談進入協作者生命經驗的現場，需要建立親密、公平且彼此之間互負責任的研究關係，這是一種協商進入（negotiation of entry）的樣態。（Connelly & Clandinin, 1991, p.125；轉引自范信賢，2003，頁 64）Douglas 也主張，人類存在的核心是感受與知覺，那是我們最深層的自我，而這些面相往往無法從談話以及互動的分析來獲得，研究者必須深入人類靈魂的深處，必須仰賴開放的分享、親密、情意上的敏銳等等。（引自吳麗君，2003；轉引自范信賢，2003，頁 64）

　　而本研究是以我實際教學的六年級全班協作者所進行的質性研究，因此這一個協作者生命經驗的現場是一個小型社會的教室情境，我除了教學外，更注意師生之間的情感和信任感的建立，並邀請協作者把這一次童詩閱讀教學探究的研究論文，當成是我們師生之間一起走過來的禮物，孩子們經過協商、表決，讓我得以進入這個領域，和大家一起走完這「人生跑道」，我們也必需在語文科的教學中做好準備，把語文科的學習當成「內容學科」的閱讀學習，和把語文科的學習當成「工具學科」教導敘事能力的技能學習，依此準備我們進入共同的教學探究現場，一起工作，一起建構屬於「我們的故事」。

二、邀請敘說與敘說資料收集

　　敘事探究除了採取對話、訪談的方式獲取資料外，也可以運用文件資料（document）分析，如日誌、信件、報導、會議記錄、協作者發表的文章等。而這些資料乃是由個體或群體在生活世界中發生的一連串大小事件所組構

而成。（范信賢，2003，頁 65）田芳華將事件的要素可以歸納為七種基本形態：發生了什麼事（what）、發生的原因（why）、發生的時間（when）、發生的地點（where）、其中涉及的人物（who）、發生的次數（how many）、發生的頻率（how often）等。具體來說，訪談的進行或資料的蒐集，研究者可以設問：「誰牽涉其中？」、「在何地發生？」、「發生了什麼事？」、「為什麼發生這件事？」、「事件在何時發生？」、「發生的次數或頻率為何？」（田芳華，1998，頁 14-21；轉引自范信賢，2003，頁 66）。

Goodson 和 Sikes 曾經提醒：「（協作者）他們是在某種特別目的下以某種特別的方法敘說他們的故事，而這些敘說是如此引導的：他們對他們置身其中的特殊處境的理解或概念化、他們意欲呈現的自我／身分認同／意象／形象，以及他們對聽者如何回應的評估。」（Sikes,2001, p.41；轉引自范信賢，2003，頁 68）在這種情形下，我透過教學教材提列問題並切割成作業單，讓孩子敘說他所經驗的生活事件、故事或感受。我以一個星期做為一個時間單位，發給協作者一份 E-mail 作業單，交由協作者敘說自我的文本，並由協作者自己去思考敘說的串連與書寫方式。此意圖是希望協作者自己去建構這樣教學與學習的生活經驗對他的意義，並且讓協作者成為敘說的主體。

三、資料記錄、轉譯及檢核

生活史研究資料除了來自生活故事敘說者的訪談，也需要其他多元化的資料，如相關人士訪談、文件、記錄等資料做為事證。（Goodson, 1998, pp.4-11，轉引自范信賢，2003，頁 69）本研究的資料蒐集，包括協作者的研究訪談、傳記書寫、他人研究資料、教學計畫與檔案等。雖然敘事探究裡關注協作者的心理事實（psychological reality）或敘說事實（narrative reality）更甚於歷史的真實（historical truth），但為求研究資料的可信賴性，需進行三角檢定（triangulation）。（范信賢，2003，頁 69）我進行三角檢定（triangulation）的方式如：（一）除了收集來的作業單文本外，我利用教室生活的時間和協作者進行文本內容交流，以檢核協作者在完成文本內容的一致性。（二）除了與此次童詩閱讀教學的文本資料外，也需要觀看協作者其他多元類型的資料，如其他類型文章上的作業文本資料。（三）如因研究上的需要，我必要進行家庭訪視，讓關鍵事件中的相關人士加入和我的對談，務求研究資料的

嚴謹性。（四）藉由和協作者的教室生活，自然參與協作者活動的場合，實地觀察。

四、資料詮釋、分析與敘寫

資料詮釋、分析與敘寫，是研究者對於決定將其視為資料的訊息或證據，賦予某種的意義或詮釋，並將這些訊息與證據安置於某種架構之中。（Goodson & Sikes, 2001, p. 34；轉引自范信賢，2003，頁 70）對於敘事這一回事，范信賢（2003）以 Polkinghorne（1995）曾以敘事型構（narrative configuration）的概念來指稱，認為敘事是事件被聚集與整合成為一個具時間性的組織化整體的過程；敘說形態的敘事探究蒐集了這些事件作為資料，並透過敘說分析的程序而產生詮釋性的諸多故事（頁 5）。在這種型構中，事件是故事中的一部分，透過被安排進諸多主題線和情節的整合中，透過情節化（enplotment），這些事件就具有了敘事的意義——它們能從「對特殊結局的影響與貢獻」的觀點中被理解（頁 5）。因此，敘事探究跟一般研究訪談的差別，在於敘事探究不只是在呈現資料，敘事探究的作品是要講一個故事，即時間序列裡的一系列事件，而這些故事構成或彰顯了某種文化賴以存在的那些意義。（范信賢，2003，頁 70）

敘說做為產品和做為過程是一樣重要的。（Conle, 2000；轉引自范信賢，2003，頁 71）為能將零散的資料變成故事並進行探究，我先保持每個星期閱讀協作者的資料文本，去追索每一個協作者為什麼這麼說？他在說什麼？他的資料文本是如何說的？這對於協作者有什麼意義？協作者還有沒有其他類型的書寫方式？身為研究者，我需要把這資料文本放回研究目的上來思考，這協作者的資料文本需要我貼近、融入他的生命現場書寫轉譯稿嗎？而對我的意義是什麼？我的書寫方式將是什麼樣貌（包括轉譯稿及研究報告書寫稿）？將這一些研究資料按照教學時間進行原始資料的「流水編碼」，再將研究資料進行「意義編碼」（資料文本依概念、事件、不同小主題歸類），將資料文本對照研究目的，進一步分類出協作者的內容類型，以進一步從協作者的資料文本中理出敘事事件所指涉的教學主題、教學概念、教學事件和生活事件間的關係，這一些不同的事件情節慢慢地整合為一個「故事軸」，這故事軸也將遞層地依據研究目的、理論依據、教學時間、空間線索、和教學情緒線索，凝聚成各協作者的敘事的「探討主題」和「生命故事」。

五、研究報告書寫

　　Richardson 指出：「書寫是一種研究的方法，一種關於發現你自己和你的論題的途徑……，書寫也是一種認知的途徑，一種探究和分析的方法」、「書寫做為一種探究的方法，提供了研究的實踐；透過此實踐，我們可以探查我們如何建構世界、我們自身、他人，以及如何不需要標準客觀化的社會科學來限制我們及社會科學。書寫做為一種方法，不再將書寫視為理所當然，而是提供了多種途徑來學習如何完成它並滋養寫作者」、「質性研究必須要被閱讀，而不是被掃瞄；質性研究的意義是在閱讀中萌發的」。（Richardson, 2000, p. 923-924；轉引自范信賢，2003，頁 72）事實上，質性研究的書寫形式，在 1980 年代以後有更多元的實驗和表現形式：詩、戲劇、小說、散文、自傳、回憶錄、反省小說、日記、記錄片、後設故事、新報導體、自我民族誌（autoethnographies）、敘說拼貼（narrative collages）、平行文本（parallel texts）等等。（Denzin,1997, p.199；轉引自范信賢，2003，頁 72）這些文體希望能連接協作者和研究者活生生的現場經驗，除了保留事件的真實性外，也強調作者在文本中的現身、反省和文學技巧的運用，俾使讀者能有栩栩如生的現場感，以喚起讀者情緒共鳴、邀請讀者分享現場經驗、共同創造文本意義。（范信賢，2003，頁 72）Wolcott（1990/2001）在該書的作者序言裡也說：「當我們從事描述性寫作時，我們要記得，我們所寫下的是一般人的日常生活點滴，寫作必須反映他們生活的原味與原貌，不可因拘泥學術寫作的限制，而抹煞了人們生活的原創與活力。」（轉引自范信賢，2003，頁 73）在這樣的觀點下，本研究在書寫時即考慮：

　　（一）運用多種形式的書寫語言：Schubert 指出，研究論文即是作者風格的反映，而作者不同的風格反應在其使用的語言形式。語言的書寫形式可分成為科學性語言、政治性語言、美學性語言和批判性語言等四類。（Schubert, 1991, pp.66-67；轉引自范信賢，2003，頁 73）隨著教育研究典範的轉移和多樣化，後三者的書寫語言形式應是值得嘗試與開發的領域。（范信賢，2003，頁 73）因此本論文的書寫樣貌將嘗試讓研究者與協作者以「詩」、「散文」、「故事」、「教育小說」等形式，作為生命形式的表現來接近「美學性語言」。

　　（二）運用文學書寫技巧：本研究既以敘事探究為核心，將嘗試多運用文學形式來書寫真實內容。這其中包括安排故事情節、人物性格描

述、衝突解決、細節證據等技巧，以及報導文學、散文、戲劇、詩歌等其他教育研究書寫形式，希望不致令人讀來味同嚼蠟。（Agar, 1995；Gough, 1998；轉引自范信賢，2003，頁 73）

(三) 第一人稱的故事敘寫：在敘事探究中，協作者提供了最主要的研究素材，他們是活生生的人而非物，並且居於其生命故事的主述位置。因為協作者在敘事探究裡扮演著重要的角色，Wolcott（1990/2001）以他自己的經驗指出：把自己設定在一個旁白者或主述者，要比當一個受訪者的解說人來得更有效率；所以他自己通常是以第一人稱的方式進行描述性的研究，他並且鼓勵其他人這麼做。（Wolcott, 1990/2001, pp.31-32；轉引自范信賢，2003，頁 73）我也將邀請協作者以第一人稱的故事敘寫，來進行書寫，讓協作者居於自己生命故事的主述位置。讓協作者藉由書寫的反省觀照自我的生命經驗，與自己生命經驗觸動交會，尋找自己生命的來源處。對我的教學生命亦是如此、如是。

六、研究回饋

在敘事探究中，行動者和研究者要建構一種協作的研究關係和倫理。敘說探究的協作者被視為是創造他自己故事的主體，而非僅只是研究的客體（范信賢，2003，頁 74）。在「故事的付出者」和「研究的奪取者」之間，Goodson（1992）認為重要的損益平衡點在於：學術研究者有時間和資源與教師協作來發展脈絡的系譜學（genealogy of context），這些系譜可以提供教師們理解：作為一種群體，控制他們生活的總體圖像其面貌為何，以及可能的改變之道。（Goodson, 1992, p.240；轉引自范信賢，2003，頁 74）

在此研究觀念中，研究者的權威關係才能有意識地維持在雙向的人權平衡關係，雖然師生之間的關係界定，猶如師徒制度一般，由有實務專業經驗的師父帶領徒弟，領進探索、修練的教學旅程，師父亦思索如何在教與學的歷程中，有意識地將「人生決定權」有步驟地，移嫁到徒弟手上，漸次地放開掌握的雙手，漸次地讓徒弟以他自己長出來的稚弱翅膀，自己學飛，而師父也以此教學完成為榮，師父除了「教書」的完成，亦是「教人」的完成。因此，在每一次的教學和協作者完成文字敘事作業後，我特別強調我和學生一起在完成一份作品，完成一份禮物，我們會彼此提供一部分的想法、一部

分的工作態度、一部分的反省、一部分的互相鼓勵，大家一起走過這童詩閱讀教學探索歷程，我們在這歷程中互相「施」與「受」、「受」與「施」，彼此相信自己只要願意自證則能自證。彼此相信他人，如果有機會，我願意把這一段故事和他人分享。

　　因此，研究作品完成之後，我將與全班協作者討論研究的結果。讓這研究不只是在重述協作者的故事，而是希望能提供一種環境脈絡的系譜學，做為研究的一種回饋和開啟彼此間進入下一次教學行程，深入「教」、「學」對話的生命探索。

第四章　文本創作思考表白與教材分析

第一節　文本創作

在夢裡愛說童話故事的星星

小時候，不管男生、女生都愛。
都愛打開窗帘數著，心底埋藏的像夢一般的星星。
這顆種子是孩子和星星的秘密，
大家把她的童年往事
永恆地，種在天高遠的天空，夜的花園。

就算你是一個白天說了不真實的話，
或是做錯事的孩子，星星就選擇在你入睡時，
開始說起最甜美的童話故事。在你的夢裡。

孩子！你別害怕。
爸爸、媽媽責罰你的話語都是變成一顆顆，
愛說故事的星花掛在夜空等著。
當你好好地合上雙眼，這顆秘密的種子就開在花園裡，
一朵一朵都是一個個夢的童話故事。滿園子眨眼的星花。
晴朗的夜空裡，為許多孩子唱起晚安曲說起不同的親吻故事。

她不會離開任何一個孩子的夢。

孩子！你別害怕，
快快入睡等著。
清晨一張開眼，你的甜美就已掛在你的眉梢，
像在綠色森林裡頭唱歌的畫眉鳥。

像掛入夜空深處不見了的滿園子星花，
她不會離開任何一個孩子甜美的夢。
（墨明，1999）

第二節　文本創作意圖

　　創作這首詩前，我正巧罵了自己的孩子。當時孩子才上小學一年級左右，也不知道是因為什麼事情而罵她，她難過地回到自己的房間哭泣。我叫了孩子幾聲，她也不回應我這做爸爸的一個聲響，雙方面都在為難的情境中渡過那短而難熬的時間。我們都想盡一點力，讓我們恢復往日的笑容，我們也在尋找一處縫隙再相處，我更發現人在此時有一個「生命的暫停時刻」，現在敘說這經驗時，我更加肯定這一「停格」的生命現象，在這個空間與時間的交會點上，一切都將在這裡慢下來，慢下來，像以車速二十公里的速度，行旅在東海岸海藍的經驗一樣，車窗外的一切景物，盡收入腦海裡，在這處可以看見未發現的美感。如法國文豪 Proust 在「追憶似水年華」中的描述：「經由嫉妒，我們一次再一次的被帶回去省視甚麼是真是假，也迫使我們更嚴肅的去思考，並將懷疑、輕忽和冷漠的習慣莠草連根拔除。……使我們能更深刻的與自我接觸。愛情的痛苦困境，教導並啟發了我們，使我們更能一層層的知道自己。」（Marcel Proust, 1871-1922；轉引自南方朔，2003，頁 27）我一樣「被帶回去省視」生活片段，更「深刻的與自我接觸」，「更能一層層的知道自己」。這也讓我開始體認詩分行的「留白」力量，像空間拉遠的力量，像空間瞬間集聚成平靜無紋的藍色湖泊的力量，像時間在倒帶夢想的回憶力量，像時間在前進的未來的夢想力量，也只有此時自己一個人在獨處的時間、空間，人可以在看看自己的所有脈絡、所有人生的肌理。這裡真是一處「留白的藝術」，像法國哲學家、文學批評家 Bachelard 在「夢想的詩學」中所提及的：世界靜靜地休息，夢想只有面對平靜的世界才能變得深沉，平靜是存在本身，既是世界的存在，也是夢想世界者的存在，哲學家在他對夢想的夢想中認識到一種平靜的本體論，平靜是維繫夢想者與其世界的紐帶。詩人為求得真正的陶醉，用世界的酒杯暢飲，比喻對於詩人是不夠的，他必須有形象，夢想時的眼睛是視而不見，或者至少是在另一境象中看見，它用一個象徵把握乾坤，只以一個形象而占有整個宇宙，這形象在全宇宙中散佈我們在這形象世界中寓居所感受到的幸福。（Bachelard, trans.1997, pp.218-220）我喜愛善用這時刻穿過自己、經過自己，離開一般性人生情境，進入個人的特殊情境獨處，讓自己用這樣的方式善待自己、尊重自己，也用這樣的方式善待別人、尊重他人，讓彼此的內心需求在這裡停格，再一次面

對自我、整理自我，從這裡再走出來，從幸福感受中走出幸福的臉。我也需要如此，在我女兒還小的年紀，如此尊重她成為一個人的任務，尊重她的私有領域的人權。在這個時刻裡不願被觸摸心靈的任何一個角落，只想暫時關閉自己，在自己覺得安全的棲居之所，或拗著脾氣或尋找讓自己好轉過來，有一種可能是可以讓生命再次伸出觸角的價值位置。如下詩作：

我關上門

不期望找到快樂

在門後，只和自己交流

因此啊，這也就是說

我關上了門

將自己封鎖

（David Ignatow；轉引自南方朔，2003，頁 16）

那些你最愛的將存留，餘則成為糟粕

那些你最愛的將不再與你分開

那些你最愛的是你最真的遺產……

（Ezra Pound；轉引自南方朔，2003，頁 20）

　　在進入「在夢裡愛說童話故事的星星」閱讀教學探究之前，我也請這班的孩子做一次「自我獨處」的經驗，要求孩子在家裡二個小時的時間，關在自己的房間，和自己相處，這時只能聽音樂，其他的事都要暫時擱下來，並請他們傳回這次經驗作業的 E-mail 單，陳彥翔寫著：「獨處其實不是那麼可怕，或者是因為有音樂可以聽吧！以我而言，在一個小時裡都不做任何事，只聽音樂，簡直無聊透了，但到第二個小時時，我已經有點不耐煩了（心情很浮，靜不下來），要是換成我姐姐，她大概可以想很多事情吧！獨處又讓我想到已經往生快三年的阿媽，我想到大概在我是幼稚園的時候，阿公就往生了，所以我對阿公的印象很少，或者幾乎沒有吧！老師說：『當一個人感情跟你很好，某一天，他（她）突然都不理你，那時是最痛苦的。』這句話使我想到阿公比阿媽早了大概六年往生，我想阿媽當時一定是最難過的人，一個跟她生活那麼久的人，感情一定很深的人，突然走了，阿媽一定會覺得奇怪又害怕，少了一個最能夠傾聽她的苦、她的心的人，一定不好受，而且她一定會想把心事告訴別人，可是我們都沒有這麼做，雖然後來是三年級的

我有時候星期三下午會跟她聊天，但好像不是內心話。我在獨處的時候，從人群之中離開，獨自一人，我發現當你已經習慣了待在人群之中，突然只剩你一人，你不知不覺心中就會開始產生焦慮，就會害怕，久而久之你要是不找個人把心思放在他（她）身上，那焦慮就會變成痛苦，哪怕你的『人群』只有一個人，我很難想像那些流浪漢到底是怎麼解決心裡的焦慮和痛苦、睡覺？一個人過生活，還是有另外的什麼陪著他們，他們不會覺得無聊、不耐煩（心情很浮，靜不下來）嗎？還是對他們而言，家人已經不是重要的（指可以能夠傾聽他們的苦、他們的心的人）了。但是他們要做到這樣，一定吃了不少的苦。」（見附錄一）同樣的獨處教學主題，我在 2003 年健康與體育的課程中，也對本校美術班的孩子一起探索過，當時的級任導師是高若蘭老師所帶的五年美班，實習老師是周德葳老師，周老師在一起探索的教學歷程裡，記下了三次的教學實錄，如下：「2003/3/21，獨處經驗，影響一個人。一個能與自己相處的人，就是能調適自己的人。一個人要有很豐富的獨處經驗。

　　黃老師第一次的獨處經驗是在山上，那年老師在山上第一次當老師。我買了兩面牆的書，每天下午五點天就暗了，下班回到住處就開始看書、聽音樂。我在做一個自己，我有一個人生的欲望，我如果把這個欲望完成了，心裡就會很滿足、很高興。例如：每一個人的作品都是生命的作品，人在獨處的時候能找到自己要的，即使走到了人多的地方，仍然可以清楚自己的想法，不被別人左右。

問題一：『完成自己的想法重不重要？』，『為什麼認為它重要？』小組討論
　　　　後進行全班討論，全班運用小組討論的模式討論問題。

焜詳：『完成自己的想法不一定重要，因為自己認為對的事，可能在別人看
　　　　來是不對的。所以，要先知道別人的方法再決定要不要做。』

師問題二：『人們做一件事情要先從別人的眼光看自己，還是要從自己的眼
　　　　光看自己？』

凱崴：『要先自己看自己，因為如果都是看別人怎麼看自己，會有很多意
　　　　見，到時候就不知道要怎麼做了！』

焜詳：『老師，我不是這個意思，是先從別人的想法來看看自己的想法有沒
　　　　有錯誤，然後再改進，想好再決定要不要去做。』

老師：『所以，你的意思是不是……』

芊佑：『要先了解自己的想法，才有資格問別人的想法。』

老師：『自己的想法做基礎，然後再參考別人的想法？』

老師：『黃老師先看對自己有沒有什麼意見，然後再參考看看你的想法，決定要不要讓自己吃胖一點？』

練習獨處至少三小時，可以聽音樂，在三個小時的獨處中，遇到什麼問題請記下來！

2003/3/28，詢問班上同學寫獨處時所遇到的困難？

永志：先請爸媽不要和我講話，但媽媽會忘記，來找我講話，就打擾了我獨處的時間。之後妹妹又來問我數學——剛開始獨處時，打開音響開到最大聲，因為怕妹妹又跑來找我。歌曲對我而言有很大的震憾力，這也差點把我媽媽給逼出來，就把音樂關小了。我開始覺得無聊，因為沒有人陪我，覺得孤單，反而想找家人來陪我。我就在樓上閒晃。走著走著看到棍子，想到以前被打的回憶，我傷心地在心裡難過，就想著以前怎麼會做這種事，（說到這時，永志的眼淚竟流了下來，黃老師說：『人會流下眼淚是很好的事。請同學為他拍手。』並接著唱：『勇敢的孩子』這首歌。和諄說老師突然唱歌是想逗他開心）因為想到如果以前媽媽沒有這樣打我，現在我的英文就不會那麼好了！

老師：『經過獨處的階段，人生會變得不一樣，許多偉大的人物都有獨處的經歷。』

老師：『要破壞平常自己做事的習慣，因為看一本書、畫個畫就超過三個小時了，所以老師只允許獨處的時候聽音樂。』

2003/4/4，問：『在獨處時有哭的舉手——』

班上約五個同學舉手。永志繼上週分享看到媽媽的棍子，這週分享看到狗鍊，才說出幾個字，就又忍不住地趴下，哭了起來。經由同學的解釋，才知道是前陣子家裡的狗車禍死了。當永志難過起趴著哭時，黃老師用手掌很沉地拍著他的背，說：『能哭是一件好事！』。

芝芹的分享：『以前因為考上花蓮的美術班，但爸媽在台東工作……。』沒說幾句，也難過得趴在桌上。同學幫忙說：因為住在花蓮的阿嬤家，有的時候媽媽一個月才去看她一次』。老師在黑板上寫著：『失去→珍惜？』

問芝芹：『是不是因為到花蓮讀書，所以離開了爸爸媽媽，這是種失去的感覺……？而現在可以回來台東讀書，這中間也有一些歷程，經過了這個歷程，讓你更珍惜現在跟爸爸媽媽相處的時間？』但芝芹仍然傷心地趴在桌上，無法回答。

永志說：『芝芹是先失去了，然後又得到，所以會珍惜，但是我的狗已經死了，跟她不一樣。』老師板書：『失去→死亡？』

問學生：『要如何面對永志所說的，心愛的人、動物死亡了，能調適好自己的心情來面對？』黃老師說：『我的阿嬤離開時，我在旁邊；我的爸爸離開時，我在旁邊；我媽媽離開時，我也在旁邊。……我媽媽就在我想睡一下，休息一下的時候走了！我沒有看她最後斷氣的一面，……。』延翰分享自己的阿嬤也是在他睡覺的時候離開人世，自己也會因此感到遺憾。

黃老師繼續分享：『我怎麼懷念他們呢？我找出爸爸媽媽以前結婚的照片，回想媽媽對我的好。和家人相處的好的經驗是無法取代，且深刻的。我為自己身為他們的兒子而感到光榮，所以，我要做個負責任的老師，讓他們因為有我這個兒子而感到很安慰……。因為對爸媽的想念和關心，我對老人特別有感覺。』老師分享某天和兩位七十多歲的老人家互動的經驗：『那短短的時間，我們很輕鬆自在的聊天，對彼此都是很快樂的。』」

　　這樣和孩子接近的經歷，讓我開始注意時間的品質，和空間距離的美感，與「境象並非由某些『殘餘物』組成，對宇宙的夢想使我們生活在一種應叫做先感知的狀態中，在孤獨的夢想中，夢想者與其世界的交流很親近而無『距離』，沒有那標誌被感知的、被感知分裂的世界的距離，在詩人的夢想中，世界是被想像的，直接被想像的，這形象的整體先於部分展現於我們，形象在其充沛的活力中，相信自己表現了大全的全部。」（Bachelard, trans.2003, p.219）

　　我回想起自己的爸爸、媽媽在我那麼小的時候，是如何處置我的犯錯事件，我讓回憶自己開口對我說出秘密的內在聲音，爸爸總是溫和的眼神聽我說完每一次的心理過程，才對我說出他的意見，他從不強迫我做任何一個決定，在他的世界凡事都可以商量，他總是點頭、微笑地尊重我，那時候還小的年紀。媽媽則是是非分明，他一樣聽我說完話，相信我說的，並且實事求

證，還會為我要回公道，她不希望自己的孩子委曲求全，更不希望自己的孩子欺負他人，賞罰果斷、愛恨分明。

　　這個時候我希望自己的女兒主動和我說話，但她不肯向前走進一步，我的主動又屢遭拒絕，我好像是一個犯錯的大孩子，為什麼在孩子睡覺前責罵她，讓她自己處理這一個個不愉快的人生畫面，我既心疼又不得不教她一些事，既關心她的人生，又不得不尊重她對自己的情緒處理模式，總不能我的關心、體貼變成一種控制、掌握，在這麼小的孩子，也有屬於她的人權需要我們一起來維護的，我又如何讓她知道有時爸、媽的關心，可能是以責難的方式表象化的，但愛孩子的心思是永恆不變的，因為是自己的孩子嘛！而且孩子總是那麼地小，小得讓我們左右為難，不知她懂得為人父母的心思，是如何不知所措的到處詢問他人的經驗，好像取回任何一部「親子教育經」，就趕快回過頭來再次面對自己的孩子。

　　這樣的人生經驗教科書裡沒有教導我們，我們都是從零開始自我摸索學習，跌跌撞撞中的不斷希望。而我現在又是一位小學老師，我面對許多孩子們的家長，我是自己孩子的爸爸，所以我開始想寫下一首童詩送給自己的孩子，也想以這童詩讓所有的孩子們漸次知道，天空中的星星永遠都是那麼地美，每一個爸爸、媽媽都是這樣的一般性希望，希望孩子的夢裡是個甜美的花園。我也開始了這首詩的創作過程。

　　聽過一通電話的敘說：她是一個媽媽，她罵了自己的孩子，指責孩子太懶散，不負責任，不整理好自己的東西，什麼事都要媽媽提醒許多次，孩子還是這樣，沒有轉變。那一天她的心情也不是很好的狀態，有一些事煩著，就在這一天一股腦地全向孩子丟出來了，事後她很懊悔對孩子說了重話，但丟出去的話像潑出去的水，無法回收。她一直在自責的情緒中，又堅持著必須教孩子懂得責任，所以自己並不覺得有錯，但孩子的心情和她一樣難受地回到房間。這個夜晚她們都不好受，當媽媽的總想著孩子不知會不會做噩夢？當孩子的總想著媽媽還生不生他的氣？我想她們此時都有一個相同的內在聲音：「我是不好的！都是我不好才會把事情弄得這麼糟。」我接了這個電話，就以自己的經驗建議她對孩子說聲「對不起」，針對自己情緒失控的部分對不起，但是要求孩子盡責任的這個部分，也明白的告訴孩子媽媽不在這一點上道歉，但最重要的要說出自己心裡的擔心，說出自己也在學習當一個她心裡的好媽媽，並且強調媽媽一直都很愛妳，永遠都不會放棄愛妳。

這個媽媽事後到她孩子的房間，抱著孩子一邊說抱歉，一邊撫著孩子，告訴她的孩子：「媽媽好愛妳！但是讓妳很難受。媽媽有時候也會不知道，要怎麼做才會更好！」孩子和她都是哭著說完彼此的內心世界，這個夜晚也讓她們鬆下一口氣。我接了這媽媽的第二通電話後，自己很感動地對她說出我自己心靈裡的感動語言：「妳做得很好。妳就是這麼好，說出自己心裡的話和感覺。妳好不容易地面對了自己的這一部分。」這媽媽也說了：「我都是這樣對待孩子的。」這讓我想到女性特質的優質文化系統，是如何在生活歷程扮演重要角色的，柔性似水的流動與湧現內在最為真實的需求與困境，讓這一些面貌真正地被看見的被自我了解。

　　如果從孩子的眼中窺探孩子對於生活世界的經驗、感受，可又是別有一番風貌。例如，有次朋友的孩子和他父親的一次感受內容，我經由我太太的轉述中，引發我寫下一首〈爸爸缺席的童年〉的童詩，以表達孩子對於成人世界的「看不見」，詩作如下：

爸爸缺席的童年

我親自打電話和朋友約好了，
我將到噴灌區的田埂，
玩耍。這個童年該知道的事。

小螳螂、小蜘蛛、小鵪鶉，
經過了一個春天，
我們就可以
到處走走、到處看看，
一副可愛的模樣向大自然乞食。
我們大家就在春天的風裡，
成了新朋友。

這些爸爸都不知道，
他忙著！

央鵪媽媽帶著黑絨絨的孩子上學了，
媽媽永遠是牠們的好老師，
牠在田野處教導孩子們，

覓食生活、學習快樂，
這些孩子提起顛顛倒倒的步伐，
隨著老師心底響著的小鼓和銅鈴，

四處逛逛、四處交談、隨地起舞，
功課也自然地寫完了。
老師在孩童的作業上，
畫上紅紅的蘋果，
紅紅的蘋果浮印在孩提時代，
天真的臉龐。
沒有劃記的點名簿是
原野的森林小學。

這些爸爸都不曉得，
他累了！睡了！

爸爸一定不知道，
央鶴寶寶有著一雙黑長腳、
一對黑眼睛，
黑得有如黑絨布一般的羽衣，
把晰白發亮的大地，
都比下去了。

爸爸像唐三藏一樣，
不知道孫悟空的厲害，
還沒有弄明白的事，
就劈哩啪啦地，
罵了我們一頓。

媽媽！媽媽！
這已經很多次了。
我們已經決定，
這次不再原諒爸爸了。

他不明白我和朋友約會的事，

他常常搞不懂，

和小動物做朋友。

他常常弄巧成拙，

不愛玩卡通，只愛新聞報導。

媽媽！媽媽！

爸爸有一點像央鶴一個模樣，

他的黑夜像極了牠的黑絨毛，

讓人搞不懂他的忙！

讓人搞不懂我這小小的年紀，

會在春天缺席。

（墨明，1999）

　　2002 年 11 月我對台東師院實小三年級的學童，進行「了解、尊重、相信、支持」的主題教學探索，我請教孩子們一個問題：「有那些可愛的同學願意說說：『什麼是了解？』和我們一起分享你（妳）的想法好不好？」，沒想到小三的孩子竟說著：「透透徹徹的、清楚的，知道他（她）在做什麼？知道他（她）在想什麼？」，我訝異的眼珠子差點兒掉落一地，專注地看著全班同學說著：「那包不包括知道他（她）在要什麼？」他（她）異口同聲地、毫不猶豫地告訴我們：「包括」。而且還有孩子補充說明：「而且還要懂得很深入！」那我這個老師，當然義不容辭地向前邁開一大步，再次檢驗孩子們是不是「知、行合一」地落實在自己的生活當中，我請幾位孩子當作例子，當場在全班孩子的眼前，進行互動、訪問「她和媽媽在生活當中的互相了解！」事後她感覺自己的媽媽是個「百分百的媽媽」，因為她們一起分享了對頭髮的打扮、設計，對彼此喜歡的東西互相了解對方的需求，她們也一起分享彼此的心裡秘密。而第三個星期，有個孩子為了解加入了一點「了解還要知道他（她）在說什麼？是內心真正要說的是什麼？」她認為這一點很重要！我開她玩笑地說：「有那麼重要嗎？」，全班同學一起不甘示弱地對我大聲說：「非常、非常、非常、非常、非常、非常地重要！」這翻浪聲中，還有個孩子開我玩笑地：「老師！你不了解我！」我也對他說：「你也不了解我！」，這下子沒完沒了了，弄得我低聲下氣地：「好！好！讓我們慢慢來了

解！像你（妳）們說的：『透透徹徹的、清楚的，知道！而且還要懂得很深入！』孩子們這才放我一馬，讓我鬆了一口氣。能從兒童的實際經驗紀錄去「傾聽」、「逗留」一個過程，都「忘了」我們自己而得以有資格地「解脫知見」，重新進入孩子的世界去「覺察」那裡頭的每一個小小故事。而我，有時想起這一些「引領」我瞥見自己，看著我長大的小大人們，我又會不知不覺地「感動在教學即是生活的教室現場當中」，教學互動之所以感人，往往是這背後都有著師生每一個人的故事——「曾經」，所以隱藏最真實性的唯一，像「詩」的默會。

回想這段回憶，我這教學者好像一直在為自己、為孩子共同存放這「美好」，發現這一班孩子已是五年級了，不知這一些經驗對於她們的生活是否受用？我則是常常有被孩子上了一課的感覺。

我也在想，孩子的天真世界，有一處寬容世界所有的秘密之門，有時當上成人的我們，只要試著去等待一個孩子的長大，一切的果實還是美好的，如詩作：

神秘之門有一個微笑的心，像春天一樣

神秘之門有一顆實在歡喜的心，
當你先放下外在的知見、你的喜愛。
入侵你自個兒的內在，你會親嚐
人世間的輕安美味，像臉上的微笑，
沒了負擔似地睡著了。

原本好好輕鬆地睡著，並不是一件難事，
像吸了母乳甜睡的嬰兒，他睡得美極了！
我們都曾經如此美好地，沒了一丁點兒思緒，
知見不曾纏縛我們的追求，
慾望不曾像野鴿子一樣，包裹整個黃昏。

但是年紀讓我們離家出走，
像一個愛上貝殼的人，老是想著大海，
這是她離家的最好理由。
而年老總是讓我們想回家，

　　　　像秋天的黃葉子，思念大地的根源一樣，
　　　　　　　沒了負擔似地笑了。

　　　出走一段年歲，我們早已忘了嬰兒般的生活模樣，
　　如何回到原初？是否該像學騎腳踏車的孩子一樣，
　　　剛開始時需要透過練習，不斷地操練這個訣竅，
　　　直到熟練為止，然後自然地騎乘它，四處兜風。

　　　　　你會忘記腳是如何踩踏板的！
　　　　　你會忘記手是如何掌握方向的！
　　　　你是自然的平衡，自然的喜悅，
　　　而風就自然地，在你的胳肢窩搔起涼意。

　　　放下手邊正玩著的玩具，像學騎腳踏車一般，
　　你是會常跌倒，你是會常灰心，這是可想而知的，
　　　　　　人類不容易放下既得之物，
　　　但你那嚮往田野的心思，會讓你把這個過程，
　當成遊戲一般地好玩，你會像忘記如何學會騎車的學會這些。
　　像學走路的小孩，心思嚮往著走路，一路跌跌撞撞地練習，
　　　他走得很好，他也會忘記如何學會走的。
　像蜈蚣忘記自己的腳是如何行走的，自然地走在自然之中，
　　　　　微笑開心地，一路歌唱。
　　　　　這種神秘般的笑容，
　　　　　像春天一樣，一路歌唱。
　　　　　　（金毛菊寫於 2004）

　　我也常在這般情境下，想起這一首「在夢裡愛說童話故事的星星」，我一直認為那是一首美好的夢。希望許多父母和孩子都能同時擁有這希望的夢。

　　我也願意看見孩子是這樣的自己：我是，我是自己的一個夢想。我要開始走這一段路了，你們看我，我看自己。「在一個夢想產生的世界中，人能成為一切。」（Bachelard, trans.2003, p.12）這一段路便是我的生活和敘說作品聯繫起來的方向。這如此困難，每一步都是我體驗過的生活。任何實際的開始對我都是一個夢想，我想大家都是這樣，經過每一次的不放棄夢想，我們就成了陽光。小路上的芳香，在我童年中漫舞，我的童年是一束芳香。給

我一點溫暖，像今天的陽光給我的一樣，我就能走。我也給你們陽光，像今天的陽光給我的一樣。我喜歡氣球，你也喜歡氣球，我們都喜歡氣球。因為它會飛翔，飛上天空的自由，「這夢想的天空，這麼藍、這麼平靜。」（Bachelard, trans.2003, p.13）我們一起放開手，一起讓夢飛翔，我們一起手牽手，一起把希望的夢想表現出來。

第三節　創作者思考表白

「我的生命感悟繫於人的生命中必須尋找一個參考座標，這最好的座標就是故事。而我們看一個社會文化是否豐厚，端看它的故事是否豐厚。」（林谷芳，2003）我相信故事都是個人最真實的生活畫面。我們的童年生活經歷，不是都一直在對我們呼喚，喚醒一種類似家鄉熟悉的內在感覺？如詩「經歷生活」：

經歷生活

蛙鳴，夏夜。

星光，夜空。

思緒，筆影。

（金毛菊寫於 2004）

這感動性像泥土裡的餘溫，暖暖的「故事敘述」。如詩「回憶」：

回憶

只有人走進自己的影子。

燈亮著，人睡了。

（金毛菊寫於 2004）

我們愛上回憶，因為回憶裡有月光，有銀河滿天，有星光若隱若現，有媽媽、爸爸的手指著星星，要我們看那遠方的美，而反觀天空底下的我們築出親情的夢想。是留給我們想像世界還是會有美好的希望故事，我們每個人都帶著一個故事來敘述自己，故事是一顆顆的星光，我們仰望夜晚的天空，天空就會說出像搖籃一般的話語閃爍，如詩「甦醒」：

甦醒

曾經，在夢中，
甦醒曾經。
（金毛菊寫於 2004）

所以「在夢裡愛說童話故事的星星」一詩題即是我把「在夢裡」隱喻著一個小小時候的搖籃，這個夢是希望的遠方，在每一個夜晚、在夢裡都會見到希望，而這個希望一直在前進著，是一個生活中的進行式，肯定唯一不改變的父愛、母愛的心意，像華嚴經中的一句「不忘初心」。如詩作「天空」：

天空

上帝為了讓我體會天空的意義，
把我手上握緊的東西，
一件一件拿走。
（金毛菊寫於 2004）

我特地把「在夢裡」的「在」字哲思是「為愛預留的存在」思想與「完全進入，陶醉在這搖籃裡頭的想像詩學」。若題目定為「夢裡愛說童話故事的星星」就失去了這「陶然與希望的深沉力量」，像「一個人只有在靈魂上與另一個人靠近，才可能對別人心智產生影響……只有靈魂才能召喚感覺，也只有感覺才能拯救靈魂。」（陳玉慧，2003）父愛、母愛的浪漫往往如此「愛說童話故事」，對著孩子喋喋耳語，對著孩子手舞足蹈，孩子依然如是回報，把父母親窩藏給她聽的童話故事、枕邊細語為父母親再說上無數次的覆誦玩樂。這是彼此帶給對方的生活禮物，過去的事件都成為一篇篇的回憶故事典藏，在個人的生命歷史河流呼吸這唯一不變的意義，這之間究竟有什麼會留下來？我們都不是很肯定地流下淚水，當是一種共通經驗的答辭，而我們愛上這溫暖的「對待關係」，像從權力結構、從階層脫解之後，剩下一處人生的「棲居之所」。像夜空中的「星星」帶給每一個人的生活印象，閃爍的永遠都是最甜美的夢與回憶。我們也愛在那處說話，說給別人聽，說給自己聽，這是詩題「在夢裡愛說童話故事的星星」的召喚力量。

第四節　創作文本教材分析

一、文本詩中的哲思

　　生命現象的過程如同大自然的一切變化，有著生、有著滅的變化，像個春、夏、秋、冬季節的反覆變化，在初生的時刻有人同時預見死亡，在盛開的時刻有人同時預見枯萎，這是悲劇的誕生？而我對悲劇的看法則是：葉落當中的時、空下，我看出了什麼人生意義？任何人生事件都是曾經的一種生命表現，我們可以在人生的跌落點上反觀自我，從這裡開始化做春泥更護花，像聖經（1984）約翰福音第十二章第二十四節耶穌說的話語：「一粒麥子不落在地裏死了，仍舊是一粒。若是死了，就結出許多子粒來。」。身為作者，我想在枯萎的人生現象中，重新建立生命的意義世界──「在夢裡愛說童話故事的星星」，這也如在葉綠掉落當中所見到的美感。這是作者相信的意義世界，從生活現象的回響當中，尋找出對自己的意義為何？尋找出對兒童內心世界的意義為何？這追索中肯定了「存有」的意義。這「存有」的象徵意義，亦由生活事件（心底埋藏的童年往事像夢的秘密；一個說了不真實的話，或是做錯事的孩子；爸爸、媽媽責罰的話語；孩子的害怕；入睡等著）轉化為星空中永恆閃爍的星星在日子中顯露出來，這顯露的意義是一點撥、是一提點的生命位置（Lage）。生活現象的真實與不真實，相信與不相信、夢與現實、遮蔽與揭露、見或不見，詩化的生活亦可以在現實的世界窗口，保有一處溫暖的棲居之所在，這棲居（夜的花園）是一人性心理地位認定的溫暖像夢，我們因為活著有夢，有甜美的夢，所以有笑容。

二、文本題材、段落大意

　　「在夢裡愛說童話故事的星星」文本的文體是屬於「兒童詩」的題材。本詩共分為六段。其內容由詩題「在夢裡愛說童話故事的星星」隱喻著本詩的主旨：母愛像一搖籃，永恆地閃爍在孩子的夢裡，在夢裡為孩子們想像人生的希望。而本首詩的大意是在敘說：我們心底秘密埋藏的童年往事像夢、像星星。這種子永恆地種在夜的花園。雖然我們曾經做錯事，爸、媽的愛還是像夢中的童話故事一樣。別害怕！別害怕！他不會離開任何一個孩子甜美的夢。

　　第一段大意是說：小時候，男生、女生都愛打開窗帘數著，心底秘密埋藏的童年往事。這顆像夢、像星星般的種子，永恆地種在天空夜的花園。

　　第二段大意是說：白天說了不真實的話和做錯事的孩子，星星還是會在他入睡的夢裡，說起最甜美的童話故事。

　　第三段大意是說：孩子！你別害怕。爸爸、媽媽責罰的話都是偷偷地心疼，當你好好地合上雙眼等著。這顆愛的秘密種子就像夢一般眨眼的星花。為你唱出晚安曲親吻你的故事。

　　第四段大意是說：爸爸、媽媽不會離開任何一個孩子的夢。

　　第五段大意是說：孩子！你別害怕，快快入睡等著。清晨一張開眼，你的甜美就已掛在眉梢，像畫眉鳥的歌唱。

　　第六段大意是說：父母之愛像掛入夜空深處不見了的滿園子星花，她不會離開任何一個孩子甜美的夢。

三、文本內容分析

　　詩中第一段：

小時候，不管男生、女生都愛。
都愛打開窗帘數著，心底埋藏的像夢一般的星星。
這顆種子是孩子和星星的秘密，
大家把她的童年往事
永恆地，種在天高遠的天空，夜的花園。

　　每個孩子、每個成人都曾經有一個「童年的夢」，「都愛」天真地相信這個世界而敘說夢想，這個夢的行動實踐編織了許許多多的「童年往事」，這「童年往事」對於許多人來說都是「永恆地」故事敘述，或是與他人純潔地分享，或是在私密性的心靈角落回憶「數著，心底埋藏的」默默無語，品嚐自我與「夢一般的星星」對話，這揭露與遮蔽的私人領域就像家中的「窗帘」，在一個情境中「打開」心門，接受外來的陽光，讓陰晴圓缺的日子有了普照，讓心底埋藏的「種子」再見綠芽而成葉綠的漫步綠色當中。這個特別的「夜的花園」，有琳瑯滿目的童話故事，開起各式各樣的花朵，有不同的造型，有不同顏色，都是孩子們努力到達的「天高遠的天空」，如她、如所有「孩子和星星的秘密」，在夜晚來臨之際彈奏序曲。

詩中第二段：

就算你是一個白天說了不真實的話，
或是做錯事的孩子，星星就選擇在你入睡時，
開始說起最甜美的童話故事。在你的夢裡。

　　父母親的慈愛像「全知的上帝」一樣，都知道孩子說了謊、都知道孩子說了「不真實的話」，都知道孩子會「做錯事」，否則孩子就不像一個孩子那樣天真活潑。「全能的上帝」也都知道孩子的心理負擔和為難之處，所以祂看著孩子說謊的無邪，並不急著告訴孩子。祂特地委託媽媽的手和媽媽的話語，變成天空中的星光，銀色的溫暖對孩子們說出「最甜美的童話故事」，哄著孩子入睡，孩子只要快快入睡，「星星就選擇在你入睡時」、「在你的夢裡」，告訴孩子祂正在完成的功課，只是孩子可能以後才會懂得「最甜美的」往往都是她習而不察、視而不見的，沒被說出的安排，像有一句話說「一切都是最美好的安排」，如果你相信的話，這話就成為信仰的力量。

　　詩中第三段：

孩子！你別害怕。
爸爸、媽媽責罰你的話語都是變成一顆顆，
愛說故事的星花掛在夜空等著。
當你好好地合上雙眼，這顆秘密的種子就開在花園裡，
一朵一朵都是一個個夢的童話故事。滿園子眨眼的星花。
晴朗的夜空裡，
為許多孩子唱起晚安曲說起不同的親吻故事。

　　爸爸、媽媽雖然接受「全知、全能的上帝」的委託，要代替上帝照顧好每一個孩子，但是爸爸、媽媽卻不是上帝，他們是活生生的人，也會犯錯、也會責罰孩子、也會有愛，也會忘記上帝派給他的功課，所以會有「爸爸、媽媽責罰你的話語」。也會在安靜下來的時候想起上帝的話，所以會有「孩子！你別害怕」、「話語都是變成一顆顆，愛說故事的星花掛在夜空等著」。任何一個當爸爸、媽媽的，總在責罰孩子之後，窺探孩子是不是已經快樂起來了，當孩子再度露出笑容之時，也是成人減輕心理埋藏的負擔與牽掛的時刻，孩子「當你好好地合上雙眼，這顆秘密的種子就開在花園裡」，這時往事就如花開的花朵，天真的笑臉和這私密性的愛意，只有孩子和雙親能懂得

這會心的一笑，走過這一切的人都有著相同的經驗和體驗。而孩子「好好地合上雙眼」，這雙眼的和諧感就如花朵在夜的眠床，慢慢的合起花瓣，準備進入憩息爸、媽的懷抱，享受柔軟如絲被在肌膚上的觸覺。爸、媽的雙手一次次地推動搖籃，像推動「一個個夢的童話故事」。爸、媽的雙唇一首首的「為許多孩子唱起晚安曲」，像「一朵一朵」帶著音符旋轉花瓣的星花，在搖籃一旁唱出不眠不休的童謠，這意象成了「滿園子眨眼的星花」，這「為許多孩子唱起」的意象，也由私人之愛擴充成為眾人之愛，由地上人間的無私之情，漸次地擴展以接近上帝對人類的無私無我之愛。當這一雙手倦了、累了之時，孩子也睡出甜美的臉蛋時，爸、媽一定會偷偷地、小心翼翼地親吻孩子的臉頰，在心底悄聲地說出晚安。這都是在孩子「看不見」的時間裡進行的。我是在這一幕的經驗裡創造了瞬間的永恆性信仰，我深信每一個人的夢裡都存在。

　　詩中第四段：

她不會離開任何一個孩子的夢。

　　這裡出現了獨立的一行詩句，「她不會離開任何一個孩子的夢」亦是獨立肯定「唯一性的存在」，就算爸、媽不在身旁，在「任何一個孩子的夢」裡，都會顯現出這精神層次上的確定感，像一種方向。像我們進入泰戈爾「審判官」一詩：「你想說他什麼就儘管說罷，但是我知道我孩子的短道。／我愛他並不因為他好，只是因為他是我的小小的孩子。／你如果把他的好處和壞處兩兩相權一下，恐怕你會知道他是如何的可愛罷！／當我必須責罰他的時候，他便成為我生命的一部分了。／當我使他流出眼淚時，我的心也和他同哭了。／只有我才有權去罵他，去責罰他，因為只有熱愛人的人才可以懲戒人。」（出處未詳）這詩人的熱愛讓我們更確定了「晴朗的夜空裡」隨時有歌在唱，只要你仰望這自己的星星。大家都是一樣的「滿園子眨眼的星花」。

　　詩中第五段：

孩子！你別害怕，
快快入睡等著。
清晨一張開眼，你的甜美就已掛在你的眉梢，
像在綠色森林裡頭唱歌的畫眉鳥。

　　詩中「孩子！你別害怕」與第三段首句重複，其實這相同的意符，是我創作上的另一層思考，隱含著不同的意指。是想告訴孩子親子之愛的「永恆性、唯一性」裡可能無意識地包裝了「牽絆纏縛、為這愛付出個人的獨立自由」，這無窮反覆的中國式親情有別於西方國家的「對待關係」，他們有意識地在處理這親子關係的課題上，教導孩子自尊、自由，把自由感交在孩子手上，尊重孩子自由決定自己生命動向的尊嚴。

　　父母之愛有時愛之深責之切，有時愛之適以害之；有時嘮嘮叨叨，有時甜甜蜜蜜；有時是關懷，有時是控制性的愛。畢竟爸爸、媽媽沒有像「上帝的智慧」一般深遠，他們都在學習如何在這深愛裡頭，保有對一個孩子的尊重。尊重孩子的決定權，在適宜的時間、空間中學著輕輕放手，協助孩子從依賴的安全感中，慢慢地走出獨立性的自我情感。

　　而詩中第三、五段「孩子！你別害怕」的重複句較偏向肯定式的親情延續，從第三段的願意開始相信到第五段的深信。從第三段的「掛在夜空」時間連續到第五段的「清晨一張開眼」，以這夜晚到清晨的時間連續，暗示親情之愛的守候一旁，肯定了從第四段的「她不會離開任何一個孩子──」連續到第六段的「她不會離開任何一個孩子──」。從第三段的「等著」連續到第五段的「等著」。從第三段的「開在」連續到第五段的「張開眼」。從第三段的「眨眼的」連續到第五段的……。從第三段的「掛在夜空」連續到第五段的「掛在你的眉梢」，空間上的情感連續，也由「掛在」的重複句型凸顯了，這一些都是特別用心為孩子們做的，像我們在小嬰兒時期的眼珠子上方，總是「掛著」許多引人注意的音樂鐘。從第三段的「滿園子眨眼的星花」、「唱起晚安曲」、「說起不同的親吻故事」才有連續到第五段的「甜美就已掛在你的眉梢」、「綠色森林」、「畫眉鳥」，這安全感的需求到愛與隸屬的需求滿足後，孩子才能堅信自己在「清晨一張開眼」就是一個可愛的好孩子，帶著喜上「眉梢」的心情，在人生的「綠色森林裡頭唱歌」，而「畫眉鳥」的歌聲清脆悅耳，可以透過學習、模仿出幾十種鳥類的歌聲，又稱百靈鳥。牠在人類的手上亦不隨便歌唱，只有在完全充滿信任、安全與被呵護疼愛的情境中，才會有尊嚴地在大地上放開喉嚨歌唱人生。反觀我們給予孩子們的情境，不是也如心理學家馬斯洛對人生需求的發展，由生理的需求、安全感的需求、愛與隸屬的需求、自尊的需求、自我實現的需求等不同階層的滿足後，才能完全的實現自我、肯定自我。再回首觀看詩中「孩子！你別害怕」與第

三段首句重複，其實這相同的意符，是我創作上的另一層思考，隱含著不同的意指。愛太沉重或愛太掌握、監控的不適當，能讓孩子自由的靈魂歌唱？我們也會追問身為成人的我們，我的智慧與慈愛該如何在分寸之間游移，才是真正熱愛了一個孩子的生命自由。愛需要有能力，愛需要有行動實踐，愛需要有自由地彼此退離場所，讓孩子相信自己可以用自己的能力，可以走到他自己要的人生。我們身為父母親永遠都是孩子最好的「友伴關係」，一個「伴」隨著，成「人」肩負「一半」的人生責任，另外「一半」的人生交給孩子自由地完成。

詩中第六段：

像掛入夜空深處不見了的滿園子星花，
她不會離開任何一個孩子甜美的夢。

親情之愛到末段「像掛入夜空深處」的深深之情之餘，必須是做為一個有智慧的父母，讓這一些關愛的行動深植孩子的心田後「不見了」，這「滿園子星花」才見自由感，才現出美感，才見消失中的絕對存有，才會由詩中第四段的完全慈愛「她不會離開任何一個孩子的夢」發展至詩中末段的完全智慧之愛「她不會離開任何一個孩子甜美的夢」，這「甜美的夢」由詩中第二段「最甜美的」到詩中第五段「你的甜美」的濃情漸次轉淡，在最末段的「不見了」成為「甜美的夢」。

這個「甜美的夢」也呼應詩中第一段的「永恆地」，從詩題「在夢裡」的虛幻飄邈不定的抽象回到具體現實描繪的場景，就成了可說「愛說」、可聽「童話故事的」、可見的「星星」生活事實，這想像有了落腳之處生根，成為每一個人的共通經驗「夜的花園」。星星的圖象與夢的心象，就已敘說了，這父母之愛的童話故事，讓大家都一樣地確定某種內求的核心，「都愛」、「都愛打開窗簾數著」每一個夢、每一朵花、每一顆星星、每一個自己的真實故事。

四、文章列問

0-1. 你讀了這首詩的題目「在夢裡愛說童話故事的星星」，感覺是怎樣的？或者你想到什麼？

0-2. 誰在這夢裡？（媽媽？孩子？媽媽和孩子都是？）為什麼你會這麼說？

0-3. 誰「愛說」？為什麼人都愛說話呢？在什麼情境下「愛說」話？

0-4. 你喜歡「童話故事」嗎？「童話故事」可以把想像世界變成可能的世界嗎？或是告訴（暗示）我們去「相信」什麼呢？

0-5. 請說一說看見天空的「星星」時，你的感覺和想像是什麼？說一說這經驗好嗎？

1-1. 你做過夢嗎？（好夢或是惡夢？）請說說這個夢帶給你的感覺是如何的？可以舉出你自己的生活例子來和我們分享嗎？

1-2. 這個「夢境」對你的意義如何？（你在經驗的回響中，看見了什麼意義？）

1-3. 「做夢」和「想像」有什麼不一樣？「想像」在日子中是重要的嗎？為什麼？（想像與浪漫感性與詩化的生活與生命意義的再現或創造或在不可能的現象之中完成希望。例如：萊特兄弟、艾迪生的故事。）

1-4. 回到本詩的第一段詩句「都愛打開窗簾數著」、「心底埋藏的」、「像夢一般的星星」、「這顆種子」、「孩子和星星的秘密」、「童年往事」、「永恆地，種在天高遠的天空」、「夜的花園」你有些什麼想法？或者你猜一猜作者可能想傳達什麼意義？（花園在白天可見森羅萬象、百花齊放，而夜晚的花園則是靜謐的晚蟲啼鳴、花香飄逸、微風吹拂，似一種靜思中的回響。爸、媽給我們「這顆愛的種子」，這經歷過的童年往事，將成為我們為人生努力永恆的生命位階，這也是親情中表現著「屬於我們的東西」，「我們一起來完成」，這便是人生種子的力量。這力量像泥土裡的「秘密」，讓我們「都愛」期待這秘密「開」了花朵，成為眾人的花園。）

1-5. 我們回到第一段詩句「打開窗簾」的慢動作上，你猜想這意象畫面，你猜想作者想表達什麼用意？（打開心門，打開這一顆秘密的種子。）

1-6. 從提問（1-1）到提問（1-4）這裡，你像作者為何把「回響」的段落，特意地放在第一段嗎？（是表示從人生的經驗事件看出個人賦予它的意義嗎？）

　　如果夜晚的天空是一個居住的場所，這居所是一花園，那給你的感受是如何的？

1-7. 這意義是甜美的，如夢的希望。再配合詩題「在夢裡愛說童話故事的星星」與提問（0-1）到（0-4）的提問、討論過程，你又感受到了什麼？

1-8. 你小時候有一個夢嗎？可以告訴我們嗎？

2-1. 請你舉一個例子說一說，當你「說了不真實的話」或是「做錯事」時，心理的變化過程嗎？

2-2. 「說了不真實的話」或是「做錯事的孩子」也一樣是天真的嗎？為什麼？

2-3. 爸媽的小時後可能像小朋友一樣，都經驗過童年往事，這往事已成為天空中的星星。第二段詩句中「星星就選擇在你入睡時，開始說起最甜美的童話故事。在你的夢裡。」這「選擇」二字可看出爸媽的心思嗎？從文章中的那裡讀出來的或臆測出來的？

2-4. 當爸媽責罰你後，你入睡時，從你的觀點來說，爸媽此時會想到什麼？這「星星」二字指的是什麼意義？（爸媽和你在一起的甜美畫面嗎？）

2-5. 第二段詩句「在你的夢裡」可否改成「在夢裡」，這有什麼不一樣？（「你的」凸顯了孩子在爸媽心目中的『唯一性心理地位』）

2-6. 第一段詩句「童年往事」、第二段詩句「童話故事」、「秘密的」親對話、爸媽陪你在一起的所有經驗、心思，是否都是像一篇篇的童話故事所組成的？這一些經驗可以用「星星」、「銀河」、「夢」來象徵嗎？

3-1. 你覺得自己像一朵朵的花朵嗎？（花朵和天真的孩子有什麼相關？）

3-2. 「孩子！你別害怕！」這句話是誰說出來的？或者是誰放在心裡將要說出的話？

3-3. 爸媽責罰你的話語時，這時你的心情是如何的？想起那些往事？入夜了，你想到那些事？請你舉出一個生活上的例子，來說一說這一次的心裡變化和轉折的歷程？

3-3-1. 回到第三段詩句，體會作者「一顆顆」的用意是在說什麼？

3-3-2. 那到第三段詩句「掛在夜空等著」，這「掛在」、「等著」的用意是在說出什麼？

3-4. 第三段詩句「當你好好地合上雙眼，這顆秘密的種子就開在花園裡，一朵一朵都是一個個夢的童話故事。滿園子眨眼的星花。」是在說什麼？這「一朵一朵」、「一個個」、滿園子、「眨眼的星花」作者是在說什麼？

3-5. 詩句「晴朗的夜空裡」，這「晴朗」可能有什麼用意？

3-6. 「晚安曲」給人的感覺是什麼？你聽過晚安曲嗎？我們現在現場聽幾首「晚安曲」，這時候爸媽給你的感覺是如何的？尤其當你受到「挫折」、「心情跌落谷底的時候」來聽一聽晚安曲，這等意義如何？

3-7. 那「親吻故事」可能是作者想傳達什麼？

3-8. 第二段詩句「就算你是」、「選擇在你入睡時」、「在你的夢裡」和第三段詩句「你別害怕！」、「責罰你的」、「當你」都是指出「獨獨為你編織這個夢的心理地位」到「為許多孩子唱起晚安曲」的「為許多孩子」，由私人性領域到公眾性領域。你想，作者的用意是想傳達什麼含意？

4-1. 第四段詩句「她不會離開任何一個孩子的夢。」這一句詩提供了什麼感覺，這「她」是不是有更深的用意？

4-2. 「離開」給你的感覺是如何的？

4-3. 這「任何一個」是不是也有更深的用意？

5-1. 第五段詩句「孩子！你別害怕。」和第三段詩句「孩子！你別害怕。」重複，你覺得作者的用意是想說什麼？

5-2. 第三段詩句內容的時間描寫是「夜晚」，到第五段詩句內容的時間描寫是「清晨」這一整個夜晚到清晨的時間上，你猜想作者可能在想些什麼？

5-3. 第五段詩句作者在傳達什麼用意？從詩句中，你看出什麼？（「甜美」、「就已」、「眉梢」、「綠色森林」、「唱歌的畫眉鳥」）

5-4. 「畫眉鳥」是鳥類中的歌中之王，牠的叫聲優美悅耳，可以模仿幾百種鳥類的歌聲，但擁有牠的人不一定能聽到牠的歌聲，因為牠只有在情感、情緒安全的氣氛中才會放開喉嚨歌唱，從這常識配合第五段詩句內容，你想作者選取「畫眉鳥」來作為創作材料，可能的用意是要凸顯什麼意含？

6-1. 「清晨一張開眼」也是星星不見的時候，第六段的「不見了」有什麼用意？

6-2. 「深處」有特別的含義嗎？

6-3. 「眉梢」、「畫眉鳥」可看出作者在選材上的用意嗎？（喜上眉梢，深坐蹙額眉）

6-4. 「她不會離開任何一個孩子甜美的夢」與第四段詩句「她不會離開任何一個孩子的夢」在重複中有何不同用意？

6-5. 第三段詩句「掛在夜空」與第六段詩句「掛入夜空」在情感上有何不同的表現？

6-6. 第五段的「你的甜美就已掛在你的眉梢，像在綠色森林裡頭唱歌的畫眉鳥。」和第六段的「像掛入夜空不見了的滿園子星花，她不會離開任何一個孩子甜美的夢。」這星星從很夜晚現實生活的「看見」到白日現實生活的「看不見」，作者想表達的是什麼？

7-1. 有沒有一種可能是，我們一起把「這顆種子」種在一處，屬於我們一起
分享的花園？（愛是胸懷。私人之愛可以擴充為眾人之愛；私人的花園
可以成為眾神的花園。）

7-2. 在整首的體驗後，你受了什麼影響？你還會對自己的人生經驗、想法做
怎樣的批判思考？

7-3. 整篇詩句的發展，你認為作者是一個怎樣的人？作者在想什麼？

7-4. 義大利作家 Calvino（出處未詳）說：「童話，是對人生的一個解答。──
我相信，童話是真的。」和你閱讀完這一首詩後，你找到了什麼意義？

第五章　教學實施歷程

第一節　教學思考與教學重點

一、教學思考

　　這次的童詩閱讀教學探索，我也開始面對教師自我敘說人生經驗、文學閱讀寫作經驗、教學經驗的自我形塑歷程。如 Bonnefoy「回憶」的詩句：

> 回憶啊，我如何創造妳的才華。
> 如果不是重新開始這場最古老的夢，
> 會相信我還清醒嗎？夜安詳。
> （Bonnefoy, trans.2002, p.16）

　　我回頭看看我走過的每一次生命事件。教學生活原本是我的生活重要領域，我會回憶起教學生涯中和我一起走過人生的孩子們，在教室的現場不斷引領我向生活頓見生命的星光，是一群一群孩子陪我走過的，只因為他們真摯、懇切、純然的一片藍天、寬容了我的知識暴力、語言暴力，這也因為我的真摯、工作態度、願意低下頭來在全班面前誠懇的說聲：「對不起！」、企求孩子們告訴我，我還可以怎麼做？需要做什麼調整？我想要的是什麼？我不能放棄的理想是什麼？我所擔心的是什麼？讓我有一點教學的位置點，讓我這麼做，好不好？我們不斷地在教室教學與生活中進行討論、進行協商、進行談判、進行發展教室人文文化，共同面對生活事件的問題、解決過程、結果、回響、反省的歷程與評估的歷程，如果生命再重新倒帶一次，我會如何面對人生？而現在我所能做的最好決定，對這裡的生活最好的行動會是什麼？如 Amichai「到了某個別的地方」的詩句：

> 當命運通過我
> 到了某個別的地方。
> （Amichai, trans.2002, p.7）

　　我的日常生活就有寫作思考的習慣，也在這一段路上寫下教學實務的教育故事，因為我知道這麼做是因為為了「回憶」生活，我想著教過的孩子，想著他們每一個人的生活故事，想著想著，眼淚就下來了，每一點點滴滴真

實性的「存有」，都會給我一種走完這個教學故事的前進力量，但我不透過寫作、透過向人敘說，我就很難面對黃昏、面對一整個夜晚，尤其是自己一個人停下閱讀的時刻，再看看自己，我會看出個什麼意義？我生命之所以存活的軸心究竟是什麼？面對自我「獨處」，我平靜了嗎？王丹也說了自己的經驗：「寫詩，在我就是一種精神療法，一種精神平衡，把那些難以用一般陳述表達的掙扎與嚮往，用心跳的節奏寫出來。寫作的結果並不重要，重要的是，寫作本身給了我力量，它讓我在隱密的花園中自由成長。」（王丹，2003，頁 182）這像是一種藝術生命創作的心靈，我的教學是一次次的藝術表演創作物，我一開始便把自己當藝術家看待，像藝術家的眼睛看待教學、看待孩子，我活著就要像藝術的樣式。我寫詩，我活著就要有詩人的樣式，「詩」便是我的生活日記。這一些都是孩子們給我無數次的機會，讓我能重新開始，走向自己建構的教學生命故事，走向坦然地看看自己，敞開自我在大自然中，因為「放開」生命，所以生命才「開放」了。這個時候欣賞王丹（2003）的詩句「丙子年元月八日」特別有感：

丙子年元月八日

早晨醒來我聽見雞叫
昨夜的風聲已經盛開
我本想用很樸素的幾句話
給自己一些熱烈的問候
可是天空華麗而高遠
一切是那麼寂靜
我只有在寒冷中安置靈魂
這種幸福色彩鮮豔
沒有人告訴我季節和歲月
我只是記得所有確切的日期

———————————

有時我想
春天也一如逝去的長冬
令人嚮往海邊的自由

　　而我們並不總是忙忙碌碌
　　有時也會透過淚水去看黑夜

―――――――――――

　　我就是這樣幻想自己的未來
　　感覺今日的寂靜別有意味
　　我就像那些感恩的教徒
　　把所有的印象都看作恩惠
　　（王丹，2003，頁 23-25）

這一學年我依然面對一個新的班級，有新的問題，這裡的孩子同儕的學習能力較平均，學校一直持續長年推展閱讀課外讀物，因此大部分的孩子都已有豐富閱讀不同類型的文本經驗，從一年級開始各科教師對於基本能力的學習要求已非常紮實地在課堂上實施，孩子們的家長社經地位偏高，孩子參與校外才藝學習的機會也多，旅遊經驗也豐富，因此同儕之間的生活互動學習，也帶給孩子們擴展許多新的視野，資訊教育在這個學校亦有專任教師按照課程設計實施教學。因此，我的探索已是在許多教師的努力之下而進行的，例如：我和學生利用 E-mail 往返來完成作業單的文字筆述紀錄，我只要進行閱讀孩子們的敘說內容，便可以思考下一步該加入那一些教學概念，以協助孩子發展閱讀策略，深入反思自我的生命經驗。這一些是這個班級，在我之前由許多不同年段、具有專業實務教學經驗的教師群打下的根基，我也在和孩子們進行教學中，分享了前人的努力成果，「有他（她）們真好！」

　　我也和往年一樣，想像著夢想。我可以帶給孩子什麼禮物？我要怎麼設計這一份課程設計禮物和孩子們一起分享？我著手建立孩子們的「先備知識」，在這過程讓兒童逐漸建構自我人生的生命發展，因此有一些目標是我們在學校生活、生活在教室的教學事件與生活事件當中，我們一起發展的面對人生課題，其目標不外乎如下：生命信念、工作態度、基本能力（學習能力、整理人生能力、自我相處能力）、認同自我與他人、了解、尊重、同情心（心情相同的進入別人的故事）、溫暖、支持（自我、他人）、獨處、為自我命名的生命歷程。我也透過語文科的選定教材和課外補充教材，從教學生活中和孩子一起建立人生概念，例如：人生跑道（人生的跌落點與生命面對）、模仿貓（自我追尋與自我認同）、天地一沙鷗（自我追尋與悟道的生活）、

無題（永恆的意義）、流浪漢的沉思（同情心與控訴）、看不見（自我中心與責任）、友情、愛情（用密碼存檔的秘密日記）、親情（在夢裡愛說童話故事的星星）、初旅（獨自一人行旅人生）──這樣的主題教學中也逐漸地和孩子進行表中部分的「閱讀文本教學」、「閱讀自我」、「閱讀作者寫作思考」的一些「基模」，而此次的「童詩閱讀教學探究」是思考著「閱讀者」與「文本創作物」的交流；「教學者」與「文本創作物」的交流；「作者」與「文本創作物」的交流；「閱讀者」與「教學者」的交流；「閱讀者」與「作者」的交流這五個面向，落實在教育心理學的「教學」、「學習」、「發展」的師生雙向交流歷程。我是透過「閱讀教學」來完成這個教學故事，學生（協作者）是透過「敘說」來完成這個故事。

　　因此協作者和我一起嘗試閱讀文本（大意、主題教學、閱讀文本文章之內意涵、文章之外意涵、參與模擬性的人生現場閱讀自我、閱讀他人替代性人生經驗）、閱讀自我（敘說個人生活經驗、學習經驗、自我反思經驗的自我形塑歷程）、閱讀他人，發展閱讀步驟與閱讀策略（從初步閱讀步驟到教師閱讀教學推展步驟，兒童漸次意識監控個人閱讀歷程，發展後設認知的閱讀步驟，教師的教學促進協作者由依賴到成為獨立自主的主動學習者），閱讀文本創作物，在教室教學生活中，主動建構人生心靈的藍圖。閱讀理解是為著自我形塑生命意義與為自我命名，讓自我處在學習情境中明白自我的位置，隨時知道我是什麼？我現在在做什麼？如 Amichai「關於世界」的詩句：

> 而那是寫在我們會懼怕的書裡。
> 而那也是寫在未來和過去。
> 複數或單獨，
> 我們會加以改變，
> 就像字句一樣。
>
> （Amichai, trans.2002, p.6）

　　這是我！教師與兒童的共同禮物，我們彼此領受教導：每個個體都是一個文本。在教學歷程中，我們看見了什麼？個體與群體的想法、價值觀？從生命停格中去敘說、去認識轉變歷程，為自我的價值定位，為自我命名。從生命的想像與夢想中，給自己一首生命的詩而行旅未來。如 Amichai「當我回來，他們告訴我沒有」的詩句：

　　我本是來處，如今在此處，很快就是去處。

（Amichai, trans.2002, p.34）

　　把童詩原型教材的作者經驗世界，還原到兒童可經驗的生活敘述事件，這即是一種教學者特別選擇的「教學表徵」。身為教師的我一直有意識地，將原型教材轉化為教學教材上做思考、做多重可能的設計。我們希望孩子在教室的教學活動中，能循著這樣的步驟重新探索生命經驗，這步驟是人類生活的一般性經驗步驟，這一般性經驗步驟是所有人可經歷的、可操作的、可自我證實的經驗，從「生活經歷」過渡到「反省生活經歷成為可意識、可再度觀察的生命經驗事件」，再由「生命經驗事件以文字敘述轉化為一個敘寫的文本」，爾後「從閱讀自己的生命文本中，獲得一個生命的啟示」。這生命啟示，是個人觀看自己的生活事件，對於個人的生命史上，具有什麼特殊性的生命意義。這生命意義可能是一段文字、可能是一句話、可能是一個意象、可能是一個象徵、可能是一朵花、一株草或一個季節。這段教學歷程亦是 John Dewey 所說的「教育就是經驗的改組或改造」。（Dewey, trans.1992, p.9）而身為教室中的我，是如何透過教學推展的歷程，有意識地將「教育就是經驗的改組或改造」移植在教學過程中？移植在孩子身上？與兒童實際生活經歷發生緊密連結的原型教材，被帶入教室與兒童討論、互動、分享師生之間彼此的內在對話，由一個成人，也就是一位有經驗的老師，有意識地將「原型教材」轉化為「教學教材」轉化為「教學即生活」、「教材即生活」、「兒童內在經驗在教學中被喚醒的，即是他（她）自己最完整的生命教材」。師生彼此在課堂中，「閱讀教材」、「閱讀他人」、「閱讀自己」的諸多面貌，進而教學成為為兒童進入社會化的過程做準備，老師與孩子們都願意「去蔽」個人隱藏式的內在需求，「朗然地」覺察他人、自我，因認識而了解而漸次深入一種淵源，進而尊重任何一個個體的生命湧現樣式。生活在「相信」、「支持」的人文領域當中，為自己「存有」一次生命旅程上的功課，對經驗重新「認同」、「接納」、「重新定義」地對生命說：「好！」像浮士德在完成自我人生階層的意義追求後，說：「人生，無論怎樣，他是好的！」（宗白華，2001，頁 203）與宗白華先生引用 Goethe 在「浮士德」全書最後的智慧即是：

一切生滅者

皆是一象徵

（宗白華，2001，頁 201）

　　讓我們一起對生命說：「加油！」

　　柯慶明（2005）談及：「國文的教學重點應該由單純的語法詞彙等語言的『形式』結構與基本單位的熟悉訓練，走向『話語』與『文章』的『內容』性涵泳與吸收。每一個有『歷史』的語言文化，其實皆有其一系列被視為『經典』的語文作品，以為其文化精神之凝聚的依憑。這些語文作品的集合就形成該語文化的人文『傳統』，也是其文化成員所必須共同參與，不斷對話，以形成個人價值之信仰，生命情調之型塑，與生活智慧之取得的最主要的參照與資源。──在高中用國文課程一半以上的時間來教『讀』其作品，並不是為了學習這套『語言』，而是為了『人文教育』！」（柯慶明，2005，E7 版）

　　身為教師的我，選擇自己的人生素材創作為一個文本，是人生經驗的再創造，而文本的意義是作者生命哲思與智慧的提點，在文本中召喚，召喚出人生的啟示，這啟示是對自我的，亦是對待讀者的責任。當把文本帶到教室進行教學時，我亦面臨教學生命的再創造課題，我身在教室現場體會師生「交感」（interaction）的歷程，亦即隨時感受、感動教學現場的生命脈動和那份教學中的生命感動。如 Dewey（1992）所說的：「事件的連續流動構成思想一系列的鏈條。任何反省思維都有一些確定的成分，它們連結在一起，向著一個共同的目標持續不斷地運動。思惟實際上是信念的同義語。反省思維激勵人們去探索，但反省思維一開始，它便具有自覺的和有意的努力，在證據和合理性的堅實基礎上，形成信念。」（Dewey, trans. 1992, p.5-11）吳有能（1994）在「自覺心的探索──勞思光教授的道德文化哲學」一文中亦提及：「所謂最高自由，其中一個意義是就價值主體之獨立自主而言。（頁 81）文化是自覺的創造活動，就創造性言，文化活動表現為秩序性與目的性，這是因為自覺主體有方向性故。（頁 85）依黑格爾的看法，文化的創造，是因為人在觀念上肯定其價值。（頁 89）」我面臨的第一道課題是把詩的語言轉化為生活事件的語言，亦即把詩是意象跳接的語言轉化為事件因果關係的敘述語言，從詩的非敘述句轉化為敘述句。把這首童詩的文本還原到事件成為教學表徵，這教學表徵在教室現場中的教學活動，成為可實驗操作的或模擬的人生經歷，透過兒童小組討論，反省個人經歷，閱讀不斷加進來的資料，進一步印證文本，這經驗便使文本成為孩子有經驗上的意義，這經驗亦教導孩子未來的經驗，此時課堂上的教學主題，便成為孩子人生的指導語。孩子們也

從依賴教師教學的過程，慢慢地把學習的責任轉移在自我身上，自我是一位獨立的學習者，自我教導自我行旅人生，觀照自己的人生活得完整，活得有意義，懂得生活是可以不斷修正，不斷前進，瞥見自我的國度一樣有自己的生命調子，一樣有自己的生活方式，一樣有自己的手彩繪人生。

　　至於我這位文本創作者的文本是怎麼來的？也就是說我的人生素材到文本創作是怎麼來的？我經歷著「自我經歷的訪查」，我企圖讓記憶回到生命事件的原初現場觀察，是一種回憶的「觀察」，我把人生功課的解題歷程，透過文本的再創造與教學的再創造，在孩子們的眼前敞開了自我，我有意識地在幫助自己成長，和孩子們分享與尊重不一樣的人生故事，在每一個人生的轉彎處學習與自我和諧相處，學習與自己握手言和的人生平衡。所以我在教學中會出現一個提問，是反問我這個教師的，是促進學生去思考與反思教學活動的。從這提問的點撥尋索教學活動經驗與生活的關係是什麼？教學活動經驗中體驗了什麼樣的人生道理？我可以如何模擬我的人生夢想？如何再有教學生命的再創造？身為教室中的行動者，帶領小朋友與文章的互動中，體察作品與個人的生命經驗，落實在教室生活當中的行為實踐，隨時在班級事件當中，反省著個人行為與教學中建立的人生基模，企圖漸漸整合個人的人生圖騰與夢想，完成個人的每段人生功課，直至自己是一個獨立思考者、主動學習者，為自己的人生做決定，經歷知識性的成熟、情緒性成熟、社會性成熟、道德性成熟時，也願意在生活中與人分享，與人合作，成為一個發亮的孩子。

　　當一位教師試圖把原型教材的材料轉化成為教學教材時，教師自己也經歷一段詮釋教材的心路歷程，把這原型教材做精緻、細部化的教材分析後，才帶入教室透過教學推展的師生互動歷程，把教學的主要概念群有意識地串連在教師的個人教學風格中，表演、表現出一種教學魅力的教學現場生活。

　　在教學現場之中，教師有意識地監控教學中的所有互動因子，獨享著發展個人人際智慧與內省智慧的實務經驗。在人際互動一面，教師與學生在一個特定的時空情境裡，分享著小型社會實務互動的複雜因子。除了共同學習覺察自我，共同學習覺察他人，共同學習覺察教室情境變化，共同學習覺察對人生現象的看法，覺察個人與群體的行為實踐，從私人領域的價值體系通向公開表達成為共有探索的價值體系，彼此珍視每一個人的生活流動，在反照、反省的歷程中，瞥見自我與他人的諸多面相，發展生命夢想的多重途徑

下，有多種樣貌、多種可能並企圖帶領兒童在共同文本的小型社會互動裡，不斷交集、相會、衝突、溝通、提出個人觀點、引證人生經驗、從文章中點撥出文章訊息以印證個人的推論與思考，並容許群體對所有可能性的觀點進行質疑、支持、反對，讓這民主自由的雛型漸趨成型，成為一個班級互動的基模，由這基模的不斷修正到成為一種習慣而有共識的班級文化。

二、教學重點

引發兒童舊經驗以契合文本「在夢裡愛說童話故事的星星」。

我們怎樣再看待這些生活經驗的回憶，這是讀者本身的自我故事。這生命經驗的「再現」是透過回憶，而再現出曾經的現場。究竟這讀者本身的經驗，兒童會在什麼樣的閱讀情境之下，進行閱讀互動的？是在小團體的情境下，或是私密性的閱讀情境？如果在開放的情境下，兒童必須隨時注意老師對他經驗的眼光，同儕團體對待他經驗的眼光，這「對待關係」將影響經驗再現的完整性。這時身為教師的我，有必要注意維持這一個開放性的情境，這情境是可以讓任何孩子的經驗，感覺是安全地，在教室這裡的此時此刻，被認同、被接受、被感同身受、被了解、被允許在公共領域被看見曾經的現場世界。所以我會先請兒童敏感現在這個教室的氣氛，讓你覺得如何？是有感的感受著什麼？孩子想談出這一些經驗，是為什麼願意相信是可說出的？是會被尊重的？是會被了解的？這是一個怎樣的班級？我們來描述它。這是一個怎樣的老師？我們來描述他。當我被老師邀請起來，說出自己的經驗時，我心裡的感受如何？說出的歷程中，我注意著什麼？我在想什麼？我比較在乎的又是什麼？

第二節　教學實施歷程

接上這個班級，我先給孩子們上語句結構（主詞＋述詞）的造句子基本能力教學，我特地將語句結構改為「主角＋怎麼樣，＋結果。」這樣的敘述結構來協助孩子，寫出一個完整、正確的句子。孩子的語句都能通順地表達內容之時，我再進入語句擴展的教學「主角＋怎麼樣，＋又怎麼樣，＋結果。」這樣的句子擴展結構協助孩子提取孩子的舊經驗，寫出內容更豐富的小段落，在這歷程中，我也隨時提醒孩子：「你是根據什麼標準來判斷你寫的句

子是正確的？」請孩子在班上「放聲思考」，把監控認知策略的學習，逐漸由「專家」的歷程透過教學，移植到「生手」的歷程，讓孩子獨立自主地運用學來的策略自我學習。我們知道「文法在文章中不是具體可以看得到的，我的意思是每個字或句子並沒有標示它是個 N（名詞）或 V（動詞）或 SVO（主詞—動詞—受詞），而且文章上也看不到文法的樹狀圖解。作者用了文法，但是讀者必須建構他或她自己的文法結構，才能理解文章。」（Goodman, trans. 2001, p.171）這也是我們教學者一直忽略的教學視點，孩子在日常生活當中的口頭語言，已能達到與人溝通意義的傳達過程。但是在文字敘寫的表達上卻讓讀者感受不到現場所看到的，現場所聽到的，現場每一個描述主詞所做的表情、動作，現場的描述主詞所感覺到的，現場的描述主詞心理所想的（包括想到的事件、想起的回憶、想像的世界、人生的體察），和作者本身所感覺到的，作者本身所想的（包括想到的事件、想起的回憶、想像的世界、人生的體察）。讀者只有透過文字來揣摩當時作者的親自在場，所以教學者有必要讓書寫方式，讓孩子知道句子的語文文法上有那一些句型的變化類型，作者為了讓現場經歷浮現在讀者的眼前，所以在基本句型上會加入具體描寫的寫作技巧，和每一名詞的微觀形容（形容詞＋名詞），和每一動詞的微觀形容（副詞＋動詞）和具體描寫的修辭技巧，意即是文學的修辭技巧。這也是我在準備進入童詩閱讀教學探究之前，先逐步建立的孩子閱讀文本書寫方式，讓作者隱藏在文章書寫背後的書寫語文文法，在閱讀者眼前浮現，成為可分析性的句子書寫基模。另外一個是段落書寫基模：「小原因（主角）＋小經過情形（怎麼樣，＋又怎麼樣，＋又怎麼樣，……）＋小結果（結果。）」。至於整篇記敘文的文章書寫基模，即是記敘文的文章基架，我用：「大原因（原因段落）＋大經過情形（經過事件一。＋經過事件二。＋經過事件三。……）＋大結果（結果段落。）」，以這樣的文章鉅觀歷程，為孩子建立「作者寫作的書寫思考結構」。這一些概念是逐步在教學活動中逐步完成的，每一個教學活動都由一個教學表徵，透過教師的提列問題讓孩子思考為什麼是這個樣子？讓孩子敏感問題後，由教師示範、說明，當作是技能移植的教學歷程，學生完全跟著老師的指導語，按照老師的示範步驟一步一步跟著做，接著閉上眼睛意象思考老師的教學步驟和自己的學習步驟，把學習內容回憶組織後，用自己的語言重述一次學習的步驟和內容，接著進一步自己練習類似的教學內容，並進一步說出學習的困境，由小組的同學提出可能性

的解決方案與思考過程，以同儕協助的樣式建立一個社會性學習的支持環境，這時老師亦從旁協助兒童的自由練習，最後才完全把學習任務交給學生完全獨立練習，並請學童根據教學的概念重點自我評量。

接下來我給孩子一首法國九歲兒童寫的詩「無題」：

無題

我愛她，
她愛我，
我們相愛。

我還記得
有一天
我們
坐在
松針堆上。

一切靜悄悄地，
我把她的頭
靠在我的心。

我們一起
休息……

（莫渝編譯，1993，頁 87-88）

我藉這首短詩和孩子分享詩中的作者思考與文章中凸顯的人生意涵。先將詩句還原為一般的敘述語句：「我愛她，她愛我，我們相愛。我還記得有一天我們坐在松針堆上。一切靜悄悄地，我把她的頭靠在我的心。我們一起休息……」，同學們原初看不出作者所欲傳達的主旨，並不覺得這內容上的意涵可以深刻地示現出人生「永恆的回憶」經驗，這存有的「人生的永恆畫面」等老師將敘述語句轉化為詩句時，我們慢慢的從文本創作物的細節中，主動針對內容中與內容外列問問題，並試著解題，看看會有什麼不同的體會？上完這課我請孩子寫下閱讀中的思考，例如吳采璇寫下了：「不知道作者為什麼要定『無題』而不定其他的題目？後來我才知道因為『愛』是沒理由的。我想『我愛她，她愛我，我們相愛。』這句話的『愛』不知道是愛情、

友情還是親情？我想應該友情吧！作者說：我還記得有一天我們坐在松針堆上。那作者為什麼只說出這件回憶，不選其他的回憶，表示他們回憶中最好的一次就是坐在松針堆上吧！但除了這回憶應該還有很多令人感動的回憶。

一切靜悄悄地。不知道那時候作者在想什麼？會不會希望時間能停留在那，不前進呢？如果是我，我會希望時間能停留下來，這樣幸福的時光就不會太快走！也要希望我能交到更多的朋友，能和我分享快樂與煩惱，朋友像我的日記本，讓我和他的回憶深刻的留在我人生的旅途中。

友情能隨著時間的成長，讓我們能彼此信任，了解對方，我相信我的朋友都了解我了，我也了解他！而我要珍惜我擁有我的朋友，這才是真正的友情。

現在的社會，真正的友情已經不多了，為了某種利益而背叛好友，是不斷的發生，但還是有少部分的人保有著。」

陳羿妃也寫下了閱讀步驟：「（第一步驟）在這句『我愛她，她愛我，我們相愛。』讓我心中有個疑問，它到底是在說哪一種的愛呢？還有一句『我還記得有一天』，它所說的有一天，是哪一天呀？在他的生命中有那麼多天，他為什麼就是要選那一天呢？

（第二步驟）『我們坐在松針堆上。一切靜悄悄地』，這句話是在說哪裡的松針堆上，而且是在哪裡的松針堆上，能夠這麼的安靜。

（第三步驟）『我把她的頭靠在我的心。』他為什麼把她的頭靠在他的心呢？是不是因為作者想讓那個女生聽到心中的真心話呢？還是作者想讓那個女生聽聽看他那種心中都只想著她、思念著她的心跳聲嗎？

（第四步驟）『我們一起休息……』，作者所描寫的『休息』是指哪一種的『休息』？是指靜靜的的坐在那兒，吹著舒服的涼風，還是躺在松針堆上，安靜的睡個午覺呢？而它最後面的『……』又是指什麼呢？

（第五步驟）以上這些內容又跟標題『無題』有什麼關係呢？這整件事情，真讓我想也想不通啊～。」

二位同學的敘述書寫中，一位針對閱讀內容，一位針對閱讀步驟的列問，一邊閱讀一邊針對文章內容提問，來深入文章的主要意涵。這文字筆述的「放聲思考」方式，我在班上稱為「思考表白」。這有一個優勢，孩子除了學習文本內容與閱讀策略之餘，更可以運用「思考表白」的方式重新組織、整理自己的思考，更可以看見自己在學習內容和方法上的「陳述性知識」與「程序性知識」的呈現。

　　人類的學習經驗是事件的敘事結構，因此我開始取材國立編譯館的六年級舊教材文章「模仿貓」，在還沒上此材料之前，我請孩子們自己先試著完成一份作業單：「作業一：請寫出你在閱讀這一篇文章的「閱讀步驟思考表白」？

　　作業二：請寫出你在閱讀這一篇文章的「閱讀提問單」？（也就是你在閱讀這一篇文章時，你自己會針對文章內容提出哪一些問題？）」。例如，張揚法寫出的「閱讀步驟思考表白」如下：「要先找出模仿貓的原因、經過情形、結果，在針對模仿貓提問問題，像是『這篇文章是在說什麼？』、『作者體會到什麼？』、『這者在寫模仿貓的心情是怎樣的？』、『為什麼作者要寫這篇文章？』、『作者體會到什麼？』、『這是什麼文體？』。要深入的去體會文章，和文章的意思，要去想文章在表達什麼？

　　我也希望能跟大公雞一樣有好歌聲，我也希望能像大白鵝一樣，快快樂樂的去游泳，模仿貓這篇文章表達了模仿貓的心裡感受，他想要像公雞、大白鵝和小鳥兒、小綿羊的優點，他還有去模仿大樹，他希望能跟大樹一樣沒有任何煩惱，不管怎麼用它，它都不會動搖，模仿貓想跟它一樣，不管怎樣都不會有動搖的心，可是要有不會有動搖的心是很辛苦的，不管怎樣都不會動搖的心，要經過很多的事情，可是他卻沒有發現自己的優點，只知道別人的優點。我有的時候也會覺得自己沒有任何優點，有時也會去模仿別人，模仿貓這篇文章告訴我們不能隨便的去模仿別人，而沒發現自己的優點。

　　模仿貓閱讀思考步驟表白：

1、有一隻黑貓，住在綠色山谷中的一個農場裡，他嫌自己很多缺點，一直模仿別人（原因的一小段）。

2、他想要跟大公雞一樣好聽的歌聲，他叫的聲音卻是「喵嗚」，大公雞笑他是大傻瓜，他很難為情的走了（經過第一段）。

3、他經過羊欄，看見綿羊正被農人剪羊毛，他趴在農人的腳前，等著替他剪毛，農人卻把他推開（這時的模仿貓感到自己的主人卻不理他時他非常難過，經過的第二段）。

4、他走到池邊，看見大白鵝在水裡游來游去，他跳進水裡，想跟大白鵝一樣，沒想到差點溺死，好在有大白鵝救了他（這時模仿貓感到自己很無能，經過第三段）。

5、他聽見樹上很多小鳥在叫，好像在笑他剛剛做的傻事，他很不服氣，於是他就爬到樹上準備表演給他們看，讓牠們知道他會飛，他張開兩腿當翅膀，猛然一跳，碰的一聲就摔到地上了（經過的第四段）。

6、他覺得自己總是失敗覺得自己神麼優點都沒有，做不成大公雞、綿羊也做不成大白鵝、小鳥兒（這時他開始像得了自閉症一樣，經過第五段）。

7、他傷心的走進森林，看見森林裡的大樹一點憂愁都沒有，他決定要學大樹，他挺直直的站了很久，都快累死了（原來當樹也不是好當的，經過第六段）。

8、他失望的走回家，他聽見大白鵝說：『我的羽毛容易髒，我有像模仿貓一樣的羽毛就好了。』他很驚奇（他心裡開始有一點點的希望），他經過雞舍，聽見小雞吵吵鬧鬧的，大公雞說：『別吵了，為什麼不像模仿貓一樣的文雅。』大公雞的一段話，他更驚奇（他的心裡開始充滿了信心，結果的第一小段）。

9、他又聽見農場主人說：『老鼠偷吃我的食物，如果有貓就好了』（結果的第二小段）。

10、模仿貓發現了自己的優點，從此他建立了自信心，善用自己的長處，不再隨便模仿別人。」

他的「閱讀提問單」也列問著：

1、「為什麼主題要用模仿貓，不用別的？」
2、「作者要讀者讀了這篇文章的意義何在？」
3、「模仿貓為什麼想模仿別人？」
4、「作者寫這篇文章的體會？」
5、「如果沒有大家的誇讚，模仿貓會建立自己的自信心嗎？」
6、「這篇文章的主角為什麼是黑貓？」

在上述中，我發現孩子的一些閱讀取向，漸次設身處地地融入文本，來體會文本中主角的感受，主角所面臨的問題是什麼？在內容的重新分類、組織上也學著會以「敘事基模」來對文本分出段落。列問除了針對內容外，也試著對作者的角度列問，更隱約的涉及「人生體會」的叩問人生。因此，我一方面進行「摘取大意教學」，這運用了「概念階層」的訊息處理模式來進行的，也順及在這個階段之中，讓孩子跟著、試著組織作者的文章結構與內容，在此我稱為「故事體文章基架教學」，從個人獨立作業的「故事體文章

基架教學」到小組討論「文本段落大意、全課大意」進入全班共同討論、協商「文本段落大意、全課大意」的教學歷程，兼顧小型社會的人際互動歷程與目標導向的工作歷程，孩子們完成了「閱讀作者文本形式結構思考」與「閱讀文本內容的文本之內意涵的摘取文本大意」。例如班上這時呈現各小組討論的「全課大意」是：「

第一組：模仿貓的人生歷程，和他的人生起落點，和他始終沒有放棄的精神。

第二組：模仿貓嫌自己不好，常模仿動、植物，主人叫他模仿貓，但每次都失敗，他傷心的躲起來，他在回家的途中，聽見大白鵝、大公雞和農場主人都在誇讚他，他很驚奇！從此他建立了自信心，不再隨便模仿別人。

第三組：模仿貓認為自己沒有長處，而到處模仿別人，但卻換來更多的難過。當他聽到別人的讚美和肯定，發現了自己的長處，不再隨便模仿別人了。

第四組：模仿貓認為自己不好，所以才模仿別人，他一直模仿別人一直失敗傷心的躲起來，到最後才發現自己的優點，不再隨便模仿別人。

第五組：有一隻黑貓，他嫌自己不好，所以農場主人都叫他「模仿貓」，他模仿了大公雞、綿羊、大白鵝、小鳥和大樹，可是都沒成功，到最後他聽到大白鵝、大公雞和農場主人的話，他從此建立了自信心，他不再隨便模仿別人了。

第六組：有一隻黑貓，嫌自己不好，一直模仿別人，主人叫他模仿貓，他模仿動植物，都沒成功，他難過、失望，他始終沒放棄希望。回家的路上，聽見動物和主人誇讚他的外表、本能，他很驚奇，最後他發現自己優點，建立信心，不隨便模仿別人。」

　　從這裡的討論內容，我清楚這需要經歷「全班協商」、「全班討論」的社會互動過程才能對這一文本的全文大意定案，在討論中又需要接受教師詢問「為什麼你這麼說？你根據什麼標準而這麼說？」的「思考表白」，如果面對困境之時，我們又需要「教學情境倒帶」，回到我們建立概念的「原型基模」上再思考，學生和我如此反覆反省自己的「監控認知」，例如在教學中我的紀錄如下：我們在 10 月 14 日（星期四）全班討論大意時，第 1 組的同學看了 10 月 7 日第一次 1-6 組的全課大意之後，發現每一組的全課大意都有一些異同，因此進入第二次的修訂全課大意如下：「模仿貓嫌自己不好，常

模仿動、植物，但都失敗，他很傷心，在回家途中聽見動物和農場主人都在誇獎他，他很驚奇！從此建立了自信心，模仿貓的人生歷程不再隨便模仿別人。」這時候老師請他們比較第一次全課大意和第二次全課大意的修定稿，有什麼不一樣的地方？他們說：第一次討論全課大意時，沒有想到文章的細節。老師追問：「為什麼文章中的細節在寫大意中是重要的？」同學回答說：「因為如果別人根本沒有讀過『模仿貓』這一篇文章，這樣他就沒辦法讀到、了解這一篇文章的內容和大意。」老師也接著澄清說：「你們的意思是不是說：『要從閱讀這一篇大意的讀者角度來考慮，是不是能夠把這一篇文章的大意說得清楚、正確？』」。在這裡我們考慮了作者的角度與讀者的角度在閱讀大意時的需求。這樣的討論互動也希望促使兒童可以根據彼此的看法建立自己的看法，或整個重建（Labinowicz, trans. 1987, p.279）。最後我們全班同意了這一文本的內容大意是：「有一隻黑貓，嫌自己不好，一直模仿別人，主人叫他模仿貓。他到處模仿別人都沒成功，他在難過、失望中，始終沒放棄希望。走在回家的路上，他聽見動物和主人誇讚他的外表、本能，讓他很驚奇，最後他發現了自己的優點，建立自信心，從此不再隨便模仿別人。」

　　三星期後我給孩子一份 E-mail 作業單：書寫「模仿貓」內容深究作業單，希望孩子在這一長段時間中，能慢慢思考文本中的人生課題，我在其作業單中提問，因為「教師的提問可以注重資料的某個特殊方面，兒童於是能夠借以澄清他的理解。」（Labinowicz，trans. 1987, p.281）例如，陳彥翔給我的作業如下筆述：

1、「模仿貓」的文章中，模仿貓看見自己的什麼？（從原因段落、經過事件段落、和結果段落的每一個細節來閱讀人生）

答：模仿貓嫌自己不好，模仿農場裡的動、植物，但都失敗，他很傷心，在回家途中聽見動物和農場主人都在誇獎他的「外表」和「本能」，他很驚奇！從此建立了自信心，以後，他再看了一次自己，他就知道自己其實不會長的不好。

2、你閱讀完「模仿貓」的文章後，你看見自己的什麼？（從原因段落、經過事件段落、和結果段落的每一個細節來關照自我）

答：我自己以前來東大附小時，一開始我也覺得自己沒什麼優點，別人做的那麼好，為什麼我只能做到那樣，所以很羨慕別人，但當我經過了考試後終於發現了，只要肯努力，就可以從此不再羨慕別人。

3、閱讀完「模仿貓」的文章後，你將會如何待人（善待他人）、待己（與
　　自我相處）？
答：我會用自己的優點來幫助別人，而我如果看到別人有的優點是我沒有
　　的，我會向他學習，倒是這不是模仿，因為每個人都會有一個自己才有
　　的優點，而且說不定我有個優點是他沒有的。
4、你想一想，作者在文章的背後，告訴了我們什麼人生的道理？（請你用
　　一句話寫出來好嗎？）
答：每個人都會有一個和別人不一樣獨特的優點，別人做的好，只要努力就
　　可以超過他。
5、閱讀完文章中的人生與閱讀完自我的人生經驗之後，你有了什麼樣的體
　　會？（這經驗對於你的意義是什麼？請用一段文字寫下來，當作是給自
　　己的一份小禮物。）
答：每一個人都會碰到一些困難，這是難免的，因為人生的困難是為了讓你
　　成長，而「它」的意義是讓我知道更多的「做人」和「處世」。

　　從陳彥翔的敘述裡，我看見了一個孩子透過文本的閱讀人生、關照自
我、與自我相處、體會作者在文章背後的人生道理、閱讀自我人生經驗、在
人生體會中賦予經驗新的意義，讓他在閱讀裡漸漸地深入文本、深入自我。
在進行「模仿貓」文章的教學進程，我們也一同探索康軒版國語課本第十一
冊第三課「跑道」，我的教學著眼點在特定的一個主題「人生跑道」，和孩子
分享了文中的主角人物政彬面臨「人生的跌落點」後，必須開始面對自己的
人生，面對自己、面對同儕、面對老師，這對他來說都是一次次的生活為難
處，他如何能走得出來這樣的人生？文章中第三段，「政彬對於失去最重要
的第四棒，感到十分委屈。心存芥蒂的他，便借題發威，大聲拒絕。這是一
個尷尬的場面。政彬對自己的無理取鬧，雖然深感後悔，卻拉不下臉來向名
揚道歉。」「道歉」是一重要的生命哲學，尤其在這個時候，談何容易。第
五段，子豪說：「相信只要有大家團結一條心，我們一定可以打敗六年五班。」
政彬聽了，心中百感交集，卻不知該說些什麼，只好難為情的低下頭來。老
師曾對他說：「傳遞下去，直到成功抵達終點，不管第幾棒，都是跑道上最
閃亮的明星。」政彬的人生領悟。文章到此，政彬漸次走出生命的新觀點。
在文章的第六段，「他看到名揚的臉因奮力而扭曲著」。文章第七段，「政
彬再也壓抑不住興奮的情緒，猛然衝向前去抱住名揚，忘形的喊著：『你贏

了！你贏了！』名揚楞了一下，隨即也抱著政彬，喘著氣大叫：『我們贏了！我們終於贏了！』」。而文章最美的安排在於政彬的「你贏了！你贏了！」與名揚的「我們贏了！我們終於贏了！」的生命對比，從語文訊息的「你」、「我們」，我們看出生命的位置點各不相同，「小我」、「大我」的映照，是上帝給了我們的一課「人生課題」，我們在這裡除了看見「政彬的心裡情緒歷程」之外，還看見個什麼？

之前我們在語文教育上的「生字新詞教學」、「語句表達」在此次的教學中孩子更加用心的去體會「一個字」、「一個詞」、「一個句子敘述」作者的深刻體會，例如，「跑道」中的「失去」、「十分委屈」、「心存芥蒂」、「借題發威」、「拒絕」、「尷尬場面」、「道歉」、「傳遞」、「壓抑不住」、「楞了一下」……等等。雖然孩子對於語詞的體會更加深刻，是作者活在生活中的觀察、體認，但對於自己要敘述寫出語句優美、語句生動、帶有語句情感的具體描寫技巧，尚未能表現得更好。這也緣於「口頭表達語言」和「書寫語言」原本在生活實務中的應用是不同的，我們很少去追問「口頭表達語言」和「書寫語言」在生活中的差異在哪裡？為什麼孩子只要面對「書寫語言」，就深覺困難重重，總寫不出一段好的敘述短文，自己看看寫出的短文也看不下去，明明都已經表達了自己的意思了，別人讀起來總是隔了什麼牆似的，這只能「心領神會」。我在教室中做了一些示範「口頭表達語言」：「王基麟，請到老師這邊來！」這孩子走了過來。我們在這裡知道老師和這位同學的「表情」、「動作」沒被說出來。老師和學生的「心裡感覺」、「心裡想像」沒被說出來。對於老師和學生的「形容」沒被說出來。對於老師和學生動作的「形容」沒被說出來。因為我們聽到這句：「『王基麟，請到老師這邊來！』這孩子走了過來。」的同時，我們已經把「沒被說出來」的部分用「眼睛看完了」，所以不必再加以描繪，大家都看到了這一些組合因素合起來的場景。但「書寫語言」是閱讀者不在這現場圈子，我們是透過「文本」讓閱讀者閱讀「書寫語言」時，彷彿「身歷其境」、「如臨現場」一般地，跟著作者走完這一次經驗。這「沒被說出來」的部分有必要放在「文本」中，寫作者也在書寫當中，假定有一閱讀者的存在而書寫。「口頭表達語言」和「書寫語言」因此不同，孩子的敘事寫作能力也較無法表現出「現場情境的具體示現」。身為教師的我們閱讀孩子的「書寫語言」也無法「感動」，因為孩子的文本中總少了引發「感覺」的內心描寫和引起身歷其境的「生動」、「活的動感」。彼此喚醒

「有感覺」的機會也少之又少，結果也越來越不喜歡「教導兒童寫作技巧」。我也開始面臨教導孩子敘述寫作技巧，我便在每一課內、課外的文本探究中，教導了一些具體描寫的示現技巧，在十一月九日以康軒版第十一冊第十課「沉思三帖」（見附錄四）各取一段，給了孩子學習評量單，「重新學習如何學習和發展作為一個獨立的學習者的自信，所需要的時間比我們樂意提供的似乎要多」，（Labinowicz, trans. 1987, p.278）而我也考慮了，「教師不承擔全部評價的責任，而是鼓勵兒童逐漸參與對他自己的成果做自我評價。」（Labinowicz, trans. 1987, p. 280）請孩子依據評量項目敘述：例如，洪珮玲交卷後的試卷如下：

　　＊敘述技巧評量單＊請根據閱讀作者寫作思考表來敘述下面兩段文字：
　　1、語句通順（主詞＋述詞）
　　2、語句優美描寫具體：形容詞；副詞。
　　3、語句生動描寫具體：（看、聽、做）。眼睛看的（看）；耳朵聽的（聽）；
　　　　鼻子聞的（嗅）；舌頭嚐的（味）；臉上、肢體的表情動作（做）
　　4、語句情感描寫具體：（感、想）。心裡感覺（感）；心裡想像（想）；
　　　　意象經營（心靈具體圖片）。

第一帖　「心中的花園」：

　　盲人住在市郊，他的院子裡有一個花園。一有空閒，他就在裡面細心的除草、施肥，輕輕的跟花兒說話，花兒似乎知道他的好意，不時回報他滿園燦爛的花園（原文第一段）。

　　答：往外一看，看見了一些雜草和一些令人憐愛的野花兒，矮小的盲人就在裡頭靜靜地坐著，他那碧藍的雙眼，和那淡淡的微笑，咦？旁邊的柺杖，好像在對我說什麼。那清淡的百合花，帶著芳香，真是令人陶醉，小時候當我難過時，媽媽總是帶朵白色的百合花。百合花為我帶來的感覺是溫暖、是依靠。

　　盲人走了出來，拿著柺杖，雖然他不時撞到圍牆，不過他屹立不搖的決心，已經無法動搖他去看他那些寶貝花兒。他拿著剪刀細心除草，有時也會皺著眉頭，深怕剪到他的花兒，盲人努力的搬起那厚厚的肥料，雖然流了許多汗水，他還是拿著鏟子，努力的施肥，在太陽底下的汗水與肥料混合，相信在這片院子裡的所有花兒一定很幸福。

　　花兒見到在太陽下流汗的盲人，心裡不禁流淚了，為了回報他的血汗，它把它最大的美麗展放出來，這是這世紀最美的花園。

第二帖　「少年與海鷗」：

　　每天早晨，少年都要到海邊散步。海鷗跟他熟了，見他前來，不但毫不畏懼，還大膽停在他的頭上或肩上。他經常把捕獲的小魚，帶來與海鷗分享。他輕撫著他們的羽毛，彼此仿佛認識多年的朋友（原文第一段）。

　　答：夕陽中的少年，在海平面上，在那剎時，所有的事物，應該是以它為中心，噗通！它跳了出來，深藍色的大海，瞬間變成它的天地，咻！他跳到最高點，金黃色的大悠藍的大海。他的小腳，踏著沙地漫步，細細的沙在他的腳彷彿是小星星們。

　　細軟的沙子，踏起非常舒服。海鷗聲響起，他的笑容也就露了出來。一隻，兩隻，一群，一大群，那黑邊的海鷗，撲了過來又飛了上去，那圓滑曲線的飛翔姿態，是你所沒見過的，俯衝下來時，你的心跳聲，還有那急促的呼吸聲，沒有人比你精進。

　　海鷗與他就做著同樣的事，經過幾個月後，牠發現了他，他也發現了牠，他們就像多年不見的朋友，海鷗因為與他很熟後，就毫不畏懼的在他的頭和肩，海鷗還會把自己辛苦得來的魚送給他。他們的感情一定很好。他撫摸著自己的羽毛，羽毛光滑柔順，閃閃發光，就像摸小狗的軟毛一般舒服。他們的友誼就像濃醇的咖啡一般，永不毀滅。

　　我看見孩子的敘述能力漸入佳境了。十一月十一日是台東大學資訊教育學系三年級學生來班上的「教學演示觀摩」日，我取材自己的作品「月光秋涼」請孩子事前作業 Email「閱讀作者寫作思考考試作業單」，準備和大孩子們進行交流，讓班上的孩子多一個閱讀的視點。

「月光秋涼」文本如下：

1、秋日，緩步的晚風拂過紗窗進來，臥室的空間開始有了秋涼的味道，一種讓人走在季節上的特殊味道，涼涼的。
2、這樣的季節像楓葉的綠，漸漸有了些微的粉彩一樣，像回憶中的思念顏色，總令人想起從前的某個日子。
3、走路的微風有如月光彈奏大地一般，淡淡、柔柔的一首詩。那天空千萬朵夢想的幻變，把天空沿這花瓣垂落夜晚的姿態。

4、這秋夜的林中，月光在這裡書寫。

5、我們都從自己走來，像一朵朵浪花從海藍走來，那遠處岸邊滾上來的潮音，活像小孩子笑開心裡的天空一樣，天真的銀色音符。我走在這路途，沿著沒有思緒的天空一樣，把笑容打開。

6、上帝是個藝術，祂是自己本身的完成式，行進中的完成式。

7、是誰讓晚風這般吹涼啊？秋天的故事。

8、藍色海的午後，一群綠繡眼鳥舔著秋日海風的午後。我在悠悠海潮的歌聲中聽海的眼神。

9、夜神之歌，時間把我向右轉了半圈，我才能見到妳的影子飛來。我忍不住想問巢間的那群鳥兒，何時牠才會從林中傳開，那一片雪白的歌聲。

10、含了一口熱咖啡，我才走入轉冷的秋風之晨。

11、一棵樹，讓清晨東方來的陽光，穿不透葉綠的影子。

12、晨風走過樹間，跳舞的影子說著話，影子喋喋耳語的輕悄，讓我聽見沒有聲音的音樂。（金毛菊寫於 2004）

「月光秋涼 Email 閱讀作者寫作思考考試作業單 93.11.9.」如下：

一、請你猜猜作者在說些什麼？

二、作者這一篇文章寫得好不好？請根據「閱讀作者寫作思考表」做判斷，並從文章中舉出實際的例子來說明？

三、你會如何修改這一篇文章？（用標楷字體修改文章）

＊閱讀作者寫作思考表：

一、敘述文基模：原因、經過情形、結果

二、時間順序、空間順序安排的作者思考
　　1、時間順序安排
　　2、空間順序安排

三、語句結構（主詞與述詞＝主角＋怎麼樣，＋又怎麼樣，＋結果。）

四、事件敘述描寫具體技巧：
　　1、語句通順
　　2、語句優美描寫具體：
　　　（1）形容詞
　　　（2）副詞

3、語句生動描寫具體：（看、聽、做）

　（1）眼睛看的（看）

　（2）耳朵聽的（聽）

　（3）鼻子聞的（嗅）

　（4）舌頭嚐的（味）

　（5）臉上、肢體的表情動作（做）

4、語句情感描寫具體：（感、想）

　（1）心裡感覺（感）

　（2）心裡想像（想）

　（3）意象經營（心靈具體圖片）

五、語文修辭技巧（語句修辭技巧）

　　1.譬喻、2.類疊、3.排比、4.對偶、5.倒裝、6.轉化、7.象徵。

　　班上賴亭安傳回來的 Email 內容如下：

一、請你猜猜作者在說些什麼？

　　答：我猜到作者他在寫他回憶中在田野間散步，看見了許多的情景和自己的回憶心靈感受，他以抽象化和空白的方式來表達出情景和自己的想法，這要深入的去讀它。其實我也是不太懂得。

　　在回憶的情景，是很美的。作者用難懂的方式悄悄的表達了出來。還有空白，它好像休止符，在要說明時，卻停下來，引起我們注意，卻不說出答案，讓我們自己慢慢的感受。就像是誰讓晚風這般吹涼啊？秋天的故事。

　　從是誰讓晚風這般吹涼啊？就直接接到秋天的故事。他要我們想像是誰讓晚風這般吹涼啊？，這不是很奇妙～

　　在回憶中，秋天代表了寂寞，月亮代表了溫暖。在這溫暖的月光下，讓人回想到以前，雖然以前是溫暖，但是在秋天思念就像落葉一樣，紛紛的離開，內心充滿的冷的。

二、作者這一篇文章寫得好不好？請根據「閱讀作者寫作思考表」做判斷，並從文章中舉出實際的例子來說明？

　　答：我認為他寫的很好，因為我以閱讀作者思考表白來看，我發現他的寫作技巧很好，五感技巧用上了，自己內心的感受也隱約的寫出來了。把休止符把握的很好，造成了我們讀者的好奇心，也把孤獨冷清表達出來。例如：

我忍不住想問巢間的那群鳥兒，何時牠才會從林中傳開，那一片雪白的歌聲。這個『何時』，顯出他渴望有人陪伴，雪白的歌聲也表示出清涼的感受，即使有了歌聲，還是慘白的。

　　上帝是個藝術，祂是自己本身的完成式，行進中的完成式。這隱約的說出，上帝其實是一個藝術，在進行中的藝術，創造出多采多姿的環境。還有他的時間安排，你一定覺得奇怪。其實他以在一個現在式的方式，秋天的時間，回想到過去的午後、夜晚到早晨。其實心是涼的，就像秋天的葉子，一片一片的掉落，離開了大樹，這種分離，這種孤獨，都寫出來了。

三、你會如何修改這一篇文章？（用標楷字體修改文章）

1、秋日，緩步的晚風拂過紗窗進來，彷彿來陪我作伴。輕輕柔柔的，好像棉花一般。摸著我的頭，摸著我的頭髮。臥室的空間開始有了秋涼的味道，又清香、又濃醇，一種讓人走在季節上的特殊味道，涼涼的。這種味道，在秋天才有，它讓我們，感到清爽。這種清爽，來自於秋天的葉子，片片葉子，發出淡淡的味道，很香。可以帶給人溫暖，也可以帶給感傷。這以個人的想法角度來看，味道的答案就不同。

2、這樣的季節像楓葉的綠，可以說不是春天嫩芽的綠。它是一個老了葉子的綠，漸漸有了些微的粉彩一樣，橘子色的色彩。像回憶中的思念顏色，老舊的顏色，卻隱藏了許多快樂往事，總令人想起從前的某個日子。那些日子，都是回憶，回憶中的色彩。

3、走路的微風有如月光彈奏大地一般，彈出淡淡、柔柔的一首首詩。那天空千萬朵夢想的幻變，讓我們數不清，它們都很大，但也未必會成功。也有可能在途中就改變了，所以千變萬化，時時刻刻都會改變，把天空沿這花瓣垂落夜晚的姿態。

4、這秋夜的林中，月光在這裏書寫。書寫著樂譜，它把微風當成了音樂，靜靜的書寫著，那時真是安靜，它心裡也很平靜。

5、我們都從自己走來，像一朵朵浪花從海藍走來，那遠處岸邊滾上來的潮音，活像小孩子笑開心裏的天空一樣，天真的銀色音符。那時真是幸福快樂，看著他們天真活潑的樣子，我走在這路途，沿著沒有思緒的天空一樣，把笑容打開。

6、上帝是個藝術，祂是自己本身的完成式，行進中的完成式。它創造出奇特的世界，也一直進行著。

7、是誰讓晚風這般吹涼啊？秋天的故事。

8、藍色海的午後，一群綠繡眼鳥舔著秋日海風的午後，那天真是舒服，溫和的太陽照著我，清涼的風緩緩的吹了過來。我在悠悠海潮的歌聲中聽海的眼神，看起來好懶散，不過我的思想卻是清醒的。

9、夜神之歌，時間把我向右轉了半圈，我才能見到妳的影子飛來，但是你的身影卻又悄悄的離開，我忍不住想問巢間的那群鳥兒，何時牠才會從林中傳開，那一片雪白的歌聲。雪白歸雪白，但是涵義，卻像雪一樣冷。

10、含了一口熱咖啡，我才走入轉冷的秋風之晨。

11、一棵樹，讓清晨東方來的陽光，穿不透葉綠的影子。

12、晨風走過樹間，跳舞的影子說著話，影子喋喋耳語的輕悄，讓我聽見沒有聲音的音樂。

　　我身為文本的創作者，這是一篇我從回憶中的哀愁交織著喜樂，與對日子的未來企盼的心境中走出來的文本，我把回憶的諸多事件隱而無言，文本中以我的行動和大自然的景色交融，以景襯情，以對生活的感悟完成自己對比著上帝的天真，我們也是一個影子如此。而孩子傳回來的作業內容，都有屬於閱讀者本身主動建構出的意義，我和孩子做了一次雙向努力的了解，看著孩子在我的文本上把一些書寫的推展句或結論句，刻意地不書寫出來，孩子也能察覺書寫方式上的問題並做了修稿，這也是他的閱讀方式，孩子必須自己嘗試理解文本。正如 Goodman 所說：「在創作文章時，作者把意義融入於寫作之中，閱讀者在閱讀每一頁時，讀者所接觸到的正是作者的意義？其實不盡然，因為意義的溝通並非那麼直接，讀者應該自己嘗試理解，運用自己的價值觀、理解和經驗來建構自己的意義，閱讀是個建構的過程，讀同一篇文章的兩個讀者永遠不會建構出相同的意義，任何一位讀者的意義都不會與作者的完全一致。閱讀與寫作同樣是個主動的、動態的而且建構的歷程，閱讀者在閱讀時會在心中建構一篇與作品相平行的文章，閱讀者所理解的是這篇自己所建構的文章。」（Goodman, trans. 2001, p.2-3）我也希望透過這種不同閱讀者自己的主動建構意義過程，讓孩子們了解閱讀者的不同詮釋視點，如 Goodman 的觀點：「你從文章讀懂的意義取決於你帶到文章裡來的意義，閱讀是個理解書寫文章的過程，讀者為了理解文章必須把文章裡的語言線索和他們對語言是如何運作的知識結合起來，閱讀是個心理語言的猜測遊戲，對文章接下來寫什麼，做預測並下推論，選擇性地使用文章線索並在遇

到相衝突的線索時會修正他們的猜測，因此有效的閱讀並非精確地辨認單字，而是了解意義，而高效的閱讀是指依據讀者現有的知識，使用剛好足夠的可用線索去讀懂文章。（Goodman, trans. 2001, p.4-12）讀者視覺感知的控制與語法結構的決定都根據這個文章，文章的結構和意義都是由讀者來建構的，讀者努力去了解作者想表達的意義，但是他們所建構出來的意義是讀者自己的，作者和讀者都努力要了解對方和被對方了解。（Goodman, trans. 2001, p.158-160）

教學演示中，我盡量把時間交回孩子和大學生的閱讀互動上，看見他們在句子的語言文法知識和用字、字彙與情境脈絡的彼此交流猜測，並且注意理解文章中的語用意義，「有時候人際的意義在文章裡細微得不可察，我們可能把訊息當作是事實，但實際上作者把文章的主題巧妙小心地設計過，用它來影響我們的信念和價值觀。有時候人際的訊息細微到我們完全沒有察覺。語用在我們人際意義的建構，或觀察文章細微內涵的能力上扮演很重要的角色。」（Goodman, trans. 2001, p.187）他們爭論著有沒有注意到作者在時間上的安排順序？這作者背後在傳達什麼意義？並且企求對方從文章的細節找出支持自己看法的閱讀意義，事後大學生提出對這次教學觀摩中對孩子們的感動，有孩子提出這是「客套話」，幾經澄清說明，班上的孩子也起身對大哥哥說：「大哥哥，對不起！我誤解你的意思了，請你原諒！」我看著這小型社會互動的協商歷程，為孩子的處世能力欣喜。另外大學部的陳宜欣同學也在當天給了我們班上一封打字稿，經過她的同意，我原文複製如下，保留一個教學觀摩中的閱讀視點：

黃老師：您好！

　　我（陳宜欣）是今天（11\11）進行教學觀摩的學生，非常感激您讓我們進行如此一場特別的教學觀摩。也能了解老師對我們的期許，當然，進行這種教學方式，除了老師本身深厚的知識底蘊，還要有一顆對教學不滅的熱情。因為這種教學方式，老師也必須不斷地收取新知，才能應付思考活潑的孩子們。我承認我被小學生們電到了，但是也想要提出幾點疑問。

1、我非常同意老師您說的，閱讀是必須建構在群體討論，並凝結出一段共識，然而我發覺這篇文章的共識凝結的太快了，也許是時間不夠，也許是之前已有討論研究過，但是，就一個小學六年級的班級來說，我不懂為何幾乎所有人都會認定這篇是寫一個關於思念「情人」與「孩子」的

文章。如同老師之前所說，每個人生活經驗的不同，看同一篇文章會有著不同的感受，像是我們幾乎是來自於大都市（如我是台中人），從都市來到台東，自然而然的會感受到以往不同的鄉村風貌，從一開始感覺到的不便利，到現在恣意於山海之間，這些絕對是需要時間與親自體會的，可是這些小學生，哪裡來的情人跟孩子？為什麼會幾乎是所有人都認定是情人跟孩子？就算是思念，為什麼沒有父母，朋友，兄弟姊妹？為什麼沒有天倫，或是任何曾經擁有美好時光？為什麼沒有一些我想不到的東西？如果說今天的閱讀是要建構在集體討論之上，我所看到孩子們給出的答案都是非常相像的。

2、就我所看到的這篇文章感想：

從書名開始，「在夢裡愛說童話故事的星星」很明顯的，這本書是要給孩子們看的。作者可能以星星自擬，透過夢「書本」對著孩子「讀者」述說著童話故事「內容」。那從這邊，可以先假定這是一篇童話故事，這是詩文體，詩總是喜歡將主詞拿掉，然後用各種方式來轉化原本的辭彙，這也是新詩較難理解的部分，同樣一首詩，幾乎答案都是各種千奇百怪的，真正要了解一首詩的意涵，是要去了解那位作者到底有過什麼樣的人生經歷。搞不好作者本人正跟他的老婆孩子談天說地非常高興，哪裡來的什麼思念？當然，以上是一種假設，我只是認為他被賦予的太多不必要的東西。王爾德說的，為藝術而藝術，他也可以為月光秋涼而月光秋涼呀。我比較同意的說法是，詩裡面的作者是孤獨的一個人，可是他並不寂寞，他的內心是非常靈澈的，就如同李白月下獨酌：「舉杯邀明月，對影成三人」。他是非常享受於自然一同共享美好時光的。雖然只有一個人，但是他還有清風，明月，海潮，跳舞的影子。

從哪裡看出來的？從文字的描述上，他的文字給人一種非常悠然，舒暢，輕鬆的感覺，就算陽光被樹影遮住了，他也可以從跳舞的影子中，聽見沒有聲音的音樂，他是一個非常細心觀察，且能自得其樂的一個人，說他孤單，我覺得實在是說不過去。另外，關於第9段，我還是認為時間是往前的，因為後段，他對上帝問了「何時」，如果事情已經發生過了，就沒有必要再問何時，既然他不知道時間，表示那是未來的事情。他希望上帝能夠回答他，他的願望什麼時候能夠達成。

３、你會如何修改這篇文章

　　　　基本上呢，除了論述性的文章，敘述跟抒情體都不適合在前面做編號，會讓人感覺的文氣不連貫，如果要重寫的話：前四段可以分為一大段，大意是作者感受到了秋風，看到了月光，進而思念起過去的某一段日子。第五段是過去的經驗，那段經驗是非常快樂，愉悅的。（那個小孩子的笑容應該只是個擬人寫法）六，七，是精神上的時間轉移的過渡，八，九，已經代入了另一個時空中，這邊用了兩種聲音，海之歌聲，夜神之歌，但卻不代表他真的聽見的這種聲音，只是借用的「聽」這種感官的描述。時間向右轉了半圈，另一方面也可以解讀成從回憶中回到了現實。十，十一，十二，的部分，則是作者已經走出了沉浸於回憶之中，邁向了一個新的黎明。如果我重寫，當然會寫成白話文。我討厭詩，每次考詩十題有七題會寫錯……

４、這堂課的感想

　　　　希望我寫了這麼多，不會再把我當成客套的了。（笑）

　　　　另外給那位一直舉手的男生，我非常激賞他那句：「作者需要一把能讓他重燃熱情的火焰」不過呢，我個人覺得他有點恃才傲物，自己一旦認定的，就無法接受他人的意見，這是蠻大的缺點，想不到文人相輕這句話居然在這麼小的孩子身上得到印證。最後，感謝老師讓我們上了這麼一堂課，謝謝！

　　由於這次教學觀摩，我也順水推舟，請孩子們整理開學到現在的國語科人生體會作業單，如下：

　　＊＊提示：我們上過課文「青春列車」、「草莓心事」、「跑道」、「奇妙的想像」、「愛聽笑話的恐龍」、「狐假虎威」、「馬可波羅遊中國」、「菊島巡禮」；課外資料「人生之歌」、「無題」、「模仿貓」、「天地一沙鷗」（預備進行）、「在夢裡愛說童話故事的星星」（正在進行中）。這一些上課資料我們都在探討：人生的路上會面臨到的人生課題，人生思考和自己的人生經驗，我們師生也在一起面對自己、一起學習生活，請你把這一些課文的主題重新安排後，寫一篇你統整後的學習「心」「得」！

　　蔡碧瑩從 Email 傳回來的記敘文「六上的學習旅途」中寫下這一探索的簡要歷程及體會：

「呼～～升上六年級嚕～迎接我們的是新的學習路程，在到學校之後遇見囉這篇文章的幕後主使者，那就是髮型怪異，帶著 LKK 眼鏡（自稱是 KU 及眼鏡），又瘦又高，有著香港腳（而且很嚴重）的──黃連從老師！吼～想到就頭痛～！轉回正題啦～～（知道＝　＝）我走在往教室的路上，心中湧起一股莫明的期待，可能是太久沒看到老師和同學了吧！？沒想到，一進教室，一切都變了樣……怡君：「碧～好久沒看到你了ㄟ！」「才一個禮拜而已ㄟ ㄌ！＝　＝」「呵～（相視而笑）」咦？教室後面的軟墊怎麼都不見嚕？白板上好像有寫字！仔細一看，天ㄚ！我們的導師換成，黃連從了！（印象中，黃老師是一個殺氣重重的人，不和藹＞＜。）這時，我只有一句話想說，那句話就是──ㄚ～～完了！

上課鐘響我們的導師也一步一步的走進教室，他開始了他的自我介紹與上課方式……等（每次都這樣＝　＝）。下課了，上完這開學的第一堂黃老師的課，心得是──原來黃老師是一個蠻幽默的人～又有點瘋瘋的，重點是───啊！他說的話好深奧！聽無ㄟ……

在上過幾次課之後，我體會到一些人生道理，也聽得懂那些深奧的話了。我發現，我的思想長大了！以前，雖然已經有這些深奧的想法，但是卻不知道要怎麼表現、說明出來？現在終於有辦法了！從第一課開始說起「青春列車」告訴我們人生旅途開始囉！第二課「草莓心事──成長日記二則」是在跟我們說成長的喜悅。第三課是在教我們跑在人生的跑道，雖然有時會跌倒，但要勇敢地站起來面對它。第四課帶給我們想像的魔法，認識、想像這個文學技巧。第五課更是將它發揮得淋漓盡致，讓我有更深的了解。第六課把我們帶入另一個文體的世界，那就是「寓言」，經由「狐假虎威」的小故事，給我們小故事大道理的概念，還連接了國中所需上到的「白話文」。第七課「馬可波羅遊中國」又帶我們接觸新文體──「遊記」（雖然寫的不是很好啦！至少有個樣子在。）同時，也讓我們認識了馬可波羅這位促進東西方交流的偉大人物。第八課「菊島巡禮」也是一篇遊記喔！經由這課我對澎湖的文化又了解了不少乁～！第九課「地底下的故事」是[說明文]（另一文體──還真多ㄚ！）同樣也開拓了我的視野！對義大利的龐貝城、中國的兵馬俑、臺灣的十三行遺址，都小有了解喔！（因為寫的不詳細，所以只有一點點了解）。除了這些，我還學到了特別的讀書方法，像是文章基架、考前猜題……等等的方法！

　　除了上正課之外，還有其它課外資料喔！這些文章的來歷都非同小可，不可輕忽。從上「無題」開始說起，我學到文章啊，它的行數排列都是有意義的，隨便修改，會破壞了它。「模仿貓」呢？它使我對基架的應用有更深的了解，還告訴我幾個人生道理。那就是……、模仿他人不是不對的，要模仿好的行為，不要模仿壞的。二、模仿可能會造成他人的傷害（別人不喜歡，千萬別試乙！）。「在夢裡愛說童話故事的星星」它讓我感受到文章的甜蜜，也進入深入閱讀的領域、心靈圖片的感受。「天地一沙鷗」的人生道理──勇敢追逐夢想，他就會實現。「月光秋涼」是一篇日記，他在傳達一種憂愁、悲傷，開拓了我對寫悲傷文章的新概念。

　　一路走來，雖辛苦，但這是值得的。我在寫作方面，有能力了。我可以隨心所欲的，寫下我想表達的話，寫下我想表達的事，在處理事情方面，我也成長了不少喔！這些是我覺得我所擁有最大的收穫！旅程結束了？還沒呢！我將會繼續走下去，不管路會多陡峭、多難走，我會堅強的走完！精采的，現在才要開始呢！」

　　從孩子的文本也看到文本的書寫樣式，因著資訊時代的來臨，已有一些轉變，夾雜簡易符號的表達，成為 E 世代孩子的溝通模式，我也尊重這個時代的表達部分，並且該開始熟悉這個時代下孩子的網路聊天語言。

　　十二月開始，我見孩子在文章中已注意到「人際的意義在文章裡細微得不可察」，我便開始取材國立編譯館的舊教材「山上看風景」文本，和孩子們分享林良先生的「淺語的藝術」在文章中的深沉不露，也運作我身為閱讀者是如何先安排文章基架，畫出整篇文章的空間安排順序後，再從這文章的書寫取材對自我提列問題，找出林良先生在文章中的人際智慧，是如何透過文學作品中的意象經營、人生意境、象徵意義來傳達自我的人生思索？建構這一篇文章對於我這閱讀者的意義是什麼？「山上看風景」文本如下：

　　星期六下午，老師帶我們去爬山。那座山就在學校後面。平常我看山上一片綠色，以為是長滿了青草。現在，人在山上，才知道草並不多。我以前看到的綠顏色，原來都是樹上的葉子。

　　我站在山上，向南邊看過去，認出我們的學校。那是一座紅磚的樓房。學校附近，有一座白色的房子是我去看過病的醫院。再過去一點，有一座綠色的小樓，是我常常去寄信的郵局。郵局後面，有一排小小的平房，院子裡種了好幾棵木瓜樹的，那就是我的家。

　　更遠的地方，是一片綠油油的田野。有一條小河從田野裡流過。我在河邊釣過魚。河岸上有一棵老榕樹，我常常在樹下看書。

　　有一列火車，從南邊開過來，經過河上的小鐵橋，正向北邊開過去。我心裡想，火車上的旅客，一定看到了這個可愛的小鎮。我向他們招招手，不知道他們看見了我沒有？（國小國語課本，第五冊，三上。台北，國立編譯館，1991.8.）

　　這一文本，我曾上過約十次的課，每次都拿這一篇文章對孩子們上記敘文中寫景文章的空間安排順序，分析作者是如何安排空間順序的，這一次我拿這一篇文章談作者是如何運用空間安排，把自己對人生的體會隱而不見地放在文章中的情境脈絡裡，如 Goodman 所說的：「每個字都有它的情境（句子和文章的文法和意義）。文章的語用特色，以及個別書寫活動的文化情境在這個語意——語用循環裡都有其作用。閱讀兩個相關的閱讀現象：理解的過程，它是讀懂書寫語言的過程，以及理解的結果，它是閱讀後得到的意義。換句話說，一個是過程，一個是結果。」（Goodman, trans. 2001, p.178-189）而「人類的語言學習同時是個人也是社會性的過程，它是個人思想與學習的媒介，讀寫語言發展的過程和口語語言發展的過程是一樣的，形音、詞彙、文法以及語意三個語言系統只有在真實語言的情境下，三者之間才會有適切的關係，小朋友才能發展閱讀策略，並利用這些策略去理解文章。」「當學生們都參與讀寫活動當中，而且盡全力在自己的學習，老師透過從旁協助，這老師透過第六感告訴她何時何地有學生需要她。她是 Vygotsky 所謂的媒介（mediator），她知道學生什麼事不需要她的幫忙，什麼事需要她的支持——她能感覺到學生的『最佳發展區（zone of proximal development）』，她了解閱讀是理解真實的書寫語言，她了解寫作是透過書寫語言來理解的過程。」（Goodman, trans. 2001, p. 203-235）身為教師和閱讀者，我開始運作先前孩子對於「模仿貓」的文章基架結構能力，在白板上將原因段落底下以括號寫下（引言：時間、地點、Why、What），將經過情形段落底下以括號寫下（景物中心描寫：How），將結果段落底下以括號寫下（感、想），並將文章中四個段落的綱要以概念階層的圖示畫在段落之下，讓孩子一眼即見到作者的書寫思考綱要，因為寫景文章的基架偏重空間景物的描寫順序，我們開始依據這四個段落，漸次地依據文章細節中的描繪，在文章綱要段落之下畫出這一篇文章的繪圖構思，如此閱讀者更可以「鳥瞰式」地閱讀作者的書寫思考，

這樣作者的書寫思考變成在讀者的眼底下一覽無遺，但是這樣還只是整理、組織了作者的書寫結構而已。對於作者的人生思索卻是要要求讀者不斷地對文章列問，進一步去叩問作者在文章之中與文章之外隱藏的生命思索，「提問」會讓我們回到一個位置，會帶領我們回到一個問題解決的思考歷程，閱讀者就有必要在文章的細節處著眼，在段落之中的細節與細節的關係處進行推論，在段落與段落的安排之中比較作者的可能性思考，整篇文章的形式安排是否傳達一個作者面對人生的暗示？如林良在「淺語的藝術」一書中所說的：「現代的文學批評，重視的是『對作品的闡釋』，也就是對『創作活動的闡釋』。一個批評家在批評一部作品以前，必須對那部作品進行『最精到的閱讀』。他要一遍又一遍的讀那部作品，直到他領會得夠多，甚至發現了許多原作者不自覺的特色，然後才動筆分析那部作品（林良，2002，頁299），批評家必須在一部作品裡『讀出很多東西來』，這就全靠『精到的閱讀』了。」（林良，2002，頁 306）因此，我身為教學者開始為學生示範、說明我的閱讀思考過程，我如何在閱讀這一篇文章的？為什麼我會發現這個閱讀的視點？我的假設是如何形成的？我如何在文章基架的協助之下以「鳥瞰式」地對文章叩問人生，當我尋源似地回到閱讀作者的生命思考之時，我發覺我更加進入一個人的生命世界，品嚐林良對自己所說的：「命運對我的更有意味的安排，就是每次用一根白髮交換我一根黑髮的時候，好像同時也交給我一個神聖的工作，那就是：對可愛的『兒童文學』的可愛的闡釋。」（林良，2002，頁 6），我也在此反觀自我，藉助文學作品這面鏡子攬鏡自照，「一般文學的興趣，都凝聚在人群社會，縱的是對人生的思索，橫的是對生活的描繪。兒童文學的『人性的觸鬚』卻能接觸到宇宙萬物。兒童文學有一個更廣大的文學世界，那是呈現在純真的孩子眼中、心中的『充滿新鮮感』的無限宇宙。」（林良，2002，頁 4）我對孩子們說，文學即人生，「人生」就是「人的生活」，因而我試想：這一篇「山上看風景」的文章，如果加上一個主題變成「山上看人生風景」這樣的題目，林良有沒有可能在文章中暗藏作者人生思索的象徵意義？作者在短短四段 331 個字的散文文章中，傳達了「人生課題」？

　　星期六下午，老師帶我們去爬山。那座山就在學校後面。平常我看山上一片綠色，以為是長滿了青草。現在，人在山上，才知道草並不多。我以前看到的綠顏色，原來都是樹上的葉子。（這是文章中的第一段，時間是星期六下午，也就是離開學校。老師平常是在學校授業、解惑，這一時間作者又

安排老師在場，老師帶我們去爬山。我們知道登山者的觀照視點，會隨著登山的低處視點往高處視點移動，這一移動也改變了登山者對人生思考的視點，如果作者是有意的安排，那麼作者安排這一校外教學，是要我們閱讀者跟著像學生一樣，彷彿也在文章中的老師身旁跟著學習，看人生的風景，我們又看出個什麼究竟？那座山就在學校後面。學校是學習知識的場所，我們在這場所一呆就是十幾二十年，在書堆裡的知識就是人生嗎？作者把這座山安排在學校後面，是不是我們把所有的時間，都鑽入書堆裡頭的知識，而忘記了教育即生活的親自驗證生活的點點滴滴，把觸動生活裡的情趣，把觸動生活體驗的生活旅程拋在「學校後面」？因為如此，所以作者下來的句子形式就更耐人尋味了：「平常我看……以為是。現在……才知道……。我以前看到的……原來都是。」，這可像極了人生的三次折轉境界，先是看山是山，接而看山不是山，最後圓滿的人生依然是看山還是山，一種內照開解的人生。由原來都是樹上的葉子。做了第一段的人生頓見之語：「原來都是」為結束的句子。如果上述閱讀的推論視點是放在「山上看人生風景」，那麼文章第一段作者的內容取材：「爬山、一片綠色、長滿了青草、綠顏色、樹上的葉子」就更有一番趣味值得閱讀者體察作者選取的意象經營和隱藏的人生象徵意義了。綠色的意象是一種有機體的生活力展現，樹是接近泥土深淵源頭的紮根歷程，它站在那裡，不明說隻字片語就已不立文字地述說了生活意義。再由第一段的空間安排觀照，作者安排了主角的人生位置移動是學校內到學校外，山下到山上，人生的行旅一步一腳印地超越自我，最後站在「山上看風景」，不知主角在走下來面對人生的諸多景況之時，是否能依然保持人生的視點？依然在內心深處「站在山上看人生風景？」而由時間安排觀照時，作者安排了主角的視覺視點「平常──現在。以前──原來。」也都是一種生活上的驚奇趣味，平常身外之物的人生門外漢，到現在身內之物，置身其中的內求功夫。以前所認知的人生是個什麼樣子？原來人生是個什麼生活樣式？以前的「平常」「心」和現在該表現的「平常」「心」究竟有何不同的生活表達？真是個文章中的「現在──才知道」。不知現在的林良是否又有一番新的、鮮活的生活體認？）

　　我站在山上，向南邊看過去，認出我們的學校。那是一座紅磚的樓房。學校附近，有一座白色的房子是我去看過病的醫院。再過去一點，有一座綠色的小樓，是我常常去寄信的郵局。郵局後面，有一排小小的平房，院子裡種了好幾棵木瓜樹的，那就是我的家。（這是文章中的第二段，是作者已安

排主角我站在山上，由高處的山上看向低處的人生視點，看向人生的遠處，生活藝術的眼光要看得遠，生活藝術的眼光要向著生命「看過去」、「再過去一點」，認得每一處生命走過的痕跡，每一處回憶的處所都有著自己的追尋、自己的情感，這一些記憶放在心田的，就是一處處溫暖情感之家的感覺，「那就是我的家」。所以作者的取材上，選擇了由學校的學習開始向外擴展，到醫院、郵局、平房、我的家，我們禁不住要問小鎮的取材豐富，為何作者特別取材學校、醫院、郵局、平房、我的家？這難道意味著學校（生活的知識與學習）、醫院（老、病、死的場所）、郵局（與人互通情感的轉運站）、平房（生活的平淡與淡然的人生）、我的家（可見之物的家）？從空間安排上可見出作者安排主角的人生視點，自高處落下，由近處向外向遠處擴展，一種類似人生的追尋路程，也在此段最末安排了「平房、院子裡、我的家」把逐漸向外伸展的空間做一轉折，變成由外向內窺探生命，這外求逐物尋找生命安身立命根源，回到進入內求自我的生命源頭。也在此空間安排上預留了生命的伏筆，在下一第三段的空間安排上由外到內的進入內在微觀。）

　　更遠的地方，是一片綠油油的田野。有一條小河從田野裡流過。我在河邊釣過魚。河岸上有一棵老榕樹，我常常在樹下看書。（這是文章中的第三段，作者安排主角站在山上，看「更遠的地方」，人生的視點由鳥瞰整體的畫面田野，到人生視點的逐步縮小人生視鏡，內觀「一條小河從田野裡流過。」，這「裡」、這「流過」，人生諸多歷練也都在心田裡流過一般，而且這一條小河的意象與生命意向是非常鮮明的，如中國哲學思想老子道德經裡的「水」的象徵意涵「上善若水」。主角在「河邊」、「河岸」逗留過，這小河的「此岸、彼岸」又是中國哲學吸收佛教哲學思想的象徵，以林良先生的學養一定也沉浸在「儒、道、釋」的哲學思想中，以實踐生命的圓滿，以實踐生活的理事圓融。「河岸上有一棵老榕樹」這一象徵又是從何而來？這「老」是生活智慧的顯現？這「榕樹」是常青的綠？這主角「常常在」「樹下看書」，看什麼書？想像著什麼人生？想像著什麼夢想？作者的人生位置「常常在」那裡？為下一段又埋下一個伏筆，「有一列火車」這生命沉思的驚蟄，為這一列火車所驚醒？）

　　有一列火車，從南邊開過來，經過河上的小鐵橋，正向北邊開過去。我心裡想，火車上的旅客，一定看到了這個可愛的小鎮。我向他們招招手，不知道他們看見了我沒有？（這是文章中的第四段，作者依然安排主角站在山

上，在每一處生命經驗的地方回憶走過的每一段人生，而「有一列火車」的意象，是「旅客」、是「車廂」、是「火車聲音」、是「前往人生歷程的目的地」、是「裝載車廂、人群前進的轟隆轟隆的人生之旅」，「火車」也把主角的人生回憶拉回到他現在的現場「站在山上」，火車「開過來」、「開過去」是過往的人生，主角站在高處的山上看著它如此匆匆一過，火車自這可愛的小鎮邊緣一掠而過，活像邊緣人一樣，從這外緣邊陲涉足而過，人生留下個什麼印象？飲水冷暖自知，騙不得旁人？「火車上的旅客」是一過客，人生的過客。火車上的旅客「一定看到了這個可愛的小鎮。」是「一定看到」，但沒能仔仔細細地瞧個究竟，沒能下來走一走這可愛的人生小鎮，沒能在這裡走入自己的內心故事，因為這一人生之站的內求功夫不是旅客的終點站，火車總是匆匆，人生莫不如此匆匆，而主角向旅客「招招手」，這淺語的「招招手」與「揮揮手」畢竟不同，主角希望旅客來到這裡，來到這裡，來到山上看人生風景。文章也在這末段出現主角的「我心裡想」，其餘段落作者刻意地不安排呈現主角在每一處空間視點的「內心感覺」和「內心想像」，卻在文末一句留下一個大問號，人生的大問號「不知道」「他們看見了我沒有？」這「我」字明指著主角，卻也留下耐人尋味的意圖，是暗指「作者」？暗指「自我」？暗指「可愛的小鎮」？暗指「作者對人生的悲憫之情」？暗指「旅客該反觀的人生課題」？暗指「讀者該反觀的人生課題」？生命是一個過客「我」在那裡？「在那裡」做什麼？這作者也安排主角的空間視點畫了一個人生之圍，畫了一個人生之源，畫了一個人生之圓？）

　　從文章的敘述基架和空間結構的安排，從作者安排主角的位置點上與作者本身的人生位置對照，我向孩子示範了「閱讀歷程步驟性的思考表白」，閱讀「作者思考」、閱讀「作者可能性的人生」、閱讀「作者書寫方式的寫作技巧思考」、閱讀「意象」、閱讀「象徵」、閱讀「閱讀者如何把自我經驗帶入文本建構意義」、閱讀「閱讀者的自我」，我自己本身也透過書寫來創作自我，我在此教學中亦察覺到：為何林良先生在這一篇「山上看風景」的文章中，既是寫景描景的文章，為何「形容詞」、「副詞」的使用非常少，極近可憐的少，更不見「比喻」的寫作修辭技巧，更不見更生動的「動詞」使用，反而著墨在「看」，簡簡單單的「看」，淡淡地「看」，「看出個什麼人生？」「像陽春麵一般的人生，淡然的深滋味？」要我們細細品嚐個中滋味，寫作與人生一樣也可以深入淺出的淡，如「禪」單純朗現的「活」，單純朗現的

「去」，單純朗現的「趣」。這給了我深深體會的一課「山上看風景」。林良先生見我如此著墨，「一定看到了這個可愛的教學」，我也向他老人家「招招手」禮敬一位兒童文學耕耘長者，為我們留下這一片「綠油油的田野」。

事後我對孩子列問：作者在第一到第四段的空間安排上，可能表達什麼人生風景？請舉文章的例子加上自己的體會來說明。蔡碧瑩同學在班上發表時說著：「第一段一開始是他自己在看自己的人生旅程。第二、三段就是他的人生過程，第四段又是要接近結果了，他就向車上的旅客招手，意義是向生命招手。」而鄭自強和張育綺在我上完這一課後，交給我的讀後心得分別是：

鄭自強：我讀了「山上看風景」這篇文章後，我體會到作者的寫作思考。從第一段中，它的空間安排是從下到中到上。第二段中，它的空間安排是從近到遠。至於第三段中，它的空間安排是從遠到更遠。第四段中，它的空間安排是更遠到遠到近，再從內到外，外到內。

關於這篇文章，我閱讀過後，我體會到作者背後在說些什麼。現在就由我來跟你們說吧！這篇文章就是在象徵人生。從第一段開始「學校」，就是在說人生的回憶第一站，因為在學校會留下許多的快樂回憶。第二段開始「醫院」、「郵局」、「家」，這些就是在說人生總是會生病，所以會到醫院。郵局也就代表作者與別人溝通、談心得時候會去的地方。家就是帶給它溫暖的地方。第三段中提到「田野」、「小河」、「榕樹」，田野就是代表生命這麼寬，這麼大，我們就像要好好珍惜田野，而不是去破壞。小河就是代表生命的長度，生命就像小河不停的流，河裡的小魚就像我們的回憶。榕樹就是代表生命長久，因為榕樹的象徵意義就是長青。第四段中，「火車」、「可愛的小鎮」。火車就是代表人生匆匆一過，裡面的旅客都是人生的過客。可愛的小鎮就是代表人生中，作者快樂的回憶有沒有讓人生過客體會到，還是他們真的是匆匆一過。

張育綺：在第一段中，「平常我看山上一片綠色，以為是長滿了青草。現在，人在山上，才知道草並不多。我以前看到的綠顏色，原來都是樹上的葉子。」作者覺得，如果他沒有仔細去生活，就可能失去了許多東西。就像作者如果沒有親自去爬山，可能永遠也不知道山上其實大部分都是樹。人們如果沒有仔細去看待人生，人們可能就像那細小的草。那如果有人懂得怎麼去生活，就能像那高大的大樹，矗立在山巔上……。

第四段作者寫說有「一列火車，從南邊開過來，經過河上的小鐵橋，正向北邊開過去。我心裡想，火車上的旅客，一定看到了這個可愛的小鎮。我向他

們招招手，不知道他們看見了我沒有？」作者其實心裡想：「很多人的人生就這樣像旅行一樣，一下就過去，反而沒有好好欣賞、珍惜。我向他們招招手是作者希望旅客能仔細珍惜人生，不要像火車一樣匆匆離去⋯⋯。他們看見了我沒有？是作者懷疑他們到底有沒有看見人生，人生中的每樣事物⋯⋯。」

　　這閱讀教學步驟性的思考表白歷程，是我在教學過程中一直強調的，我很有意識地在做閱讀教學示範，我是教學者、閱讀者、寫作者、文學文化傳遞工作者、教學實務研究者，這一些角色扮演在同一個教室的時間、空間情境中呈現，它必需環繞在人際互動的小型社會脈絡下，像一個樂團的練習，我和孩子們在合奏練習，我們彼此接近對方所要的感覺交流，一種融入群體的和諧，一種必須抽離團隊的自我獨自傾聽自己的技藝發展，一種必須保持團隊的社會性支持氣氛，因為我們將一起走完這一份禮物，我也清楚真正教學感動人的是，師生在一起時那種亦師亦友的氣氛和教學中所散放的光采，能見到如藝術家完成作品一般的生命熱情與藝術品質，因此我在每一個角色中提醒著自己，我現在的角色是誰？我在做的是什麼？我的步　是怎麼做的？接下來也使我將為下一個「童詩閱讀教學探究」的教學預留伏筆，我思考童詩的閱讀教學，除了散文的文章閱讀、寫作基模要牢固外，詩所強調的意象經營、象徵、人生意境、詩的分行力量是詩作品更加強調的，因而我安排日本漫畫詩人阿保美代「森林小語」作品中的一篇「美麗的秋天」（阿保美代，trans. 2004，頁 26-30）和孩子們一起探索文學作品中的意象、象徵、人生意境的作者思考：這一篇漫畫作者由第一幅圖到第二十四幅圖來安排：

第一幅圖：北風反覆無常，把秋葉吹落。

第二幅圖：樹葉好像長了翅膀似的，做著小小的旅行。（原因段落：一、二圖）

第三幅圖：我做了波斯菊色的酒，大家來痛飲一番。（第一事件：三圖）

第四幅圖：秋天來了。

第五幅圖：把落葉當書籤一定很有詩意，這種落葉有著黃昏的色彩，我以前怎麼都沒注意到呢！

第六幅圖：為了更能懷秋，所以⋯⋯

第七幅圖：啊！（第二事件：四、五、六、七圖）。

第八幅圖：美麗的媽媽為我烤一個帶有桂花香味的蛋糕。好了沒有嘛！（第三事件：八圖）

第九幅圖：無文字。

第十幅圖：汪！

第十一幅圖：無文字

第十二幅圖：無文字

第十三幅圖：少女獻給少男一個微笑，小狗挨罵了。（第四事件：九、十、
　　　　　　十一、十二、十三圖）。

第十四幅圖：這要寄到花村，這是糖村……

第十五幅圖：把樹葉當郵票，或許可以乘著風，送到遠方。（第五事件：十
　　　　　　四、十五圖）。

第十六幅圖：地上好多落葉。

第十七幅圖：當我掃落葉時，希望馬車不要來。

第十八幅圖：站長！取暖啊？

第十九幅圖：好暖和！嗯！不過我可沒烤芋頭喲！

第二十幅圖：哦！

第二十一幅圖：無文字

第二十二幅圖：無文字

第二十三幅圖：清煙裊裊，直升雲霄。燒完了？還沒。（第六事件：十六、
　　　　　　　十七、十八、十九、二十、二十一、二十二、二十三圖）。

第二十四幅圖：這些煙把天空燻出了眼淚，雪開始飄落下來。（結果段落：
　　　　　　　二十四圖）

　　這一文本，作者並不是按照一般散文的書寫方式，以時間順序的進行，來貫穿整個事件的發展過程來完成的，而是有著第一、二幅圖的原因段落（北風反覆無常，把秋葉吹落。樹葉好像長了翅膀似的，做著小小的旅行。）和有著第二十四幅圖的結果段落（這些煙把天空燻出了眼淚，雪開始飄落下來。）把文本中秋天的時間表現得極為明顯。而第三幅圖到第二十三幅圖的經過情形段落，係安排取材秋天裡的六大事件來組織的。事件安排如下：

第一事件：我做了波斯菊色的酒，大家來痛飲一番（三圖）。

第二事件：把落葉當書籤來懷秋（四、五、六、七圖）。

第三事件：媽媽烤桂花香味的蛋糕（八圖）。

第四事件：少女獻給少男一個微笑（九、十、十一、十二、十三圖）。

第五事件：把樹葉當郵票，乘著風送到遠方（十四、十五圖）。

第六事件：掃落葉燒落葉取暖（十六、十七、十八、十九、二十、二十一、二十二、二十三圖）。

　　這一些事件經過選取後，明顯地知道是發生在秋天的事件，是秋天這一個村落情境裡的人、事、物，沒有明顯的按照時間順序來連接這一群事件，因此是「詩」的安排方式，以獨立的意象事件敘述來表達「美麗的秋天」這一主題。我們不禁要追問，秋天在人類的生活經驗中，和文學作品裡的描繪，大都是悲涼傷感的季節，何以作者所構思的主題是「美麗的」，而且在原因段落中也寫著「北風反覆無常，把秋葉吹落。」這「反覆」，這「無常」，把原本綠意盎然夏天的活力，換上了枯枝與落葉的景象，作者該如何在心境上像落葉一般，好像長了翅膀似的心靈，好像長了翅膀似的人生觀點，觀照著週遭發生在秋天的所有事件，做著小小的旅行？

　　我們再度追索這六個事件當中的「情」、「景」、「意境」就更加耐人尋味這美麗的秋天了。第一事件的「情」是自我與群體的關懷、社會性支持的人際互動之情，所以大家在痛飲酒的聚會中，有如共度佳節一般的生活慶典；「景」是波斯菊色、飲酒，大家來痛飲一番；「意境」是借波斯菊是四季的花朵，那顏色的調製已如黃昏顏色的詩意和由花萼當一圓的中心點，向外成放射狀開放的花瓣和喝酒微醺時臉頰的一圈如渲染的微紅，與酒的溫暖人心，來象徵同心共享散放的人性溫暖與同心共享陶醉的生活。第二事件的「情」是落葉懷秋對大自然之情的詩意；「景」是落葉有著黃昏的色彩，是以前不注意的；「意境」是黃昏、落葉飛走，飛向遠方，來象徵即將消逝的瞬間，也會有存在內心世界的詩意。

　　第三事件的「情」是親情的香甜；「景」是桂花的細小花瓣，在夜晚散放的淡淡香氣，和蛋糕的柔軟、細膩與生日時刻第一個想像到的，即是以蛋糕慶生；「意境」是：媽媽烤桂花香味的蛋糕，來象徵母愛的細膩柔軟與生活的樂，親情中彼此對待的溫馨。

　　第四事件的「情」是年長對年幼的關懷、及時協助之情；「景」是風、汽球、狗、臨門一腳的生活驚嚇；「意境」是借生活驚嚇中的被協助，少女獻給少男一個微笑，來象徵生活事件中的溫存，永遠長存心中的微笑。

　　第五事件的「情」是思念友人之情；「景」是樹葉當郵票、乘風、遠方；「意境」是藉樹葉當郵票，乘著風送到遠方，來象徵雖然此時友人不在身旁，因著思念之真摯，這一份真情流露讓友情長駐心田。

　　第六事件的「情」是長輩和晚輩的共享取暖；「景」是掃落葉、燒落葉、輕煙直上雲霄；「意境」是藉掃落葉、燒落葉取暖，輕煙裊裊，直上雲霄的空間安排，由下而上的昇華心境，來象徵這季節的循環輪迴有一定的軌道，人情的關懷有正面的意義留存下來，這裡也為預留一處伏筆，象徵著再來的時候，是否圓滿的如作者所安排的人生視鏡，由下而上的昇華再降落塵土的一個圓？而每一事件的連貫上，作者依然安排了不同的伏筆，如北風反覆無常、長了翅膀似的想像、酒的陶醉、詩意的懷秋、懷念的桂花香、懷念的微笑、思念的遠方友情、煙消雲散的更遠之後的情景，煙上雪飄落下來，這意象經營的「情」、「景」、「意境」無一處不是作者的精心藝術創作物，來表達作者的人生求索：人生一定會面對失去，但在失去的地方一定有什麼東西會留得下來的，在這現象世界中，把一些觀看人生的視點轉化，保有那美好的體會放在心裡面，因著自己的人生視點，每一個季節都不再是愁緒的生活，每一個季節都是美麗的，都是陶醉在心底的另一種美感人生。我們的人生視點左右著自己的人生是美麗的？是哀愁的？消逝的一切會有另一種美。因此作者在結果段落中安排著「這些煙把天空燻出了眼淚，雪開始飄落下來」。這「雪」飄落下來的季節，讓讀者體驗「雪花飄飄」的意象，你會如何對待這一季冬？這季節可以有詩化的生活？生活中可以有詩感的面對每一個季節。如次在回到原因段落的「樹葉好像長了翅膀似的，做著小小的旅行」。這「翅膀」、「旅行」的象徵意義就更加突顯作者的精心安排了，「翅膀」是一種「飛翔」、「自由自在」的想像世界，「旅行」是一種想像世界的行腳與落實，如果讓心情自由自在，那生活在每一個季節都有不一樣的樂趣與詩意的生活。這讓我不禁在面對文本的同時，以更貼切的列問作者的人生思考，面對第一幅圖時，那一片落葉有著毛毛蟲的雕刻，生活中是一種完整的象徵世界，而不是完美的象徵世界。讓我們更深入作者的人生意境，共同品嚐生活的藝術創作，讓生活多一個閱讀的「樂」、「觀」、「趣」、「味」。

　　當我在為孩子解講「文學作品的情景交融、作者在文學作品中的人生暗示，以象徵作為表現、暗示的思考」時，孩子也深窺了這「文學即生活」的例證。那末我在談及「文學作品中的伏筆」時，孩子也能了解一種順序的銜接可作為預示與伏筆，「文學裡的每一成分（主題、人物、情節、背景、用字、句法、語氣、意象、象徵、比喻、格式──等等），都可能是統攝一切的聯貫者（unifier），而好的創作必定能讓人看到裡頭有堅強的聯貫性，不會

到處出現脫節的成分或游離分子。」（董崇選，1997，頁 24）讓讀者在閱讀之時有著內在的或外在的邏輯順序來貫穿文本的事件選取與組織，「作品裡的各個成分安排得有秩序。秩序可以依時間、空間、因果、大小、顏色、各種五官及思想能分辨的準則來排列。而有秩序的排列必然有意義。」（董崇選，1997，頁 28）如原因段落（一、二圖）與第一事件（三圖）中，意境內在邏輯順序伏筆有「北風反覆」、「不完美的落葉」對後面的六大事件與對照結果段落的「眼淚」、「雪」；「無常」、「翅膀」、「旅行」對「陶醉」的生活觀照與對照「冬天的雪季」當如何看待人生的點撥、進一步追問生活意義的反思，留給讀者一個人生課題。第一事件（三圖）與第二事件（四、五、六、七圖）中，景物顏色的外在邏輯順序伏筆有「波斯菊色」對「落葉有黃昏的色彩」對「陶醉微醺的臉頰」；「酒」對「黃昏的色彩」；意境內在邏輯順序伏筆有「大家陶醉痛飲」對「懷秋」。

　　第二事件（四、五、六、七圖）與第三事件（八圖）中，內在的或外在的邏輯順序伏筆有「詩意」對「有如慶賀生日的慶生」、「詩意的生活細心處」對「桂花花形、淡淡香味、細膩蛋糕」的懷念（四、五、六、七圖）。第三事件（八圖）與第四事件（九、十、十一、十二、十三圖）中，外在的邏輯順序伏筆有「烤桂花香味時小孩等待的微笑」對「獻給微笑」；內在的邏輯順序伏筆有「媽媽為孩子做一件事的溫馨」對「少男為少女做一件事的溫馨」的「親情」、「友情」中的獻給對方一處溫暖的回憶。第四事件（九、十、十一、十二、十三圖）與第五事件（十四、十五圖）中，內在的邏輯順序伏筆有「微笑之後的遠遠懷念」對「郵票」、「送到遠方」的思念情懷。第五事件（十四、十五圖）與第六事件（十六、十七、十八、十九、二十、二十一、二十二、二十三圖）中，外在的邏輯順序伏筆有「遠方」對「煙直上雲霄的天遠處」，「郵件落地」對「落葉」；內在的邏輯順序伏筆有「思念情懷」對「人與人之間的人性取暖」。結果段落（二十四圖）與原因段落（一、二圖）中，外在的邏輯順序亦留下回味無窮的空間伏筆、時間伏筆對照著「美麗的秋天」，內在的邏輯順序這人生的圓滿留給讀者自己來決定人生是否可以是美麗的？以下是教學後，孩子傳給我的閱讀心得：

「美麗的秋天」（房于琳）

　　「北風反覆無常，把秋葉吹落。」配上第一張圖，讓人感覺有一種自由的感覺，可能是剛好那片落葉，落在那女孩的手上，又被風吹走，女孩開心

的看著，不過作者居然畫有小缺口的落葉，我想作者可能是要表達這片葉子經過了春天和夏天還有蟲的吹殘，仍然撐到秋天，到秋天還是落下了。

第二幅圖（樹葉好像長了翅膀似的。做著小小的旅行。）也許人生，像長翅膀似的，也是像做旅行似的，「小小」的旅行，表示著這段人生旅程，正在旅行著，每個人旅行都有不同的目的，可是每個旅行地點都有不同的特色，只要一點點的時間就會發現，不要像在看戲，看完了就算了，讓自己覺得每一趟的旅行，都收穫良多，你會發現，其實，在人生中發生的事，都是上天安排的，不管是好還是壞。

第三幅圖（我做了波斯橘色的酒，大家來痛飲一番）波斯橘色，可能代表秋天的橘顏色。酒，給人得感覺是一種溫暖而夢幻的感覺，他做了「秋天的酒」，卻叫大家來「痛飲」。而喝了酒，改覺上是更暖和。所以秋天也許也像喝了酒般的暖和。

第四幅圖〔秋天來了〕圖上的那個詩人，手也拿著一片有缺口的落葉，那片落葉，好像想要擁有自由般的飄動。

第五幅圖〔把落葉當書籤一定很有詩意，這種落葉有著黃昏的色彩，我以前怎麼都沒注意到呢！〕把落葉當書籤是個很棒的點子，書籤是可以讓人記得看到這本書第幾頁的記號，人生都有記號，黃昏的色彩是橘色的，橘色非常代表秋天。

第六幅圖〔為了更能懷秋，所以……〕要看書時，看到用落葉做的書籤，就更能懷秋了。

第七幅圖〔啊？〕那片可以做成書籤的落葉，被風從詩人手上吹走的落葉，隨著風，飄到另一個世界……

第八幅圖〔美麗的媽媽為我烤一個帶有桂花香味的蛋糕。好了沒有嘛！〕媽媽代表親情，桂花香的蛋糕，桂花是一種開的花，很香的花。這幅圖窗外的樹，樹上的葉子都已經掉光了，在秋天這憂愁的季節，感受到親情的溫暖，是很不一樣的感覺。

第九幅圖〔無〕那個男孩手抱著一隻可愛的狗，微微的對著前方笑，好像在對某個人笑。

第十幅圖〔汪〕男孩手中那可愛的小狗，對著一個迎面走來，並且手拿氣球的小女孩叫了一聲，女孩嚇了一跳，手放了開來，原本拿在手上的氣球，頓時，失去了依靠，往天空飄了上去。

第十一幅圖〔無〕原本拿在手上的氣球，頓時，失去了依靠，往天空中飄了上去。就好像一個人，失去了一個信任的人，或者是從小到大讓你依靠的人，氣球漫無目的，往天空飄去……。

第十二幅圖〔無〕那個男孩看見了這個情形，馬上縱身一跳，往天空跳去，一把抓住了，那個失去依靠、漫無目的往天空飛去的氣球，我想，如果我是那顆氣球，一定很感謝那個男孩，因為他，讓我再一次找到了希望。

第十三幅圖〔少女獻給少男一個微笑，小狗挨罵了。〕少男用親切的微笑，把氣球遞給了少女，女孩開心的笑了，而那可愛的小狗乖乖的站在那，一動也不動。

第十四幅圖〔這要寄到花村，這是糖村……〕那個年輕的少男正在分配每封信的「家」，每一封信、賀卡或是一張紙，都有寄信人滿滿的祝福。

第十五幅圖〔把樹葉當郵票，或許可以乘著風，送到遠方。〕我覺得這張圖所出現的文字，是有點在想像的，「郵票」在寄信時，一定是必用的。

第十六幅圖〔地上好多落葉。〕在秋天時，掉落的落葉，都是經過春天、夏天，然後到秋天，那些堅強落葉，還是逃不過……

第十七幅圖〔當我掃落葉時，希望馬車不要來。〕落葉掃成一堆，馬車如果經過，之前所努力掃的，最白費了。

第十八幅圖〔站長！取暖啊？〕站長正燒著枯樹枝，員工來向他打招呼。

第二十三幅圖〔清煙裊裊，直升雲霄。燒完了？還沒。〕這些煙，輕輕的飄上雲霄裡，慢慢的飄上去。

第二十四幅圖〔這些煙把天空燻出了眼淚，雪開始飄落下來〕天空的眼淚是白雪，雪代表了純潔，雪代表了冷酷，眼淚，雪，天空。

「美麗的秋天閱讀」（林育妃）

第一幅圖：

北風反覆無常，把秋葉吹落。

這幅圖給人的感覺就是自由自在的感覺，那片葉子落在女孩的手中，又被風吹走，女孩笑著，又靜靜的看著葉子漂走。而葉子上小小的缺口就是，這片葉子從春天發出嫩芽，經過夏天的炎熱，到了秋天還是禁不起冷而掉落了下來。

第二幅圖：

樹葉好像長了翅膀似的。做著小小的旅遊。

　　人生就像長了翅膀似的，正在旅行，旅行的過程中，大家的目的、想法都是不相同的！要好好體會、珍惜你旅行時所知道的事物，不要像在看電影一樣，看完就算了，你要去想一想劇情裡可能隱藏那些意義，你要用心去看，用心去體會那部電影，你就會發現跟你之前在看時感覺是不一樣的，收穫當然也就不一樣啦！所以旅行時要用心去玩，而且你會發現到，每次的旅行體會到的都不一樣，有好有壞的，這些都是上帝安排的。

　　第三幅圖：

　　我做了波斯菊色的酒，大家來痛飲一番。

　　在寒冷的秋天裡，波斯菊色，就像是秋天的顏色，橘黃色！而酒呢？他給人的感覺就是溫暖、可以解除心中的鬱悶，他在秋天做了（秋天的酒），還叫大家痛飲，表示他希望大家喝了酒後，心中的寒冷和不愉快的事物，通通被酒一掃而空，而心中充滿了溫暖！

　　第四幅圖：

　　秋天來了。

　　詩人正在散步，順手撿到了一片葉子，葉子上有個明顯的缺口，他飄落下來的那一刻，意味著秋天已經到來了。

　　第五幅圖：

　　把落葉當書籤一定很有詩意。這種落葉有著昏黃的色彩，我以前怎麼沒注意到呢！

　　詩人拿著那片有缺角的落葉仔仔細細的看過一變，發現到落葉上美麗的色彩，使自己以前從沒注意到的。這就像平常生活中，一些芝麻綠豆的小事，我們從沒注意去看看，就把一種新的發現，給遺棄掉了，只要在日常生活中，用心去觀察，你就會發現到許多你以前從沒仔細看過、想過的事物。

　　第六幅圖：

　　為了更能懷秋，所以……

　　圖中詩人為了要懷念這個美麗的秋天，他把他新發現的有缺口、顏色黃昏的那片葉子，想要好好夾在書中。就像我們平常，常常東西看過就忘，都沒再拿出來想一想，如果你做了一件很美好的事，你就可以把他紀錄在筆記簿上，有空時拿出來翻一翻，這些記憶就又從你的回憶中跑出來，這樣你做的事你就不會忘記了。

第七幅圖：

啊！

正當詩人要把有缺口的葉子夾到書中時，一陣風吹來，把那片美麗的葉子，吹走了，我們常常要回憶某件事時，另外一件回憶也會跟著甦醒，這時你滿腦子都是你的回憶，有好的有壞的。

第八幅圖：

美麗的媽媽為我烤一個帶有桂花香味蛋糕。好了沒有嘛！

爸媽對我們是盡心盡力的在照顧，不希望我們受到欺負或發生任何事，他們希望我們能夠過的很好，無憂無慮，連我們肚子餓，他們也會盡快帶我們去吃飯，連做個蛋糕也希望能夠做個最好吃的蛋糕給我們吃，就是希望看到我們吃到時，露出來那天真的笑容。

第九幅圖：

男孩跟他心愛的狗正高興的在唱歌，突然葉子飄落了下來，飄到了狗狗的面前。

人不管什麼後都要開開心心的，自己很開心，別人看到你的笑容也會跟著開心。

第十幅圖：

汪！

小女孩拿著氣球高高興興的在跳舞，那有缺口的葉子使狗狗叫了一聲，那聲嚇到女孩，人在生活中常會被某些事務嚇到，但不要害怕，他很快就會過的。

第十一幅圖：

女孩被嚇到，手中的氣球溜開，飄到空中，女孩哭了起來。

當你遇到不如意的事時，不要只會哭只會說是他人的錯，要想想自己有沒有做錯，在來決定。

第十二幅圖：

男孩看到了，馬上把氣球抓下來。

當你遇到困難時，總會有個人會來幫助你，要好好感謝他，可是有時候可能會沒有人來幫助你，你就要靠自己了。

第十三幅圖：

少女獻給少男一個微笑，小狗挨罵了。

男孩把氣球還給了女孩，女孩高興的獻了一個微笑，你受到幫助時，你要好好感謝他，就算給他一個笑容，他也會很快樂的。

第十四幅圖：

這要寄到花村，這是糖村……一個叔叔拿著一封寄錯的信在思考，葉子飄了過去。

第十五幅圖：

把樹葉當郵票，或許可以乘著風，送到遠方。

葉子飄過去的同時，那叔叔想到把葉子當郵票，在你想不出辦法時，說不定一個不經意飄過去的東西，可能能幫助到你。

第十六幅圖：

地上好多落葉。

地上充滿從樹上飄落下來的落葉，那個有缺口的落葉也調到了落葉上。

第十七幅圖：

當我掃落葉時，希望馬車不要來。

站長正在掃落葉，他最不希望有馬車經過，就會把落葉又通通變的亂七八糟，當你遇到事時，都會深怕有東西來搗亂，為什麼不想一想如何防衛，這樣不僅你能夠安心的把工作做好，還不用去擔心他人來搗亂了。

第十八幅圖：

站長！取暖啊？

站員看站長，站長正把落葉集中起來，燒成火堆，用來取暖，你在做事時，可以利用工作關係，讓自己有更多樂趣，就像圖中站長利用工作的落葉燒成火堆，來取暖一樣。

第十九幅圖：

好暖和！嗯！不過我可沒烤芋頭喲！

站員靠火取暖，心理充滿了溫暖，肚子就餓了，他問站長，站長說沒有。

第二十幅圖：

哦！

站員回了他一聲，他們慢慢的取暖，二人都沒說一句話。

第二十一幅圖：

站員看了站長一下，其實騙人的滋味並不好過，有做就大聲誠實的說出來，不要憋在心裡，就因為這樣站長感到羞愧，臉紅了起來。

第二十二幅圖：

燒起來的落葉堆燒的更旺了，當然裡面的芋頭也烤的更好吃囉，而火堆的火更加的溫暖了。

第二十三幅圖：

燒完了？還沒。

輕煙裊裊，直上雲霄。大家急著想吃裡面的東西心裡很著急，煙就直上雲霄，其時要做每件事時，心裡不能著急，要平靜，心裡著急就會影響你的情緒，做事就會做不好了。

第二十四幅圖：

這些煙把天空燻出了眼淚，雪開始飄落下來。

煙裊裊的飄上天空，那份溫暖的心，天空感受到了，飄下了淚水，這份溫暖的心意，永遠圍繞著這個美麗的秋天。

這樣的教師閱讀示範過程，也讓孩子了解一個文本是一個藝術創作物，裡頭包含藝術家的創作過程，從對生活景物的有感、對人生思想的自我觀點、對於生活的省思與再創造、對創作的選材、組織、邏輯順序、意象的顯露與隱藏的思考、藝術手法的人生象徵、人生意境，究竟作者身為一個藝術家，該如何透過文字的效果傳達文本的，和一位藝術家選擇的表現思考是一樣的，作者在追問自己：我要寫什麼？為誰、為何而寫？怎麼樣來書寫？書寫的樣式以那種方式呈現？故事？寓言？散文？小說？詩？在教學經驗中，我也明白一個孩子的書寫困境，必須在現場寫作中做現場觀物有感，現場觀察中以文字呈現描繪物的歷程，這也帶領孩子進入生活上的細膩觀察，一切由專注在一物變化上的具體描寫，讓生活有感動的詩意，方能進入「詩的世界」，詩的世界從文字、意象經營、象徵、時間、空間、作者觀察位置與意象群的轉換跳接、作者的人生意境，無一不是歧義、多義、可解、不可解，且互為對比、互為連貫、互為暗示性的表達作者想要說的意涵。但這一些都是作品與作者的身家之事，或者我們身為閱讀者會說「吹皺一池春水，干卿底事」，如果閱讀過程中無法對於閱讀者有深刻的效用，把原本身外之物的文本，轉化成為身內之物的內求人生課程，閱讀便不是一種樂趣了，而是一種折騰人生。我在閱讀中是轉化了我對人、對事、對生活情境的自我觀點和位置，我也希望孩子在閱讀中能對於自己的生活中，多一種猜謎、解謎的樂趣與體會，生活上多一個美麗的季節發生在自己的生活邊緣。因而十一

月末的早晨，我興沖沖地拿了一盆西洋孤挺花，放在講台上，得意地對孩子們說：現場寫作考試，題目自訂，這成績算在作文評量裡，三節課的現場描寫筆述，加上容許回家修稿，孩子給我的考試成績單，讓我滿意這一學期和他們一起教學、學習、發展的過程。例如，孩子給我的稿件如下敘述：

「花的感言舞臺」（陳依雯）

　　漫妙的舞步在風中展現出自己獨一無二的一面，它，就是──西洋孤挺花。早晨，在它的呼喚下，慢慢的升起，它的力量讓人「驚奇」。

　　第一眼的感覺，對它來講，只是個過客，但我的心裡，是永遠的記憶，也是一輩子的回憶，外表雖美，內心會更美，失望的是，它的注意力都在遙遠的西方，那一瞬間的閃失，讓我被吸引，讓我注意，讓我欣賞。

　　土壤給花的養分，讓它　放的更美，花盆給土的空間，讓它睡得更安祥。任何的角度，我都看到花的新生命，看到生命給它的一份柔情，柔弱的花瓣中，彷彿在溫和的空氣展開，雖然沒有花的濃厚香味，但在它的心是動人的蕊，從另一個世界的角度去看那沒花香的空間，會更美好，一陣的驚醒，了解的心情和花一樣，花的心情就像得到安慰的我。

　　未得到希望的花朵，正在向我招手，我的理會，讓它得到自信，滿滿的祝福是我給它唯一的禮物，希望它在得到幸福時，懂得付出。正當它成長時，我提醒正在學習的它，學習的目的是教它如何長大，秋天，也是教它的老師，教它調色，調出色盤中調不出的秋末，教它從青春找出自己的一面。

　　經過了春、夏、秋，迎接我們的是冷颼颼的冬天，花也在這幾年中體會無數的季節，留下的痕跡，是老化的代表，幾朵的花兒，已經枯萎了一半，但新的生命正默默的等待。當歲月的流過，它的一生也在這冬季中匆匆消失無蹤，雖然它是悲哀，但它的感言是──謝謝你，美麗而大方的世界，讓我體會生命和存活的意義所在。

　　土，是給花希望，花把根藏在土裡，也把希望藏在心裡，土幫忙花成長，花幫忙穩重，表面上只是養分，內在的而是默默給它安慰與希望，在花兒失望給它溫暖，表示著希望的土壤，是你給我們希望的溫暖、快樂的成長，謝謝你給我活下去的力量。

　　粗粗的莖，給了花兒水分，當花兒口渴時，水分自然送到它的嘴邊。花的一生給了土和莖一個幫忙的機會，花雖然不能長生不老，但，也能留給事物一個機會。

　　花，雖然不會動，風，雖然沒有心，這一切中的一切都是上帝　給我的神秘禮物，欣賞的人有了自己的感言，花有了欣賞自己不同的角度，這，都是一盆花給我最大的啟示，這些啟示，是我一生追求的夢想。

　　當花的生命，到了終點站，不必傷心，這是最新生命的開始，這是新希望的一切，要珍惜那時的時間，花，會等著你回來。

「秋末的粉紅對比」（許家維）

　　秋末的風，不比我第一次吹到秋初的風，感來的憂抱，風啊！吹過了黃金葛，黃金葛的常綠被風嫉妒，粉紅的花在枝展放，讓身旁的一切都停了下來，用明亮得眼睛看著它。像樹一樣的生命，在粗大的莖中流動，嫩綠的小葉子，也努力的向上發展，希望把自己的生命做下見證。用手觸摸水正在往上流，傳到花我忍不住想問；「妳明知道花的美麗是不長久的，一瞬間就沒有了，妳的生命是不是要再努力。」長大的葉子謝了，花的本身也皺了。

　　「居安思危」你在花盆中住下，是秋風的眼紅，妳的粉紅他吹不了，妳的花盆是紅的，熱的，與冷、是對比的，你們才會在風中顫抖。推出來吧！推出你的生命力，讓大家知道生命的偉大，不向命運低頭，你為何還在抖，你應當勇敢面對你的難點，一口氣消滅它，使它從此不再來！我為何還在花苞中！我要打開花朵，上天把我關起來，使我認為沒救了，但根旁的水和養分是助力，讓難關不再是我的難關，是另一個的難關，雖然不是一百分，可是我做到了。別種花在春、夏才開，我是秋天才開，就是沒有味道，不吸引人，但是顏色的多種成了利器。我的邊邊有點銀亮，吸引了不計其數的人。我知道我的人生方向，也知道生命，但我不瞭解生命的定義。無限寬廣的藍天，一下近一下遠，把我提了出來，秋天真的和你不好，這不是命運之神可以主宰的？你正穿著西洋的服裝，住的是中國式的房屋，你不感覺奇怪嗎？日、月、星，在你身邊，為何你還不滿足，時間照片是唯一的回憶，如果你已經發現葉子已經掉下，你不必煩惱，因為這是自然現象，是我們要跟著、順著，人不一定能被天壓過，也不一定壓過天，如果一直想著這種問題，還不如去靜靜的看著你。

　　清晨的微光照在你身上，有了不同的色彩。中午，強烈的風和光在你身上，形成對比。晚上，散步的月光照下，於是你產生了三種對比。這三種對比，使你的身價不一，有好有壞。吵雜的聲音中，你靜靜的在那，你明明是

想說話，也想要出來，但世界的安靜出來的你又打消主意了，我看著你，你不必害怕，你盡力把花開到最大！我要瞭解生命，生命中的喜事，生命中的憤怒，生命中的悲傷、絕望，也都是回憶。也就是最深記憶。

我們的生命是天給的，雖然個人命不同，但是，我們可以改變一切。「一線生機」我們生活在的處境不是這樣嗎？你！是一朵花，我！是一個人，我們的處境不一定比你好，也不差於你。滄海桑田，事事難料，誰說今天一定是好日子！我認為，被你凝結的空氣中，只有你是最好的！

這樣的文稿也讓我去檢驗教學歷程，班上的童詩教學探究個人閱讀作業單也已結束，正巧面臨期末評量，我們也準備整理自己的 Email 作業單，順即將童詩稿、散文稿的敘述文本分類整理，我也思考著讓孩子沉澱一段時間，利用寒假期間好好的閱讀自己的經驗，把自己當一位文本創作的藝術家，考慮書寫方式，做一次修稿的功夫，下學期我們再完成這「童詩閱讀教學探究」。

第三節　教學結果

文本「在夢裡愛說童話故事的星星」是成人為兒童寫的一首童詩作品，身為一個教學者，我將文章六個段落依序呈現，並在每一個段落列問問題編成十六張作業單，包括針對題目的閱讀二張作業單，每段詩句各二張作業單，整篇文章的統整作業單二張，合計十六張作業單。在進入每一段詩句的第一張作業單，我會固定列問如下列提問：（一）閱讀這一段詩時，詩中每一句作者的心靈圖片（意象）在召喚你進入自己的內心世界，你的心靈圖片（意象）也跟著被喚醒了，被撞擊了。請你在這裡，在每一句閱讀完之後，作生命的「停格」現象，你只要「閉上眼」靜靜地看著自己的心靈圖片在前進、在流動，在不斷湧現！寫下自己心靈圖片（意象）的詩幾首？這樣的列問（一）是受了龔卓軍、王靜慧在翻譯 Bachelard「空間詩學」一書的影響，導論中提及：「當我們在閱讀中遭遇到一個清新的意象，受其感染，禁不住興發起白日想像，依恃它另眼看待現實生活，這種沒來由的激動與另一類眼光的萌生，這種不能以因果關係解釋的閱讀心理現象，便是『空間詩學』的閱讀現象學起點，Bachelard 稱之為『迴盪』。當我們經過某種意象的衝擊，而興發出一種存在上的改變，『就好像詩人的存在就是我們的存在』這時候，

詩歌和意象就徹底佔領了我們，深深打動了我們的靈魂，讓我們受到感動，於是，我們處在迴盪的震撼之中，依據自己的存在處境而訴說詩意。我們會以為自己體驗過這種詩意，甚至以為自己創造過這種詩意。有了這種深切的感動之後，所謂的共鳴才會接著出現，在發生共鳴和情感的反響之中，我們的過去被喚醒，我們把自己過去的相關經驗跟小說和詩歌意象所呈現的情境相對照，於是我們在精神上掌握到了某種意象的典型特質，在知性上發現到這些特質其實潛存在我們過去的許多生活經驗脈絡中。現象學心理學的文學觀點可以說奠基於下面這一段話：『如果我們要確切點出意象的現象學究竟所指為何，如果我們要確切說明發生在思維之前的意象，那麼我們要說，詩意不僅是精神（或心智）的現象學，更是靈魂的現象學。』意象的發生場域是在靈魂的活動中，它先於思維而出現。思維和理性在人的精神層面運作，其作用是將現實加以客觀化，這種客觀化運用的是概念和隱喻，而不是意象。而靈魂強調的卻不是客觀性，而是主體性，靈魂是屬於想像的機能，它運用的是意象的力量，這些意象的力量要發生作用，當然並不是從我們日常的意識生活當中產生，而是來自於在思想發生之前的意象想像活動。因果解釋是實證心理學和精神分析之能事。在因果解釋的另一面：『一個想像力的哲學家，應該追隨詩人，跟著他的意象，走到極端狀態，而不做任何簡化這種極端主義的動作，因為這種極端狀態，正是詩意衝動的特有現象。』保持在意象體驗的當下直接呈現中，而不進入會區分出觀察者和被觀察者的理性沈思中。所謂迴盪，無非就是把文學意象當作意象本身來體驗，投身到意象所屬的個別想像世界中，而不是在意象和意象之間運用理智作比較，我們對於意象的迴盪必定要來自於對意象的讚嘆。詩意想像（imagination poétique）他必須處於當下，回到意象（image）出現瞬間的當下心醉神馳（extase）意象的清新感，詩的意象，即心理上驀然浮現的立體感（relief），詩意之作用（acte poétique）讓詩意之作用的準備和降臨有跡可循。依這清新感與活動力來看，詩意象具有其自身的存有、自身的動力。它標舉出一門直接的存有學。迴盪（retentissement）經常處於因果論域的反面，想要從中尋找詩意象的真正存在尺度。當此迴盪之中，詩意象會成為存有的聲響，詩人透露存有的入口詩意象在人的現實當中，作為人的心靈、靈魂與存有的直接產物，而浮現於意識中的當下現象。」（Bachelard，trans.p.23-37）這也是我在童詩的教學中所堅持的，我希望孩子很慢地停留在詩意的生活當中，去享受詩化的生活

過程。列問（二）你閱讀這一段詩，請你預測作者可能會寫出什麼內容？並說一說你為什麼這樣預測（和你的個人人生經驗有關係嗎？請你也用一篇記敘文寫出這個人生經驗）？無非是希望孩子在閱讀中敏感，閱讀是一連串解決問題的歷程，另外讀者在閱讀中會將自己的生活經驗帶入文本中來進行閱讀，生活經歷可以有助於閱讀中的詮釋，閱讀中依然可以重新審視自我的經驗，重新面對自我與重新整理自我的一個機制，我希望孩子在這裡也能多看見自己的許多生命面貌，體會著「人感受到一個活的感覺，感受到存在。」（Friedman, trans.2001, p.346）這也在進行著自我認同的建構者 Erickson，尋著研究 Kierkegaard 的「我」和其他議題，「Kierkegaard 認為人對於上帝的責任就是要對於感覺做確實的自我分析，人最終必須要面對自己內心的複雜功課，一邊是自我興趣、自我表現，一邊是道德責任」（Friedman, trans.2001, p.344）、「生命和『我』從希望開始，當希望成熟，會成為老年期的信仰。」（Friedman, trans.2001, p.346）列問（三）你預測作者可能會寫出什麼內容時，會根據文章基架來思考嗎？請你寫出你預測時的思考過程和步驟？這樣的列問是讓孩子在閱讀中發展或主動建構屬於自己的閱讀策略發展，並且開始注意作者的書寫策略。

在每一段詩句的第二張作業單，我會固定列問如下列提問：（一）這一句詩提供了什麼感覺，這「字詞」是不是有更深的用意？（二）這「字詞」給你的感覺是如何的？如簡政珍在「放逐詩學」中的一段話：「使工具性的語言變成生命性的語言正是作家存有的憑藉。」（簡政珍，2003，頁 17）我除了希望孩子們能在「詩人給我們他對自然現象所經驗的基本跡線，使讀者從跡線所構成的氣氛裡感受到多層類同的情境的跡線。」（簡政珍，2003，頁 79）、「詩的世界是自我而足的，不應受到讀者既有的知識和邏輯觀所干預；詩電影式的意象比論述語含蘊更多的內容。」（簡政珍，2003，頁 70）這列問是希望孩子進入文章中的每一個細節去體驗詩句的力量、詩句的內在感覺，融入文本中的細節都是以自己的內在體驗開始的，發展我的體驗，發展我的看法，先相信自己真真實實的體驗，從這處開始與人分享，從這處發展自信心的同時，也尊重他人的體驗，讓這之間的互動儀式一直維持著整個活動著的生命過程。而列問（三）你小時候有這樣的過程嗎？可以告訴我們嗎？（請你把這經驗寫成一篇和本段詩的內容相關的記敘文，完稿後再把這一篇記敘文改寫成童詩的形式，請自己訂題目）。「作者只有經由書寫才能在

流放的時空中看見自我。」（簡政珍，2003，頁 17）也希望孩子在自我經歷的回憶與書寫自我中，如丁興祥在「Erickson──自我認同的建構者」一書的序文中說：「在自身的理解與定位中，生命故事在訴說著『追尋一種如何去理解生命的方式與所抱持的生命熱情』，述說及理解生命故事的能力，並從中得到再繼續的生命感動。」（Friedman, trans.2001, p.7）簡政珍也引用 Heidegger 的一段話：「『語言是存有的屋宇』。（簡政珍，2003，頁 17）而我卻想說：「知道自己一輩子要的是什麼？就會瞥見心靈的方向和實質地覺察出心的力量落實在生活中的效果。『存有』是一個意象，一個現象，在語言之先本自具有，這無思無辯中，只在觀『看』、觀『聽』、觀『做』的經過，觀『想』、觀『感』不論外在的人、景、事件或內在的意念，一切所有均稱為表現，一切所有均稱為顯現，一切所有均稱為變化，靜默的瞬間在『經過』。」希望孩子從這個書寫自我的開始，會走向自己希望的遠方，一個夢想……。

　　以下我以班上女同學賴亭安和男同學黎諺霖的全部作業單一至十六張完整地呈現（第十六張作業單因教學歷程的過程而選擇放入附錄），看著我們師生共同交流的一份歷程：

一、賴亭安作業單如下：

「在夢裡愛說童話故事的星星」作業單（1）

　　這是一首詩的題目「在夢裡愛說童話故事的星星」：

　　1、請問你怎麼讀這一句詩的？仔細寫下你的步驟。

　　在夢中，永遠在我的夢中。在夢中永遠永遠愛說童話故事的星星。星星為什麼在說童話故事？是因為要讓我們有好的睡眠，還是他很愛讀書呢？這真令人摸不著頭緒。或許他永遠都在夢中說故事。其實啊！星星，是一個俏皮可愛的小東西。他能讓人快樂，也能讓人感到恐怖。在夢裡的小星星一定是個充滿溫暖的小東西，帶給人家有好的夢鄉，所以他才會講童話故事。然而小星星也充滿著書卷的香氣，能讓人喜歡上讀書。我盼望著能有一天，小星星會出現在現實生活中，讓大家都會喜歡讀書了！

　　夢裡，是怎麼情境？相信大家都清楚，有著溫暖的一面，也有著恐怖的一面。

2、請問這一句詩，引發你想起什麼經驗？用一個短篇內容寫下
　　你的這個個人經驗事件。

　　小時候，我很喜歡看童話故事，尤其是灰姑娘的故事，讓我百看不厭。
慢慢的我就月看越多的童話故事，那些童話故事又新奇又好看，讓我對童話
故事產生了濃厚的感情。我覺得童話故事並不是長大了就不能看，有些童話
故事其實會讓你著迷的。可是有些人卻覺得通化故事是個幼稚、無聊的東
西。所以童話並不常在大孩子眼中是一個重要的東西。

　　從小我的膽子就很小，不敢聽很可怕的鬼故事。不然晚上絕對睡不著
覺。所以當我不能跟媽媽睡時，我根本就不敢聽。深怕晚上睡不著，明天又
爬不起來。所以那時睡不著的事情是常常有的。後來我睡覺時就聽錄音帶的
童話故事，所以慢慢的就很容易睡著了！慢慢的，我不用這樣就能睡著了。
但是我對童話的感情還是很深的，我非常希望有更多的童話故事讓我看，也
希望大家不要覺得童話故事是幼稚的。

3、請問讀這一句詩時，引發你想像什麼或夢想什麼？寫下你想
　　像或夢想的內容？

　　我想像到了奇特的故事，那些從來沒有看過的最新型故事。幻想著那些
故事會一一的呈現在我夢中，也呈現在現實生活中。也希望有著一個可愛又
頑皮的小星星，天天為我在夢裡講故事，讓我有著美好的夢鄉。我的夢想，
是個不可忽視的超困難任務。我，必須打敗許多人，才有可能實現這個夢想。
我也必須借著鋼琴的力量，描寫出內心的感情和栩栩如生的音樂畫作。在我
的音樂中，必須有著良好的技巧和深刻的音樂表現。我更需要更大的勇氣挑
戰他。希望能成功。

4、請問這一句詩，給你的感覺是什麼？

　　我覺得這一句話讓我感到又俏皮又可愛，也覺得愛說童話故事的星星是
長的怎樣呢？我很愛聽童話故事，因為我覺得充滿夢幻與溫馨的故事讓人有
安全感。愛說童話故事的星星一定是一個很小又很可愛的星星，在他的夢幻
世界裡，一定有比我更多的童話故事。他也一定很喜歡看童話故事。喜歡童
話故事，不一定代表著幼稚，而是有一份感情寄託在童話故事上，像我，我
如果在睡覺前聽到鬼故事，我那天晚上肯定要跟我媽媽睡。可是，如果我在

睡覺前看了溫馨的故事或童話故事，那我那天一定會睡得很好。（其實是小時候）雖然現在不會了，但是我對童話還是有深刻的感情。

5、題目「在夢裡愛說童話故事的星星」，如果改成題目「夢裡愛說童話故事的星星」，有什麼不一樣的想法或感覺？「在」字在這裡的意義是什麼？

「在」這一個字表示存在的意思，而「夢裡愛說童話故事的星星」沒有一種歸屬感，雖然一個「在」字而已，卻讓人有著不同的感覺。「夢」是一個廣大無際的情境。在一個廣大無際的地方，你的童話是漂流不定的，就像流浪漢一樣，沒有一種歸屬的感覺。可是，當我們加上一個「在」字時，我們有地方的限制的意思了。就好像……在家中的感覺。一切是多餘的，就好像在夢裡愛說童話故事的星星一樣，永遠在我的夢中為我講永遠聽不膩的故事。

6、請你猜一猜作者可能會寫出什麼內容？

童話，是什麼？
夢裡的故事，
是什麼？
小星星，
是什麼？
當愛說童話故事的星星
在你的夢中時，
你會快樂、
悲傷
或恐懼嗎？
還是毫無所知呢？
小星星，
天天在為你講故事。
因為他太愛講故事了。
你知道嗎？
你知道，
小星星多麼希望
你喜歡讀書嗎？

你有可能會知道，
也有可能不知道。
這是你的決定，
也是你的權利。
慢慢地在夢中享受吧！
享受著童話的趣味，
享受它的酸甜苦辣。
你會發現，
它跟人是一樣的，
有不同的生活，
有不同的心情，
更有著人的性情。
它，
是奇妙的東西，
也是個夢中不可缺少的東西。

「在夢裡愛說童話故事的星星」作業單（2）

0-0. 閱讀這一句作者的心靈圖片「在夢裡愛說童話故事的星星」，你的心靈
圖片也跟著被喚醒了，請你在這裡作生命的「停格」現象，你只要看著
自己的心靈圖片在前進流動，寫下自己心靈圖片的詩幾首？

無題

星星和月亮
星星是頑皮，
月亮是溫柔，
當頑皮加上
溫柔後～
就像
媽媽與小孩～
快樂的生活著！

畫

優美的琴聲，

是月亮彈出來的～

甜美的歌聲，

是星星的歌喉～

一彈一唱，

就像一幅畫～

好溫暖！

0-1. 你讀了這首詩的題目「在夢裡愛說童話故事的星星」，感覺是怎樣的？或者你想到什麼？

我想像到了奇特的故事，那些從來沒有看過的最新型故事。幻想著那些故事會一一的呈現在我夢中，也呈現在現實生活中。也希望有著一個可愛又頑皮的小星星，天天為我在夢裡講故事。讓我有著美好的夢鄉。

我也覺得這一句話讓我感到又俏皮又可愛，也覺得愛說童話故事的星星是長得怎樣呢？我很愛聽童話故事，因為我覺得充滿夢幻與溫馨的故事讓人有安全感。愛說童話故事的星星一定是一個很小又很可愛的星星，在他的夢幻世界裡，一定有比我更多的童話故事。他也一定很喜歡看童話故事。喜歡童話故事，不一定代表著幼稚，而是有一份感情寄託在童話故事上，像我，我如果在睡覺前聽到鬼故事，我那天晚上肯定要跟我媽媽睡。可是，如果我在睡覺前看了溫馨的故事或童話故事，那我那天一定會睡的很好。（其實是小時候）雖然現在不會了，但是我對童話還是有深刻的感情。

0-2. 誰在這夢裡？為什麼你會這麼說？

是星星在夢裡，可愛的星星在我的夢中講故事。它有法力能讓我有美麗的夢鄉，並讓我睡覺時也能快樂聽著故事。它很可愛，也很頑皮，有時會故意講恐怖的故事，讓我做惡夢。有時卻講很好聽的故事，讓我很快樂，它掌控我的夢，也是我的好朋友。

0-3. 誰「愛說」？為什麼人都愛說話呢？在什麼情境下「愛說」話？

星星愛說童話故事。人們愛說話，是因為我們個人本身的習慣，有些人就是控制不好，所以就很愛講話。而有些人是因為講話時根本沒注意到自己在講什麼？所以常常講錯話。

0-4. 你喜歡「童話故事」嗎？「童話故事」可以把想像世界變成可能的世界嗎？或是告訴（暗示）我們去「相信」什麼呢？

　　小時候，我很喜歡看童話故事，尤其是灰姑娘的故事，讓我百看不厭。慢慢的我就越看越多的童話故事，那些童話故事又新奇又好看，讓我對童話故事產生了濃厚的感情。我覺得童話故事並不是長大了就不能看，有些童話故事其實會讓你著迷的。可是有些人卻覺得童話故事是個幼稚、無聊的東西。所以童話並不常在大孩子眼中是一個重要的東西。

　　從小我的膽子就很小，不敢聽很可怕的鬼故事。不然晚上絕對睡不著覺。所以當我不能跟媽媽睡時，我根本就不敢聽。深怕晚上睡不著，明天又爬不起來。所以那時睡不著的事情是常常有的。後來我睡覺時就聽錄音帶的童話故事，所以慢慢的就很容易睡著了！慢慢的，我不用這樣就能睡著了。但是我對童話的感情還是很深的，我非常希望有更多的童話故事讓我看，也希望大家不要覺得童話故事是幼稚的。在夢裡愛說童話故事的星星，我相信童話故事，但是我並不相信童話故事會變成現實生活。

0-5. 請說一說看見天空的「星星」時，你的感覺和想像是什麼？說一說這經驗好嗎？

0-6. 你在閱讀一首詩的題目時，和老師閱讀一首詩的題目時，有什麼不一樣的地方？請和你的作業單 1.作比較，再寫下來？

　　我在讀這首詩時，會比較不熟練，所以常常想不出來。可是我在讀作業單（1）時，就比較容易想出來，再寫這一張時，卻想了好久。大概是那一張的作業單比較簡單吧！

0-7. 到這裡請回答我，你學到了什麼？請筆述？

　　我更熟練了閱讀文章的技巧，也更了解在夢裡愛說童話故事的星星的意思。

「在夢裡愛說童話故事的星星」作業單（3）

第一段文章

1、小時候，不管男生、女生都愛。
2、都愛打開窗簾數著，心底埋藏的像夢一般的星星。
3、這顆種子是孩子和星星的秘密，

4、大家把她的童年往事
5、永恆地，種在天高遠的天空，夜的花園。

一、閱讀第一段詩，詩中每一句作者的心靈圖片（意象）在召喚你進入自己的內心世界，你的心靈圖片（意象）也跟著被喚醒了，被撞擊了。請你在這裡，在每一句閱讀完之後，作生命的「停格」現象，你只要「閉上眼」靜靜地看著自己的心靈圖片在前進、在流動，在不斷湧現！寫下自己心靈圖片（意象）的詩幾首？

答：

第1段的靈感詩

無題

小時候，
一同在一起。
長大了，
卻不常在一起。
有了疏離感，
有了距離。
為什麼
會這樣？
這就是，
男女之間的
衝突。
兒時的玩伴，
不見了！
只剩下，
殘餘的回憶

追尋

小時候的追逐，
會變成回憶。
小時候的嬉鬧，

變成了思念。
一天一天的過，
回憶和思念陪伴著你，
想到，
就傷心，
又覺得
甜蜜。

第 2 段的靈感詩

照亮

數著，
星空上的星星，
看著，
深藍色夜空上的
星星。
一閃一閃，
像霓虹燈一樣，
照亮了人的心窗，
照亮了大地。

第 3 段的靈感詩

秘密

一顆小種子，
裡面收藏了許多秘密，
只有
小孩
和星星
知道這些秘密。
不停的增加，
不停的膨脹。
就好像汽球

慢慢的

變的越來越大。

長成了大樹，

長了許多葉子和果子。

那些葉子、

那些果子。

是小孩

心中的秘密，

是星星

永遠的秘密。

心

小孩、

星星，

在空中

玩耍。

就像

在陸地上一樣，

說說笑笑、

一同聊天、

一同說秘密。

那些回憶，

藏在小種子中，

小種子，

是一個秘密基地。

第 4 段的靈感詩

憶

一本日記，

打開了！

這裡面，

藏著童年往事。

記載著

它的喜怒哀樂。

圖文並茂，

就像一本精采的故事書。

第 5 段靈感詩

永恆

永恆，

在哪裡？

在星空

的花園中，

沒有人，

能到的了那裡，

只有

那一對好朋友，

在夜晚時，

走進了

夜空中的秘密花園，

那裡

好安寧，

好溫暖～

「在夢裡愛說童話故事的星星」作業單（4）

第一段文章

1、小時候，不管男生、女生都愛。

2、都愛打開窗帘數著，心底埋藏的像夢一般的星星。

3、這顆種子是孩子和星星的秘密，

4、大家把她的童年往事

5、永恆地，種在天高遠的天空，夜的花園。

1-1. 你做過夢嗎？（好夢或是惡夢？）請說說這個夢帶給你的感覺是如何的？可以舉出你自己的生活例子來和我們分享嗎？

　　不久之前，我做了一個很好玩的夢。這個夢到今天都還記住著，你想知道嗎？我就來告訴你吧！

　　在前一個禮拜前，我在睡覺時，夢到了我跟好朋友：育妃、于琳、采璇、易儒，還有我們的家人（我和他們的家人）坐飛機到國外去玩。我們上了飛機後，就一直在欣賞風景，真是緊張又興奮。坐了好久的飛機後，終於到了目的地。真是高興！我們先到飯店去放行李，接著就馬上坐火車到一個牧場裡。沿途的風景我記得很漂亮，到了牧場更是漂亮。綠油油的草地和藍藍的天空，真是清靜的地方。我們待在那兒好久，享受著鄉村的清閒。就在這突然，我醒來了。這真是一個美好的夢境，我也重複坐了好多次這樣的夢，真棒！

1-2. 這個「夢境」對你的意義如何？（你在經驗的回響中，看見了什麼意義？）

　　這個夢境很奇特，我也覺得很有趣，因為能夢到和朋友出國去玩真的很不容易，而且又這麼好玩，但是卻突然醒來。真可惜！

1-3. 「做夢」和「想像」有什麼不一樣？「想像」在日子中是重要的嗎？為什麼？

　　作夢是沉靜在自己的情境中，多半是在睡覺時，但有時候我們也會在白天作夢就是「白日夢」，作夢的夢境和你生活中的事情有息息相關。而想像是出自於一個人的腦海裡，我們可以想像許多無法發生的事情，而且又有創意。

　　想像是在作者腦中很重要的東西，因為作者寫故事時就必須發揮想像力來寫出有創意的文章，想像對作者來說很重要的。

1-4. 回到本詩的第一段詩句「都愛打開窗簾數著」、「心底埋藏的」、「像夢一般的星星」、「這顆種子」、「孩子和星星的秘密」、「童年往事」、「永恆地，種在天高遠的天空」、「夜的花園」你有些什麼想法？或者你猜一猜作者可能想傳達什麼意義？

　　這些都是在說小朋友的秘密，如何隱藏秘密和看秘密？作者可能要傳送我們在隱藏秘密和看秘密時的舉動和心情。

1-5. 我們回到第一段詩句「打開窗簾」的慢動作上，你猜想這意象畫面，你猜想作者想表達什麼用意？

　　作者要描寫著當小朋友拉開窗簾要看秘密時，我們的樣子是怎麼樣子？當拉開窗簾時，秘密就像星星一顆一顆的跑出來，小朋友高興的把每顆星星吊起來，慢慢地看一個一個的秘密，那種表情是一張笑臉，好可愛喔！看完秘密之後，小朋友爬到床上，進入了甜美的夢鄉～。

1-6. 從提問（1-1）到提問（1-4）這裡，你想作者為何把「回響」的段落，特意地放在第一段嗎？（是表示從人生的經驗事件看出個人賦予它的意義嗎？）如果夜晚的天空是一個居住的場所，這居所是一花園，那給你的感受是如何的？

　　魅力的星空，加上有許多花草的花園裡，悠閒的在花園中喝茶。這種感受真棒！浪漫的夜晚，最適合情侶們的約會了～也很適合開宴會，在花園中聞花香，真是舒服。

1-7. 這意義是甜美的，如夢的希望。再配合詩題「在夢裡愛說童話故事的星星」與提問（0-1）到（0-4）的提問、討論過程，你又感受到了什麼？

　　夢中真是溫暖、浪漫又有趣。有許多事情可以做，也可以經歷過在現實生活中不可能發生的事情。而也顯示出保留秘密有多困難，但是聽到別人的秘密有多高興，看到每一個被鎖住的秘密臉上表情會是什麼表情？這個秘密真有趣，可以讓人喜悅，也可以讓人痛苦。

1-8. 你小時候有一個夢嗎？可以告訴我們嗎？（寫成一篇和夢想有關的記敘文，完稿後再把這一篇記敘文改寫成童詩的形式，請自己訂題目）

記敘文題目一:「我的夢」
童詩題目二:「夢……」
記敘文（我的夢）

　　小時候，我超級不喜歡下雨天睡午覺。因為每次睡著了，要醒來時眼睛都張不開，因為我都一直用力，後來才張開，真奇怪！可是不喜歡總歸不喜歡，下雨天了還是睡覺，真是奇怪了！

　　記得有一次中午睡午覺時（下雨天），我做了一個很可怕的惡夢，我一直很害怕！所以隔天睡覺時，我就一直默念著「不要作夢、不要作夢」真好笑！可是那天我卻沒有做惡夢喔！（其實我也不曉得有沒有做好夢）真是巧合啊！

　　有一次，我正在睡午覺，就一直作夢一直作夢，我突然夢到了我和媽媽去高雄玩，但是卻很慢才到火車站，差點趕不上火車。真是可憐！還有夢到我跟朋友去遠足，我們就在草地上吃零食，可是其他的小朋友都丟掉了帽子，所以我就陪同學去找帽子，找了好久才找到，真有趣！可是和媽媽坐火車的夢卻好緊張喔！如果不能上火車就得再買票一次，而且又要等時間。就白白浪費了時間，真討厭！

　　其實我這個人很喜歡作夢，可是就是不喜歡惡夢，因為做惡夢都會把我嚇醒，真是討厭！不過嚇醒我也沒差，因為我會繼續睡覺，真像一隻小豬。每次我做到好笑的夢時，我都會笑出聲音來，可是我多半都不知道，每次隔天早上起來，只要媽媽昨天有聽到笑聲都會告訴我，並且笑我呢！可是我並不生氣，因為媽媽聽到我的笑聲就是他有來看我。可是有的時候我在作夢卻會罵人，因為夢到了很生氣的夢境。真好笑！我都一直罵一直罵，有時候罵了好久才停下來。（＃＊＆＊）

　　其實我常常做好夢和有趣的夢境，也不知道怎麼會這樣？反正我做的夢我也都記不得了。真是健忘啊！有時候，當我說夢話時，很多人都聽不懂，因為我在講夢裡的事情，大家當然聽不懂啦！我覺得做這樣的夢真有趣！而且又很好玩，可以罵人、傻笑和說話，作夢真是棒啊！

　　我覺得作夢是件可以自由自在的事情，可以讓你的睡眠更是有趣。但是做惡夢卻會嚇醒你，可能你就睡不著了。所以還是有缺點的。夢，是一個人在睡覺後產生的情境，他一定會顯示你今天所發生的事情。所以你如果有快樂的事情，就有可能會在夢裡出現。如果你有不快樂的事情，就有可能會是惡夢。所以我們只要天天快快樂樂的，不要發太大的脾氣，就能天天做好夢了。

　　我真的對夢境有很多的好感，我覺得人的器官真是神奇，可以製造出這麼美妙的夢。而且我也相信有小星星在我的夢中為我說故事，讓我有更好的夢鄉。

詩 1：

我的夢，

是無拘無束的。

我，

是控制夢的好壞的主人。

就像

機器人的遙控器。
我可以，
讓夢變的哭笑不得。
我也可以，
讓夢變得很不愉快
讓我罵人。

詩 2：

我不喜歡，
在下雨天作夢，
我不喜歡，
因為做惡夢而被驚醒。
我不喜歡，
夢變得很可怕。
我不喜歡
惡夢。

詩 3：

身體的器官
真神奇。
可以製造出
美妙的夢。
天天的事情，
控制著夢境，
夢的好壞，
還是在於你。

「在夢裡愛說童話故事的星星」作業單（5）

第一段文章：

1、小時候，不管男生、女生都愛。
2、都愛打開窗簾數著，心底埋藏的像夢一般的星星。

3、這顆種子是孩子和星星的秘密，

4、大家把她的童年往事

5、永恆地，種在天高遠的天空，夜的花園。

第二段文章

6、就算你是一個白天說了不真實的話，

7、或是做錯事的孩子，星星就選擇在你入睡時，

8、開始說起最甜美的童話故事。在你的夢裡。

一、閱讀第二段詩，詩中每一句作者的心靈圖片（意象）在召喚你進入自己的內心世界，你的心靈圖片（意象）也跟著被喚醒了，被撞擊了。請你在這裡，在每一句閱讀完之後，作生命的「停格」現象，你只要「閉上眼」靜靜地看著自己的心靈圖片在前進、在流動，在不斷湧現！寫下自己心靈圖片（意象）的詩幾首？

決定

用著
顫抖的聲音，
說出
不安的話。
那天，
不開心的你，
變得更沉重，
是誰
讓你變成這樣？
是誰
讓你良心不安？

代價

謊話，
是個石頭。
說謊，

是個負擔。
沉重的石頭加上
不愉快的負擔，
會變成，
石頭人。
你
要有代價，
還是坦承的說出來？

調皮的你

你
為什麼要這麼調皮？
偷偷溜出去玩，
不寫功課`.
當被抓到時，
卻又流下眼淚，
真讓人心軟，
唉～
沒辦法，
你也就聽話吧！

無題

像隻猴子，
偷偷的爬到別人家中摘
水果。
像個小老鼠，
偷偷的吃
零食。
調皮的你，
總是偷偷的玩電動。
天天偷偷摸摸的，

你
這樣過生活，
會好過嗎？

故事的問題

你喜歡童話故事嗎？
哪樣的童話故事呢？
你喜歡有溫柔的某人講故事，
還是自己閱讀故事呢？
你的
故事，
到底圍繞在哪裡？
東方，
西方，
南方，
北方。
找到了！
不過
這是個秘密，
只有你知道。

秘密基地

你的夢裡，
有什麼情境，
是個花園，
還是城堡。
那是一個寧靜無比的地方，
只有你
感覺的到。
那個地方，
可以發洩出感情，
也是你的秘密基地。

二、你閱讀第一段詩和第二段詩了，請你預測作者可能會寫出什麼內容？並
　　說一說你為什麼這樣預測（和你的個人人生經驗有關係嗎？請你也用一
　　篇記敘文寫出這個人生經驗）？

　　他可能會寫說星星如何的勸導夢中的小孩，讓他們都變成了乖又誠實的
小孩。雖然可能影響力不大，但是也有作用。也不讓小孩有害怕之心，是個
溫柔的教導。

　　我曾經偷偷的拿錢買糖果，雖然之前都沒被發現，但是到最後還是被發
現了，那時我怕媽媽發現，所以就說謊說同學給我的，不過在媽媽的逼問下
還是說出實話，那時她都不理我，隔了一天才理我。真是恐怖！

　　最近媽媽都發現我喝牛奶很快，（其實有時候都倒掉一點點）但又被媽
媽抓到了，所以她罰我再重新喝一杯不能加巧克力的牛奶，我發覺這樣的牛
奶比較好喝，所以天天都有喝光牛奶了，也喝得蠻快的。（以上是我的經驗，
但不是記敘文）

三、你預測作者可能會寫出什麼內容時，會根據文章基架來思考嗎？請你寫
　　出你預測時的思考過程和步驟？

第二段文章

6、就算你是一個白天說了不真實的話，

7、或是做錯事的孩子，星星就選擇在你入睡時，

8、開始說起最甜美的童話故事。在你的夢裡。

　　這一段文章說了小孩做了壞事情，他偷偷摸摸的到了晚上。雖然星星們
很不贊成他做壞事情，不過星星還是溫柔的在夢中開導他們。（純粹出於個
人想法）這些開導就好像一個個的童話故事，那麼的好聽，又像預言故事，
有個重要的啟示。我想下一段作者應該或描寫到星星在說童話故事的情景，
雖然一開始小孩不是那麼的聽故事，不過慢慢的被故事吸引了過去。當小孩
沒做壞事情時，星星就會講有趣味的故事，當小孩做壞事情時，就會講關於
那件事的故事與啟示。我想小孩的夢中一定是很甜美，這樣壞小孩也會變成
好小孩。不過也有可能是說第二段就把壞小孩部分帶過的，並沒有繼續說，
就再講另外一件事情。可能再說又發生了什麼事情，但是星星卻又溫柔的方
法把他們的事情解決了。又是一個溫馨的結局。

「在夢裡愛說童話故事的星星」作業單（6）

第二段文章

1、就算你是一個白天說了不真實的話，
2、或是做錯事的孩子，星星就選擇在你入睡時，
3、開始說起最甜美的童話故事。在你的夢裡。

2-1. 請你舉一個例子說一說，當你「說了不真實的話」或是「做錯事」時，心理的變化過程。

　　我小時候時，有時都不想彈琴和拉琴，所以常常在媽媽不在時就不彈，然後再騙媽媽說有彈琴。有一次，媽媽去學校上課了，我想說今天要好好的彈琴，所以睡飽後就下去彈琴，一開始，我還很認真的彈，但是越來越不想彈了，想看電視卡通。所以就跑去看卡通，然後看一下下，就彈一下下。這樣子，就隨便的彈完了，我心想，待會媽媽回家時我跟她說我有彈就沒事了，所以就繼續看電視。媽媽回家後，就問我有沒有彈琴，我說有，心想著應該會沒是。媽媽就說好，晚上我要聽聽看。我想她聽的時候不會發現，所以也沒太在意了。到了晚上，媽媽要聽時，我就彈給她聽，不過我都彈錯很多音，我心裡開始擔心她會發現我沒彈琴，彈完後，媽媽問我為什麼錯這麼多音？我就回答說還不熟！這時心裡好擔心她會繼續問下去，那我就被發現了。還好，她沒問下去，只是說，下次要彈熟。我終於放下心了，好輕鬆喔！幸好沒被發現，不然後果可就慘了。下次可就不敢這樣了。

2-2. 「說了不真實的話」或是「做錯事的孩子」也一樣是天真的嗎？為什麼？

　　是一樣的。因為說謊話就跟做錯事情是一樣的，一樣是不乖的。而且往往是因為偷懶、頑皮而去說謊、做錯事。但是都是在天真的想法下做的，但是卻都不敢承認。有時運氣好，父母不再追究，可是有時父母卻仔細問清楚，讓你說出了實話。這樣都會被罵、被打，但是會不會再說謊、做錯事？當然會，這就是小孩子。常常做壞事，但是還是不會改的，讓大人很煩惱，卻又不知道該如何管教小孩。

2-3. 爸媽的小時候可能像小朋友一樣，都經驗過童年往事，這往事已成為天空中的星星。第二段詩句中「星星就選擇在你入睡時，開始說起最甜美

的童話故事。在你的夢裡。」，這「選擇」二字可看出爸媽的心思嗎？從文章中的那裡讀出來的或臆測出來的？

可以，因為星星就像父母一樣，不想責罵我們，但是又不能不管教，所以星星就選擇在你最好的夢鄉中來教導你，讓你變成好小孩。而父母就像星星一樣，要在你最安靜時教你不能說謊和做壞事，但是我們都是要挨罵挨打後才會聽話的，所以父母就算在睡覺時用心良苦的教導你，你還是多半不會聽話的，但是父母又喜歡這樣子。所以就像星星一樣，在我們不乖時的晚上來教導我們。

2-4. 當爸媽責罰你後，你入睡時，從你的觀點來說，爸媽此時會想到什麼？這「星星」二字指的是什麼意義？

他們會想到說為什麼我們會要說謊，難道我們都一直在說謊嗎？要怎樣我們才會聽話呢？他現在在做什麼事情呢？明天要怎樣跟他說話，要不理他嗎？父母老是在想這些問題，想到睡不著覺。可是就算他們一直想，我們多多少少都還是會做錯事，這樣子父母的思想就會一直一直的想，可是我們還是不會改，讓我覺得父母好笨喔！然而我覺得星星就像父母，父母就像星星。所以他用星星來代表父母對我們的感受和想法，也用星星來表現出父母的心思，所以這樣就能用隱藏式的說出父母對我們的想法和感受。所以在這首詩的題目上也就是寫說愛說童話故事的父母了！

2-5. 第二段詩句「在你的夢裡」可否改成「在夢裡」，這有什麼不一樣？

在你夢裡是在代表指針對於你一個人，所以也只有在你的夢中才會聽到的故事。而在夢裡則是有可能每個人都做了壞事，所以每個人都聽了故事，這個範圍就很廣大，你沒辦法精準的掌握到他的大小，而也無法真的了解到它在誰的夢中，所以用在你的夢裡來說，就能知道是在哪個人的夢中了。

2-6. 第一段詩句「童年往事」、第二段詩句「童話故事」、「秘密的」親對話、爸媽陪你在一起的所有經驗、心思，是否都是像一篇篇的童話故事所組成的？這一些經驗可以用「星星」、「銀河」、「夢」來象徵嗎？

爸媽跟我在一起，就像一篇篇的童話故事，有趣味、有快樂、有傷心，也有生氣。

　　我們的生活童話故事，雖然我不會記得很清楚，不過我也有模模糊糊的記憶。那些回憶都是美好的，也像作家寫的一樣美妙。也可以用「星星」、「銀河」、「夢」來描寫。「星星」是數不清的，沒有一定的數量，就像回憶，沒有限制，也沒有數量。「銀河」是寬大的，它的邊際很大，就像童話故事，沒有一定的寬大，沒有邊際的回憶，這樣我們的回憶就像是自由的，也跟銀河一樣，能大就大，能小就小。「夢」是無垠的，你沒有一定的夢，也沒有數量。讓你發揮，讓你發洩。我們的回憶就是這樣，童話故事就是自由的。沒人能限制，除了自己。

2-7. 你小時候有一個童年往事？可以告訴我們嗎？（寫成一篇和童年往事有關的記敘文，完稿後再把這一篇記敘文改寫成童詩的形式，請自己訂題目）

記敘文題目一：「受傷記」

　　一天的下午，我剛剛學會騎腳踏車。所以我很高興，就一直和媽媽在家的附近繞來繞去。我騎得很快，一直騎一直騎，媽媽都追不上我，我好高興喔！就這樣子過了一個小時，我們先停車回家休息一下，我玩得意猶未盡，所以叫媽媽再跟我去騎車，媽媽就答應了。

　　這時，我快樂的像隻小鳥，高興的跳來跳去。馬上騎上車往前衝，就在我穿過一個大凹洞時，因為騎太快，而跌倒了，我的額頭撞到地上，破了一個洞，流了好多血，媽媽急忙把我送去醫院。在看醫生時，醫生說要縫起來，我又哭又叫，因為在縫時很痛，所以我根本就不想縫。後來，醫生跟我說要抓蟲蟲（其實要要縫）所以我才乖乖的不動。可是在縫時真的好痛喔！＞＿＜哇！終於好了，我好高興，也很生氣，因為醫生騙我。當天晚上，我擦藥膏後，竟然在床上跳舞，真是的。

　　慢慢的，傷口終於好了，我又去拆線。我心想，以後再也不要騎太快了，因為很容易跌倒了。

　　在跌倒期間，我並沒有多大的難過，只是覺得額頭上有一個包包很好笑又很好玩，而且這是我第一次縫針，說真的，我並沒有很緊張我的頭。可是在洗澡時卻覺得很麻煩，因為水不能碰到額頭，不然會痛！

童詩題目二：「傷口」

終於好了，

終於好了！

終於可以拆線了！

回想當天，

因為車子騎太快，

所以跌倒了！

當時的我，

堅持不縫傷口，

後來是因為醫生騙我

才縫傷口。

如今，

終於可以拆線了，

我可不要再一次的跌倒

再一次縫傷口。

「在夢裡愛說童話故事的星星」〉作業單（7）

「在夢裡愛說童話故事的星星」（文本）

1、小時候，不管男生、女生都愛。

2、都愛打開窗簾數著，心底埋藏的像夢一般的星星。

3、這顆種子是孩子和星星的秘密，

4、大家把她的童年往事

5、永恆地，種在天高遠的天空，夜的花園。

6、就算你是一個白天說了不真實的話，

7、或是做錯事的孩子，星星就選擇在你入睡時，

8、開始說起最甜美的童話故事。在你的夢裡。

第三段文章

9、孩子！你別害怕。

10、爸爸、媽媽責罰你的話語都是變成一顆顆，

11、愛說故事的星花掛在夜空等著。

12、當你好好地合上雙眼，這顆秘密的種子就開在花園裡，

13、一朵一朵都是一個個夢的童話故事。滿園子眨眼的星花。

14、晴朗的夜空裡，為許多孩子唱起晚安曲說起不同的親吻故事。

一、閱讀第三段詩，詩中每一句作者的心靈圖片（意象）在召喚你進入自己
　　的內心世界，你的心靈圖片（意象）也跟著被喚醒了，被撞擊了。請你
　　在這裡，在每一句閱讀完之後，作生命的「停格」現象，你只要「閉上
　　眼」靜靜地看著自己的心靈圖片在前進、在流動，在不斷湧現！寫下自
　　己心靈圖片（意象）的詩幾首？

父母

小星星

安慰著你，

他傷心著

安慰你。

因為

你被責罵，

你情緒不好。

讓他也

很難過。

但他叫你

不要怕，

因為

他會為你好。

責罵

責罵的聲響

回繞在你的腦中，

你傷心，

你生氣。

你落淚，

你憤怒。

但是責罵都像星星一樣，

充滿愛與溫暖，

也像一篇篇的

故事。

花園

你的心裡，

充滿溫暖，

一朵朵星花，

開在一個秘密花園，

當你把眼睛閉上，

你會看到花園

和故事。

孩子們的夜晚

在漂亮的夜空中，

星星們

為孩子唱歌。

星星們

為孩子說故事。

坐在彎彎的月亮上，

帶著興奮的心情，

等待著夜晚的來臨。

二、你閱讀第一段詩、第二段詩、第三段詩了，請你預測作者可能會寫出什
麼內容？並說一說你為什麼這樣預測（和你的個人人生經驗有關係嗎？
請你也用一篇記敘文寫出這個人生經驗）？

　　作者可能會寫出對孩子的影響力和改變，這些童話故事的意義，和心裡
的秘密花園有什麼改變。孩子的心情如何？把經過壞事後的事情寫出來，會
變得很快樂的樣子，其實這和我的個人意見是沒有什麼關係，因為我是想成
一件不好的事情，讓小孩被責罵的事情發生後，恢復了平常的生活。這件事
對小孩來講，是有什麼影響效果？也寫出那些童話故事的意義。最重要的是
小孩的心情，是不是好轉了？有沒有還在傷心，這都是要注意到的。但是還
要附上的是，當孩子聽了好聽的童話故事，又會想聽童話故事，所以一再的
犯錯，造成了大人的困擾。所以這也是作者可能使用的題材。

三、你預測作者可能會寫出什麼內容時，會根據文章基架來思考嗎？請你寫
　　出你預測時的思考過程和步驟？

　　因為前一段在寫說小孩子被責罵的聲音成為了好聽的童話故事。其實有
兩個的方向可以想，第一個是在被責罵後，變得乖巧了。也提到心中的秘密
花園，不斷的發現新的事物，也會將小孩的心情寫出來，延續了第三段。

　　但是另一種方向是因為小孩被責罵的聲響變成了童話故事，所以為了聽
童話故事而一直犯錯，這也把小孩一定會一直犯錯的情形用巧妙的方式表現
出來，用為了聽童話故事而犯錯的好笑情形表現了出來。其實這兩種方向都
是可以的，不過要看作者的決定來選擇。

「在夢裡愛說童話故事的星星」作業單（8）

〈在夢裡愛說童話故事的星星〉（文本）

１、小時候，不管男生、女生都愛。
２、都愛打開窗簾數著，心底埋藏的像夢一般的星星。
３、這顆種子是孩子和星星的秘密，
４、大家把她的童年往事
５、永恆地，種在天高遠的天空，夜的花園。
６、就算你是一個白天說了不真實的話，
７、或是做錯事的孩子，星星就選擇在你入睡時，
８、開始說起最甜美的童話故事。在你的夢裡。

第三段文章

９、孩子！你別害怕。
１０、爸爸、媽媽責罰你的話語都是變成一顆顆，
１１、愛說故事的星花掛在夜空等著。
１２、當你好好地合上雙眼，這顆秘密的種子就開在花園裡，
１３、一朵一朵都是一個個夢的童話故事。滿園了眨眼的星花。
１４、晴朗的夜空裡，為許多孩子唱起晚安曲說起不同的親吻故事。

3-1. 你覺得自己像一朵朵的花朵嗎？

3-2. 「孩子！你別害怕！」這句話是誰說出來的？或者是誰放在心裡將要說
　　　出的話？

我覺得是由父母的心中說出的話，因為其實他們罵我們心裡也會不高興，我們也是一樣的。所以他們才會叫我們別害怕。

不過，我也覺得在你夢中的星星也會跟你說別害怕，因為那時你一定非常生氣，也會怕被打，所以星星在你夢中告訴你說不用害怕是不要你在想那些事情了。

3-3. 爸媽責罰你的話語時，這時你的心情是如何的？想起那些往事？入夜了，你想到那些事？請你舉出一個生活上的例子，來說一說這一次的心裡變化和轉折的歷程？

我要講的其實不是在夜晚發生的事情，我本來就很不喜歡喝奶粉泡的牛奶，所以常常喝很慢，有的時候還會偷偷的把牛奶倒掉。有一次，我照樣是慢慢的喝牛奶，等到媽媽去房間後，我就很快的拿去倒掉，可是媽媽卻發現很奇怪，為什麼我喝的這麼快？就問我是不是倒掉了，我本來說謊說我都喝完了。不過在媽媽的逼問下終於說了實話，媽媽很生氣的叫我重新再喝一杯，那時候我就很生氣的泡牛奶和喝牛奶，可是我也很怕媽媽會不理我，這樣我今天就要一直跟他說話，他才會理我。真是麻煩！但是如果我不做壞事，也用不著這樣啊！一切都要怪我要倒掉牛奶，還好這次媽媽只是罵我，並沒有不理我。我也乖乖的喝牛奶了。從這件事來看，我很怕媽媽生氣，因為他會不理我，不過我還是會惹他生氣，真是奇怪？

3-3-1. 回到第三段詩句，體會作者「一顆顆」的用意是在說什麼？

我覺得一顆顆就像是父母罵你的每一個字，會變得很奇妙的字，因為會讓你學乖，也讓你學到一些道理，也會變成回味的趣事。

當他接到下面一句後，我的想法變成是一個個好聽又充滿愛的故事，也是由星星來為我們講故事，每一個字都能編出好聽的故事，真是奇妙！我也認為是把每一個字說成一個道理，慢慢的教我們。那一顆顆的字就像珍珠一樣，都是寶貝的東西，一顆都不能漏掉。就像人生中的每一個道理，只要我們不懂就沒辦法完全的做到最高點的「做人處事」。人生中的每一個歷程，也是我們必須經過的。就像挫折和成功。都是我們會嘗試到的「酸甜苦辣」。所以這一顆顆的字很重要，更不能遺失。

3-3-2. 那到第三段詩句「掛在夜空等著」，這「掛在」、「等著」的用意是在說出什麼？

　　我覺得在一個地方，就代表掛在。因為在一個地方是很廣闊的，可能那種情境沒有底板，純屬一種虛幻的想像。在那時，你能把它放著嗎？放著就代表放手，你如果放手，那個東西就不見了，代表你放棄了他。很難再找回了那樣東西。可是當你用掛著，始終還是有一隻手抓住某樣東西，那這樣東西就不會因為你一時的放手，而消失無蹤，也代表你沒有放棄一些事情。

　　等著是代表在人生旅程上，有許多事情在等你，有的很久才會發生，有的一下子就發生了。在很久以後的事，會等著你，也不會消失。除非一些讓你來決定的事情改變了。

3-4. 第三段詩句「當你好好地合上雙眼，這顆秘密的種子就開在花園裡，一朵一朵都是一個個夢的童話故事。滿園子眨眼的星花。」是在說什麼？這「一朵一朵」、「一個個」、滿園子、「眨眼的星花」作者是在說什麼？

　　都是在說在一片美麗的花園中的花朵，滿園子都是星星花，讓大家目不暇給。也是在說我們在人生中要學的事情真是太多了，我們要不斷的充實自己，也要主動探索。這些事情像美麗的星花，一樣的重要，一樣的耀眼。

3-5. 詩句「晴朗的夜空裡」，這「晴朗」可能有什麼用意？

　　我們的人生都是美好的，像天空一樣晴朗明亮。

3-6. 「晚安曲」給人的感覺是什麼？你聽過晚安曲嗎？我們現在現場聽幾首「晚安曲」，這時候爸媽給你的感覺是如何的？尤其當你受到「挫折」、「心情跌落谷底的時候」來聽一聽晚安曲，這等意義如何？

　　晚安曲給人的感覺是很溫暖、很安穩的。讓人有安全感，也感到很溫馨。我聽過晚安曲，那時我覺得媽媽好好喔！我最喜歡她了。而且我很快就睡著，好像一個小寶寶喔！我覺得晚安曲也可以讓人恢復平靜和信心，當你情緒低落時，聽聽晚安曲可以讓你安定情緒，恢復平靜。也能讓你好好的想一想為什麼你會不開心，再來作處理，這樣也很好。在你失敗時，晚上聽晚安曲可以讓你再次的定下決心，建立信心來重新站起來，也可以讓你不至於很傷心，是一個安定心情的好東西。

3-7. 那「親吻故事」可能是作者想傳達什麼？

　　作者用親吻故事來表達我們與父母的情感，我覺得親吻故事是我們全家的生活，有苦有笑，就像一篇篇短而有趣的童話故事。我們和父母的互動，

就好像親吻般，那麼的親密。作者要傳達的事，我們和父母是很親密的，所以父母罵我們也是一片愛。不能因為這樣就以為父母討厭你。

3-8. 第二段詩句「就算你是」、「選擇在你入睡時」、「在你的夢裡」和第三段詩句「你別害怕！」、「責罰你的」、「當你」都是指出「獨獨為你編織這個夢的心理地位」到「為許多孩子唱起晚安曲」的「為許多孩子」，由私人性領域到公眾性領域。你想，作者的用意是想傳達什麼含意？

　　從一個小小空間的愛，傳達到一個廣闊的範圍中。就像把我們的東西分享可全部的人。也是讓我們了解到分享是一件很快樂的事情，讓我們能學會分享。

3-9. 你小時候有這樣的過程嗎？可以告訴我們嗎？（寫成一篇和第三段詩的內容相關的記敘文，完稿後再把這一篇記敘文改寫成童詩的形式，請自己訂題目）

記敘文題目一：「分享！？」

　　我小時候對哥哥很小氣，每次都不借他東西。可是每當我要用他的東西時，他都會借我用。所以常常是我用他的東西，他卻不能用我的東西。有一次，媽媽就一直罵我說每次哥哥都借你東西，你都不借他。那他為什麼每次都要借你，以後他的東西都不要借你了喔！就這樣一直罵一直罵，我覺得很煩，為什麼這種事也要罵，好像都是在幫哥哥。就很生氣很生氣。過了不久，媽媽就會跟我說，每個東西都要分享才可以，不能這麼自私。我也不再生氣了。

童詩題目一：「分享！？」

在一個團體中，
多出的
每一件事物。
每一個新的
事物。
都可以
分享。
當我
不借哥哥
東西時，

媽媽

出面指責我。

皺著眉頭，

大聲的責罵。

當時的我，

認為沒錯。

只覺得

一點一點

滴滴答答

在我耳邊圍繞。

在憤怒消失後，

終於體會到，

媽媽的苦心。

「在夢裡愛說童話故事的星星」作業單（9）

「在夢裡愛說童話故事的星星」（文本）

1、小時候，不管男生、女生都愛。

2、都愛打開窗簾數著，心底埋藏的像夢一般的星星。

3、這顆種子是孩子和星星的秘密，

4、大家把她的童年往事

5、永恆地，種在天高遠的天空，夜的花園。

6、就算你是一個白天說了不真實的話，

7、或是做錯事的孩子，星星就選擇在你入睡時，

8、開始說起最甜美的童話故事。在你的夢裡。

9、孩子！你別害怕。

10、爸爸、媽媽責罰你的話語都是變成一顆顆，

11、愛說故事的星花掛在夜空等著。

12、當你好好地合上雙眼，這顆秘密的種子就開在花園裡，

13、一朵一朵都是一個個夢的童話故事。滿園子眨眼的星花。

14、晴朗的夜空裡，為許多孩子唱起晚安曲說起不同的親吻故事。

第四段詩：

１５、她不會離開任何一個孩子的夢。

一、閱讀第四段詩，詩中每一句作者的心靈圖片（意象）在召喚你進入自己的內心世界，你的心靈圖片（意象）也跟著被喚醒了，被撞擊了。請你在這裡，在每一句閱讀完之後，作生命的「停格」現象，你只要「閉上眼」靜靜地看著自己的心靈圖片在前進、在流動，在不斷湧現！寫下自己心靈圖片（意象）的詩幾首？

她

她，

是誰？

每個小孩的疑問。

她，

為什麼出現在小孩的夢中？

也是小孩的疑問。

她，

會不會離開？

是肯定的答案。

分享

一個溫柔的身影，

一個溫柔的聲音。

一個屬於公共的東西，

是不是可以佔有，

是不是可以不分享？

如果你是這麼想，

你不是大方的人，

你不懂分享。

無題

屬於大家的東西，

無法剝奪。

屬於私人物品，

無法剝奪。

每一分

一秒，

都有一個東西，

回繞著你。

她屬於大家，

並不屬於你。

但是，

你卻有不同的她……

二、你閱讀第一段詩、第二段詩、第三段、第四段詩了，請你預測作者可能
　　會寫出什麼內容？並說一說你為什麼這樣預測（和你的個人人生經驗有
　　關係嗎？請你也用一篇記敘文寫出這個人生經驗）？

　　我覺得會寫出跟分享有關的事情，也會教我們分享。在我們的人生中常
常有一些要分享的事物，可是我們都有自私的時候，往往都沒辦法捨棄某些
東西。但是有時候必須捨棄才有收穫，所以要懂得分享和捨棄。如果大家有
一個好東西，如果都想佔有她，不就會吵架？那何必這樣，如果可以大家一
起分享東西，也不會吵架，也不會感情不好。

三、你預測作者可能會寫出什麼內容時，會根據文章基架來思考嗎？請你寫
　　出你預測時的思考過程和步驟？

　　我認為有時候會，有時候不會。
　　我是依照上一段的內容來斷定題目，也必須想到理由。
　　1、深入閱讀上一段詩
　　2、想出為什麼會這樣寫
　　3、將想法寫出來

「在夢裡愛說童話故事的星星」作業單（10）

「在夢裏愛說童話故事的星星」（文本）

1、小時候，不管男生、女生都愛。

2、都愛打開窗簾數著，心底埋藏的像夢一般的星星。

3、這顆種子是孩子和星星的秘密，

4、大家把她的童年往事

5、永恒地，種在天高遠的天空，夜的花園。

6、就算你是一個白天說了不真實的話，

7、或是做錯事的孩子，星星就選擇在你入睡時，

8、開始說起最甜美的童話故事。在你的夢裏。

9、孩子！你別害怕。

10、爸爸、媽媽責罰你的話語都是變成一顆顆，

11、愛說故事的星花挂在夜空等著。

12、當你好好地合上雙眼，這顆秘密的種子就開在花園裏，

13、一朵一朵都是一個個夢的童話故事。滿園子眨眼的星花。

14、晴朗的夜空裏，為許多孩子唱起晚安曲說起不同的親吻故事。

第四段詩：

15、她不會離開任何一個孩子的夢。

4-1. 第四段詩句「她不會離開任何一個孩子的夢。」這一句詩提供了什麼感
　　覺，這「她」是不是有更深的用意？

　　這一句提到的感覺是讓大家覺得都擁有到一樣東西，就像擁有到溫暖的
情感，把每一個人都溫暖了。她，代表著無限的溫情，無限的愛。就好像父
母愛我們，是永久的……你的夢想，父母都會支援的，這種支援擁有好多好
多的溫暖和鼓勵，也因為他們帶給你希望。

4-2. 離開」給你的感覺是如何的？

　　是一種永遠的離別的感覺，不會再回來了。是屬於一種失落感，想要留
下來，卻不能留下來，也覺得是因為對於某個人失望了，所以黯然的離開了。

4-3. 這「任何一個」是不是也有更深的用意？

　　是讓我們更瞭解父母的心不會離開我們的，然而因為我們也有哥哥弟弟
姐姐妹妹，所以父母每個人都要愛。就用不會離開任何一個孩子的夢。也表
示說父母永遠關懷我們的，所以連在夢中也有爸媽的愛。

4-4. 你小時候有這樣的過程嗎？可以告訴我們嗎？（寫成一篇和第四段詩的內容相關的記敘文，完搞後再把這一篇記敘文改寫成童詩的形式，請自己訂題目）

記敘文題目一：「作夢？！」

　　小時候，我常常作夢，所以常常夢到很有趣的事情。就像夢到有許多好吃的餅乾果凍，讓我不禁流下口水，可是卻發現其實東西是假的，讓我很生氣又覺得好笑，忍不住就像說夢話一樣的笑出來了，其實當時我都不知道，不過後來，我卻感覺到我好像在笑，我才知道我又作夢了。

　　有的時候，我也會突然感覺到要掉下去的感覺，讓我嚇一跳，也把我從夢中驚醒了。不過，也讓我感到很好奇，為什麼我會感覺掉下去，我明明躺在床上好好的啊？

　　我很喜歡作好夢，但卻不喜歡作惡夢，因為惡夢會把我驚醒，好夢會讓我睡得很好。我覺得作夢都是在我們今天生活中的事情範圍中，不過偶而也會有你頭腦中的想法的夢，讓我覺得作夢真的很好玩。

童詩題目二：「夢」

夢，

是什麼？

是生活，

是你腦中

的結晶。

她的奇妙，

她的吸引力，

讓你感到好奇。

你可以主控，

也不可以主控。

這是一個

分享物品，

但是

分享對象是

在夢中的人。

「在夢裡愛說童話故事的星星」作業單（11）

「在夢裡愛說童話故事的星星」（文本）

1、小時候，不管男生、女生都愛。

2、都愛打開窗簾數著，心底埋藏的像夢一般的星星。

3、這顆種子是孩子和星星的秘密，

4、大家把她的童年往事

5、永恆地，種在天高遠的天空，夜的花園。

6、就算你是一個白天說了不真實的話，

7、或是做錯事的孩子，星星就選擇在你入睡時，

8、開始說起最甜美的童話故事。在你的夢裡。

9、孩子！你別害怕。

10、爸爸、媽媽責罰你的話語都是變成一顆顆，

11、愛說故事的星花掛在夜空等著。

12、當你好好地合上雙眼，這顆秘密的種子就開在花園裡，

13、一朵一朵都是一個個夢的童話故事。滿園子眨眼的星花。

14、晴朗的夜空裡，為許多孩子唱起晚安曲說起不同的親吻故事。

15、她不會離開任何一個孩子的夢。

第五段詩：

16、孩子！你別害怕，

17、快快入睡等著。

18、清晨一張開眼，你的甜美就已掛在你的眉梢，

19、像在綠色森林裡頭唱歌的畫眉鳥。

一、閱讀第五段詩，詩中每一句作者的心靈圖片（意象）在召喚你進入自己的內心世界，你的心靈圖片（意象）也跟著被喚醒了，被撞擊了。請你在這裡，在每一句閱讀完之後，作生命的「停格」現象，你只要「閉上眼」靜靜地看著自己的心靈圖片在前進、在流動，在不斷湧現！寫下自己心靈圖片（意象）的詩幾首？

支撐

一雙手，

撫摸著你，

她是
你的
心靈支撐。
讓你
不再感到恐懼，
面對著，
沒有邊際的
未來。
她讓你不再害怕，
勇敢面對，
人生……

一個人在夜晚

已經深夜了，
有一雙眼睛，
卻沒闔上。
她不是
在享受夜晚的
魅力。
她是
在看著
每個小孩。

希望與歡笑

甜美的身影，
印在晨風的身上，
她帶走，
是你的幻影。
雙眼，
就像玻璃珠，
帶給大家

希望與歡笑。
一個幻影,
只是虛幻,
一個實際的你,
是真實。
但是,
不管真實或虛幻,
都能帶給大家
希望與歡笑時,
真實
不再是重要,
虛幻,
不再是不實際。
當
把真實和虛幻
放在天秤上,
是一樣的重量,
是一樣可以
帶來希望與歡笑……

聲音關係

清脆的聲音,
溫柔的聲音,
低沉的聲音,
高昂的聲音,
帶給大家是
好聽的聲音。
帶給大家是,
希望之神。

二、你閱讀第一段詩、第二段詩、第三段詩、第四段詩、第五段詩了，請你
　　預測作者可能會寫出什麼內容？並說一說你為什麼這樣預測（和你的個
　　人人生經驗有關係嗎？請你也用一篇記敘文寫出這個人生經驗）？

　　我覺得作者會把前面的一段再敘述一次，因為要結束了。把重點再強調
一次，也做一個最完美的結局。

三、你預測作者可能會寫出什麼內容時，會根據文章基架來思考嗎？請你寫
　　出你預測時的思考過程和步驟？

　　我認為作者的文章有按照文章基架來思考，因為他把童年轉換到責罵，
又轉換到害怕和希望。我覺得他很有規律性，而且他把童年生活所遇到的事
情都寫在詩的上面了，而且也把被責罵的部分寫的很好，也讓我了解，父母
責罵我們後的心情。

「在夢裡愛說童話故事的星星」作業單（12）

在夢裡愛說童話故事的星星（文本）

1、小時候，不管男生、女生都愛。
2、都愛打開窗簾數著，心底埋藏的像夢一般的星星。
3、這顆種子是孩子和星星的秘密，
4、大家把她的童年往事
5、永恆地，種在天高遠的天空，夜的花園。
6、就算你是一個白天說了不真實的話，
7、或是做錯事的孩子，星星就選擇在你入睡時，
8、開始說起最甜美的童話故事。在你的夢裡。
9、孩子！你別害怕。
10、爸爸、媽媽責罰你的話語都是變成一顆顆，
11、愛說故事的星花掛在夜空等著。
12、當你好好地合上雙眼，這顆秘密的種子就開在花園裡，
13、一朵一朵都是一個個夢的童話故事。滿園子眨眼的星花。
14、晴朗的夜空裡，為許多孩子唱起晚安曲說起不同的親吻故事。
15、她不會離開任何一個孩子的夢。

第五段詩：

１６、孩子！你別害怕，

１７、快快入睡等著。

１８、清晨一張開眼，你的甜美就已掛在你的眉梢，

１９、像在綠色森林裡頭唱歌的畫眉鳥。

5-1. 第五段詩句「孩子！你別害怕。」和第三段詩句「孩子！你別害怕。」重複，你覺得作者的用意是想說什麼？

　　第三段是在提醒我們說，不要害怕父母的責備，因為他們都是有理的。責罵我們也不是無緣無故的責罵我們。

　　第五段我覺得是在說不要害怕夢裡的某個人離開了你的夢，要快快入睡，才可以在夢中遇到那個人。

　　重複的意思都不同，不過都是在安慰我們，因為那時我們都是害怕的，所以用「孩子！你別害怕。」來安慰我們。

5-2. 第三段詩句內容的時間描寫是「夜晚」，到第五段詩句內容的時間描寫是「清晨」這一整個夜晚到清晨的時間上，你猜想作者可能在想些什麼？

　　我覺得作者是在思考孩子被責罵時的感觸，也慢慢的連結到我們夢中的情景，我們夢中的人，小星星。作者一直想一直思考，直到了清晨，他看到了晨風輕輕的飄過，柔柔的打招呼。

5-3. 第五段詩句作者在傳達什麼用意？從詩句中，你看出什麼？（「甜美」、「就已」、「眉梢」、「綠色森林」、「唱歌的畫眉鳥」）

　　從甜美，看到了晨風的愉快。從就已，看出了表現出的甜美。從眉梢，作者已經把晨風當成人了，那眉梢多麼的美麗。綠色森林，代表著樹林中的清晨味道。唱歌的畫眉鳥，代表著清脆的歌聲繚繞在清晨中。

5-4. 「畫眉鳥」是鳥類中的歌中之王，牠的叫聲優美悅耳，可以模仿幾百種鳥類的歌聲，但擁有牠的人不一定能聽到牠的歌聲，因為牠只有在情感、情緒安全的氣氛中才會放開喉嚨歌唱。從這常識配合第五段詩句內容，你想作者選取「畫眉鳥」來作為創作材料，可能的用意是要突顯什麼意含？

　　有各種的聲音，在我們的夢中和生活中。讓我們的生活多采多姿，也可以讓早晨變的很活潑快樂。畫眉鳥需要安靜，所以在安靜的生活中，才能感受到那些美妙的聲音。

5-5. 你小時候有這樣的過程嗎？可以告訴我們嗎？（寫成一篇和第四段詩的內容相關的記敘文，完稿後再把這一篇記敘文改寫成童詩的形式，請自己訂題目）

記敘文題目一：「在清晨」

　　最近我們才去校外教學，因為要搭火車，所以很快就要到火車站了。在媽媽送我到火車站的途中，我看到了早晨的太陽，那真的很不一樣，因為那時的太陽才剛剛升起，所以顯得特別大，也特別的明亮，讓人感覺眼前一片白花花的。讓我感覺到早晨真的很不一樣，也讓我知道太陽還沒升高時是怎樣子。

　　在那時候，我覺得真的很漂亮，太陽像蛋黃似的緩緩的從山後爬上，綻放出美麗刺眼的光芒，柔和的陽光照亮在每個人了臉上，讓大家有洋溢的笑容，太陽也像慈祥的老公公隱約的笑了起來。在四周的景觀，都灑下了絢麗的金色光芒，在房子的屋頂，像一片金色稻田。在樹上，點綴著隱約的金黃果子。在稻田上，已經金黃的稻穗顯得更耀眼、更突出。

　　早晨的陽光讓我感到溫暖，就像在家裡一樣，有著家人的陪伴。讓我不在感到寒冷。

童詩題目二：「早晨太陽」

早晨
太陽圓，
早晨
太陽大，
早晨，
是太陽
最美麗時，
早晨
的太陽，
我最喜歡。

「在夢裡愛說童話故事的星星」作業單（13）

「在夢裡愛說童話故事的星星」（文本）

1、小時候，不管男生、女生都愛。

２、都愛打開窗帘數著，心底埋藏的像夢一般的星星。

３、這顆種子是孩子和星星的秘密，

４、大家把她的童年往事

５、永恆地，種在天高遠的天空，夜的花園。

６、就算你是一個白天說了不真實的話，

７、或是做錯事的孩子，星星就選擇在你入睡時，

８、開始說起最甜美的童話故事。在你的夢裡。

９、孩子！你別害怕。

１０、爸爸、媽媽責罰你的話語都是變成一顆顆，

１１、愛說故事的星花掛在夜空等著。

１２、當你好好地合上雙眼，這顆秘密的種子就開在花園裡，

１３、一朵一朵都是一個個夢的童話故事。滿園子眨眼的星花。

１４、晴朗的夜空裡，為許多孩子唱起晚安曲說起不同的親吻故事。

１５、她不會離開任何一個孩子的夢。

１６、孩子！你別害怕，

１７、快快入睡等著。

１８、清晨一張開眼，你的甜美就已掛在你的眉梢，

１９、像在綠色森林裡頭唱歌的畫眉鳥。

第六段詩：

２０、像掛入夜空深處不見了的滿園子星花，

２１、她不會離開任何一個孩子甜美的夢。

一、閱讀第六段詩，詩中每一句作者的心靈圖片（意象）在召喚你進入自己的內心世界，你的心靈圖片（意象）也跟著被喚醒了，被撞擊了。請你在這裡，在每一句閱讀完之後，作生命的「停格」現象，你只要「閉上眼」靜靜地看著自己的心靈圖片在前進、在流動，在不斷湧現！寫下自己心靈圖片（意象）的詩幾首？

星花中

星星，

閃爍著。

在美麗的
星花中，
閃閃發亮。
卻有幾個星星，
無助的閃爍，
需要我們
幫助他們……

一個人

一個人，
不會離開你，
一個人，
不會放下你。
就算
你讓他失望，
你讓他難過，
她還是不會放下你，
她是誰？
她是誰？
你去感受，
你去體會，
誰會對你這麼好？

二、你閱讀第一段詩、第二段詩、第三段詩、第四段詩、第五段詩、第六段詩
　　了，請你預測作者可能會寫出什麼內容？並說一說你為什麼這樣預測（和
　　你的個人人生經驗有關係嗎？請你也用一篇記敘文寫出這個人生經驗）？

　　我覺得她把童年生活寫出來了，所以作者還會繼續的寫童年有哪些的回
憶？我也覺得作者會再做一段結束的詩，讓詩更有結束的味道。

三、你預測作者可能會寫出什麼內容時，會根據文章基架來思考嗎？請你寫
　　出你預測時的思考過程和步驟？

　　1、看看前面的詩再怎麼寫？

　　２、看清楚到底屍在說什麼？
　　３、根據這些內容來預測下一段內容

「在夢裡愛說童話故事的星星」作業單（14）

「在夢裡愛說童話故事的星星」（文本）

１、小時候，不管男生、女生都愛。

２、都愛打開窗簾數著，心底埋藏的像夢一般的星星。

３、這顆種子是孩子和星星的秘密，

４、大家把她的童年往事

５、永恆地，種在天高遠的天空，夜的花園。

６、就算你是一個白天說了不真實的話，

７、或是做錯事的孩子，星星就選擇在你入睡時，

８、開始說起最甜美的童話故事。在你的夢裡。

９、孩子！你別害怕。

１０、爸爸、媽媽責罰你的話語都是變成一顆顆，

１１、愛說故事的星花掛在夜空等著。

１２、當你好好地合上雙眼，這顆秘密的種子就開在花園裡，

１３、一朵一朵都是一個個夢的童話故事。滿園子眨眼的星花。

１４、晴朗的夜空裡，為許多孩子唱起晚安曲說起不同的親吻故事。

１５、她不會離開任何一個孩子的夢。

１６、孩子！你別害怕，

１７、快快入睡等著。

１８、清晨一張開眼，你的甜美就已掛在你的眉梢，

１９、像在綠色森林裡頭唱歌的畫眉鳥。

第六段詩：

２０、像掛入夜空深處不見了的滿園子星花，

２１、她不會離開任何一個孩子甜美的夢。

6-1.「清晨一張開眼」也是星星不見的時候，第六段的「不見了」有什麼用意？

　　一種巧妙的東西不見了。這種感覺是，悄悄地躲起來，像小孩子一樣的調皮躲起來，在晚上偷偷的出現，讓大家感受到那調皮的氣氛。

6-2.「深處」有特別的涵義嗎？

　　我覺得是在表達出很遠的地方，因為星星都在遙遠的地方，也讓我覺得是比喻一樣事情藏在很遠的地方，等待你去發掘。

6-3.「眉梢」、「畫眉鳥」可看出作者在選材上的用意嗎？（喜上眉梢，深坐蹙額眉）

　　我自己覺得是看得出來，因為畫眉鳥代表是多采多姿的人生，也代表許多的聲音圍繞在我們的人生中。

　　眉梢代表人生中的起伏，像眉梢一樣，會有高，會有低，讓我們去面對。這是我讀出來作者選材的用意。

6-4.「她不會離開任何一個孩子甜美的夢」與第四段詩句「她不會離開任何一個孩子的夢」在重複中有何不同用意？

　　我覺得是特別強調一次，因為某個人不會離開我們的夢，所以在無時無刻都會陪在我們的身旁，最後一次和第四段的情形都不同，所以再次的描寫一次。

6-5. 第三段詩句「掛在夜空」與第六段詩句「掛入夜空」在情感上有何不同的表現？

　　第三段指的是被父母責罵的話一顆顆的掛在夜空中，可是第六段是指許多的星星掛在夜空中，這兩種感覺不一樣，因為有一個是虛幻的，但是有一個是真實的。

6-6. 第五段的「你的甜美就已掛在你的眉梢，像在綠色森林裡頭唱歌的畫眉鳥。」和第六段的「像掛入夜空不見了的滿園子星花，她不會離開任何一個孩子甜美的夢。」這星星從很夜晚現實生活的「看見」到白日現實生活的「看不見」，作者想表達的是什麼？

　　從實際的生活中到了虛幻的地方，到了幻想世界，幻想許多事情，而因為是在白天清晨所想的事情，所以也會有一段時間慢慢進入到幻想世界，所以在現實的夜晚慢慢到虛幻的白天了。

7-1. 有沒有一種可能是，我們一起把「這顆種子」種在一處，屬於我們一起分享的花園？（愛是胸懷。私人之愛可以擴充為眾人之愛；私人的花園可以成為眾神的花園。）

有可能，因為我們可以一起分享許多東西，就有合作的精神，也能持續的分享許多事情。

7-2. 在整首的體驗後，你受了什麼影響？你還會對自己的人生經驗、想法做怎樣的批判思考？

我覺得這首詩很奇妙，因為他代表的是我們的童年生活，也把我們被責罵的感受寫的很清楚。我的人生體會是，在童年的生活中常常有從現實到虛幻世界，因為我們都在幻想許多事情，也告訴我們說其實父母罵我們也是不得已的，其實我們應該要謝謝父母的指導，讓我們也了解到人生中有許多人的幫忙。

7-3. 整篇詩句的發展，你認為作者是一個怎樣的人？作者在想什麼？

是一個很了解兒童的人，因為他把這首詩寫的跟我們的童年很像，也是一個理解父母的人，因為他也把父母責罵我們後的心情寫的很具體。

7-4. 義大利作家 Calvino 說：「童話，是對人生的一個解答。——我相信，童話是真的。」和你閱讀完這一首詩後，你找到了什麼意義？

找到了在於「13.一朵一朵都是一個個夢的童話故事。滿園子眨眼的星花。晴朗的夜空裡，為許多孩子唱起晚安曲說起不同的親吻故事。她不會離開任何一個孩子的夢。」這一句來說，她的親吻故事雖然在夢中，可是夢也會實現，也不會離開。因為親吻故事是家人與你的互動，所以我們也會和家人有互動，就會實現夢中的故事。

7-5. 你小時候有這樣的過程嗎？可以告訴我們嗎？（寫成一篇和第四段詩的內容相關的記敘文，完稿後再把這一篇記敘文改寫成童詩的形式，請自己訂題目）

記敘文題目一：「我夢到我的……」

我曾經一直夢到我的好朋友，我們兩個人一起玩，一起散步，雖然有吵架過，但是友情還是很堅固的，我們一起說秘密，一起吃飯，就連做實驗都要一起去拿材料，一起做。而且，我們老是做一些奇怪的事情，這些事情我都夢到。真是奇怪！我們一起玩綠豆，還因為一顆綠豆苗而非常生氣，其實是因為那是自然課的實驗，卻莫名其妙的被拔起來了。這真是讓我們當時很憤怒，可是過了一段時間，卻覺得自己很白痴，為了小小的綠豆苗這樣……

還有夢到有一次我們吵了很大的架，就沒有在一起玩，可是過了幾天又覺得很無聊，又合好了，真的好奇怪，為什麼會受不了？其實那幾天，我都在心裡生她的氣，因為那時覺得她好奇怪！

其實朋友吵架有時也算正常，因為我們兩個有時候會因為意見不合或是各自堅持自己而吵架。有時候，還會故意去找別人玩，玩得很開心來整對方，可是那時我們也不生氣，自己也去找別人玩，可是其實只要氣消了還是覺得跟對方玩才是好玩的。

我記得在五年級上學期時，我有一個好朋友，在印象中，好像是因為她找我刷洗手台所以才成為好朋友。

我們兩個的確是很親密的朋友，不過有一次卻因為各自的想法不同，所以在辯論，也吵架了。不過後來我想一想又覺得其實是我的錯，所以就跟她道歉。（詳情不說）我們也恢復了好朋友的關係，後來，她轉學了。我在她轉學後起先以為自己會很孤單，不過卻意外的和原本交情不錯的某人成為了好友。但是我仍然還是有跟她聯絡，也和某人很愉快，總之，就是一個好的結局。

童詩題目二：「我夢到的……」

作夢，

夢到了

好

朋友……

有許多

事情，

是很奇怪的。

也夢到

我們吵架了。

可是

終究還是好朋友……

「在夢裡愛說童話故事的星星」作業單（15）

「在夢裡愛說童話故事的星星」（文本）1

1、小時候，不管男生、女生都愛。

２、都愛打開窗帘數著，心底埋藏的像夢一般的星星。

３、這顆種子是孩子和星星的秘密，

４、大家把她的童年往事

５、永恆地，種在天高遠的天空，夜的花園。

６、就算你是一個白天說了不真實的話，

７、或是做錯事的孩子，星星就選擇在你入睡時，

８、開始說起最甜美的童話故事。在你的夢裡。

９、孩子！你別害怕。

１０、爸爸、媽媽責罰你的話語都是變成一顆顆，

１１、愛說故事的星花掛在夜空等著。

１２、當你好好地合上雙眼，這顆秘密的種子就開在花園裡，

１３、一朵一朵都是一個個夢的童話故事。滿園子眨眼的星花。

１４、晴朗的夜空裡，為許多孩子唱起晚安曲說起不同的親吻故事。

１５、她不會離開任何一個孩子的夢。

１６、孩子！你別害怕，

１７、快快入睡等著。

１８、清晨一張開眼，你的甜美就已掛在你的眉梢，

１９、像在綠色森林裡頭唱歌的畫眉鳥。

２０、像掛入夜空深處不見了的滿園子星花，

２１、她不會離開任何一個孩子甜美的夢。

「在夢裡愛說童話故事的星星」（文本）２

　　小時候，不管男生、女生都愛。都愛打開窗帘數著，心底埋藏的像夢一般的星星。這顆種子是孩子和星星的秘密，大家把她的童年往事永恆地，種在天高遠的天空，夜的花園（１段）。就算你是一個白天說了不真實的話，或是做錯事的孩子，星星就選擇在你入睡時，開始說起最甜美的童話故事。在你的夢裡（２段）。

　　孩子！你別害怕。爸爸、媽媽責罰你的話語都是變成一顆顆，愛說故事的星花掛在夜空等著。當你好好地合上雙眼，這顆秘密的種子就開在花園裡，一朵一朵都是一個個夢的童話故事。滿園子眨眼的星花。晴朗的夜空裡，為許多孩子唱起晚安曲說起不同的親吻故事（３段）。她不會離開任何一個孩子的夢（４段）。

　　孩子！你別害怕，快快入睡等著。清晨一張開眼，你的甜美就已掛在你的眉稍，像在綠色森林裡頭唱歌的畫眉鳥（5段）。像掛入夜空深處不見了的滿園子星花，她不會離開任何一個孩子甜美的夢（6段）。

一、「在夢裡愛說童話故事的星星」（文本）1是一首詩，「在夢裡愛說童話故事的星星」（文本）2是一篇散文，請你先根據事件基架（原因、經過情形、結果）完成一張金字塔（文章基架與內容段落大意、全課大意）。

　　小時候，不管男生、女生都愛。都愛打開窗簾數著，心底埋藏的像夢一般的星星。這種種子是孩子和星星的秘密，大家把她的童年往事永恆地，種在天高遠的天空，夜的花園（1段）。

　　就算你是一個白天說了不真實的話，或是做錯事的孩子，星星就選擇在你入睡時，開始說起最甜美的童話故事。在你的夢裡（2段）。

　　孩子！你別害怕。爸爸、媽媽責罰你的話語都是變成一顆顆，愛說故事的星花掛在夜空等著。當你好好地合上雙眼，這顆秘密的種子就開在花園裡，一朵一朵都是一個個夢的童話故事。滿園子眨眼的星花。晴朗的夜空裡，為許多孩子唱起晚安曲說起不同的親吻故事（3段）。

　　她不會離開任何一個孩子的夢（4段）。

　　孩子！你別害怕，快快入睡等著。清晨一張開眼，你的甜美就已掛在你的眉稍，像在綠色森林裡頭唱歌的畫眉鳥（5段）。

　　像掛入夜空深處不見了的滿園子星花，她不會離開任何一個孩子甜美的夢（6段）。

| 在夜空中，有孩子的夢。在做錯事的小孩夢中，責罵，變成了故事。她，不會離開你，所以，快睡吧！清晨的你像畫眉鳥，星花，不會離開你 ||||||||

| 大家的夢，聚集在一起，這是孩子的秘密。大家，把夢掛在，夜的花園。 ||| 做錯事的小孩，別怕。爸媽的責罵，變成了星星故事，讓他，開成了花，為你，說故事。 ||| 她，不會離開你的夢。睡吧！在清晨你是甜美的，在星空的星花，不會離開你。 ||

| 小時後不管男生女生都愛把藏在心底像星星的夢數著。 | 這些夢，是孩子和星星的秘密。 | 大家把他的夢，種在了高空，夜的花園。 | 說謊、做錯事的小孩，星星選擇在入睡後，說起美麗的故事。 | 孩子！爸媽的責罵，就像一顆顆的星星，也變成在說童話故事的星星。 | 當你閉上眼時，這秘密的種子開成了花，是故事的花，在晴朗空中，為孩子講故事。 | 她，永遠不會離開你的夢。 | 別害怕孩子，快睡吧！你的甜美在清晨，已經掛上眉梢，就像畫眉鳥。 | 掛在夜空的星花，不會離開你的夢。 |

二、閱讀「在夢裡愛說童話故事的星星」（文本）1 是一首詩，「在夢裡愛說童
　　話故事的星星」（文本）2 是一篇散文，有什麼不一樣的感受？請寫下來：

　　　　我覺得在散文中，我們感覺不到詩中的休止符，因為散文都是一段一段
的結束，但是詩可以刻意做一個休止符讓我們來想像，就像「大家把她的童
年往事永恆地，種在天高遠的天空，夜的花園。」

　　　　這是在詩中的句子，可是在「大家把她的童年往事永恆地，種在天高遠
的天空，夜的花園（1 段）。」卻是一整句就把話說完了，沒有讓我們想像的
空間，也讓人不會好奇接下來是什麼事情會發生？

　　　　詩和散文的感受不同，詩有神秘感，可以造成人的想像。

　　　　散文沒有神秘感，但是也有散文的美，因為他的句子長，就像裙子長一
樣，有優美的感覺。

二、黎諺霖作業單如下：

「在夢裡愛說童話故事的星星」作業單（1）

1、請問你怎麼讀這一句詩的？仔細寫下你的步驟。

　（1）我先把這一句詩讀幾十次，並了解涵義。

　（2）我再把這一句詩寫在紙上並且寫很多次。

　（3）之後再邊寫邊讀。

　（4）然後，再把這句詩的每一個字慢慢的看，仔細看。

2、請問這一句詩，引發你想起什麼經驗？用一個短篇內容寫下你的這個個
　　人經驗事件。

　　　　引發了我的一個經驗，那個經驗是，在有一天的晚上我和我的妹妹吵
架，我和牠吵了很久，到了最後我們都不理對方，當到了早上我們還是不理
對方不管是什麼時候、什麼地方、我們兩都不和對方說一句話。但有一次在
晚上要睡覺時，我想起了一個笑話，我講了出來，結果妹妹笑了出來，就因
為這樣我和妹妹和好了。

3、請問讀這一句詩時，引發你想像什麼或夢想什麼？寫下你想像或夢想的
　　內容？

　　　　這一句詩讓我想像，也可以在我自己的夢中聽到星星獎故事給我聽。而
這一句詩讓我夢想，以後可以當個故事爸爸。

4、請問這一句詩，給你的感覺是什麼？

　　這一句詩讓我覺得很神奇，因為星星竟然會喜歡說故事，我真希望可以在夢裡聽到星星說的故事，說不定星星說的故事很好聽。

5、題目「在夢裡愛說童話故事的星星」，如果改成題目「在夢裡愛說童話故事的星星」有什麼不一樣的想法或感覺？「在」字在這裡的意義是什麼？

　　「在夢裡愛說童話故事的星星」的「在」字意義是可能是因為這是作者所做的夢，而「在夢裡愛說童話故事的星星」因為沒有「在」字，所以可能就代表這不是作者做的夢。

6、請你猜一猜作者可能會寫出什麼內容？

　　題目既然是「在夢裡愛說童話故事的星星」，內容就一定有關於星星所講的故事，說不定會有星星家鄉的故事，或是在星星附近別的星球的故事……等等，而且內容很豐富。

「在夢裡愛說童話故事的星星」作業單（2）

0-0. 閱讀這一句作者的心靈圖片「在夢裡愛說童話故事的星星」，你的心靈圖片也跟著被喚醒了，請你在這裡作生命的「停格」現象，你只要看著自己的心靈圖片在前進流動，寫下自己心靈圖片的詩幾首？

（1）

在草原裡，

有一隻蜻蜓，

在空中飛來飛去，

一下飛到那、一下飛到這，

牠到處都飛。

（2）

在花園裡，

蝴蝶飛上飛下，

停在花朵上，

正在採花蜜。

（3）

在水溝邊，

有一隻蟑螂，

爬來爬去，

最後爬的無影無蹤。

（4）

在森林裡，

有許多美麗的植物，

有許多高壯的大樹，

還有新鮮的空氣。

（5）

在空中的白雲，

又奇怪、又有趣，

有時形狀很特別，

有時形狀很奇特，

它真是千變萬化。

0-1. 你讀了這首詩的題目「在夢裡愛說童話故事的星星」，感覺是怎樣的？或者你想到什麼？

感覺很有趣，因為星星講的故事一定跟我們所知道的故事大有不同，說不定星星說的故事會很有趣、很好玩。

0-2. 誰在這夢裡？為什麼你會這麼說？

星星，因為他是這首詩的主角，所以在夢裡的就是星星，沒有別人。

0-3. 誰「愛說」？為什麼人都愛說話呢？在什麼情境下「愛說」話？

因為說話可以交朋友、讓別人了解你的心事，而在聚餐、跟朋友去吃飯時、和朋友聊天時，都會很「愛說」話，而且說話聊天可以讓你很快樂。

0-4. 你喜歡「童話故事」嗎？「童話故事」可以把想像世界變成可能的世界嗎？或是告訴（暗示）我們去「相信」什麼呢？

（1）喜歡。

（2）可能可以、可能也不行。

（3）例：（北風和太陽）就在「暗示」我們，循循善誘比威脅利誘更能
　　　激導出自動自發的效果。

0-5. 請說一說看見天空的「星星」時，你的感覺和想像是什麼？說一說這經
　　　驗好嗎？

　　　當我看見夜空時，我感覺很棒、很美、很漂亮，而讓我想像到十二生肖
的故事，而且還讓我覺得很有趣，因為在星空中有很多不同的星座。

0-6. 你在閱讀一首詩的題目時，和老師閱讀一首詩的題目時，有什麼不一樣
　　　的地方？請和你的作業單(1)作比較再寫下來？

　　（1）老師在閱讀題目時會很深入的去看。
　　（2）老師會先在腦袋中慢慢思考。
　　（3）老師還會很仔細很細心的讀。

0-7. 到這裡請回答我，你學到了什麼？請筆述？

　　　我學到了要如何閱讀文章、如何融入文章中、閱讀文章的技巧和如何寫
一篇很好的文章……等等，這些都是我所學到的東西。

「在夢裡愛說童話故事的星星」作業單（3）

第一段文章：

1、小時候，不管男生、女生都愛。
2、都愛打開窗帘數著，心底埋藏的像夢一般的星星。
3、這顆種子是孩子和星星的秘密，
4、大家把她的童年往事
5、永恆地，種在天高遠的天空，夜的花園。

一、閱讀第一段詩，詩中每一句作者的心靈圖片（意象）在召喚你進入自己
　　的內心世界，你的心靈圖片（意象）也跟著被喚醒了，被撞擊了。請你
　　在這裡，在每一句閱讀完之後，作生命的「停格」現象，你只要「閉上
　　眼」靜靜地看著自己的心靈圖片在前進、在流動，在不斷湧現！寫下自
　　己心靈圖片（意象）的詩幾首？

（1）

晚上時，不管是大人、小孩都怕。

都怕在夜晚行動的動物，心理都有一個害怕的東西。

這些都是大人和小孩的秘密，

他們把自己的秘密

永遠的，放在很深刻的心中，新的樂園。

（2）

早上時，不管是任何人都想賴床。

當鬧鐘一響之後，心中都不想起床上班上課。

這種心情是任何人都嚮往的，

大家把這些的心中心情

永久的，放在大地的你土裡，地的草原。

（3）

長大了，不管是誰都會結婚。

這就是人生，人生的路程都是命運來決定但也可以自己決定，

可是自己決定才可以讓人生更精采，

所以大家都把命運留給自己

由自己，來創作最好最棒的命運，美的人生。

（4）

放學時，不管學生、老師都喜歡，

當學校的門都打開後，大家都很高興很快樂。

這件事是大家最喜歡的事，

所有人都把這個事情

當作是，上學校後之後最喜歡的時間，最棒時間！

（5）

無聊時，不論是什麼人都會不想動。

不論是什麼時間地點，都不會講話。

這時候只想回到家中睡覺，

睡著了到夢境中

快樂的，在夢裡玩耍跑跳，夢的遊戲。

「在夢裡愛說童話故事的星星」作業單（4）

第一段文章：

1、小時候，不管男生、女生都愛。
2、都愛打開窗帘數著，心底埋藏的像夢一般的星星。
3、這顆種子是孩子和星星的秘密，
4、大家把她的童年往事
5、永恆地，種在天高遠的天空，夜的花園。

1-1. 你做過夢嗎？（好夢或是惡夢？）請說說這個夢帶給你的感覺是如何的？可以舉出你自己的生活例子來和我們分享嗎？

　　（1）我做的夢是一個好夢，我夢到我們全家搭飛機到全世界吃喝玩樂……等等，感覺很棒。

　　（2）有一次媽媽帶我和妹妹到別的縣市去玩。

1-2. 這個「夢境」對你的意義如何？（你在經驗的回響中，看見了什麼意義？）

　　這個夢境讓我感到很有趣、很好玩、很不錯。

1-3. 「做夢」和「想像」有什麼不一樣？「想像」在日子中是重要的嗎？為什麼？

　　（1）做夢是在睡覺時做的夢，想像是在頭腦裡想。

　　（2）重要，因為想像也算是一種樂趣，而且想像可以使你在閱讀文章時，融入文章中的每一個角色，這樣可以使你知道文章的大意。

1-4. 回到本詩的第一段詩句「都愛打開窗帘數著」、「心底埋藏的」、「像夢一般的星星」、「這顆種子」、「孩子和星星的秘密」、「童年往事」、「永恆地，種在天高遠的天空」、「夜的花園」你有些什麼想法？或者你猜一猜作者可能想傳達什麼意義？

　　（1）我的想法是這些句子雖然都是用誇飾法，但每一句都棒透了。

　　（2）作者可能是想傳達內心的話。

1-5. 我們回到第一段詩句「打開窗帘」的慢動作上，你猜想這意象畫面，你猜想作者想表達什麼用意？

　　作者可能想表達，小孩子打開窗戶看到了美麗的大地。

1-6. 從提問（1-1）到提問（1-4）這裡，你像作者為何把「回響」的段落，特意地放在第一段嗎？（是表示從人生的經驗事件看出個人賦予它的意義嗎？）如果夜晚的天空是一個居住的場所，這居所是一花園，那給你的感受是如何的？

（1）可能是因為作者覺得第一段是最適合放回響的地方吧！

（2）它給我的感覺是真奇特，夜空居然是住的地方，大地竟然是花園。

1-7. 這意義是甜美的，如夢的希望。再配合詩題「在夢裡愛說童話故事的星星」與提問（0-1）到（0-4）的提問、討論過程，你又感受到了什麼？

我感受到了這一首詩非常的優美，它所寫的每一句詩都是絞盡腦汁才寫出來的。

1-8. 你小時候有一個夢嗎？可以告訴我們嗎？（寫成一篇和夢想有關的記敘文，完稿後再把這一篇記敘文改寫成童詩的形式，請自己訂題目）

記敘文題目一：「貓（小黑）的夢想」

在某一天的某一個時間，在某一個森林中有一隻貓，牠的名字叫小黑，牠常常因為太累而坐在楓葉上睡覺，小黑因在森林中住很久，所以很會找食物了，牠還記得在有一天，牠看到了一隻母貓，當他一看見那隻母貓就對她一見鍾情，但之後過了好幾年，那隻母貓始終沒有出現過一次，使小黑一直在森林裡等牠，牠夢想著可以和母貓結婚。

終於，在有一年小黑又看見了那隻母貓，但小黑的卻遠遠的看著牠，因為小黑不敢跟那隻母貓開口說我喜歡你，但小黑的心中又想如果這次不說，下次可能就沒機會了，這兩件事一直在小黑的心中徘徊，當小黑正準備要向母貓表白時，那隻母貓又消失了，使小黑很沮喪，也使小黑的夢想越來越遠。

小黑失望的走回家，牠在家的每天早上、中午、晚上都一直想著那隻母貓，牠的心中還想著，不知什麼時候才能再見到牠，牠也因此越想越覺得自己很沒用，牠想在第二次見面時，為什麼不像那隻母貓表白，因為說不定那隻母貓不會再來森林了。

幾年後，當小黑在突然之間又看到了那隻母貓，牠就馬上跑到那隻母貓的身邊，並跟那隻母貓說請你嫁給我吧！母貓聽了很高興的答應了，這時小

黑的夢想實現了，之後的幾天小黑一直跟那隻母貓過著快樂又幸福的日子，過了幾個月後，母貓生了四隻小貓咪寶寶，他們都非常的可愛又討人喜愛。

時間過得很快，小貓們漸漸的長大了，而小黑和小美（母貓）也漸漸的老了，但他們兩人的愛還是跟以前一樣，都很愛雙方，在有一天，小貓們獨自出門，而且沒有父母說，在出去的路上，牠們突然被大野狼看見，但他們卻沒發現，大野狼悄悄的接近小貓們，然後往小貓身上撲，當他們一看到大野狼，就馬上跑走，並邊喊救命。

當小黑一聽見，就馬上跑去救小貓，當小黑一看到大野狼，並沒退縮，而是和大野狼打，小黑和大野狼打了很久，最後是小黑贏了，但他也受了重傷，當小黑和小貓們一回到家，小黑就開始對小貓們訓話，訓話完後，小黑決定要教導小貓們。

教導了幾十年後，也已經長大，小黑和小美已經很老了，他們也覺得孩子們可以去完成自己想做的事，所以決定讓他們出去，小貓們心中都跟小黑一樣有夢想，但小貓們看到父母們很老了，所以決定留下來照顧父母們，這時小貓們的夢想雖然沒了，但他們並沒有沮喪。

又過了十年，在有一天，小黑突然死去，使得小美和小貓們非常非常的傷心，但小黑在死去前留下了一句話，我愛你們，當小貓們看到爸爸的死去，之後，小貓們的夢想變成了，把媽媽可以照顧到很老都不會死去。

小貓們把媽媽照顧了二十多年，小貓的媽媽們一直都很健康，但是命的長短卻不是他們管的，當過了五年後，小貓們的媽媽還是死去了，最後只剩四個小貓們過生活，在這段時間內，小貓們每一天，都一直想著爸爸和媽媽們，沒有一天是不想的。

小貓們在時光的流失中也漸漸老了，而他們最後的夢想是，在死的時候可以四個死在一起，當過了七十年後，小貓們感受到自己已經要死了，所以他們就靠在一起想要好好的休息，就這樣小貓們一個一個漸漸的死去。

童詩題目二：「貓（小黑）的夢想」

在某一天的某一個時間，
在某一個森林中有一隻貓，
牠的名字叫小黑，
牠常常因為太累而坐在楓葉上睡覺，

小黑因在森林中住很久，
所以很會找食物了，
牠還記得在有一天，
牠看到了一隻母貓，
當他一看見那隻母貓就對她一見鍾情，
但之後過了好幾年，
那隻母貓始終沒在出現過一次，
使小黑一直在森林裡等牠，
牠夢想著可以和母貓結婚。

終於，
在有一年小黑又看見了那隻母貓，
但小黑的卻遠遠的看著牠，
因為小黑不敢跟那隻母貓開口說我喜歡你，
但小黑的心中又想如果這次不說，
下次可能就沒機會了，
這兩件事一直在小黑的心中徘徊，
當小黑正準備要向母貓表白時，
那隻母貓又消失了，
使小黑很沮喪，
也使小黑的夢想越來越遠。

小黑失望的走回家，
牠在家的每天早上、中午、晚上都一直想著那隻母貓，
牠的心中還想著，
不知什麼時候才能再見到牠，
牠也因此越想越覺得自己很沒用，
牠想在第二次見面時，
為什麼不像那隻母貓表白，
因為說不定那隻母貓不會再來森林了。

幾年後，

當小黑在突然之間又看到了那隻母貓，

牠就馬上跑到那隻母貓的身邊，

並跟那隻母貓說請你嫁給我吧！

母貓聽了很高興的答應了，

這時小黑的夢想實現了，

之後的幾天小黑一直跟那隻母貓過著快樂又幸福的日子，

過了幾個月後，

母貓生了四隻小貓咪寶寶，

他們都非常的可愛又討人喜愛。

時間過得很快，

小貓們漸漸的長大了，

而小黑和小美（母貓）也漸漸的老了，

但他們兩人的愛還是跟以前一樣，

都很愛雙方，

在有一天，

小貓們獨自出門，

而且沒和父母說，

在出去的路上，

牠們突然被大野狼看見，

但他們卻沒發現，

大野狼悄悄的接近小貓們，

然後往小貓身上撲，

當他們一看到大野狼，

就馬上跑走，

並邊喊救命。

當小黑一聽見，

就馬上跑去救小貓，

當小黑一看到大野狼，

並沒退縮，

而是和大野狼打，

小黑和大野狼打了很久，
最後是小黑贏了，
但他也受了重傷，
當小黑和小貓們一回到家，
小黑就開始對小貓們訓話，
訓話完後，
小黑決定要教導小貓們。

教導了幾十年後，
也已經長大，
小黑和小美已經很老了，
他們也覺得孩子們可以去完成自己想做的事，
所以決定讓他們出去，
小貓們心中都跟小黑一樣有夢想，
但小貓們看到父母們很老了，
所以決定留下來照顧父母們，
這時小貓們的夢想雖然沒了，
但他們並沒有沮喪。

又過了十年，
在有一天，
小黑突然死去，
使得小美和小貓們非常非常的傷心，
但小黑在死去前留下了一句話，
我愛你們，
當小貓們看到爸爸的死去，
之後，
小貓們的夢想變成了，
把媽媽可以照顧到很老都不會死去。
小貓們把媽媽照顧了二十多年，
小貓的媽媽們一直都很健康，
但是命的長短卻不是他們管的，

當過了五年後，
小貓們的媽媽還是死去了，
最後只剩四個小貓們過生活，
在這段時間內，
小貓們每一天，
都一直想著爸爸和媽媽們，
沒有一天是不想的。

小貓們在時光的流失中也漸漸老了，
而他們最後的夢想是，
在死的時候可以四個死在一起，
當過了七十年後，
小貓們感受到自己已經要死了，
所以他們就靠在一起想要好好的休息，
就這樣小貓們一個一個漸漸的死去。

「在夢裡愛說童話故事的星星」作業單（5）

第一段文章：

1、小時候，不管男生、女生都愛。
2、都愛打開窗簾數著，心底埋藏的像夢一般的星星。
3、這顆種子是孩子和星星的秘密，
4、大家把她的童年往事
5、永恆地，種在天高遠的天空，夜的花園。

第二段文章

6、就算你是一個白天說了不真實的話，
7、或是做錯事的孩子，星星就選擇在你入睡時，
8、開始說起最甜美的童話故事。在你的夢裡。

一、閱讀第二段詩，詩中每一句作者的心靈圖片（意象）在召喚你進入自己的內心世界，你的心靈圖片（意象）也跟著被喚醒了，被撞擊了。請你在這裡，在每一句閱讀完之後，作生命的「停格」現象，你只要「閉上

眼」靜靜地看著自己的心靈圖片在前進、在流動，在不斷湧現！寫下自己心靈圖片（意象）的詩幾首？

（1）就算你是一個夜晚說了騙人的事，

　　或者是會打人的小孩，爸媽都會原諒你的過錯，

　　讓你有一個快樂的學習道路，在你的未來。

（2）就算你是一個學校中的資優生，

　　或者是模範兒童，你和別人的待遇都是平等的，

　　讓你可和大家共同學習，在學校中。

（3）就算你是一個家中講了髒話，

　　或是愛欺負弟妹的人，爸媽雖會打你，

　　但這會讓你不再說髒話、欺負弟妹，在家中。

（4）就算你是一個下午會到不良場所，

　　或者是很壞的孩子，上天也會覺得你是一個好孩子，

　　讓你有改過的機會，在你的成長中。

（5）就算你是一個早晨會惡作劇，

　　或者是愛逃學的孩子，大地也會原諒你，

　　讓你有時間改掉你的壞習慣，寬廣的大地。

二、你閱讀第一段詩和第二段詩了，請你預測作者可能會寫出什麼內容？並說一說你為什麼這樣預測（和你的個人人生經驗有關係嗎？請你也用一篇記敘文寫出這個人生經驗）？

（1）作者可能會寫出小男孩和小女孩們，一起遇到了一個從遙遠星球來的星星，這一個星星很愛說故事，當星星看到了小男孩和小女孩後，就跟他們說了好聽的故事，而他們覺得星星說的故事很好聽。

（2）因為我看到了題目是「在夢裡愛說童話故事的星星」就覺得裡面的內容可能是這樣。

（3）小時候我都會幫助妹妹，像是妹妹有不會的字或不會的題目，我都會教她，或是有什麼事或什麼東西忘了帶，我也會跟她說，當妹妹長大了她有不會的問題我也會教她，雖然她長大了，但如果做錯是媽媽也會修理她，當她已經很懂事的時候媽媽不再修理她，而媽媽之所以要打她，是因為為了不再讓她做錯事，變成一個乖巧的孩子。

三、你預測作者可能會寫出什麼內容時，會根據文章基架來思考嗎？請你寫
出你預測時的思考過程和步驟？

我在想「在夢裡愛說童話故事的星星」可能會寫出什麼內容時：

（1）先看看題目的名字叫什麼。

（2）再從腦子裡想可能出現的內容。

（3）想好後再打出來。

（4）接著再看一次打出來的句子。

（5）然後再想一想可能還會有的內容。

（6）如果有想到就把它打在電腦上，和腦中想的比對。

（7）比好後再把好的內容打上去。

「在夢裡愛說童話故事的星星」作業單（6）

第二段文章

1、就算你是一個白天說了不真實的話，

2、或是做錯事的孩子，星星就選擇在你入睡時，

3、開始說起最甜美的童話故事。在你的夢裡。

2-1. 請你舉一個例子說一說，當你「說了不真實的話」或是「做錯事」時，
心理的變化過程。

當我「說了不真實的話」或是「做錯事」時，我的心裡感到有點不安，
感覺像是我說了謊，這個謊言永遠無法放在心中一樣，好像是說這個謊言遲
早會被拆穿的。

2-2. 「說了不真實的話」或是「做錯事的孩子」也一樣是天真的嗎？為什麼？

不是。因為，當你說了謊表示你的心中會放一個石頭，這個石頭會讓你
感到不安。

2-3. 爸媽的小時候可能像小朋友一樣，都經驗過童年往事，這往事已成為天
空中的星星。第二段詩句中「星星就選擇在你入睡時，開始說起最甜美
的童話故事。在你的夢裡。」這「選擇」二字可看出爸媽的心思嗎？從
文章中的那裡讀出來的或臆測出來的？

可以。

我是從在你入睡時，開始說起最甜美的童話故事。在你的夢裡的地方讀出來的。

2-4. 當爸媽責罰你後，你入睡時，從你的觀點來說，爸媽此時會想到什麼？這「星星」二字指的是什麼意義？

爸媽此時可能會想到這個處罰是對你有很好的幫助的。

是說在夢裡的星星。

2-5. 第二段詩句「在你的夢裡」可否改成「在夢裡」，這有什麼不一樣？

「在你的夢裡」是說在你一個人的夢裡，而「在夢裡」是說在每一個人的夢裡。

2-6. 第一段詩句「童年往事」、第二段詩句「童話故事」、「秘密的」親對話、爸媽陪你在一起的所有經驗、心思，是否都是像一篇篇的童話故事所組成的？這一些經驗可以用「星星」、「銀河」、「夢」來象徵嗎？

是的。

可以，我覺得可以用星星來象徵。

2-7. 你小時候有一個童年往事？可以告訴我們嗎？（寫成一篇和童年往事有關的記敘文，完稿後再把這一篇記敘文改寫成童詩的形式，請自己訂題目）

記敘文題目一：「我的好朋友」

在我年紀還小的時候，我的媽媽送我到一家托兒所，那家托兒所裡的遊樂設施都很好玩，每一天當我到托兒所時，我總是在那邊快樂的玩，剛開始在那家托兒所裡，我所讀的班級裡我都一個人在玩，讓我覺得不太好玩，但當我去了四、五天後第一次有人主動開口和我玩，他也是我第一個好朋友，我的心中感到很高興又很緊張，當我每次去托兒所時，總是會一起和他玩，我們倆每天都玩得開開心心的。當過了一個禮拜，又有一個人跟我們倆說，想和我們一起玩，快樂的時光總是過的特別的快，過了一個月後，我和大家都變成了很要好的朋友，大家每一天都玩得興高采烈，我也越來越喜歡這所托兒所。

在讀托兒所的期間中，我和我的好朋友都一直非常的要好，雖然有時候會為了一些事而吵架，但我們也會很快的和好，我們大家的感情一直都很

好，不管是有什麼好玩的東西或好笑的是或是有什麼好康的事都會和對方分享，我們的感情好的就像連天打雷也不會變得感情不好，我們不但會互相關心對方，還會對好朋友互相鼓勵，我們不管做什麼事都會在一起，不論是玩玩具時、吃飯時、睡覺時都會在一起，我們也一起度過春、夏、秋、冬每一個季節。

在春天時，我們大家都會玩很多好玩的遊戲，吃飯時總是吃得津津有味，當吃飽後大家都會馬上到外頭玩，大家都會到外頭運動。

在夏天時，雖然會很熱，但大家也不會因為太熱而不動，大家都還是會跑來跑去，讓身體很熱，因為大家知道當到了午睡時間時，大家就可以吹冷氣。

在秋天時，雖然可能會有點冷，但大家知道只要多動就不會冷，所以大家總是精力旺盛，為了不會冷而一直一直動。

而到了冬天，也是最冷的時候大家雖然想出去玩，但老師卻說因為外面太冷，所以只可以在室內玩，大家都感到很討厭。

終於，到了要離開托兒所的時候了，當大家最後一次一起玩的時候還是很快樂，但當園長說我們要離開托兒所時大家都依依不捨，一直和最好的朋友說我還想跟你在一起，但大家始終要分開，在這時老師們也感到難過，老師為我們每一個人拍一張照片，在離開托兒所時大家都一直看著自己最要好的好朋友，最後當我的好朋友被載走時，我一直一直看著他並跟他說再見，和揮手告別。

當我回到家中時我每天都一直想著我的好朋友，這時媽媽又幫我註冊了一家托兒所，在那一家托兒所裡也有許多的遊樂設施，當然我還是一樣一開始對環境還是很陌生，但這次有點不一樣，而不一樣的地方是，那裡的人一看到我來就很親切的問我，我可不可以和你做朋友，我一聽到這句話心情就馬上改變，我馬上回答他好哇！

當過了幾天後，我決定把以前的事當成是一個美好的回憶，重新開始了，在那裡的某一天，我決定主動開口，那天我和一個人開口了，我一開始還很擔心他會拒絕，但他答應了，這時我感到很高興，因為我已經敢向別人開口了，當我回到家中時我和媽媽說我敢和別人開口，媽媽也感到很高興，當第二天時我很高興的到托兒所，在那兒的營養午餐都很好吃，當我吃飽了之後我請了我的好朋友一起去玩，我們玩得很高興，高興的就像要瘋了一樣。時間一天一天的過去，我跟我的好朋友也越來越好，但在這時我想到了當畢業的時候，我又要跟好朋友分開就感到很不開心，這時我和我的好朋友

說你有沒有想過，當畢業時我們要分開了，我的好朋友就說當然有啊，而我就說那到時候你會不會很難過，我的好朋友便說雖然會很難過，但我們也一定會再相遇，當我聽到這一句話時，心中感到安心了。

　　我這時知道了一件事，就是不管你在做什麼事都要往好的方面想，不要只往壞處想，因為如果往壞處想的話，只會讓你更加難過，當我知道後，不管做什麼事，就沒有在往壞處想，這使我每天都可以快快樂樂的過每一天，而這也是我會那麼有趣的原因。

　　之後的每一天，我都非常快樂，因為我已經不再擔心我的好朋友會離開我，就算他在離開我了，我們也會一直想著對方，總有一天我們一定會再重逢，因為我們畢竟是超級好的好朋友，我們不管遇到任何的困難，都會一起度過。

　　時間一天一天的流失，而我們也一天一天的長大，眼看著畢業的日子慢慢的接近了，而我要離開這座托兒所讀一年級的日子也快到了，這時我的心中想著，如果我的好朋友也可以跟我讀一樣的學校就好了，因為這樣可以使我不用擔心會有什麼困難過不了，當我心中有這個想法後，心中慢慢感到一種不好的心情，我把我放在心中的想法拿出來看一看，突然感到我的想法好像不對了，我想了一下，突然想到，如果我一直靠著別人的度過困難的話，我以後不就沒辦法自己一個人度過困難了嗎！之後當我的想法改變，隔天我試著不管遇到什麼困難都自己解決，但有些事還是得大家一起做才能度過，因為人人都說團結力量大，這時我也知道這句成語的意思。

　　在畢業的前一個禮拜，我和我的朋友說，當我們都畢業時，一定一定要記得對方，和大家一起度過的快樂日子，我的朋友們也說別擔心，我們絕對會記得的。

　　終於到了我們都要升上一年級了，我們在畢業的時候把最後可以一起玩的時間用完後，我和我的好朋友們都依依不捨，雖然我們都很高興可以畢業升上一年級，但之後的每一天我們可能都不能在一起玩，使大家一半高興一半難過。

童詩題目二：「我的好朋友」

在我年紀還小的時候，
我的媽媽送我到一家托兒所，
那家托兒所裡的遊樂設施都很好玩，

每一天當我到托兒所時，
我總是在那邊快樂的玩，
剛開始在那家托兒所裡，
我所讀的班級裡我都一個人在玩，
讓我覺得不太好玩，
但當我去了四、五天後第一次有人主動開口和我玩，
他也是我第一個好朋友，
我的心中感到很高興又很緊張，
當我每次去托兒所時，
總是會一起和他玩，
我們倆每天都玩得開開心心的。

當過了一個禮拜，
又有一個人跟我們倆說，
想和我們一起玩，
快樂的時光總是過的特別的快，
過了一個月後，
我和大家都變成了很要好的朋友，
大家每一天都玩得興高采烈，
我也越來越喜歡這所托兒所。

在讀托兒所的期間中，
我和我的好朋友都一直非常的要好，
雖然有時候會為了一些事而吵架，
但我們也會很快的和好，
我們大家的感情一直都很好，
不管是有什麼好玩的東西、
好笑的事、
是有什麼好康的事都會和對方分享，
我們的感情好的就像連天打雷也不會變得感情不好，
我們不但會互相關心對方，
還會對好朋友互相鼓勵，
我們不管做什麼事都會在一起，

不論是玩玩具時、
吃飯時、
睡覺時都會在一起，
我們也一起度過春、夏、秋、冬每一個季節。

在春天時，
我們大家都會玩很多好玩的遊戲，
吃飯時總是吃得津津有味，
當吃飽後大家都會馬上到外頭玩，
大家都會到外頭運動。

在夏天時，
雖然會很熱，
但大家也不會因為太熱而不動，
大家都還是會跑來跑去，
讓身體很熱，
因為大家知道當到了午睡時間時，
大家就可以吹冷氣。

在秋天時，
雖然可能會有點冷，
但大家知道只要多動就不會冷，
所以大家總是精力旺盛，
為了不會冷而一直一直動。

而到了冬天，
也是最冷的時候大家雖然想出去玩，
但老師卻說因為外面太冷，
所以只可以在室內玩，
大家都感到很討厭。

終於，
到了要離開托兒所的時候了，
當大家最後一次一起玩的時候還是很快樂，
但當園長說我們要離開托兒所時大家都依依不捨，

一直和最好的朋友說我還想跟你在一起，
但大家始終要分開，
在這時老師們也感到難過，
老師為我們每一個人拍一張照片，
在離開托兒所時大家都一直看著自己最要好的好朋友，
最後當我的好朋友被載走時，
我一直一直看著他並跟他說再見，
和揮手告別。

當我回到家中時我每天都一直想著我的好朋友，
這時媽媽又幫我註冊了一家托兒所，
在那一家托兒所裡也有許多的遊樂設施，
當然我還是一樣一開始對環境還是很陌生，
但這次有點不一樣，
而不一樣的地方是，
那裡的人一看到我來就很親切的問我，
我可不可以和你做朋友，
我一聽到這句話心情就馬上改變，
我馬上回答他好哇！

當過了幾天後，
我決定把以前的事當成是一個美好的回憶，
重新開始了，
在那裡的某一天，
我決定主動開口，
那天我和一個人開口了，
我一開始還很擔心他會拒絕，
但他答應了，
這時我感到很高興，
因為我已經敢向別人開口了，
當我回到家中時我和媽媽說我敢和別人開口，
媽媽也感到很高興，

當第二天時我很高興的到托兒所，
在那兒的營養午餐都很好吃，
當我吃飽了之後我請了我的好朋友一起去玩，
我們玩得很高興，
高興的就像要瘋了一樣。

時間一天一天的過去，
我跟我的好朋友也越來越好，
但在這時我想到了當畢業的時候，
我又要跟好朋友分開就感到很不開心，
這時我和我的好朋友說你有沒有想過，
當畢業時我們要分開了，
我的好朋友就說當然有啊，
而我就說那到時候你會不會很難過，
我的好朋友便說雖然會很難過，
但我們也一定會再相遇，
當我聽到這一句話時，
心中感到安心了。

我這時知道了一件事，
就是不管你在做什麼事都要往好的方面想，
不要只往壞處想，
因為如果往壞處想的話，
只會讓你更加難過，
當我知道後，
不管做什麼事，
就沒有在往壞處想，
這使我每天都可以快快樂樂的過每一天，
而這也是我會那麼有趣的原因。

之後的每一天，
我都非常快樂，
因為我已經不再擔心我的好朋友會離開我，

就算他再離開我了，
我們也會一直想著對方，
總有一天我們一定會再重逢，
因為我們畢竟是超級好的好朋友，
我們不管遇到任何的困難，
都會一起度過。

時間一天一天的流失，
而我們也一天一天的長大，
眼看著畢業的日子慢慢的接近了，
而我要離開這座托兒所讀一年級的日子也快到了，
這時我的心中想著，
如果我的好朋友也可以跟我讀一樣的學校就好了，
因為這樣可以使我不用擔心會有什麼困難過不了，
當我心中有這個想法後，
心中慢慢感到一種不好的心情，
我把我放在心中的想法拿出來看一看，
突然感到我的想法好像不對了，
我想了一下，
突然想到，
如果我一直靠著別人的度過困難的話，
我以後不就沒辦法自己一個人度過困難了嗎！
之後當我的想法改變，
隔天我試著不管遇到什麼困難都自己解決，
但有些事還是得大家一起做才能度過，
因為人人都說團結力量大，
這時我也知道這句成語的意思。
在畢業的前一個禮拜，
我和我的朋友說，
當我們都畢業時，
一定一定要記得對方，
和大家一起度過的快樂日子，

我的朋友們也說別擔心，
我們絕對會記得的。

終於到了我們都要升上一年級了，
我們在畢業的時候把最後可以一起玩的時間用完後，
我和我的好朋友們都依依不捨，
雖然我們都很高興可以畢業升上一年級，
但之後的每一天我們可能都不能在一起玩，
使大家一半高興一半難過。

「在夢裡愛說童話故事的星星」作業單（7）

「在夢裡愛說童話故事的星星」（文本）

1、小時候，不管男生、女生都愛。
2、都愛打開窗帘數著，心底埋藏的像夢一般的星星。
3、這顆種子是孩子和星星的秘密，
4、大家把她的童年往事
5、永恆地，種在天高遠的天空，夜的花園。
6、就算你是一個白天說了不真實的話，
7、或是做錯事的孩子，星星就選擇在你入睡時，
8、開始說起最甜美的童話故事。在你的夢裡。

第三段文章

9、孩子！你別害怕。
10、爸爸、媽媽責罰你的話語都是變成一顆顆，
11、愛說故事的星花掛在夜空等著。
12、當你好好地合上雙眼，這顆秘密的種子就開在花園裡，
13、一朵一朵都是一個個夢的童話故事。滿園子眨眼的星花。
14、晴朗的夜空裡，為許多孩子唱起晚安曲說起不同的親吻故事。

一、閱讀第三段詩，詩中每一句作者的心靈圖片（意象）在召喚你進入自己
　　的內心世界，你的心靈圖片（意象）也跟著被喚醒了，被撞擊了。請你
　　在這裡，在每一句閱讀完之後，作生命的「停格」現象，你只要「閉上

眼」靜靜地看著自己的心靈圖片在前進、在流動，在不斷湧現！寫下自
己心靈圖片（意象）的詩幾首？

1、孩子！努力加油。

　　不管遇到了任何的困難，都要勇敢的面對，

　　這樣你就可以不再怕有什麼難關。

　　當你在面對挑戰時，一定要相信自己的能，

　　慢慢的你就可以挑戰任何事。光亮無比的勇氣。

2、孩子！不要擔心。

　　不管是怎麼了，都要往好的一面去想，

　　因為這可以讓你的心靈冷靜。

　　當你遇到任何事都要往好的一面想。相信自己。

　　凡事要往好的一面想，別往壞處想。什麼事都能做到。

3、孩子！不要放棄。

　　想要追求某種東西，只要永不停止的追，

　　那樣東西遲早會被你追到的。

　　你一遇到你所要的東西，一定要追到。

　　不管是什麼東西，你都有辦法追到。

4、孩子！別太驕傲。

　　如果太驕傲，驕傲並不是表示你很棒，

　　到時候你一做錯事就會變得很糗。

　　不管你是做了多棒的事，都別太驕傲。

　　因為每個人都會有驕傲時，不是只有你。

二、你閱讀第一段詩、第二段詩、第三段詩了，請你預測作者可能會寫出什
　　麼內容？並說一說你為什麼這樣預測（和你的個人人生經驗有關係嗎？
　　請你也用一篇記敘文寫出這個人生經驗）？

1、第一段，我覺得作者可能會寫出的內容應該是，在我們都還小的時
　　候，大家不論男生或女生都會快快樂樂的玩在一起，也都很愛對
　　方，在小的時候我們都喜歡看看新的視野，並看看心中有藏了幾顆
　　夢的星星，而且我們小的時候，也很喜歡和某一些東西藏一些秘
　　密，當大家長大了，就把同年的事永遠的把它放在高高的夜空，而

那些往事都變成了星星，把夜空點綴的很漂亮。第二段，就算你有在白天的時候說了一個謊，或是做了什麼不對的事，星星都會在你睡覺的時候，去找你，就在你做夢的時候。第三段，你別害怕爸媽罵你時的話都會變成一顆顆，美麗的星星掛在夜空，當你要睡覺時，這個秘密的種子就會在空中發芽，一朵一朵一個個美麗的夢，滿滿的夜空星星，晴朗的夜空，是許多孩子唱起安眠曲說起不同的親吻故事。

2、我先看看作者所寫的詞語有什麼意思，再看看作者的詞語中有加入什麼看、聽、作、感、想，然後再把詞語中的看、聽、作、感、想描述出來（我覺得），這就是我預測作者的內容。

3、有。

4、在我還小的時候，我和某一個女生的感情非常的好，我們常常都會玩在一起，我們每次在幼稚園一有下課時間，都會去找對方玩，我們每次都玩的很開心，我們不管有什麼秘密都會和對方說，不管是有趣的、無聊的、奇怪的、好玩的、好笑的或是很怪異的……等等，我們沒事做時還會聊天，大多都是在聊一些自己的事，我們幼稚園裡的男生和女生感情的非常非常的好，每天一下課到外面看到的通通全部都是，男生和女生牽著手，邊聊天、邊玩，在幼稚園的下課期間都是大家最高興，也是最快樂的時候。

　　在幼稚園時不論是吃飯、上課、睡覺，大家都會和自己最喜歡的男生女生在一起。日子一天一天的過去我們逐漸的長大，在某一天有一個我的好朋友跟我說，他一不小心跟他的好朋友說了一個謊，他便問我該怎麼辦，我便跟他說那你可以跟你的朋友說對不起，我跟你說了一個謊，你可以原諒我嗎？但他始終沒說，在他睡覺時他做了一個夢，他夢到了他的好朋友，在此時他馬上跟他的好朋友說對不起。當午睡時間一過他馬上找他的好朋友，然後說我跟你說了一個謊，你可以原諒我嗎？他的朋友很高興的說可以。

　　雖然我們都長大了，但都還是會害怕一些事，有一次我的一個好朋友因為做錯了一件事，就很怕老師會罵他，但沒想到老師是很溫柔的說下次別再這樣，當他經過這次的教訓，他就沒再犯錯了，當要睡覺時，這時他也了解到了許多事，在晴朗的天空裡，他長大了很多。

三、你預測作者可能會寫出什麼內容時，會根據文章基架來思考嗎？請你寫
　　出你預測時的思考過程和步驟？

　　　　１、會。
　　　　２、我會先看看作者寫的題目。
　　　　３、在腦子中大概想一下作者會寫的內容。
　　　　４、想好後再把題目和我想的內容合在一起。
　　　　５、看看題目是有沒有更能恰好。
　　　　６、如不好，看看哪兒不好。
　　　　７、再把它改到最好。

「在夢裡愛說童話故事的星星」作業單（8）

「在夢裡愛說童話故事的星星」（文本）

１、小時候，不管男生、女生都愛。
２、都愛打開窗簾數著，心底埋藏的像夢一般的星星。
３、這顆種子是孩子和星星的秘密，
４、大家把她的童年往事
５、永恆地，種在天高遠的天空，夜的花園。
６、就算你是一個白天說了不真實的話，
７、或是做錯事的孩子，星星就選擇在你入睡時，
８、開始說起最甜美的童話故事。在你的夢裡。

第三段文章

９、孩子！你別害怕。
１０、爸爸、媽媽責罰你的話語都是變成一顆顆，
１１、愛說故事的星花掛在夜空等著。
１２、當你好好地合上雙眼，這顆秘密的種子就開在花園裡，
１３、一朵一朵都是一個個夢的童話故事。滿園子眨眼的星花。
１４、晴朗的夜空裡，為許多孩子唱起晚安曲說起不同的親吻故事。

3-1. 你覺得自己像一朵朵的花朵嗎？

　　　像，因為我跟花一樣，有很多人喜歡和我玩。

3-2. 「孩子！你別害怕！」這句話是誰說出來的？或者是誰放在心裡將要說出的話？

　　１、是爸爸媽媽說出來的。

　　２、是爸爸媽媽在我們在害怕某些東西時說出來的。

3-3. 爸媽責罰你的話語時，這時你的心情是如何的？想起那些往事？入夜了，你想到那些事？請你舉出一個生活上的例子，來說一說這一次的心裡變化和轉折的歷程？

　　１、我的心情覺得真討厭很生氣。

　　２、想起了考試的成績好。

　　３、想到了爸爸媽媽罵我也是為了我好，我不應該感到討厭或生氣。

　　４、有一次我因為考試的成績很低，所以媽媽非常的生氣，媽媽生氣到快要想打人，這時我感到很害怕，那天晚上我都睡不著覺，到了半夜才睡著，當到了明天媽媽不在生氣了，使我看了不會擔心媽媽會打我，讓我很放心。

3-3-1. 回到第三段詩句，體會作者「一顆顆」的用意是在說什麼？

　　我覺得作者是在說，爸爸媽媽罵你其實是在鼓勵你。

3-3-2. 那到第三段詩句「掛在夜空等著」，這「掛在」、「等著」的用意是在說出什麼？

　　我覺得作者是在說，愛說童話故事的星星在你的夢中等著你的到來。

3-4. 第三段詩句「當你好好地合上雙眼，這顆秘密的種子就開在花園裡，一朵一朵都是一個個夢的童話故事。滿園子眨眼的星花。」是在說什麼？這「一朵一朵」、「一個個」、「滿園子」、「眨眼的星花」作者是在說什麼？

　　１、我覺得作者是在說，在你的夢中有一朵一朵的故事，都是愛說童話故事的星星所說的每一個夢。

　　２、我覺得作者是在說就在你的夢中，你一眨眼就都是星星在說故事。

3-5. 詩句「晴朗的夜空裡」，這「晴朗」可能有什麼用意？

　　我覺得是在表示快樂又高興的夜空裡。

3-6. 「晚安曲」給人的感覺是什麼？你聽過晚安曲嗎？我們現在現場聽幾首「晚安曲」，這時候爸媽給你的感覺是如何的？尤其當你受到「挫折」、「心情跌落谷底的時候」來聽一聽晚安曲，這等意義如何？

　　1、很安心的感覺。

　　2、聽過。

　　3、很慈祥又很有安全感。

　　4、讓我感到所有的挫折和心情跌落谷底的事情通通都忘記了。

3-7. 那「親吻故事」可能是作者想傳達什麼？

　　1、可能作者想表達，小時候男生和女生的感情非常非常的好。

3-8. 第二段詩句「就算你是」、「選擇在你入睡時」、「在你的夢裡」和第三段詩句「你別害怕！」、「責罰你的」、「當你」都是指出「獨獨為你編織這個夢的心理地位」到「為許多孩子唱起晚安曲」的「為許多孩子」，由私人性領域到公眾性領域。你想，作者的用意是想傳達什麼涵義？

　　就算你是個做了什麼錯誤事情的孩子星星就會選擇你入睡時，在你的夢裡說好聽的故事，不敢你是遇到什麼事，都別怕，爸媽責罰你的時候是在鼓勵你，當你獨自在這一個編織的夢中時，你的地位是看你的心理，為許多孩子做許多事。

3-9. 你小時候有這樣的過程嗎？可以告訴我們嗎？（寫成一篇和第三段詩的內容相關的記敘文，完稿後再把這一篇記敘文改寫成童詩的形式，請自己訂題目）

記敘文題目一：「去海邊」

　　有一次我和媽媽跟他的朋友和小孩一起去海邊玩，一開始我在附近玩，玩著玩著，我就覺得很累，所以坐下來看海，沒想到突然不知道為什麼有兩隻狗，跑過來追我，好險我跑得快，要不然我就會被咬。

　　當狗不追我時，我還很害怕，當我回到媽媽身邊時，媽媽便說誰較你要惹狗，我便跟媽媽說我並沒有惹狗，是狗自己過來咬我的，媽媽這時才知道原來是狗自己要來咬我的。

　　時間過得很快，很快就到了晚上，我看著夜空中的星星，想起了今天來海邊發生的事，但當我一看到夜空美麗的星星，就把那些事忘得一乾二淨，當我回到了家中閉上了眼睛，做了一個奇怪的夢，但我已經不太清楚，我只知道我有聽到一些話，當到了隔天，我的心情又變好了，我把不愉快的事給忘記了。

童詩題目二：「去海邊」

有一次我和媽媽跟他的朋友和小孩一起去海邊玩，
一開始我在附近玩，
玩著玩著，
我就覺得很累，
所以坐下來看海，
沒想到突然不知道為什麼有兩隻狗，
跑過來追我，
好險我跑得快，
要不然我就會被咬。

當狗不追我時，
我還很害怕，
當我回到媽媽身邊時，
媽媽便說誰較你要惹狗，
我便跟媽媽說我並沒有惹狗，
是狗自己過來咬我的，
媽媽這時才知道原來是狗自己要來咬我的。

時間過得很快，
很快就到了晚上，
我看著夜空中的星星，
想起了今天來海邊發生的事，
但當我一看到夜空美麗的星星，
就把那些事忘得一乾二淨，
當我回到了家中閉上了眼睛，
做了一個奇怪的夢，
但我已經不太清楚，

我只知道我有聽到一些話，

當到了隔天，

我的心情又變好了，

我把不愉快的事給忘記了。

「在夢裡愛說童話故事的星星」作業單（9）

「在夢裡愛說童話故事的星星」（文本）

1、小時候，不管男生、女生都愛。

2、都愛打開窗簾數著，心底埋藏的像夢一般的星星。

3、這顆種子是孩子和星星的秘密，

4、大家把她的童年往事

5、永恆地，種在天高遠的天空，夜的花園。

6、就算你是一個白天說了不真實的話，

7、或是做錯事的孩子，星星就選擇在你入睡時，

8、開始說起最甜美的童話故事。在你的夢裡。

9、孩子！你別害怕。

10、爸爸、媽媽責罰你的話語都是變成一顆顆，

11、愛說故事的星花掛在夜空等著。

12、當你好好地合上雙眼，這顆秘密的種子就開在花園裡，

13、一朵一朵都是一個個夢的童話故事。滿園子眨眼的星花。

14、晴朗的夜空裡，為許多孩子唱起晚安曲說起不同的親吻故事。

第四段詩：

15、她不會離開任何一個孩子的夢。

一、閱讀第四段詩，詩中每一句作者的心靈圖片（意象）在召喚你進入自己的內心世界，你的心靈圖片（意象）也跟著被喚醒了，被撞擊了。請你在這裡，在每一句閱讀完之後，作生命的「停格」現象，你只要「閉上眼」靜靜地看著自己的心靈圖片在前進、在流動，在不斷湧現！寫下自己心靈圖片（意象）的詩幾首？

　1、孩子！別擔心。

　　老師責備你都是為了你，

　　老師的責備是為了鼓勵你不要再犯一樣的錯。
　　因為在老師的眼中你也是一個好學生，
　　不論你做了什麼事。
　　他還是會疼愛你。

2、孩子！別哭了。
　　不管你是遇到了什麼挫折，
　　因為挫折可以使你長大。
　　而且人生本來難免就會有挫折，
　　這是每人都有的。
　　所以別再哭了。

3、孩子！別氣了。
　　雖然某種事會讓你生氣，
　　但這也是難免的。
　　每一個人都一定會有生氣的時候，
　　你不可能從不生氣。
　　所以生氣時一次氣完，
　　就會比較舒服。

4、孩子！別再惡作劇了。
　　惡作劇雖好玩，
　　但這卻是一個不好的行為，
　　因為說不定有一天。
　　你會因為惡作劇而進監獄，
　　所以別再惡作劇了。

5、孩子！別傷心了。
　　你的狗死了也是難免的，
　　因為事物總是一定會面對死亡。
　　沒有一個人可以逃避，
　　但死了之後事物都會投胎。
　　所以別再傷心了。

二、你閱讀第一段詩、第二段詩、第三段、第四段詩了，請你預測作者可能
　　會寫出什麼內容？並說一說你為什麼這樣預測（和你的個人人生經驗有
　　關係嗎？請你也用一篇記敘文寫出這個人生經驗）？

　　1、第一段，我覺得作者可能會寫出的內容應該是，在我們都還小的時
　　　　候，大家不論男生或女生都會快快樂樂的玩在一起，也都很愛對
　　　　方，在小的時候我們都喜歡看看新的視野，並看看心中有藏了幾顆
　　　　夢的星星，而且我們小的時候，也很喜歡和某一些東西藏一些秘
　　　　密，當大家長大了，就把童年的事永遠的把它放在高高的夜空，而
　　　　那些往事都變成了星星，把夜空點綴的很漂亮。
　　　　第二段，就算你有在白天的時候說了一個謊，或是做了什麼不對的
　　　　事，都會在你睡覺的時候，去找你，就在你做夢的時候。
　　　　第三段，你別害怕爸媽罵你時的話都會變成一顆顆，美麗的星星掛
　　　　在夜空，當你要睡覺時，這個秘密的種子就會在空中發芽，一朵一
　　　　朵一個個美麗的夢，滿滿的夜空星星，晴朗的夜空，是許多孩子唱
　　　　起安眠曲說起不同的親吻故事。
　　　　第四段，則是星星會出現在每一個孩子的夢中，不論是好孩子還是
　　　　壞孩子，星星都會出現，並說很多好聽的故事。
　　2、我先看看作者所寫的詞語有什麼意思，再看看作者的詞語中有加入
　　　　什麼看、聽、作、感、想，然後再把詞語中的看、聽、作、感、想
　　　　描述出來（我覺得），這就是我預測作者的內容。
　　3、有。
　　4、在我還小的時候，我和某一個女生的感情非常的好，我們常常都會
　　　　玩在一起，我們每次在幼稚園一有下課時間，都會去找對方玩，我
　　　　們每次都玩的很開心，我們不管有什麼秘密都會和對方說，不管是
　　　　有趣的、無聊的、奇怪的、好玩的、好笑的或是很怪異的……等等，
　　　　我們沒事做時還會聊天，大多都是在聊一些自己的事，我們幼稚園
　　　　裡的男生和女生感情的非常非常的好，每天一下課到外面看到的通
　　　　通全部都是，男生和女生牽著手，邊天、邊玩，在幼稚園的下課期
　　　　間都是大家最高興也是最快樂的時候。
　　　　　在幼稚園時不論是吃飯、上課、睡覺，大家都會和自己最喜歡
　　　　的男生女生在一起，日子一天一天的過去我們逐漸的長大，在某一

天有一個我的好朋友跟我說，他一不小心跟牠的好朋友說了一個謊，他便問我該怎麼辦，我便跟他說那你可以跟你的朋友說對不起，我跟你說了一個謊，你可以原諒我嗎？但他始終沒說，在他睡覺時他做了一個夢，他夢到了他的好朋友在此時他馬上跟他的好朋友說對不起，當午睡時間一過，他馬上找他的好朋友，然後說我跟你說了一個謊，你可以原諒我嗎？他的朋友很高興的說可以。

雖然我們都長大了，但都還是會害怕一些事，有一次我的一個好朋友因為做錯了一件事，就很怕老師會罵他，但沒想到老師是很溫柔的說下次別再這樣，當他經過這次的教訓，他就沒再犯錯了，當要睡覺時，這時他也了解到了許多事，在晴朗的天空裡，他長大了很多。

後來我有一天在夢中遇到她，我們倆都在夢中玩的很高興，但沒想到我突然被叫醒，使我感到真可惜。

三、你預測作者可能會寫出什麼內容時，會根據文章基架來思考嗎？請你寫出你預測時的思考過程和步驟？

1、我先看一看文章。

2、再把文章分出原因段、經過情形段、結果段。

3、接下來再把段落分出來。

4、分出大段落、小段落。

5、再把文章的段落分清楚。

6、再寫出基架。

7、再把基架改到最好。

「在夢裡愛說童話故事的星星」作業單（10）

「在夢裡愛說童話故事的星星」（文本）

1、小時候，不管男生、女生都愛。

2、都愛打開窗簾數著，心底埋藏的像夢一般的星星。

3、這顆種子是孩子和星星的秘密，

4、大家把她的童年往事

5、永恆地，種在天高遠的天空，夜的花園。

6、就算你是一個白天說了不真實的話，

7、或是做錯事的孩子，星星就選擇在你入睡時，

8、開始說起最甜美的童話故事。在你的夢裡。

9、孩子！你別害怕。

10、爸爸、媽媽責罰你的話語都是變成一顆顆，

11、愛說故事的星花掛在夜空等著。

12、當你好好地合上雙眼，這顆秘密的種子就開在花園裡，

13、一朵一朵都是一個個夢的童話故事。滿園子眨眼的星花。

14、晴朗的夜空裡，為許多孩子唱起晚安曲說起不同的親吻故事。

第四段詩：

15、她不會離開任何一個孩子的夢。

4-1. 第四段詩句「她不會離開任何一個孩子的夢。」這一句詩提供了什麼感覺，這「她」是不是有更深的用意？

　　1、我覺得「她」是指星星。

4-2. 「離開」給你的感覺是如何的？

　　1、使我感到有兩種不同的感覺，一種是很傷心，一種是很快樂。

4-3. 這「任何一個」是不是也有更深的用意？

　　1、我覺得是表示不管是什麼人，星星都會跟他說故事。

4-4. 你小時候有這樣的過程嗎？可以告訴我們嗎？（寫成一篇和第四段詩的內容相關的記敘文，完稿後再把這一篇記敘文改寫成童詩的形式，請自己訂題目）

記敘文題目一：〈奇怪的夢中貓〉

　　有一次我作夢夢到了一隻貓咪，那隻貓咪帶了很多的小孩子來，並跟大家自我介紹，他講了一些笑話雖然我覺得不好笑但我卻聽得很高興。

童詩題目二：「奇怪的夢中貓」

有一次我作夢夢到了一隻貓咪，

那隻貓咪帶了很多的小孩子來，

並跟大家自我介紹,

他講了一些笑話雖然我覺得不好笑但我卻聽得很高興。

「在夢裡愛說童話故事的星星」作業單（11）

「在夢裡愛說童話故事的星星」（文本）

1、小時候,不管男生、女生都愛。

2、都愛打開窗帘數著,心底埋藏的像夢一般的星星。

3、這顆種子是孩子和星星的秘密,

4、大家把她的童年往事

5、永恆地,種在天高遠的天空,夜的花園。

6、就算你是一個白天說了不真實的話,

7、或是做錯事的孩子,星星就選擇在你入睡時,

8、開始說起最甜美的童話故事。在你的夢裡。

9、孩子!你別害怕。

10、爸爸、媽媽責罰你的話語都是變成一顆顆,

11、愛說故事的星花掛在夜空等著。

12、當你好好地合上雙眼,這顆秘密的種子就開在花園裡,

13、一朵一朵都是一個個夢的童話故事。滿園子眨眼的星花。

14、晴朗的夜空裡,為許多孩子唱起晚安曲說起不同的親吻故事。

15、她不會離開任何一個孩子的夢。

第五段詩:

16、孩子!你別害怕,

17、快快入睡等著。

18、清晨一張開眼,你的甜美就已掛在你的眉梢,

19、像在綠色森林裡頭唱歌的畫眉鳥。

一、閱讀第五段詩,詩中每一句作者的心靈圖片（意象）在召喚你進入自己的內心世界,你的心靈圖片（意象）也跟著被喚醒了,被撞擊了。請你在這裡,在每一句閱讀完之後,作生命的「停格」現象,你只要「閉上眼」靜靜地看著自己的心靈圖片在前進、在流動,在不斷湧現!寫下自己心靈圖片（意象）的詩幾首?

1、孩子！別擔心，
　慢慢的等待。
　當你張開眼睛，你的爸媽已經在你身旁，
　你已經可以很安穩的入睡。

2、孩子！別氣了，
　在心中想到從 1～20。
　慢慢的你的脾氣，通通都變不見，
　你的心情也會跟著變好。

3、孩子！別哭了！
　拿出勇氣。
　因為你已經長大了，不在是小孩了，
　你身邊的人都在為你加油。

4、孩子！別做了！
　別做自己做不到的事。
　因為如果受傷了，就不好了，
　別挑戰自己的極限。

5、孩子！別鬧了！
　別再使爸媽更生氣。
　因為你的胡鬧，會使你討人厭，
　所以胡鬧沒有好處。

二、你閱讀第一段詩、第二段詩、第三段詩、第四段詩、第五段詩了，請你預測作者可能會寫出什麼內容？並說一說你為什麼這樣預測（和你的個人人生經驗有關係嗎？請你也用一篇記敘文寫出這個人生經驗）？

1、第一段，我覺得作者可能會寫出的內容應該是，在我們都還小的時候，大家不論男生或女生都會快快樂樂的玩在一起，也都很愛對方，在小的時候我們都喜歡看看新的視野，並看看心中有藏了幾顆夢的星星，而且我們小的時候，也很喜歡和某一些東西藏一些秘密，當大家長大了，就把童年的事永遠的把它放在高高的夜空，而那些往事都變成了星星，把夜空點綴的很漂亮。第二段，就算你有

在白天的時候說了一個謊，或是做了什麼不對的事，星星都會在你睡覺的時候，去找你，就在你做夢的時候。第三段，你別害怕爸媽罵你時的話都會變成一顆顆，美麗的星星掛在夜空，當你要睡覺時，這個秘密的種子就會在空中發芽，一朵一朵一個個美麗的夢，滿滿的夜空星星，晴朗的夜空，是許多孩子唱起安眠曲說起不同的親吻故事，而第四段則是星星會出現在每一個孩子的夢中，不論是好孩子還是壞孩子，星星都會出現，並說很多好聽的故事，然後第五段是在說孩子別怕，快點睡覺，等到了清晨你就可以聽見畫眉鳥的叫聲。

2、我先看看作者所寫的詞語有什麼意思，再看看作者的詞語中有加入什麼看、聽、作、感、想，然後再把詞語中的看、聽、作、感、想描述出來（我覺得），這就是我預測作者的內容。

3、有。

4、在我還小的時候，我和某一個女生的感情非常的好，我們常常都會玩在一起，我們每次在幼稚園一有下課時間，都會去找對方玩，我們每次都玩的很開心，我們不管有什麼秘密都會和對方說，不管是有趣的、無聊的、奇怪的、好玩的、好笑的或是很怪異的……等等，我們沒事做時還會聊天，大多都是在聊一些自己的事，我們幼稚園裡的男生和女生感情都非常非常的好，每天一下課到外面看到的通通全部都是，男生和女生牽著手，邊聊天、邊玩，在幼稚園的下課期間都是大家最高興也是最快樂的時候。

在幼稚園時不論是吃飯、上課、睡覺，大家都會和自己最喜歡的男生女生在一起。日子一天一天的過去我們逐漸的長大，在某一天有一個我的好朋友跟我說，他一不小心跟牠的好朋友說了一個謊，他便問我該怎麼辦，我便跟她說那你可以跟你的朋友說對不起，我跟你說了一個謊，你可以原諒我嗎？但他始終沒說，在他睡覺時他做了一個夢，他夢到了他的好朋友，在此時他馬上跟他的好朋友說對不起，當午睡時間一過，他馬上找他的好朋友，然後說我跟你說了一個謊，你可以原諒我嗎？他的朋友很高興的說可以。

雖然我們都長大了，但都還是會害怕一些事，有一次我的一個好朋友因為做錯了一件事，就很怕老師會罵他，但沒想到老師是很

溫柔的說下次別再這樣，當他經過這次的教訓，他就沒再犯錯了，當要睡覺時，這時他也了解到了許多事，在晴朗的天空裡，他長大了很多。

後來我有一天在夢中遇到她，我們倆都在夢中玩的很高興，但沒想到我突然被叫醒，使我感到真可惜。

之後的晚上我都很早就睡了，但始終還是沒有在夢到他一次，我這時很擔心我以後會不會無法再夢到他，使我很沒精神，但有一天的早上，我聽到了有一隻鳥在叫的聲音，使我不但不再擔心不會再夢到他，還使我的心情變好了。

三、你預測作者可能會寫出什麼內容時，會根據文章基架來思考嗎？請你寫出你預測時的思考過程和步驟？

1、我會先看看作者寫的題目。
2、再腦子中大概想一下作者會寫的內容。
3、想好後再把題目和我想的內容何在一起。
4、看看題目有沒有更融洽。
5、如不好，看看哪兒不好。
6、再把文章分出原因段、經過情形段、結果段。
7、接下來再把段落分出來。
8、分出大段落、小段落。
9、再把文章的段落分清楚。
10、再寫出基架。
11、再把基架改到最好。

「在夢裡愛說童話故事的星星」作業單（12）

「在夢裡愛說童話故事的星星」（文本）

1、小時候，不管男生、女生都愛。
2、都愛打開窗簾數著，心底埋藏的像夢一般的星星。
3、這顆種子是孩子和星星的秘密，
4、大家把她的童年往事
5、永恆地，種在天高遠的天空，夜的花園。
6、就算你是一個白天說了不真實的話，

7、或是做錯事的孩子，星星就選擇在你入睡時，

8、開始說起最甜美的童話故事。在你的夢裡。

9、孩子！你別害怕。

10、爸爸、媽媽責罰你的話語都是變成一顆顆，

11、愛說故事的星花掛在夜空等著。

12、當你好好地合上雙眼，這顆秘密的種子就開在花園裡，

13、一朵一朵都是一個個夢的童話故事。滿園子眨眼的星花。

14、晴朗的夜空裡，為許多孩子唱起晚安曲說起不同的親吻故事。

15、她不會離開任何一個孩子的夢。

第五段詩：

16、孩子！你別害怕，

17、快快入睡等著。

18、清晨一張開眼，你的甜美就已掛在你的眉梢，

19、像在綠色森林裡頭唱歌的畫眉鳥。

5-1. 第五段詩句「孩子！你別害怕。」和第三段詩句「孩子！你別害怕。」重複，你覺得作者的用意是想說什麼？

　　作者是在說，孩子！遇到什麼事都別害怕，因為會有人陪伴你。

5-2. 第三段詩句內容的時間描寫是「夜晚」，到第五段詩句內容的時間描寫是「清晨」這一整個夜晚到清晨的時間上，你猜想作者可能在想些什麼？

　　作者應該是在說，夜晚到清晨裡發生了很多的事。

5-3. 第五段詩句作者在傳達什麼用意？從詩句中，你看出什麼？（「甜美」、「就已」、「眉梢」、「綠色森林」、「唱歌的畫眉鳥」）

　　1、作者是在表達孩子！別怕清晨，當你張開眼睛時，就會有一隻鳥陪伴你。

　　2、我看出了作者用這些詞來表達心中的變化。

5-4. 「畫眉鳥」是鳥類中的歌中之王，牠的叫聲優美悅耳，可以模仿幾百種鳥類的歌聲，但擁有牠的人不一定能聽到牠的歌聲，因為牠只有在情感、情緒安全的氣氛中才會放開喉嚨歌唱，從這常識配合第五段詩句內容，你想作者選取「畫眉鳥」來作為創作材料，可能的用意是要突顯什麼意含？

　　1、作者應該是要突顯出孩子的表情。

5-5. 你小時候有這樣的過程嗎？可以告訴我們嗎？（寫成一篇和第四段詩的內容相關的記敘文，完稿後再把這一篇記敘文改寫成童詩的形式，請自己訂題目）

記敘文題目一：「騎腳踏車」

　　有一次我和媽媽說我要出去，媽媽便說好，我就騎著腳踏車出去，我騎著騎著忘了時間，沒想到已經很晚了，這時我趕緊騎回家，當我回到家時，媽媽問我，你怎麼這麼晚才回來，我便跟媽媽解釋，媽媽聽完我的解釋後便跟我講，下次不可以在這麼晚回家，我便跟媽媽說，我不會了。

童詩題目二：「騎腳踏車」

有一次我和媽媽說我要出去，
媽媽便說好，
我就騎著腳踏車出去，
我騎著騎著忘了時間，
沒想到已經很晚了，
這時我趕緊騎回家，
當我回到家時，
媽媽問我，
你怎麼這麼晚才回來，
我便跟媽媽解釋，
媽媽聽完我的解釋後便跟我講，
下次不可以在這麼晚回家，
我便跟媽媽說，
我不會了。

「在夢裡愛說童話故事的星星」作業單（13）

「在夢裡愛說童話故事的星星」（文本）

1、小時候，不管男生、女生都愛。
2、都愛打開窗簾數著，心底埋藏的像夢一般的星星。
3、這顆種子是孩子和星星的秘密，
4、大家把她的童年往事

５、永恆地，種在天高遠的天空，夜的花園。

６、就算你是一個白天說了不真實的話，

７、或是做錯事的孩子，星星就選擇在你入睡時，

８、開始說起最甜美的童話故事。在你的夢裡。

９、孩子！你別害怕。

１０、爸爸、媽媽責罰你的話語都是變成一顆顆，

１１、愛說故事的星花掛在夜空等著。

１２、當你好好地合上雙眼，這顆秘密的種子就開在花園裡，

１３、一朵一朵都是一個個夢的童話故事。滿園子眨眼的星花。

１４、晴朗的夜空裡，為許多孩子唱起晚安曲說起不同的親吻故事。

１５、她不會離開任何一個孩子的夢。

１６、孩子！你別害怕，

１７、快快入睡等著。

１８、清晨一張開眼，你的甜美就已掛在你的眉梢，

１９、像在綠色森林裡頭唱歌的畫眉鳥。

第六段詩：

２０、像掛入夜空深處不見了的滿園子星花，

２１、她不會離開任何一個孩子甜美的夢。

一、閱讀第六段詩，詩中每一句作者的心靈圖片（意象）在召喚你進入自己的內心世界，你的心靈圖片（意象）也跟著被喚醒了，被撞擊了。請你在這裡，在每一句閱讀完之後，作生命的「停格」現象，你只要「閉上眼」靜靜地看著自己的心靈圖片在前進、在流動，在不斷湧現！寫下自己心靈圖片（意象）的詩幾首？

　１、像走入太陽內處看不見之美麗的樂園。
　　　牠會為每一個人照亮人生的道路。

　２、像是融入黃昏之中不見的優美燃燒園。
　　　牠讓每一個地方變成了美麗又浪漫。

　３、像是進入了深海中的人群大海。
　　　亂的大家通通擠來擠去無法走路。

4、像是到了泡泡的樂園一樣真是神奇。

　　泡泡的樂園有趣又好玩。

5、像是走入了回憶之窗的感覺一樣。

　　有一種讓人說不出又很驚訝的感覺。

二、你閱讀第一段詩、第二段詩、第三段詩、第四段詩、第五段詩、第六段詩了，請你預測作者可能會寫出什麼內容？並說一說你為什麼這樣預測（和你的個人人生經驗有關係嗎？請你也用一篇記敘文寫出這個人生經驗）？

1、第一段，我覺得作者可能會寫出的內容應該是，在我們都還小的時候，大家不論男生或女生都會快快樂樂的玩在一起，也都很愛對方，在小的時候我們都喜歡看看新的視野，並看看心中有藏了幾顆夢的星星，而且我們小的時候，也很喜歡和某一些東西藏一些秘密，當大家長大了，就把童年的事永遠的把它放在高高的夜空，而那些往事都變成了星星，把夜空點綴的很漂亮。第二段，就算你有在白天的時候說了一個謊，或是做了什麼不對的事，星星都會在你睡覺的時候，去找你，就在你做夢的時候。第三段，你別害怕爸媽罵你時的話都會變成一顆顆，美麗的星星掛在夜空，當你要睡覺時，這個秘密的種子就會在空中發芽，一朵一朵一個個美麗的夢，滿滿的夜空星星，晴朗的夜空，是許多孩子唱起安眠曲說起不同的親吻故事，而第四段則是星星會出現在每一個孩子的夢中，不論是好孩子還是壞孩子，星星都會出現，並說很多好聽的故事，然後第五段是在說孩子別怕，快點睡覺，等到了清晨你就可以聽見畫眉鳥的叫聲。

2、我先看看作者所寫的詞語有什麼意思，再看看作者的詞語中有加入什麼看、聽、作、感、想，然後再把詞語中的看、聽、作、感、想描述出來（我覺得），這就是我預測作者的內容。

3、有。

4、在我還小的時候，我和某一個女生的感情非常的好，我們常常都會玩在一起，我們每次在幼稚園一有下課時間，都會去找對方玩，我們每次都玩的很開心，我們不管有什麼秘密都會和對方說，不管是

有趣的、無聊的、奇怪的、好玩的、好笑的或是很怪異的……等等，我們沒事做時還會聊天，大多都是在聊一些自己的事，我們幼稚園裡的男生和女生感情都非常非常的好，每天一下課到外面看到的通通全部都是，男生和女生牽著手，邊聊天、邊玩，在幼稚園的下課期間都是大家最高興也是最快樂的時候。

在幼稚園時不論是吃飯、上課、睡覺，大家都會和自己最喜歡的男生女生在一起。日子一天一天的過去我們逐漸的長大，在某一天有一個我的好朋友跟我說，他一不小心跟牠的好朋友說了一個謊，他便問我該怎麼辦，我便跟她說那你可以跟你的朋友說對不起，我跟你說了一個謊，你可以原諒我嗎？但他始終沒說，在他睡覺時他做了一個夢，他夢到了他的好朋友，在此時他馬上跟他的好朋友說對不起，當午睡時間一過，他馬上找他的好朋友，然後說我跟你說了一個謊，你可以原諒我嗎？他的朋友很高興的說可以。

雖然我們都長大了，但都還是會害怕一些事，有一次我的一個好朋友因為做錯了一件事，就很怕老師會罵他，但沒想到老師是很溫柔的說下次別再這樣，當他經過這次的教訓，他就沒再犯錯了，當要睡覺時，這時他也了解到了許多事，在晴朗的天空裡，他長大了很多。

後來我有一天在夢中遇到她，我們倆都在夢中玩的很高興，但沒想到我突然被叫醒，使我感到真可惜。

之後的晚上我都很早就睡了，但始終還是沒有在夢到他一次，我這時很擔心我以後會不會無法再夢到他，使我很沒精神，但有一天的早上，我聽到了有一隻鳥在叫的聲音，使我不但不再擔心不會再夢到他，還使我的心情變好了。

有一次的晚上我看到了一個美麗的星空，在星空中有許多又亮又大的星星，這時我覺得那一個星星說不定就是愛說童話故事的星星。

三、你預測作者可能會寫出什麼內容時，會根據文章基架來思考嗎？請你寫出你預測時的思考過程和步驟？

1、我先看詩。

2、再把詞中的意思查清楚。

3、在頭腦中想一想。

4、再寫在電腦中。

5、看看好不好。

6、如果不好再改。

7、改到好了。

「在夢裡愛說童話故事的星星」作業單（**14**）

「在夢裡愛說童話故事的星星」（文本）

1、小時候，不管男生、女生都愛。

2、都愛打開窗簾數著，心底埋藏的像夢一般的星星。

3、這顆種子是孩子和星星的秘密，

4、大家把她的童年往事

5、永恆地，種在天高遠的天空，夜的花園。

6、就算你是一個白天說了不真實的話，

7、或是做錯事的孩子，星星就選擇在你入睡時，

8、開始說起最甜美的童話故事。在你的夢裡。

9、孩子！你別害怕。

10、爸爸、媽媽責罰你的話語都是變成一顆顆，

11、愛說故事的星花掛在夜空等著。

12、當你好好地合上雙眼，這顆秘密的種子就開在花園裡，

13、一朵一朵都是一個個夢的童話故事。滿園子眨眼的星花。

14、晴朗的夜空裡，為許多孩子唱起晚安曲說起不同的親吻故事。

15、她不會離開任何一個孩子的夢。

16、孩子！你別害怕，

17、快快入睡等著。

18、清晨一張開眼，你的甜美就已掛在你的眉梢，

19、像在綠色森林裡頭唱歌的畫眉鳥。

第六段詩：

20、像掛入夜空深處不見了的滿園子星花，

21、她不會離開任何一個孩子甜美的夢。

6-1.「清晨一張開眼」也是星星不見的時候，第六段的「不見了」有什麼用意？

1、作者在說的「不見了」是表示星星不見了。

6-2. 「深處」有特別的含義嗎？

　　我覺得作者是在說在小孩子夢中的深處。

6-3. 「眉梢」、「畫眉鳥」可看出作者在選才上的用意嗎？（喜上眉梢，深坐蹙額眉）

　　作者應該是在表達表情。

6-4. 「她不會離開任何一個孩子甜美的夢」與第四段詩句「她不會離開任何一個孩子的夢」再重複中有何不同用意？

　　第四段的「她不會離開任何一個孩子甜美的夢」是說星星不管是任何小孩子的夢，她都不會離開，而第六段的「她不會離開任何一個孩子甜美的夢」是說就算是做錯事了的孩子，星星也不會離開他。

6-5. 第三段詩句「掛在夜空」與第六段詩句「掛入夜空」在情感上有何不同的表現？

　　1、第三段詩句「掛在夜空」是說某樣東西就放在那，而第六段詩句「掛入夜空」是說把某樣東西融入了。

6-6. 第五段的「你的甜美就已掛在你的眉梢，像在綠色森林裡頭唱歌的畫眉鳥。」和第六段的「像掛入夜空不見了的滿園子星花，她不會離開任何一個孩子甜美的夢。」這星星從很夜晚現實生活的「看見」到白日現實生活的「看不見」，作者想表達的是什麼？

　　1、我覺得作者是在表示在早上時有些事可能會讓你難過，但說不定晚上時你會夢到愛說童話故事的星星，他可以幫你把生氣忘了。

7-1. 有沒有一種可能是，我們一起把「這顆種子」種在一處，屬於我們一起分享的花園？（愛是胸懷。私人之愛可以擴充為眾人之愛；私人的花園可以成為眾神的花園。）

　　1、有。

　　2、就在我們的教室中。

7-2. 在整首的體驗後，你受了什麼影響？你還會對自己的人生經驗、想法做怎樣的批判思考？

　　1、夢中的影響。

　　2、希望可以更豐富。

7-3. 整篇詩句的發展，你認為作者是一個怎樣的人？作者在想什麼？

　　1、是一個在思考時會想很久的人。

　　2、作者可能是再想有一個人，他就像一個星星，會與孩子們講好聽的故事。

7-4. 義大利作家 Calvino 說：「童話，是對人生的一個解答。……我相信，童話是真的。」和你閱讀完這一首詩後，你找到了什麼意義？

　　就算是小小的幾句詩，就可能會有大大的意思。

7-5. 你小時候有這樣的過程嗎？可以告訴我們嗎？（寫成一篇和第四段詩的內容相關的記敘文，完搞後再把這一篇記敘文改寫成童詩的形式，請自己訂題目）

記敘文題目一：〈黑暗的道路〉

　　有一次我和媽媽去海邊玩，玩著玩著天很快的黑了，媽媽便說要回去了，回去的路上都沒車，我感到害怕，這時媽媽便跟我說，別怕媽媽會一直在你身旁，我一聽到這句話，便不在害怕黑暗。（是小時候）

童詩題目二：「黑暗的道路」

　　有一次我和媽媽去海邊玩，

　　玩著玩著天很快的黑了，

　　媽媽便說要回去了，

　　回去的路上都沒車，

　　我感到害怕，

　　這時媽媽便跟我說，

　　別怕媽媽會一直在你身旁，

　　我一聽到這句話，

　　便不再害怕黑暗。

「在夢裡愛說童話故事的星星」作業單（15）

「在夢裡愛說童話故事的星星」（文本）1

1、小時候，不管男生、女生都愛。

2、都愛打開窗簾數著，心底埋藏的像夢一般的星星。

３、這顆種子是孩子和星星的秘密，

４、大家把她的童年往事

５、永恆地，種在天高遠的天空，夜的花園。

６、就算你是一個白天說了不真實的話，

７、或是做錯事的孩子，星星就選擇在你入睡時，

８、開始說起最甜美的童話故事。在你的夢裡。

９、孩子！你別害怕。

１０、爸爸、媽媽責罰你的話語都是變成一顆顆，

１１、愛說故事的星花掛在夜空等著。

１２、當你好好地合上雙眼，這顆秘密的種子就開在花園裡，

１３、一朵一朵都是一個個夢的童話故事。滿園子眨眼的星花。

１４、晴朗的夜空裡，為許多孩子唱起晚安曲說起不同的親吻故事。

１５、她不會離開任何一個孩子的夢。

１６、孩子！你別害怕，

１７、快快入睡等著。

１８、清晨一張開眼，你的甜美就已掛在你的眉梢，

１９、像在綠色森林裡頭唱歌的畫眉鳥。

２０、像掛入夜空深處不見了的滿園子星花，

２１、她不會離開任何一個孩子甜美的夢。

（墨明，1999，台灣時報副刊）

「在夢裡愛說童話故事的星星」（文本）2

　　小時候，不管男生、女生都愛。都愛打開窗簾數著，心底埋藏的像夢一般的星星。這顆種子是孩子和星星的秘密，大家把她的童年往事永恆地，種在天高遠的天空，夜的花園（1段）。就算你是一個白天說了不真實的話，或是做錯事的孩子，星星就選擇在你入睡時，開始說起最甜美的童話故事。在你的夢裡（2段）。

　　孩子！你別害怕。爸爸、媽媽責罰你的話語都是變成一顆顆，愛說故事的星花掛在夜空等著。當你好好地合上雙眼，這顆秘密的種子就開在花園裡，一朵一朵都是一個個夢的童話故事。滿園子眨眼的星花。晴朗的夜空裡，為許多孩子唱起晚安曲說起不同的親吻故事（3段）。她不會離開任何一個孩子的夢（4段）。

　　孩子！你別害怕，快快入睡等著。清晨一張開眼，你的甜美就已掛在你的眉稍，像在綠色森林裡頭唱歌的畫眉鳥（5段）。像掛入夜空深處不見了的滿園子星花，她不會離開任何一個孩子甜美的夢（6段）。

一、「在夢裡愛說童話故事的星星」（文本）1是一首詩，「在夢裡愛說童話故事的星星」（文本）2是一篇散文，請你先根據事件基架（原因、經過情形、結果）完成一張金字塔（文章基架與內容段落大意、全課大意）。

二、閱讀「在夢裡愛說童話故事的星星」（文本）1是一首詩，「在夢裡愛說童話故事的星星」（文本）2是一篇散文，有什麼不一樣的感受？請寫下來：

　1、「在夢裡愛說童話故事的星星」（文本）1我覺得再讀時比較好看，而「在夢裡愛說童話故事的星星」（文本）2我覺得再看時比較看不出感覺。

　　這是上學期所完成的教學面貌，經歷著一個寒假，我請孩子們閱讀自己在「在夢裡愛說童話故事的星星」作業單中，挑選出散文稿、童詩稿各五篇作品，以進行修稿的工作，作業中至少三篇散文經驗稿、三篇童詩經驗稿與「在夢裡愛說童話故事的星星」相關，另外二篇散文稿、二篇童詩稿則是自由創作。我也希望孩子們在這個假期中，能看看自己的經驗，看看自己的作品，也讓這樣的語文教育有一段長時間的思考與沉澱。孩子們也在這作業中思考，老師要的是什麼？「不管瞭不瞭解事物本身的道理，每個人都要對週遭環境所發生的事件從人性的意圖上去詮釋他人的意圖，思考他人的意圖對自己心裡所想要做的會造成什麼樣的阻礙和束縛，然後找出克服外在情境脈絡之束縛的可行辦法，或者思考改變自己的變通原則，以做出可以達到個人意圖的適當反應行動。」（陳正乾，1997，頁7）下學期開學後我收了作業單，這讓我滿意孩子們的自我敘說是透過自己的文本來表達的，例如：范振彥的「故事」，詩中的「我慢慢的放線／你漸漸飛高／搖動越來越強烈／在空中／你手舞足蹈／我也跟著你／夢想著起飛」，讓「故事」有著讀者與作者的雙向交流，「儘一條線便可／乘風而去」，教學中的故事莫不如此「故事」：

故事

故事是為了孩子而寫的

沒有了故事

就沒了小孩的歡笑

故事慢慢的進行著
傷心的故事小孩會難過
歡樂的故事小孩會開心
小孩跟著故事的律動
放下心
與故事合而為一
小孩漸漸的入睡了
人生
今天
我看著滿天星斗的星空
突然
一顆流星打破我的沈思
飛向遠方
消失的無影無蹤
這就像我的人生一樣
匆匆而過
星星
在每個人的夢裡
有一顆星星
這顆星星代表著希望
每個人都有他真誠的心
來得及
花
你不一定來得及看
書
你不一定來得及讀
許多事情
你不一定來得及
唯有割捨
你才來得及
風箏和我

> 你是一條青龍
> 從海面
> 飛向
> 廣闊的藍天
> 我慢慢的放線
> 你漸漸飛高
> 搖動越來越強烈
> 在空中
> 你手舞足蹈
> 我也跟著你
> 夢想著起飛

　　而陳彥翔的原稿「阿媽和阿公」與修稿後的「阿媽和阿公」，題目沒有更動的思考之餘，讓我在「寧靜的夜晚」看見迴盪的天上、人間、落腳處的心靈原鄉。「阿媽和阿公」詩作如下：

阿媽和阿公（原稿）

> 阿媽
> 坐著蓮花往上飄
> 飄到阿公那兒
> 大家當時很難過
> 但是阿媽和阿公
> 很
> 快樂

阿媽和阿公（修稿）

> 寧靜的夜晚
> 阿媽離親而去
> 乘著蓮花而去
> 傷心
> 都在心裡
> 阿公等待著

等待著

她的「心」

來到

他的「心」

　　陳羿妃傳給我的情詩創作稿件「心意」，也讓身為老師的我，回想起「我站在窗戶旁，／看著今晚的星空，／邊等待著你的邀請，／……」那樣真摯的一種敘說生命的情感故事，曾幾何時，我的年歲不再了，「我對你的心意，／永不褪色……」這樣的天真看向自己的心靈，總有一份想對孩子們說出：「這美的人生不多見瞧，像幸福，總是在第一口……」，能與孩子們當個「知心朋友」，是我的幸運，「心意」詩做如下：

心意

喜歡你，

常常讓我覺得很懊惱，

夜晚無法入睡……

每當我往天空望，

看到的不是白雲，

而是你那天使般的笑容……

徬徨無助的我，

對著夜空中的星星輕訴著我的心事：

如果你懷裡的不是「她」而是我，

那該有多好……

還能再度與你相遇的這個願望，

如果能夠實現，

那該有多好……

在我心中，

你走過的痕跡，

就像是留下了看不見的羽毛，

你彷彿就像我心中的天使一樣……

自從我遇見你的那一天，

經常，

出現在我腦海裡……
是你，
擾亂了我平靜的心湖……
是你，
讓我每天的目光都注視著你，
無時無刻的
我對你的心意（愛），
就像夜空中的星辰一樣，
數都數不清～
我對你的心意，
永不褪色……
即使你不在我身旁，
我依然默默的喜歡著你……

優雅的華爾滋交響曲，
圍繞在整個舞廳中。
我站在窗戶旁，
看著今晚的星空，
邊等待著你的邀請，
也等待著滿月把黑夜照亮，
讓迷途的孩兒找到回家的路，
但你卻走向另一個女孩前，
伸出手，
邀請了她。
我這才知道，
我永遠都無法……
代替你心中的第一地位……
而月亮也始終也沒有出現……
我不知道該如何形容這樣的心情……
我只知道，
只要痛哭之後，
我的心好像就會甦醒了……

也許這是老天安排的，
也許這也是我命中的宿命吧！

我希望，
我能成為你的依靠，
我希望，
我能成為你心中的那位人選⋯⋯
但⋯⋯
我想⋯⋯
這是不可能的，
因為在你心裡，
已有人選⋯⋯
其實⋯⋯
我想對你說的是「好喜歡你」，
但我說了，
你恐怕也無法感受到⋯⋯

外面的天空下著大雨，
就像我心中的淚水般的⋯⋯
滴了下來⋯⋯
臉上濕熱的淚水，
讓我從夢中醒來⋯⋯
繫著你和我的那條鎖鍊，
已被海水侵蝕了⋯⋯
天空的煙火閃耀著戀愛的光芒，
傳達給在遠方的你⋯⋯
就算一秒也好，
我真希望能再看見，
你對我露出燦爛的笑容。
期待的願望，
希望能實現⋯⋯

也許愛情就像煙火般，

剛開始很美麗的碰了出來，

但……

到了最後卻消逝的無影無蹤……

我知道戀愛是自由的，

我知道我不能限制你的戀愛，

因為我想給你自由，

讓你像天空的白雲，

自由自在的飄。

不像籠中的鳥兒，

被剝奪了自由……

我也知道我不能自私的，

把你給搶過來，

也許是因為思念你的心情讓我變的溫柔、軟弱吧！

而我也知道我不能再為你流淚了……

所以我會忍住淚水，

可是……

我始終還是會忍不住的……

流淚了……

　　張育綺的散文稿題目「全年無休的 7-11」經過修稿的思考改為「綻放在那最溫暖的轉角處」，我見到了那一份細膩的敘說親情，令我見到一位母親的偉大在於「無條件地關懷」，而我是為人父親的角色，我也想著：「一個父親的偉大，在於給予孩子一個夢想……」，這敘說文本的映照，讓我喜愛當一個小學老師。張育綺散文稿如下：

「全年無休的 7-11」

　　從以前到現在，都是媽媽在照顧我。我的喜、怒、哀、樂都是與媽媽分享。一直到現在，媽媽還是隨時的關心我。想到這段路都是這位媽媽在照顧我，有時我卻不領情，有時媽媽責罵了我，我就耍脾氣……。現在想起來，媽媽為我做了許多事，什麼都為自己的女兒著想，我是不是也該報答？我也是不是該關心媽媽？就像全年無休的 7-11，每一天，每一個時刻，伴隨著我……。

「綻放在那最溫暖的轉角處」

　　從前的七彩童年，就彷彿每一年春天，太陽灑下的柔黃溫暖著我的心情，清俏的微風拂過我稚氣的身軀。蝴蝶輕輕啜著繡球花朵，讓我也不知不覺地隨著無聲的節奏翩翩起舞。那麼完美少有的童話，媽媽努力完成的。耐心的陪伴、照顧讓我不缺，讓我天真的以為這是理所當然。

　　春、夏、秋、冬不知反覆了多少次，已十二歲的我，早晨瀏覽一張張相片，小時候，天真地向媽媽索取糖果的情形，不知什麼時候被捕捉起來，現在想起還真是可愛，成長列車不斷的向我開來，媽媽總是沉默彷彿母狗般，我卻以為這是絲綢緞羽，這樣是憧憬成熟？我是不是該責罵自己，這樣算是一個乖孩子？逐漸踏入的苦澀青少年時期，漸漸謀求獨立，沖淡了從前的幼稚天真……看到媽媽辛苦的教導弟弟，我心內頓時一絲苦澀一絲愧疚，百感交集，媽媽那麼盼望我們是個優秀的學生，我能這樣不懂節制地叛逆？看著媽媽臉上日漸長出的痘痘，她不在意自己的面容，一心一意的只求我們好……我能轉頭故說沒看見？一株絢麗的花朵，終究是陽光與水份助長成的。缺乏了其一，也許枯萎……。是母親，將我督促成熟，她讓我有一個美麗的夢想，也讓我有信心去面對種種難題，讓寒風再也不是淒涼，讓炎炎夏日再也不是讓人受不了的酷熱。她總有他人難以想像的包容與耐心，讓我也有點兒驚震她那麼的信任「下一次」。「母」「親」這兩個字是我心內最高尚的。只有「非人」心中才沒有母親。何謂「母愛」？它並不能用言語來形容，畢竟，它不是表面的詞兒。是一種複雜的感情。

　　一陣刺骨寒風吹來，打斷了我的思緒。突然瞥見那溫和的月光。灑在街道的溫暖，有如媽媽濃厚的愛……。

　　另外房于琳自行創作的散文雖未定下題目，而文本中的「走在同一路徑，一張張陌生的面孔擦身而過，」到「透過這小小的文字方框，我把生活中被遺忘的事物，以近鏡、以慢速呈現出來，跟熟悉的你、陌生的你，一同細味人生路上的苦與樂。」我的年齡足以是她們的父親了，這樣的人生經歷與感覺，是可以再細思人類的一般性經驗，是否如此雷同？房于琳的文本敘說如下：

　　家裡的牆上，有一幅熊的圖，圖中的熊，非常可愛，棕色的毛、黃黑相間的衣服、大小適中的耳朵，頸上掛著一個瓢蟲項鍊，右手拿著一個旗子，左手提著裝滿蜂蜜的罐子，左腳綁著一條線，上面吊著一個愛心。

　　這一隻熊，坐在草原上，草原種了許多蒲公英，還有許多蝴蝶蜜蜂會來取花蜜，讓人感到有輕鬆的感覺。

　　我非常喜歡這幅畫，心情不好時，看看這幅畫，想一想，心中就會舒服很多。

　　我們每天依循著既定的模式過活，上班下班，上學放學，走在同一路徑，一張張陌生的面孔擦身而過，形形種種的景物如快鏡般迅速消失，沒有人會停步觀看、細聽、感受當中些微的變奏，似乎一切眼前所見已成必然的規律，而我們只是重複走著日與夜的路線。

　　直到某天以後，我發覺呆板的生活起了變化，好像燦爛的陽光照進斗室，燃亮起寸寸孤立的空間，為沉睡的形體注入生氣，我開始對周遭的人物產生奇妙的感覺，更思考著彼此間存在的關係，那觸動的情感如雨水般傾瀉，直流進我的字裡行間。

　　透過這小小的文字方框，我把生活中被遺忘的事物，以近鏡、以慢速呈現出來，跟熟悉的你、陌生的你，一同細味人生路上的苦與樂。

　　這樣的一段童詩閱讀教學探究，我見到孩子們在這一段路程中的敘說經驗，是以文本來呈現，表達自己的一份生命敘說，我這教學者得有被邀請的角色，一同分享這私密的領地。我想作業單中的文本列問，已是一種教學的樣貌，列問會讓人回到某種位置，再度思考、再度澄清、再度推論、再度理答文本的或自我經歷的一切，更可再度閱讀自我，再度閱讀作者思考。因此在三月初我們做了「在夢裡愛說童話故事的星星」的小組討論，請各小組協商出這一篇文章的全文大意並分享彼此的不同意見，也請孩子們把討論結果紀錄下來，謄成文字稿作為全班協商全文大意的參考。此外再敲定三月十五日二節課、三月十八日五節課，共進行七節課的「教學錄影」，主要針對「閱讀作者思考」進行教學討論，我先將教學實錄紀錄成文字稿，再依文字稿對照著教學錄影的情境，以生活影像倒帶、追想、回憶的方式，將這教學經驗以敘寫小說的方向來敘說，為了表現這個教學歷程是師生共同一起完成的故事，所以教育故事以第三人稱全知的觀點來敘寫，在這個教室裡的一切活動是可以被看見的，另外我也邀請孩子們進行修稿補充細節的工作，希望這一

份稿子裡有她們的世界，我也將三月二十八日前，孩子以 E-mail 傳回來的第十六張作業單每個孩子的創作詩，選擇適當的情節插入這個故事，而文稿裡的標楷體是班上孩子們加入的細微描述，我也把修稿者的名字以括號標在文稿之後，來呈現這個教學探索歷程。孩子們的全文大意討論如下紀錄：

　　第一組大意：原因段（1～5 行）：大家的童年往事和秘密，就像一顆星星一樣，永恆地，種在天高地遠的天空。經過段（6～16 行）：這顆星星在天高地遠的天空，由父母為我們看守，讓我們感受到父母的愛，夜晚，也讓我們有個好夢，使我們去體會真正的人生。結果段（17～21 行）：在父母看守之下，讓我們可以在夜晚中下，作一個屬於甜美的夢，讓父母可以安心，這時，我們也要好好體會人生。全課大意：星星被種植在天高地遠的天空，星星在父母的看守之下，也讓我們體會到愛。這時我們要作個甜美的夢，體會真正的人生，好好孝順父母。

　　第二組大意：原因（1～5 行）：大家的童年往事和秘密，就像一顆星星一樣，永恆地種在天高遠的天空。經過（6～16 行）：這顆星星在天高地遠的天空，由父母為我們看守，讓我們感受到父母的愛，夜晚也讓我們有個好夢，使我們去體會人生。結果（17～21 行）：在父母看守之下，讓我們可以在夜晚種下，讓父母可以安心，這時，我們也要好好體會人生。全課大意：星星被種植在天高地遠的天空，星星在父母的看守之下，也讓我們體會到愛，體會真正的人生，好好孝順父母。

　　第三組大意：原因（1～5 行）：大家的夢，是孩子和星星的秘密，他們把夢掛在夜的花園。經過（6～15 行）：星星將在妳入睡後，和爸媽的責罵後為你說故事。結果（16～21 行）：在清晨妳是甜美的，在星空的花和他，不會離開妳的夢。全課大意：夜空中，有孩子的夢。不乖孩子的夢中，責罵也變成了故事。他不會離開妳。

　　第四組大意：第一段：小時候，不管男、女生都愛像夢的星星，大家把童年往事種在夜的花園。第二段：就算你說了謊，星星也會在夢裡說甜美的童話故事。第三段：責罰你的話都是星花，掛在夜空為孩子唱起晚安曲。第四段：他不會離開任何一個孩子的夢。第五段：快快入睡等著，一張開眼你就像在森林裡唱歌的畫眉鳥。第六段：像掛入夜空深處不見了的星花，他不會離開任何一個孩子的夢。全課大意：不管你做任何事，爸媽永遠都會原諒你，就像夜空裡的星星一樣。

　　第五組大意：原因段（第一段）：小時候，就算做錯事，星星也會原諒那天真的心。經過段（第二到五段）：愛說故事的星花掛在天空，像在綠色的森林裡啁唱歌的畫眉鳥。事件一（第二到三段）：爸媽責罵的話，變成一顆顆星花掛在夜空中，變成希望。事件二（第四段）：她，不會離開任何一個孩子的夢。事件三（第五段）：到了清晨，有畫眉鳥甜美的歌聲，迎接早晨。結果段（第六段）：她不會離開任何一個孩子甜美的夢。全課大意：在夢裡的星星都會說故事，星星也不會離開任何孩子的夢。文章之外的人生意義：體會人生母愛的關懷。星星就像父母一樣，會關懷、責罵我們，但都表示對小孩的關心。

　　第六組大意：第一段：小時候大家的秘密及童年往事永遠存在花園中。第二段：就算你說了謊，但是星星仍在夜晚進入你夢裡。第三段：責罰的話語變成星花掛在夜空等你了解。第四段：她不會拋棄孩子的夢。第五段：孩子別怕！隔天希望你像畫眉鳥一樣在微笑。第六段：在夜空中，不見了的星花，就在每個孩子的夢裡。全課大意：說了謊、做錯事、及孩子的秘密，都是最甜美的童年往事，掛在每個人心裡。文章背後意義：在人生中做錯事，不要忘了父母無形的愛，不要失去信心，努力朝著自己的夢想前進……。

　　從六個小組討論出的大意中，我們看出孩子們會依據各段落的大意，到歸納出全篇文章的大意，其掌握歸納文章的重點較不注意文章的細節，因此真正評量是不是完整地寫出本文大意時，有一部分的細微處是會遺漏的，而大意如果是界定在針對文章之內容時，孩子們也會有意無意地，把文章之外的意涵加到全文大意中來，使得文章大意與文章主旨區分的界線曖昧不清，一個是文章之內的全文大意，涉及這一篇文章都是在說什麼？一個則是文章之外的主旨，涉及作者在這一篇文章的背後在告訴我們什麼？因此全班協商段落的大意與全文大意時，我們做了區分大意與主旨的異同，由段落的大意到全文大意，如下紀錄：

　　原因段段落大意：大家把童年的秘密，永恆地掛在夜空。

　　經過情形段段落大意：不乖的孩子，爸媽責罵的話會變成像星星一樣掛在星空，在夢裡說著甜美的童話故事，唱著晚安曲。

　　結果段段落大意：清晨你的甜美就已掛在眉梢，他永遠不會離開孩子的夢。

　　全班協商的文本全課大意：大家把童年的秘密，永恆地掛在夜空。爸媽責罵的話會變成像星星一樣掛在星空，在夢裡說著甜美的童話故事，唱著晚安曲。他永遠不會離開孩子的夢。

　　我的教學敘說將參考 Riessman 從敘事中經驗再現的歷程，敘事研究過程中的再現層次，由初級經驗、注意、訴說、轉譯、分析、閱讀的階層，以小說第三人稱的書寫方式，呈現這次教學經驗的再現，其中會將孩子們的作業單內容引入這個小說中，讓這個小說包括著孩子和我一起的教學行動，我們以另一種形式揭露著教學情境中的真實，我們也等著有人細心地進入這個教學故事的形成中，注意我們夢想中的世界觀，讓大家開始明白這一些經驗。原來我的敘說文本定題為「在這裡，六月的鳳凰花禮物迎著微風」，我尊重孩子們的決議，將這敘說文本定題為「收藏回憶中的教室盒子」，以這個六年四班的生活創造在這裡和大家見面、在這裡和大家分享孩子們的內心世界：

收藏回憶中的教室盒子

生活印記著漫散
收藏歲月的語彙

　　接近畢業的日子還剩下一百多天，這個教室在等待六月二十日的畢業典禮，這裡的陽光從東方來的時候，像加入了一種特別的味道，有如梅子綠茶裡的滋味，水是滑溜中夾帶著些微的淡酸，綠茶的香氣順著嘴裡滲出的唾液進入味蕾，呼吸中都可以感覺到鼻腔裡廻盪著綠茶茶香的氣氛。這是畢業前的諸多回憶吧！雖然大家的相處時間沒剩多少，但至少能讓大家回憶這幾年來的快樂時光。在歡笑中有更多的回憶，在難過時一起分擔，不論是什麼大事、小事，都會和大家一起分享。這種感覺，就像淡淡的檸檬香草味道，雖然童年一定會有離開的時候，但當童年離開我們時，也表示著我們已經長大了（黎諺霖）。總想多停留一會兒記憶童年，而時間的現在進行式也會把空間推向另一個窗口，到時候他們看待世界的眼神又會不一樣了。

　　現在窗外的苦楝樹上冒著小小的春芽，微微的綠襯映著這三月微涼的季節，苦楝樹上的每一天，都會此起彼落地添上一些粉紅包圍著淡紫顏料的小花朵，濛濛如紗微風的姿勢讓她們更艷麗地與風詩歌，黃老師沒忘卻在那樹下停留的想像表情，淡紫般的香味瀰漫開來，告訴他這就是日子，這就是教學，這就是習慣過生活的一種形態。孩子們也彼此懂得，老師上課時會把眼

神逗留在那一片花海當中，尤其是當孩子們在交流一種不同觀點的小組討論時，老師的心思便走向花朵綻放的世界，或許他思念著蔡碧瑩同學的那一首詩「梅子綠茶」：

紫色的風鈴，輕聲響起……
緩緩抬頭若有所思的看著窗外，
那棵帶有回憶香味的櫻花樹，
望著淡綠色的小茶杯，
細飲一口杯子裡的綠茶
呼吸著那淡淡的梅子香味
像初戀的滋味
讓人想多嚐一口

眼睛裡瀰漫著煙霧
深邃迷濛的眼
使我走向那年夏天的午後

靜悄悄的躺在飄落的櫻花樹下
小睡片刻後
慢慢地將惺忪的眼神睜開
望見你依舊溫柔的背影
你踏著穩定的步伐向遠方走去
回頭一望，一個眼神，一句再見
再見了我的夏天

風兒輕輕的在臉上盤旋
我們都有那未知名的留戀
睜開一樣惺忪的眼
卻沒見一樣溫柔的你
瞧見桌上的畫冊
翻到有過最美好的那一頁
不應該把它丟掉
要掛在那樹的枝頭上成為永遠的印記
要讓它開出綺麗的花朵

跨出魔幻的第一步
前方會有通往幸福的天堂

也或許是他思念著崔爾軒同學的那一首詩「內心的世界與綻放的櫻花樹」：

在孤單、孤獨時，
我總是蜷縮在內心的谷底打轉，
想要暖暖的擁抱，
更不曉得什麼時候，
生命中才有真正的微笑，

在我孤單時，
開始發覺自己內心的櫻花樹，
在我孤單時，
開始欣賞著自己心裡下的櫻花雪，
有了櫻花樹陪伴，
好像不是只有我一個人而已，

在我胡思亂想的時候，
突然想到媽媽小時候對我的擁抱，
當我想到爸爸小時候對我歌唱時的微笑，
開始感覺自己的櫻花樹正在綻放了，
當人們嘲笑我時，
我不會是在孤單，

一直以來，
我的內心不分季節、不受拘束
我會把我的內心世界，
封閉在我的內心深處，
我會耐心的等，
等到我有了一個真正可以聊內心的朋友，
我將會邀請他，
到我的內心世界，
欣賞我內心世界中的綺麗……

　　這一天也如同往常的習慣，黃老師進到教室裡的導師休息室，輕輕的鋼琴音符已在這處打轉空間了，這張韓國鋼琴家白日夢的鋼琴獨奏曲子，也是孩子們走進導師室常聽的曲子，曲子中演奏著我們人類記憶裡共同的事，聽著這一群音符述說的生活中，很容易讓人想到日落、海灘、微風、鄉間落葉、或常在電影看到的景象。這十三首曲子的共同敘說在風潮有聲公司的包裝上可以讀到這樣的詮釋情懷，一些孩子也透過這一小段的文字敘述，感受「我們之間」、「與你同行」、「思念」、「下雨的星期日」、「白日夢」、「愛是」、「問句」這一些曲子，黃老師為什麼固定在一天的開始就撥放這張專輯？而且這固定的習慣已成為他的生活方式，慢慢的這一些生活方式也逐漸成為這是孩子們為他準備的。桌上一大杯的普洱綠茶也是孩子沖泡好的，每一天都是這樣生活，在他走進導師休息室的第一口就是幸福的，茶是溫和的，音樂是清淡的、優雅的、平和的。在這小小的空間裡有他想要表達日子的樣貌，長一百八十公分寬六十公分的長方形會議桌上，擺放著三十公分長的小魚缸，魚缸裡的野生孔雀魚在片頁岩堆起的空間和水蘊草編織的綠色小世界穿梭起每一個日子，魚缸旁的筆記型電腦是他編輯教學資料和收發學生傳回來的E-MAIL 作業單，桌上有幾本李魁賢翻譯的歐洲經典詩選，放在小 CD 木櫃盒旁，一尊金色的日本阿彌陀佛直立在上頭，正看著他的樂在其中，佛像的背後一大束乾燥了，還依舊保持鮮黃的水晶花，像極了天上的星光銀河。插在直線條的玻璃瓶中，從這玻璃瓶向上延伸的綠色黃金葛，輕微地走向窗外的陽光。窗台則是一處小花園，幾個小盆栽種著聖誕紅、聖誕果、仙客來、非洲堇、金毛菊、還有一大盆夏日陽光的黃色玫瑰花，每一段時間會看見剪枝後，再冒出花苞到開啟兩三朵的鮮黃，再向遠處望去則是卑南山、中央山脈，趴在窗緣可以看見都蘭山柔柔的伏媚與朦朧的午後山嵐拉出一條白色絲帶，而山中的一切綠樣兒已轉化為更沉潛的靛藍色。這眼睛裡的空間還有縣立游泳池前的十幾棵南洋杉樹，它們已高過七層樓高了，像一處小森林立在窗遠處，縣黨部摺扇形的屋頂和高過它的苦棟樹、無花果樹，在春天表現的訊息就特別地春天了。

　　黃老師工作桌前的這一面牆壁上貼著日課表、幾張報紙剪下來的古老城堡圖案，貼上他自己寫的幾首詩，最明顯的是貼著林徽音一九三四年六月發表在學文雜誌的那首「憶」，詩旁浮貼著一把鑰匙式的木製小提琴，它拉的好像是這首「憶」的曲子，沒有作曲家為這詩譜過曲子，所以只能用讀者的

心弦拉著自己的調子：「新年等在窗外，一縷香，／枝上剛放出一半朵紅。／心在轉，你曾說過的／幾句話，白鴿似地盤旋。／／我不曾忘，也不能忘／那天的天澄清的透藍，／太陽帶點暖，斜照在／每棵樹梢頭，像鳳凰。／／是你在笑，仰臉望，／多少勇敢話那天，你我／全說了，……像張風箏／向藍穹，憑一線力量。」詩的右邊貼著他自己孩子四、五歲時的童稚生活照，天真的日子都寫在這孩子的可愛笑容底，小朋友送他的聖誕節小卡片和他自己孩子送給他爸爸的圖畫也在這裡書寫回憶，好像這裡就是收藏回憶的處所，一張棗紅的海報印上玫瑰白色的大字體：「故事在我口袋」，海報裡頭一群孩子盯著目不轉睛的眼神，聆聽說故事人的表演，一個小女生穿著白色洋裝，露出天使般的笑容，擺出舞蹈班的姿勢，對著你笑。就對著你笑：Tell Me a Story……這個班上的孩子們是閃著亮開的眼珠子看著他的，有時這裡會聚集許多孩子逗笑，有時這裡會是獨處室，有時這裡會是有個孩子安慰另一個孩子的情感交流室，最熱鬧的還是告狀室，不是自尊心又受傷了，就是覺得被欺負了，要不然呢？就是想向老師要回一個公平的處置方案，他們也常對這位老朋友說著：「你老了！快退休了！」這老師也不以為意，因為這是生活中的人際互動學習，孩子們在操作人生的尺度範圍，這一些玩笑在上課中也會此起彼落地來上一段情緒插曲。

　　孩子們記得黃老師手上這馬克杯上的象徵意義，藍色的天空，幾朵白雲在天空裡玩耍，一隻小熊闔著微笑的眼睛趴在雲朵上夢想，兩隻小熊坐在雲朵裡聊天，另一隻小熊伸手輕捏著天上的小星星，把手上有三顆星星是他把握住的習慣，他向孩子們說過：「一個人最偉大的地方／是帶給／另一個人／夢想……／／清晨，一張眼，／就想看到／明天的太陽。」他希望孩子們看夜晚、看星星、看月亮、看太陽、看藍天、看春燕飛翔，看微風在心窩處的姿態涼涼的。

　　這一天的日子有點兒特別，他商請了實習老師在班上架設錄影機，準備錄製「在夢裡愛說童話故事的星星」的教學實務影片。他已和孩子們商量好了錄製七節課，三月十六日星期三綜合活動時間二節課，三月十七日星期四黃老師的上課時間上午二節課、下午三節課，分二個工作天錄完，並說明這工作一定很累人，小朋友會很心不甘情不願地，進入文本找細節來支持自己的閱讀，其中會有小組討論與爭論，會有不同的閱讀視點在這裡發生，老師的上課會比以往嚴肅，皺眉頭的表情比平常還多出許多，中途一定會停下來

嘮叨或罵人，請他們諒解，也請他們接受威脅。邱彥翔一聽便知道事態嚴重，他為了減緩此時此刻的低氣壓氣氛，故意說著：

「啊！如果錄影沒有成功哩？」

他厚厚的嘴脣笑開來的樣子就討人喜歡，如果你知道欣賞的話，平常不太喜歡他的女同學，這個時候卻又特別欣賞，他那能隨時在老師的人性夾縫中穿梭自如的人際敏感能力，大夥兒正集中精神，興致勃勃地準備看這兩位忘年之交的對話呢。黃老師知道這是一位重情感的孩子，只是一些心底的話常不輕易說出口而已，他的那首「失戀的愛」令黃老師在全班面前讚賞過：

坐著吉普車，
遊走藍色海，
口中啜飲著酸溜溜的果茶，
黑夜中的月亮，
顯得更加悲傷，
使我想起那夏天。

妳拿給我的紙條，
斷了我的情意，
妳是天，
我是地，
為何我不是那雲？

沙沙做響的海浪聲，
撫平了我心中的痛。
可我不想放手，
輕易的放手，
你的溫柔變成冷漠
此時的我，
我願意放手，
讓你自由……
眼前的妳慢慢的模糊
變成那霧
那霧出現的彩紅

使我追隨
我向前抓著那霧
可是我和那霧已散
我夢裡的流星是你嗎？
有了你的陪伴，
我不再孤獨。
或許
我已成了飄渺，
在妳內心深處。

妳是我的忘憂草，
那樣的溫柔
那夢是愛的國度。

「那有什麼關係呢？」黃老師說著，眼神裡充滿孩童時期的淘氣看著他，「孩子嘛！別和他們計較那麼多。」

「這才像話嘛！」邱彥翔明知道老師後頭一定會丟出一句語帶要脅的話，所以他只裝模做樣地順道說說而已。同學們也跟著拍桌子叫好！坐在前頭的崔爾軒直傻笑地看看老師的反應後，再對著身旁的翁郁唐嘀咕耳語，兩人偷偷的笑已是默會。他的憨笑裡包圍著人際智慧，每次他都能脫困，惹得老師又氣又笑又欣賞，他只負責露出天真無邪的笑容，但這回黃老師特意避開他，以免中計在玩笑堆裡。

「說的也是！我慢慢地像話一點點，讓你們慢慢地充滿幸福的味道！」他故意在導師時間下課前回應了同學們的逗趣。並要求同學們拿出自己準備的閱讀作者思考資料，先在小組中交流彼此的看法，準備三、四節的錄影工作。這時的小組活動可以預想得到，像菜市場的人際社會活動一般，一種趕集的樂趣，像逛街的閒情，隨意看看、東挑西挑攤前的物品、放下手上的物品、和老闆哈啦幾句，就走人了。黃老師知道這是正常的社會活動、正常的社交習慣，話題會隨著東扯一句西扯一句的生活閒事，漸次地集中到教學主題。這像運動前的暖身活動，活動筋骨、活動情緒被小型社會接受的內在感覺，像找到了一種傾訴，內心裡頭的氣氛包圍著關懷、支持，一種心情相同的同情心把大家連結在一起，像找對了表達自己內在感覺的語詞一樣，自己與他人都舒坦了。像找到了句子表達的關聯詞一樣，句子也通順了。第三節

課開始前，錄影機已架設在教室後頭，幾個好奇寶寶湊過來觀察一番風景，電子鐘一響，黃老師如前一般固定習慣，請小朋友先預習五分鐘資料，準備要發表的觀點，幾個小朋友已進入情況，另外的則是邊拿資料邊閒話家常，喝喝可口可樂扮扮鬼臉，取樂同組的友伴，教室中如麻雀群聚覓食一般熱鬧。這裡的教室像一個小型社會的縮影，自然地進行著對話的彼此教導、彼此學習、彼此發展生命的探索，這一些組合像對話式的教學模式，一次生命對話的好好認識生活。

黃老師這天穿著黑色毛線針織衣服，往常的藍色牛仔褲，手上握著一個馬克杯，從導師室走出來高瘦的身材，還可以聽到導師室傳出白日夢的鋼琴音符，微輕微淡的輕聲音樂，站上講演台的他，還沒有露出笑容就專注地看著孩子們說：「眼睛、耳朵……？」

「看老師。」

「準備好了沒？」

「好了。」

「開一點點那個，開一點點那個，讓風進來。」黃老師指著窗戶，示意窗邊的同學這麼做，「一點點就好，讓空氣進來。好，可以了。」他喝口綠茶後又重複了一次：「眼睛、耳朵……？」

「看老師。」孩子們已完全安靜下來，眼珠子盯著老師。當他抬頭環視同學時笑了，這一節課的第一個笑容，之前的他是雙手抱著胸膛，皺著眉心沉思進入課程的主題推展，他看了同學的服裝和今天的天氣變化讓他笑著問大家：「感冒的舉手！」零散的幾位同學舉著手，他開著玩笑的口吻說：「喔！怎麼了？怎麼了？怎麼了？」好像他正笑著孩子昨夜踢開被子的神情讓他這樣的笑，「喔！好！最近天氣很善變，請你們照顧好自己的身體，衣服要自己加穿。」

「那個，易儒在哪裡？」他指向那個空出的位子問話。她的那首詩「鮮奶」讓大家更懂得對待關係中的幸福感：

藍白色的雲，在天空飄著……

撐著頭往窗外看

那間有著幸福回憶的超商

使我不禁倒杯甜甜的鮮奶

邊喝邊望著那超商回想
去年的夏天……

一早
桌上放著一瓶甜甜的鮮奶
想……
那一定是你
可惜沒看見你那傻笑的臉

下午
我望著超商等著你的出現
你那溫柔的背影
沉重的步伐向我離去
回頭說句再見

雨水漸漸灑在大地
望著那間超商
有人的戀愛像是糖一樣甜
有人的戀愛像是雨水一樣鹹
只要好好對待
就會有幸福的道路

「易儒喔？她回家了。」有幾位同學回應老師的不解。黃老師簡單的說好後，補充著：「那個易儒感冒已經連續一天了，老師昨天有碰到她媽媽，易儒很可憐地坐在、癱在車上，臉上紅咚咚地，一定不好玩的周休二日。」他也看著正在底下說話的陳岡：「好！陳岡，你還有事嗎？」陳岡搖著頭，聽著老師說的話，他在心裡想著：「再過不久，大家就要分離了，或許就因為這樣，大家就更珍惜現在還未變成回憶的朋友，在畢業後，大家的友誼是否會更好？沒有人知道，這個即將分離的六年四班，或許再過個幾年之後，會再聚在一起吧？我這樣真心的期待著……所以，在這個六年四班還沒變成回憶以前，我要趕快珍惜（陳岡）。」或許他的心中有一個網，因此這首他寫的「無題」正好是他心中的一些話，他需要一次成長似地破繭而出，讓自己看見成長中的美好，成長就是心靈之藥：

快樂，

在很久很久以前還存在，

到了最近，

他跑去一個遙遠的地方，

我找不到，

難過，

跑來陪我玩，

難過刺傷了我的心，

那根難過的刺，

拔不起來，

但在很深很深的心裡面，

快樂替我擦了藥……

黃老師開始不苟言笑的說出今天的上課主題：「今天我們要做的教學錄影是閱讀作者思考。」他一面講述、一面說明、一面在白板上書寫：「好，這篇文章老師已經發給你們了。你看到這一篇文章，這是你確定的，這是一首詩，這首詩是一個文本，我們上一次已經討論出這一首詩都是在說什麼的文本大意了，這是屬於一個文本之內的意涵。」黃老師早已把「在夢裡愛說童話故事的星星」文本發給小朋友，並且把上一次小組討論全文大意的紀錄稿發給同學們，黃老師自己也再一次地看著孩子們的討論稿後，繼續說明今天教學的重點：「今天我們要做的是第二個，文本之外的意涵，也就是作者在這文本背後，要告訴我們的人生道理是什麼？這是作者的人生思考隱藏在這文本裡頭的人生思考。你必須要從文本的細節，去找出證據，來證明你所說的。或者，你會從文本的細節做了一個推論，推論出一個作者的人生觀點。無論你在文本裡面的文本細節或文本裡頭的重點，你是依照你所找到的證據來支持你所說的體會。你閱讀到的與每個人所閱讀到的角度、想法、人生道理可能都會有不一樣的地方，但最重要的是你有了自己的看法。你從文本的推論過程中，讓你的觀點在公開場合被聽到了、被討論了、被大家所接受了。」他把說明的重點用概念階層圖的樣式寫在白板上，白板上可以清楚的看到黃老師剛剛排出的綱要，閱讀作者思考的字體較大寫在最上層，閱讀文本之內的意涵後面加了一個小括號，寫著文本大意，這是閱讀的第一層。閱讀的第二層他寫著文本之外的意涵，後面同樣地加了一個小括號，寫著作者隱藏在

文本背後的人生思考。他看看同學注意著白板上的書寫後，接著說：「等一下先給你們自己準備五分鐘，同學們現在要做的就是這一個工作，然後老師再請小朋友發表，這時會造成爭論。希望小朋友站起來發表的時候，其他的小朋友也在聽聽他的看法，你支持或不支持，贊成或不贊成的同時，你也會想想你的意見，這些觀點的激盪之間會造成彼此爭論，也會造成大家討論的不同主題。最後，我們再一起從爭論和討論的這一些資料來重新檢視，到底哪一個證據，哪一個細節是支持這個文本的作者思考，是這個作者在這一個文本內容上的思考。」他的一面書寫一面看著小朋友的專注情況，「另外你也可以從這一個文本的形式，也就是這文本的結構基架去做推論，作者在第一段跟第二段的連接上，或其它段落與其它段的連接上，可能隱藏的深層含意是什麼？從段落的形式，你可以做推論，或者從文章的題目，你也可以做推論，推論的地方只要是在這一篇文章的，都可以找出來。再或者，你也可以用你自己人生的經驗，你用自己的人生經驗做推論。這樣的閱讀角度是很多的，你要去應用這一些資料，文章中，文章的細節、然後段落的結構、然後自己的經驗，都是來當做你推論的例證。」這一小段的敘述也看著白板筆吱吱喳喳地寫著綱要，在作者隱藏在文本背後的人生思考下方，已條列著四個小圓圈標上號碼的小重點：（一）文本的形式結構（文本基架）、（二）段落的形式銜接（段落與段落的關係）、（三）文章的題目、（四）個人經驗（自己的人生經驗），並且聽他提醒小朋友：「等一下你們起來發表的時候，請你們的聲音要特別大聲，因為在錄影，要像老師這麼大聲。這中間你們可以開玩笑也可以搞笑，但是搞笑完了請你馬上回到文章裡面來。」隨後黃老師在小組中走動，各小組的同學已有許多同學專心在文章裡整理自己的想法，也有一些同學還小心地玩著，偷偷和同學打個小道消息，穿插一些生活話題而淺淺地笑著，黃老師知道這剛開始的場景本是如此，他看著蔡碧瑩一直集中在文章裡的世界，他心底有譜，也插敘地說著：「現在不是和其他小組討論，現在是你的個人閱讀，你自己去找出閱讀作者思考在文章之外，作者要告訴你的人生道理。剛剛發的資料是討論文章的全課大意，這個全課大意是文章中的，這一篇文章都是在說什麼？現在你要跳出來，你要站在高山上來看作者告訴你的人生道理是什麼？」

「要像山上看風景那樣嗎？」許家維直接問著老師。

「對！自己的想法，你個人體會的人生道理。」

　　「老師，這個字是什麼？」陳怡君抬高眼睛問著文本第二句的字詞「窗簾」，黃老師走到他的眼前說著：「窗簾」。她還是一臉疑惑地皺著眉心再說一次：「老師！是什麼？」

　　「窗簾啦！就是那個窗戶旁拉的窗簾。」她並不因為老的解惑而開心，反倒是說了：「這裡，這裡很難畫。」這老師也知道她的主要訊息是針對今天的主題教學很難，她要找到一個地方，可以表達不喜歡做這個有挑戰性的討論教學。她喜愛時間停止，讓她停留在詩中，停留在「風中的愛情蔓藤」裡回憶：

風……
今天卻不停的吹
是不是吹起我對他的思念

回到……我們相遇的時候
還記得那株曼陀蘿花嗎？
花開花落花謝就像我們

花瓣裡有你我的回憶
回憶……有我們的愛情

時間是愛情的天敵
時間如果停止

愛情像蔓藤
永遠延伸在我的心裡
延伸到永無止境的那一天
永無止境的那一天
將是……
愛情結束的一分鐘

　　老師沒有再理會，只輕鬆地走在每一個小組中，對一些同學開開無關緊要的玩笑，讓這裡的氣氛更輕鬆一些，他看著蔡碧瑩很專心地著筆在那文本上塗塗寫寫，文本中有一些重點被圈了起來，拉了連接線索。他會走回講桌喝口茶再走入小組，有的時刻會停在一、二、三、四組的中間地帶，抱著胸膛眼睛回頭看著自己寫在白板的綱要，若有所思的眼神只看著一個地方。他

回到講台會再敘述剛才所想到的，這時的他會笑著對全班說笑，腳步移向第五組看著王基麟，邱彥翔和陳羿妃也側著臉，盡量不跟老師的眼神接觸，老師剛好看著王基麟時可以躲得掉老師的注意，陳依雯和張揚法背對著老師，只要壓低身子是不會被注意到的。她們兩人忽略了詩是躲不掉、掩藏不了心裡想要表達的一切，像陳依雯的詩「在生命中高峰的思念」生命的樂章：

> 悠閒的思念
> 瀰漫在山上的高峰
> 輕輕往下看
> 看透了平凡
> 輕輕聽一聽
> 聽透了複雜
> 頓時
> 山上的空氣
> 讓我了解
> 什麼是
> 生命的樂章……
>
> 想起答應她的諾言
> 由山上的風記憶
> 複雜的感情
> 由平凡問起
> 問起誰是我的思念
> 我只能把她藏在
> 我回憶的山巔
>
> 突然！！
> 避冬的候鳥從我眼前飛過
> 讓我從她的記憶拉醒
> 原本春天的甜蜜
> 在後悔的時刻
> 拉回的卻是
> 冬天的寒意

我只能問自己
為什麼被那寒冷的冬天
有所吸引……
為什麼把自己
所有的思念
藏在那人的心裡……

像張揚法的詩「秘密花園」會漸漸的看到了，這不是夢。

夏天的下午，
我走到我的秘密花園。
一走進，
就聞到了……淡淡的香氣與香味。
使我慢慢的跨過腳邊的障礙物，
只想繼續的探索我的旅程……。

放下，
手邊的重物。
緩緩的前進，
注視著每一個景色；
淡淡的霧，
圍住了我的視線。
可是這股淡淡的花香又是什麼呢？
我沿著路線慢慢走，
漸漸的看到了。
看到了一朵花，
他的香味像這股霧，
迷一樣的……香……；
又酸甜苦辣。

而它長得卻像，
一個人。
慢慢的，
讓香味包圍著我。

可是卻被一隻蜜蜂的刺，

給切斷了。

它吸取花的蜂蜜，

把花蜜給帶走了；

花哭了，蜜蜂笑了。

這不是夢，

也可能只是一個幻想。

「好，停！眼睛、耳朵……？」

「看老師。」

「我們要開始請第一個人發球，發球完了其他的人要跟著他的觀點，開始對他提出質疑，或者贊成他的看法，或者你的經驗要加在他身上，你也有跟他一樣的體會，你的想法跟他一樣或不一樣，在這裡要造成討論跟爭論的，要很熱絡的。氣氛如果很熱絡……很熱絡的話，老師的心情當然就會很好，作業就越來越少，OK？」

「OK！」王基麟靦腆低頭的笑回答著。黃老師的腦子裡還盤旋著王基麟的那首「回憶」：

夜晚

心

讓我思念起以前的回憶

晚風呼呼的吹

再次讓我想起以前的回憶

想念著天空的你

想像當時的回憶

時間總是過的快

好時光

過的快

壞時光

過的慢

讓我想起當時我對你的回憶

時間真的讓我不了解
why？
過得那麼快
回憶讓我永不忘記

他詩創作的思考表白也很特別的以詩的樣式表達的：

夜晚：晚上
思念：想念
想念著天空的你：
天天望著天空想你
時間總是過的很快：
當時的情景為什麼要過的那麼快
晚風，讓我想起當時我對你的回憶：
晚風一吹過我的身體就把我的回憶甦醒了
時間真的讓我不了解：
時間總把我耍的團團轉時，
好時光為什麼過的那麼快，
壞的時光總要過的那麼慢
回憶讓我永不忘記：
你對我的回憶我永遠都放在心裡永不忘記

　　黃老師知道這個孩子有股潛力，等待一種契機讓他在被喜歡的情境中表達自己，他雖然不習慣散文似地在友伴面前侃侃而談，但偶而從生活中蹦出的一、二句話卻令人訝然的。

　　「OK！準備好了嗎？好了嗎？王基麟，準備好了嗎？你等一下不要被吐槽喔！來，你發第一個球。」他作勢跟其他同學暗示，等著王基麟說出他要說的觀點。

　　「……。」王基麟的聲音故意讓老師聽不清楚。黃老師說：「大聲一點，我聽不到。」

　　「……老師，我可不可以不要說。」王基麟除了語焉不詳之外，只一句我可不可以不要說讓老師聽得很清晰。黃老師故意說著：「小朋友，我們現在請他發表，請問他可以拒絕嗎？」

「不可以。」全班同學異口同聲地回了話。這倒是很有趣的事，因為同學們都知道老師喜歡他，他可以同時讓老師受不了，也可以同時讓老師喜歡逗他，他們這一大一小經過一學期的情感發展，像個朋友一般，黃老師請他站起來發表，他卻戲謔地笑出聲音來說：「我第二個。」

「什麼？」

「我第二個。」王基麟知道老師會接受的。黃老師把焦點轉向旁邊的邱彥翔說：「那第一個就邱彥翔啦！」全班樂不可支地哈哈大笑

「你人生體會應該很多的，請站起來。」邱彥翔直說了：「我還沒想完。」

「還沒想完？，那你回家在混囉！」邱彥翔一面謹慎一面小開玩笑地說：「啊！沒有啊！」

「這篇文章，作者背後要告訴我們什麼人生道理？注意聽他的觀點。」老師輕鬆地看著他笑出聲來，邱彥翔還是補上一句：「還沒想出來。」這一句的表情中夾著先放我一馬的低姿態。黃老師已快速地注意到第四組後頭傳來的嗤嗤笑聲，陳岡忍不住自己的笑聲，總是要讓組中的友伴笑聲。黃老師的眼神調向第四組說：「陳岡，給我一個開心的人生看法。」並表明他要加入和陳岡爭論不同的觀點喔！

「我覺得……我覺得在那個第五……。」陳岡閃爍其詞地吐了幾個字。

「整篇文章的背後，作者要告訴我們什麼人生的道理？」黃老師遠遠的看著他。

「這一篇文章我覺得作者要告訴我們的是不管小孩子怎麼樣，爸爸、媽媽還是會很愛他的。」陳岡一邊看著文本一邊抬頭說完他的觀點。

「不管小孩子怎麼樣，爸爸、媽媽還是會很愛他，所以，你針對的是爸爸、媽媽之間的，爸、媽的愛，是不是？」黃老師澄清他說的並且證實他的說法，並且在白板上紀錄了爸、媽的愛。

陳岡說著：「是。」

「不管怎樣，爸爸、媽媽的愛怎樣？」黃老師的身體動作，表現著教學引導的傾身向前。

「哦，都是……，不管做了什麼事，爸爸、媽媽都還是愛著小孩。」

「不管小孩子做了什麼事，爸爸媽媽都會愛……都會愛他的孩子。好！」黃老師轉向全班說著：「陳岡指出的是文章裡面爸爸、媽媽的愛。」

陳岡看老師說完而接著：「大概就這樣。」

「啊？」黃老師的疑問是想著陳岡是不是會接著往下延伸，陳岡只簡單地回著：「就這樣。」

「就這樣子，有沒有人要請教他？請教他這個……」黃老師指著白板上紀錄下來的重點，文章細節重點、段落形式、個人經驗，希望有同學從這三個面相挖掘。

「它裡面不是只有爸爸、媽媽的愛。」蔡碧瑩一邊舉手一邊說著。

「嘻嘻，太帥了！」黃老師一聽此句，便露出笑容，這下有爭議了。賴亭安一直轉頭注意在傾聽這之間的異同。蔡碧瑩繼續說：「因為它裡面啊！是星星嘛！然後要照亮好像意思是說要照亮每個孩子，就是要把爸、媽私人的愛很體諒。」

「很體諒？」黃老師特意重複她語句不通順的點，故意逗她：「妳在那邊跳舞？」。蔡碧瑩發表時的肢體動作，會把自己喜歡跳舞的柔軟動作，不自覺地展現出來。老師越是逗鬧，她的動作越多，笑容也越多，語言也越模糊地說：「那……」。全班正在笑老師陪著她像小孩子一樣逗腳，大家已習慣邊上課邊玩出生活中的一點趣味了，黃老師慢了肢體動作說：「慢一點講話，來。」

「這一篇文章不只有在講不管小孩子怎麼做，爸爸、媽媽都會愛他的孩子。這個愛是爸、媽的，」蔡碧瑩說得更順暢了：「這篇文章不只有這樣子！」

「碧瑩，你講的是什麼？請再講一次。」

「它的愛還有……，還有進展到那個像大眾，就是給大眾的愛，像星星一樣發亮。」

「這個愛裡面還有提到的是像星星一樣的……眾人之愛，碧瑩，可以這麼說嗎？」黃老師補充了她的看法，順道澄清地問她，這是不是她要說的。

「嗯！」

「好，也就是說不是只有這一個小範圍，她從星星這個地方，是一個比較大範圍的眾人之愛！還有？」他順及在白板上區隔了線索，寫上（一）父母的愛，（二）像星星一樣的眾人之愛。他看著第二組說：「林佩靜同學，今天妳好美麗（全班在笑），請站起來，請說，妳怎麼解釋我不管，好，請大聲一點。」林佩靜的左手撐著桌面，看著老師想笑又不想笑的開始打開雙手說著：「我同意蔡碧瑩的看法。」

「停，妳同意蔡碧瑩的看法，為什麼？」范振彥一聽到為什麼，馬上趴在桌面再抬起頭來看著她笑。

「因為頭一往上抬一看就是星星啊！」林佩靜笑著說。

「妳說什麼？妳的證據是？」

「頭一往上看就是星星啊！」林佩靜有點想笑出口地地重述一次。

「從皇上看就是星星？」黃老師把「往上」兩個字曲解成「皇上」，還把「皇上」二字寫在白板上，全班都笑翻了。林佩靜只好鎮靜地放大聲音，一字一字地說：「頭一往上看。」

「什麼？」他正經地裝傻，台下同學看不下去了，伸出援手糾正他的聽覺，說：「頭一往上看！」

黃老師知道他聽錯了，把雙手食指按著太陽穴向後一翻，看著天花板說：「好，頭一往上看，怎麼樣？」

「都是星星。」

「然後呢？」

「所以我覺得應該是眾人之愛。」林佩靜語落，黃老師跟著不放地說「所以妳覺得應該是眾人之愛，因為頭一往上看都是星星。」

「範圍很大。」

「那一個範圍？範圍很大？」黃老師只集中在和她的對話，班上鴉雀無聲地跟著這觀點：「所以應該代表的是眾人之愛？作者有這個想法？有？從文章中的哪一個細節，可以……可以……可以找到支持妳這個看法？」林佩靜堅定的表情點頭，在班上同學面前肯定自己的看法。她把一種堅持的努力默默地看著「黃昏的海」，看著黃昏慢慢消失又想起什麼呢？黃老師曾見到她朝霞的臉，有活力開展的笑容：

今天
你約我去看黃昏的海

我在你家門口站了一個小時
你還是沒有出來
你打了通電話
我沒接
因為
我們的感情就快消失不見
我救了好幾次

都救回來

這次

我……早已放棄

我們的感情已消失

就跟黃昏一樣

漸漸消失

你用簡訊傳給我

這是我們倆的最後……

很抱歉

看完了

不禁落淚……

我走到海的另一邊

看著黃昏慢慢消失

又想起

我跟他的感情像黃昏一樣

一直想起這段話

淚水

不停的流……不停的流……

「那麼這個作者就神囉！有嗎？」黃老師神氣地把雙手放在背後，他希望得到認同的眼神看著全班同學。

「老師，你在說自己喔！」台下同學的噥語聲，讓黃老師低頭害羞又暗自愉快地轉頭避開這話題，因為這個文本的作者是黃老師自己的創作文本，同學們後來知道這是老師的作品，就故意噱他。

「好，誰可以補充那個佩靜的觀點？張育綺？」

「老師，你說這裡嗎？」張育綺拿起文本說著，黃老師的手也指著他手上的資料說：「不一定在文章找，我所說的是在自己的經驗找、在段落的形式找、在內容細節找，也可以在廁所找，在天上找也可以。」

張育綺被老師冗長的敘述攪亂，而問著老師：「什麼意思？」黃老師也裝迷糊地搖搖頭，逗她一句：「什麼？」

「第十五句。」她說完。老師則重述:「他不會離開任何一個孩子的夢。這一句?」

「是。」

「好,這一句妳要把它放在支持父母之愛,還是眾人之愛?」

「眾人。」

「為什麼?」

「因為它說任何一個。」

「那麼它說任何一個指的是眾人之愛,也就是全世界上所有的小孩,是嗎?」

「……」她只斜著頭淺淺地笑,望著老師時,老師會讀出如她詩中的「最美麗的還是在透明」:

> 小時候,
> 心底深處那看不見的晶瑩童話,
> 花蝴蝶,
> 總愛繞著像夢一般的,
> 翩舞那似輕柔的花朵。
>
> 追逐那灑下似彩虹的陽光,
> 彷彿,
> 爸媽手心的溫暖。
>
> 春去冬來,
> 秋來夏去。
> 父母微笑依然,
> 依然閃爍透明星光。
> 彷彿永恆地,存在天高遠那不見了的夜空。
> 高掛星空,
> 等你抬頭仰望,
> 仰望那似童話故事的晶瑩。
>
> 耳邊迴響的風鈴童話,
> 總是那般柔祥。

晴朗的夜空，

為黑夜點綴的，

永遠是那不熄滅的星點。

「什麼？星星所照顧的？」黃老師露出大笑，笑得彎下腰來，「星星會照顧人嗎？那就是有怪獸囉？有怪獸，有怪獸……」他唱起歌來了。

「星星照顧得到的。」張育綺也開始笑得側著身子回答老師。

「星星會照顧人嗎？」第五組的同學和邱彥翔笑得很樂，連椅子都可以向後靠，他知道「猩猩」是一種動物。

「拿香蕉皮給牠吃！」陳岡的這一句話讓全班掀起笑的浪潮，他是一個情緒型領導人物，會在適宜的時刻給大家歡樂。

「為什麼老師會問這個問題？」

「她說，它照顧得到的。」房于林幫腔著。

「我問她的是，星星會照顧人？」

「抬頭夜晚有很多的星星，他都不會離開任何一個孩子的夢。」楊晴也幫腔著說：「它照顧得到的，那些星星會照顧人。」她對幸福的那對白色翅膀一直有期待，她雖然不曉得，到底幸福……有沒有那對白色的翅膀，或……那只是想像，甚至不存在。但她清楚，幸福是什麼感覺，甜甜的，她練習過勇敢，學習過等待，也尋找過原諒中的原諒，更讓她期待著……白色翅膀的出現，這對翅膀，或許能讓她擁有幸福，讓她能在風中飛翔，讓風撫過臉，讓雲兒對她笑，讓她對「幸福」這兩個字再次微笑，充滿希望。這一首詩「幸福」或許就是她對這一點的期待，也是她對幸福的疑問，更是希望她找到的翅膀可以翱翔在那藍白色的天空（揚晴）：

幸福到底是什麼？

是否就像那對白色的翅膀……

可以翱翔在那藍白色的天

花開了，又枯了，

幸福是否就像這樣，

來了，又走了，

美麗的忘憂草

幸福是否像忘憂草一樣

讓我忘掉所有憂慮的事情
薰衣草花海，
隨風搖擺，
天黑天亮，
讓我有些迷惑，

幸福的那對白色翅膀，
是否可以永遠飛翔在那思念的天空，
幸福是否要一對白色翅膀
帶我勇敢向前飛去，

學習快樂，
忘記痛苦，
練習勇敢，
學著等待，

幸福的那對白色翅膀，
是否可以揮走那寂寞，
是否可以趕走那心痛，
是否可以找到原諒中的原諒，

雲若傷心，
可以降下雨，
變成大海；
翅膀若累，
可以停下來，
變成等待；
幸福若停，
可以坐下來
等待七彩虹再次出現，

幸福，
或許不是一種甜蜜，
而是另外一種痛苦的開始。

白色，
或許不是一種純潔，
而是另外一種黑暗的起源，
翅膀，
或許不是一種勇敢，
而是另外一種害怕的起點，
快樂，
或許不是一種歡樂，
而是另一種痛苦的留戀。
寂寞，
或許不是一種孤獨
而是另一種等待的原點。

為什麼有幸福？
在愛的世界裡，
幸福是一種快樂，
只希望天天可以與你一起，
愛要平衡，
幸福才會永恆，

有喜、怒、哀、樂，
有酸、甜、苦、辣，
才會有愛與幸福，

幸福，
到底是什麼？
幸福，
到底有沒有屬於它的那對白色翅膀？
幸福，
到底有沒有屬於它的定義？

　　「這個問題我認為很重要，為什麼呢？有誰可以幫忙補充？」黃老師停在這裡和同學們有一句沒一句地往返，像個頑童，還說著：「這個時候若是

很高難度的問題我們就要取消了！」這個取消的字眼，孩子當然聽得懂他的暗語，那是取消畢業之前的一些夢想活動。

「雖然他不是英雄，但她確定是個美人。」黃老師指向第二組正舉手的許家維，他總在危急的情況下伸出援手，因為他聽了同組的楊晴澄清了的看法後，開始按捺不住想說話了。他說：「我的想法是……」黃老師請他講清楚一點，並要求其他的同學注意聽，他說著：「家維講話的確有點快，但是他的內容很豐富，是一個有思想的男孩。」

家維接著老師的話說：「星星他在宇宙，他是在閃爍著光芒，但爸爸、媽媽罵你的話，在我們心裡會很不高興，但那些話就像星星一樣很重要。會讓我們得到一個很好、很好的教訓或體會。像星星一樣，當然有人會看得出責罵，但這些責罵在大宇宙中其實佔不了多少，而爸、媽的關愛就像宇宙一樣的寬廣。」黃老師一聽到宇宙、一聽到寬廣便張開雙手延伸著身體的空間保持靜止諦聽，班上同學也跟著這動作而靜止下來。

黃老師延伸著許家維的內容說下去：「那麼星星的閃爍就是說，可能是一種教訓、一種啟示、有一種智慧，這一些星星就像是一種智慧一樣在那邊閃爍。」他順水推舟地把統整內容書寫在作者思考的旁邊，同時也丟下另一次的提問：「當我們抬頭看到星星在閃爍的時候，心裡的感覺是怎樣的？」

「是一種智慧或是愉快。」許家維毫不猶豫地說著。

「所以你認為這愛是眾人之愛是不是？」黃老師想引導出什麼似地，或者他特意在此要作一個教學概念的區隔。

「應該只有是父母，每一個父母都關愛自己的孩子。」許家維把這概念界定在此。

「所以你剛剛說的星星閃爍是指父母之愛不是眾人之愛？那父母之愛不可能有眾人之愛嗎？」黃老師不死心的像他提列與這問題相關、相鄰的問題。

「不是，但是要做出來才可能看得到。」許家維開始強調以前老師曾說過的知行合一的觀念。

「那你相不相信這世上有這個眾人之愛，是父母之愛把它擴大變成眾人之愛？」

「有啊！」

「比如說？」

　　「像志工媽媽，那些媽媽可以在家裡照顧自己的小孩子，他為什麼要來幫學校的小孩子過馬路，什麼的？」這個生活上的例子一呈現，引來全班的喝采，因為黃老師這時正以訝異的表情欣賞著這個男孩。想著這孩子告訴他琵琶湖的竹林裡有許多的鍬形蟲，他養著鍬形蟲的經驗，想著這孩子的那一首詩「生命的體驗」：

生命在一瞬間化成
雲
要生命自己去體會
風把雲吹走
看不到了

在深深的湖水上
綠綠的
和眼前的一片樹林連在一起
陣陣波圈
緩緩的展開

仔細往下一看
是安靜的
沙沙聲
由左到右
從白光到金色
才回家

　　這一段對話似乎得來不易，生活中的火花交流出的一來一往的神采。黃老師接下說：「所以你現在所舉的除了文章中的例子以外，你還舉到生活中的經驗，愛心志工爸爸、媽媽，他在家裡就照顧自己的孩子而已，為什麼要來學校當義工？就是要把他的父母之愛變成眾人之愛，照顧其他所有的孩子，是不是？」。

　　「嗯！」

　　師：「所以，依你所指的文章中的星星，是父母之愛？眾人之愛？」

　　「兩個都有。」經黃老師這麼一問，許家維開始調適他的觀點。

　　「兩個都有，是這邊有一條線可跨越的是不是？」

「嗯！」

「作者有沒有意思要做這個跨越？」

「有。」

「有？作者有嗎？文章中哪裡可以看出來？我們回到文章來，」黃老師把和許家維的對話拉回文本中來，並對全班說：「他說作者有考慮這兩個要做連接了。」他希望有同學能對許家維再一次地延伸討論中的觀點。

「那個第十四句。」許家維說著。

「第十四句請唸一遍。」

「晴朗的夜空裡，為許多孩子唱起晚安曲說起不同的親吻故事。」

「喔～晴朗的夜空……」黃老師唱了一小句就安靜地注視他。

「他裡面有加上『許多』這兩個字，代表許多的孩子。」

「他加上『許多』這兩個字，所以作者這個用詞，已經有開始把父母之愛要擴展為眾人之愛是不是？」黃老師將他的話補充得更清楚了。

「嗯！」

「帥！你們同意不同意他的看法？」黃老師笑得很燦爛，像是瞬間爆發，非常自然的表達出敬佩及滿意，眼中流露出些佩服的眼神。他說的其實很有說服力，有充分的證據扶佐他的想法、觀點，加上平常他對事物默默觀察的實例，幫助他的說法更加確定的傳達出來，似乎確實就是如此，沒有一點遲疑，像是理所當然。班上同學都被他這陣陣說詞而臣服了（張育綺）。沒等老師說完，全班同學全靠在許家維這一邊，一面倒戈地說：「同意。」

「我說他帥，不一定就是說他說的對，因為他的證據內容一直在敘說經驗，而且內容連接得很好，對不對？有沒有人要反對他的意見？或再補充其他的意見的？老師所希望的是像他一樣的，在文章中的細節、在生活的經驗裡面做推論，而且你的內容是一直連續的在敘說，表達你自己對這篇文章的看法。」

「好，這一篇文章除了講父母之愛和眾人之愛，還有什麼？就只有這兩個嗎？主題就只有這兩個？」

蔡碧瑩從小組中站了起來，說她要補充許家維的看法：「第十四句、第十五句……『晴朗的夜空裡，為許多孩子唱起晚安曲說起不同的親吻故事。／／她不會離開任何一個孩子的夢。』就是可能作者從這裡所要強調的，每個爸爸、媽媽或每一個人給眾人之愛或者是父母之愛，要給每一個孩子都是

不同的。」黃老師很快樂地從台上走到第四組前，輕微地彎著腰看著她和她
正盯著文章上的內容。

「不同的什麼？」他的笑中不忘提列問題的說。

「特別的、不同的愛。」

「所以每一個愛的表現都是特別、突出的？」黃老師對全班重述她的敘
說之後，也澄清她的觀點，她頻頻點頭笑著看老師，那長髮上束著的紫色髮
圈，讓老師想起她寫的詩「尋找記憶中的薰衣草神話」：

夜裡，
窗外傳來陣陣呢喃……
在遠方，會有一個等待你的人……

緊握著那童話，
將它緊緊的帶在身上，
緩緩步向充滿清新香氣的紫色花海，
開始夢幻的旅程。

當風從眼前劃過，
她就已模糊了我的雙眼，
當紫色的花瓣從身旁掠過，
她就已註定你我的相遇，

你為，
那甜美的童話而沉醉。
你為，
那朵被摧殘的花心碎。
我卻，
無形的傷害你的笑顏。

一味地付出，
卻像是無盡的無底洞一般，
有去無回……
讓那黑暗裡的陰冷，
腐蝕了純淨的夢想，

在迷失的夢幻森林，
望見那朦朧的泡影，
在空洞無神的眼中，
默默閃爍。

你低沉柔和的嗓音，
像夜空中的北極星，
依舊指引著，
被城市的綺麗燈光迷惑的我。

直到某年某月某時的那一天，
才發現，
原來，
就在身邊呀！

直到哀傷的鋼琴聲廻盪在花海，
才了解，
錯過了這次，
便沒有機會，
用盡力氣的往前追，
不顧一切地往前追，
追尋你那寬闊的身影。

你給的等待，
會有甜美的回報，
當擁抱的剎那，
奇幻的薰衣草神話就會實現，

原來，
就在身邊呀！

清晨中閃爍著耀眼光芒的太陽，
散發出淡淡的自然美。
當溫暖的艷陽，

高照在深藍的天空時，

微風頑皮的將新娘的淡紫色裙擺吹拂。

將繫在心裡帶有輕微酸甜的童話卸下，

讓風兒帶著它飛遠，

要讓這童話，

延續，

直到……

夜裡，

傳來陣陣呢喃……

原來，

就在身邊呀！

「嗯。」她點頭的聲音，讓這裡的氣息更加堅定了。

「愛可以比較嗎？」

「不行。」她有著自己的想法，很直接、很直覺地這樣說。接下來的聲音，彷彿進不了她的耳朵，或許她對某些字特別敏感，是否觸碰到那不為人知的記憶神話進入她的世界，細細想著：「記得黃老師問過，我的薰衣草神話，是否真實的存在著？我的回答是淺意識的想像。但是就如同老師說的一樣，也是有個作為腳本的人物描寫。真的，時候到了，我得勇敢面對，真的他存在，一直不肯承認，愛能否比較？就連存在與否都不能說了，如何能有比較？（蔡碧瑩）」。

師：「為什麼不可以？你給我一塊錢，你給我十塊錢，當然十塊錢的比較好啊？愛能夠比較嗎？好從這一句接下來，愛是特別的不同的、給每一個孩子的，從這裡可以看到，作者的想法，老師在這裡插入一個問題，請問，愛可不可以做比較？請討論兩分鐘，開始！」黃老師小組中看著小朋友討論，看他們累了就穿插一句：「愛一定要拿來比一比才知道！比如說陳岡愛陳怡君比較少，李東洋愛比較多，所以陳怡君就愛李東洋比較多。」全班唉喲一聲，並不太贊同黃老師的玩笑話，黃老師也知道這一些孩子知道，老師只是逗逗她們開心而已，林佩靜轉頭笑著，小小聲地說：「說什麼啦！」黎諺霖一直搖頭對著林育妃笑著，陳彥翔偶而躲下來對著這一幕笑開心來，便

想：「『愛』能否比較應該是看那個人他『心裡的想法』吧！（陳彥翔）」，如他的詩「避風港」一般閃爍的星光：

狂風的夜晚
大樹們在歡呼
他們在向我招招手
邀我到他們的
心中

我
感覺到了
他們的懷抱
或許
我就像一株
小草

總是受到呵護
大樹
總是讓我遮風避雨
像
一座避風港

一座避風港
是
我成長中的
禮物

避風港
年復一年
越來越接近
黑夜中
閃爍的
星星

或許
一座避風港
是我生命中的
「回憶秘密」

「愛能不能比較？東西好不好？是不是拿來比一比？愛多跟少是不是
拿來比一比？對不對？你常常在比較爸爸給哥哥的愛比較多，給弟弟的愛比
較少，給我的都一點點，每次爸爸都是只有喜歡弟弟而已，爸爸都給弟弟的
愛比較多，都分給我很少，所以愛是一直在做比較的，這一篇文章的愛也都
是一直在做比較的，是不是？」

「不是，不贊成。」同學們開始喧噪了，想著被老師說成這個樣子，心
裡就不服氣。

「為什麼不贊成？愛沒有比較嗎？」

「沒有。」同學們這個時刻更加堅定地撐著這個面子問題。

「愛是不能比較的？」黃老師故意露著嗤鼻的笑容，提高上揚的聲音，
希望這汽球在空氣中會碰到針頭一般。

「不能。」同學們還是這麼說。

「你的生活中，愛不是一直都在做比較的嗎？老師最近比較疼我，老師
最近已經不愛我了，他都只有跟誰講話，跟誰玩而已，他不愛我了，你的愛
不是在做比較嗎？」李東洋在小組中以三根手指頭連續拍手，發出有節奏的
聲音表示老師說得好。他的詩也像現在一樣很簡單地表達：

小時候，爸爸媽媽都愛我
小時候不管我弄壞東西家人都不罵我
長大，爸爸媽媽會生氣
弄壞東西一直唸
可是現在才知道爸媽是愛我的

「不是。」

「不是？那不是在比較？那我兩個月都不要理你。」黃老師的手故意指
向邱彥翔。

「不要最好。」邱彥翔不會忘記和老師哈啦幾句地說。

「你說的喔？表決，通過的請舉手。好，通過。兩個月不要理他？手放下。」

「來！請說，愛到底能不能比較請舉手發表。」

「我覺得愛是不可以比較的，因為爸爸不管愛你比較多或比較少，都是愛你。」黃老師指定范振彥發表他的觀點，他的那一首詩應該在親情上有著豐富的經驗，所以他寫下「故事」這首詩：

故事是為了孩子而寫的，
沒有了故事，
就沒有了小孩的歡笑，
故事慢慢的進行著。

傷心的故事小孩會難過，
歡樂的故事小孩會開心，
小孩跟著故事的律動，
放下心，
與故事合而為一。
小孩漸漸的入睡了。
看著小孩微笑的入睡，
就像一隻天真活潑的小鳥，
安心的入睡，
爸媽也就放心了，
然後，
為小孩準備明天的第二則故事。

師：「我們說愛比較多愛比較少，愛是一直在做比較的喔！不是說不愛喔。所以黃老師認為，愛就是在比較的。你們認為愛是不能比較的？怎麼差那麼多呢？」他的語文表達速度加快了，以模糊學生的觀點，順及再補充說著：「黃老師有兩個地方停的比較久，第一個是提出來的星星會『照顧』孩子嗎？星星怎麼會照顧孩子？這裡我停下來了。再來是這裡，『愛，是可以比較的，而且愛是一直在比較的。』這裡黃老師也停下來，請問黃老師，在這裡第一個問題跟第二個問題，黃老師為什麼在第一個問題停的比較久？跟這篇文章有什麼關係？否則我沒有必要在這邊停下來啊？一定那邊很漂亮嘛，像你開車開到一個地方，突然速度放慢了，突然開門出來走一走，一定是那個地方有吸引人的地方嘛！黃老師在這個地方停下來，表示這個地方是

吸引人的，他跟文章之內是有關係的，跟文章之外也有關係的，請問我為什麼在這裡停下來？你講的出來你的體會就在我之上了，你的思想已經在我之上了。」馮皓欽安靜聽完老師的這一段話，他不多話的看著「人生」：

> 我的人生
> 人生就好像，
> 一列火車，
> 只要一沒注意到，
> 記憶和人生，
> 就會像一列火車一樣匆匆而過。

「老師，如果講出來會怎樣？」邱彥翔說著。

「講出來就是在我之上而已啊，你會得到獎賞嗎？我會給你拍拍手，我會給你放煙火啊！」

「有沒有？這個就是，你除了在讀作者思考以外，你也可以讀黃老師的教學上的思考，你這個人的閱讀程度就會有不同的角度來看一些事物了，讀作者，讀黃老師的教學思考。誰可以知道？這兩個地方。沒有？不可能。黎諺霖，請說，我知道你可以讀得出來，快點要下課了。好先下課休息，等一下再討論。」一下課，翁郁唐已走到攝影機前研究一番了，不像他的詩「看著星中的月亮」：

> 靜的夜，
> 躺在廣的草皮，看著星中的月亮
> 看著天上的月亮時，
> 給人一種莫名的感覺，
> 那就是月亮的力量。

林慶璋只坐在自己的位子上，他很小心的看著同學們群聚在攝影機前，捕捉自己的一次機會。他有自己「最美麗的星星」：

> 一顆星星
> 包著一個秘密
> 滿天的星星
> 在天空眨著眼睛

> 都是爸爸、媽媽
> 愛的眼神
> 是我夢裡最美麗的星星

上課鈴聲一響，陳岡對著螢幕指著老師說：「你現在看到的是大蝗蟲。」這也是他和黃老師長時間的情感。「他對老師說是大蝗蟲是一種讚美。為什麼老師說他是一種讚美？請問我為什麼這麼說？」一開始黃老師就從孩子們和他的對話，引入和文章相關的細節而提問著。

「因為老師就是大蝗蟲。」

「你的層次還是很低啊！」黃老師也故意回了同學一句。他看了全班後固定的習慣用語：

「眼睛、耳朵！」

「看老師。」

「好，誠如剛剛所說，為什麼『大蝗蟲』，小朋友說是在罵我，老師說大蝗蟲是一種讚美？我認為那是一種讚美，我不認為那是在罵我，請問我為什麼在上課的時候，這個時候這麼說？誰能夠體會的到？跟這文章也有關係。知道的請舉手？」。

「老師你有病！」很少說話的房于琳甜甜的笑意對著黃老師說，惹得第五、六組的同學笑開這裡的冷空氣。她的含蓄只有幾個友伴知情這首詩「痴心人」的來由：

> 深夜裡，
> 濃得化不開的相思，
> 迷醉的丰韻，
> 留在星光裡，
> 正好償與痴心人。
>
> 沉睡的靈魂，
> 不成揮手道別，
> 無數寂寥的夜，
> 如夢。
>
> 隨風擺動的風信子，
> 搖曳於

綺麗的世界。
典雅的薰衣草，
舞動於
夢幻的國度。

翱翔天際，
挺立的藍磯鶇，
回頭一望剎那……

暮色漸暗，
晚風吹起，
已消逝的，
無法回頭。

不是相思，
不是柔情，
只怕被灼熱的眸，
焚碎了心。

　　「她剛剛罵我神經病，我接受、我喜歡，為什麼老師這麼說？黃老師背後有什麼用意？」黃老師把這轉化為一個問題，追問全班。

　　「因為你可以幫忙吃農作物。」崔爾軒喜歡來上一句喜樂的創作，讓黃老師暫時離開固定的思考模子。

　　「是喔！請坐。」黃老師伸出右手笑著請他坐下，並請許家維來回答。

　　「換個角度想啊！」

　　「那跟這篇文章有什麼關係？班上居然沒有一個小朋友可以抓到老師現在為什麼這麼問，我背後的想法要接這篇文章的什麼？沒有一個人抓的到。我告訴你們，你們一定會抄文章。現在不努力，等一下一定會抄文章。」

　　蔡碧瑩起來說著：「那個蝗蟲會飛到天空中……跟星星一樣。」

　　「這一點我可以接受，還有，來。林慧敏。」

　　「就像文章裡第十句……」林慧敏這次從文章中的細節來說。她和爸、媽的深情也在「海岸邊」的詩中回想：

晴朗而溫柔的海岸邊，
父母和我，
一起走在時間的開頭，
回想起某日，
在那巨石下，
等待著時光機，
再度開啟，
直到想休息……

海，
陪著我們，
吃著會發胖的肯德基，
聽著，
那奇妙的交響曲，
看著，
風兒那清柔的歌舞劇，
享受在那天堂般的電影裡……

我們，
彼此擁抱著希望與回憶，
與海分享著所有的喜悅，
存在著，
存在所有的甜甜蜜語……

「就像文章裡面第十句，請回去看第十句。」

「爸爸、媽媽責罵你的話，都會變成一顆顆星星掛在天空。」林慧敏拿起文章唸出這一句詩。

黃老師重複這一句詩後接著說：「所以這個接許家維的想法，只要是爸爸、媽媽責罵你，或是任何人責罵你，你換一個角度轉到正面來思考的時候，對你的人生就有幫助了，如果你轉到負面的思考，你的人生在那個地方心情就會跌落。我在這個地方問這一句，黃老師說那是一種讚美，就是要接文章中的第十句『爸爸、媽媽責罵你的話都會變成一顆顆星星掛在天空。』。否則，當爸爸、媽媽罵你的時候，你心情都很不好。那時候你都不會認為爸爸、

媽媽是愛你的。自己把人生轉到正面的角度，有正面的思想。所以我接上了這一段。謝謝妳！請坐。」

「接下來，愛是要比較的，一定要比。我們現在要談的是親情，這篇文章談的是親情的父愛跟母愛，然後擴展成為眾人之愛。請問，現在我們班上心裡有喜歡的男生或女生的請舉手。都沒有舉手。都沒有舉手我就一個一個公布喔！你舉手我一定不講喔。那健康課的友情跟愛情你沒有用心上喔！」

「老師？在我們這一班嗎？」陳怡君問著。

「在這一班或是全校都舉手。你自己心裡有一種對異性的情感，有在思念的，請舉手。」大家你看看我，我看看你，幾個孩子已公開舉手了，黃老師數著：「二、四、五、六、七、八、九、十……」，顯然黃老師知道的還不只這一些人數，他繼續說：「心裡有喜歡的人的請舉手，我說的不是爸爸、媽媽喔。舉高。好請放下。你們這一個是接近友情跟愛情的，跟父母的親情是不一樣的。作者說爸爸、媽媽的愛都不會離開任何一個孩子的夢，罵完了，打完了，隔天會不會愛他的孩子？」

「會。」全班回答著。

「會，好。那男女朋友吵完了，明天會不會相愛？」

「會。」

「不一定。」有些同學說會，有些同學說不一定。黃老師便接話了：

「不一定喔！有些就這樣，分手了。還有一個，接這裡，接～愛是可以比較的，而且愛一直在比較，比如說，我跟我的女朋友去看電影，挖鼻孔，跑出來，女朋友就跟我分手了，因為她比較了，他不喜歡一個挖鼻孔的男生，所以愛是有比較。」

「我認為愛是不能比較的。因為妹妹比較小，所以給他多一點愛是應該的。」黎諺霖說著。這像他自己的詩「星星的力量」的一種心靈陪伴著：

寧靜的夜晚中，
只有星星陪伴著，
夜晚總是瀰漫著一股
恐怖的氣氛，
但當你看著星星時，
你一定就不會在害怕，

因為星星總是在遙遠的夜空
守護著你。

當你抬頭一看
在這寬廣的夜空，
你就像是走入了
神秘的星星花園一樣，
當你走完這神秘的星星花園，
再看看四周時，
就會不再害怕夜晚。

「妹妹比較小給他愛是應該的，所以愛是不能比較的。他用他的經驗來講，好。其他小朋友，你生活經驗裡面，覺得愛是不能比較的請舉手。」

「唉～奇怪了，你們的生活經驗愛是一直在比較的，而現在在談這個則愛是不能比較？那不是你所知道的跟你的行為不是斷掉了嗎？」班長請說。

「因為你愛她就要包容她。」黃老師一見到班長林育妃就只有想笑，她可愛又善良，班上同學都喜歡她當班長，黃老師記得有一次的午休時間，班上同學明明吵得讓他受不了地，從導師室的桌上爬起來，偷偷看了同學們幾次，下午第一節課他站在班長的身旁，撒嬌狀地問：「班長！我們班上今天的午休情況怎麼樣了？」班長的表情就像現在一模一樣，笑容滿面的加上一個酒窩，看著老師，回答著：「都很乖！」惹得全班哄堂大笑，連黃老師也一樣地開懷大笑。黃老師知道她很細心，想著她的這詩「最美的快樂」：

模糊的小時後
朦朧的記憶裡
有著很多純真的快樂……

蔚藍天空中
輕聲飛翔的藍腹鷳
自在的穿梭……
帶著滿滿的甜美笑顏
乖巧的
在雲朵溫暖的懷抱中
安靜眺望一切……

迷人的清花香
來自幸福的康乃馨
艷陽的照射
微風的吹撫
都讓絲緞般輕柔的它
綻放出更多的燦爛……

閃亮的鱗粉從園中
白紋鳳蝶身上落了下來
挺著淺黑的身軀、寬大的翅膀
雀躍的在翩翩起舞
彷彿……音符自由跳躍
譜出一段段七彩的旋律
為冒險旅程增添幾許的丰采……

內心裡的甜蜜
持續跳動
雪白的臉龐
微微泛起幾朵粉紅……
飄逸的感動
在心底深處苗壯……

「我那個女朋友因為我挖鼻孔就不要我啦～」

「因為你挖鼻孔他怕你流鼻血。」邱彥翔說著這句，反到有同學笑他神經病。

「可是他應該提醒我說，連從不要挖鼻孔，會流鼻血喔，她不是ㄋㄟ，他是什麼話也不講就分手了。」黃老師看蔡碧瑩舉手而叫了她。

「愛不能衡量多少啊！」

「愛不能衡量多少？」

「就像老師說的水，有可能他付出很多，可是表面上看起來是很少的。」蔡碧瑩從老師以前曾說過看湖水的經驗，放在這裡當作支持的一個引證。

「所以愛不能比較，是因為它不能從眼睛所看到的來判斷？不可以去衡量多少？」黃老師一面說一面在白板上紀錄。

「而且，只要你有付出，就是有一份愛了。」

「這觀念通嗎？那個女兒我常常都不關心她，都漠不關心，我給她的只是付出一點點，好給你二十塊去買糖果吃，那你是愛她很多了？」

「不是。」有同學搖頭。

師：「所以蔡碧瑩所要說的可能是什麼，蔡碧瑩這段話非常重要，來她要說的可能是什麼？賴亭安？」

「就像是買鉛筆盒給她的時候，一個比較便宜一個比較貴，但是他們用的心是一樣的啊！只是他們付出的量不一樣。」

師：「他們付出的不能以數學的那種計算方式來計算對不對？」

「他們付出的量就像是數學的量，這個是五十塊，這個是一百塊啊？」他看著賴亭安說，賴亭安搖搖頭後，她接下說：「一百塊、五十塊都是生活中眼睛所可以看的到的。但是其實他們的用心是一樣的。所以因為心是一樣的，所以愛是沒有辦法比較的，是針對這個心來講，愛就不可以比較了，對不對？」

「對。」賴亭安這時同意老師有聽出她的心意。

「跟妳說的有沒有一樣？是不是妳要說的意思？妳認同嗎？」黃老師為了證實賴亭安所說的例子和觀念，正是蔡碧瑩的觀念而問著。

「是，認同。」蔡碧瑩思索了一下而點頭。

「其他小朋友認同嗎？」黃老師再次徵詢全班同學的意見。

「認同。」全班同學認同這觀念。

賴亭安坐下書寫自己的資料，她臉頰上紅紅蘋果般的，微微泛著粉紅，兩個粉紅的髮飾「戀花」只是一個過往，她的詩也回到音符的城堡中：

　　我不知如何是好？
　　因為你隨風漂泊。
　　在茫茫的人海中，
　　你在哪？
　　在轉角的直線上，
　　彷彿有了你的身影～
　　遇見你，
　　卻不知如何是好？
　　痴痴的等著，

希望你有一天能悄悄的注意到我～
初戀的滋味，
是玫瑰花不能代替的，
這種純情，
是淡淡的香，
是薰衣草的香。
在藍藍的天空上，
多出了一道綺麗的彩虹，
卻無法，
代替對你的思念，
心情的起伏，
讓我上下不安。
櫻桃，
讓我害怕洩漏心中的秘密。
像個隱形人，
悄悄地注視你、
在意你，
卻害怕，
沒時間追求你～
深夜，
是我苦惱的時間，
我無法忘掉你的身影，
身影，
在我腦中一一浮現，
我心中平靜的線條，
在此出現一波一波的浪。
時間，
悄悄的過，
你，
不知不覺的注意了我，
我更無法面對你。

想，
重回到以前，
默默的關心，
默默的暗戀，
默默的，
默默的……
我常用，
幻想來彩繪自己內心，
現在卻不管用。
日子一天天的過去，
在兩人的表面上，
即使是孤獨，
卻是溫馨的孤獨，
因為兩人，
有著相同的默契，
關懷著對方。
在太陽雨後，
絢麗的彩虹再次出現，
這次，
並不是孤獨一人，
而是兩個人。
初戀，
在這時，
是艷麗的，
是盛開的玫瑰花。
我沉溺在愛河，
內心的堅強已經慢慢的萎縮，
仍然察覺不到的我，
只覺得他
給我了許多安全感。
悠揚的琴聲，

伴隨我們，
度過了許多甜美的
回憶。
不知不覺，
你，
傷了我，
一陣刺耳的聲音，
喚醒我的沉溺。
內心
的堅強早已消失。
在櫻花樹下，
下起了一場大雨。
臉上的水，
早已分不清是淚還是雨水，
黯然的臉，
顯示出我的傷痛，
疲憊的身影，
消失在雨中。
我，
已經是一個褪色的花，
凋零的花瓣，
看不出當時我的快樂，
察覺不出我的驕傲。
你所給我的幻想，
在一夜之間破滅，
凋殘的回憶，
讓我更加難過。
色彩，
早已不見。
對你的愛，
到了雲霄外，

伴隨著水蒸氣，

一滴一滴的蒸發。

渺小的我，

無力為你再做什麼，

只是，

用新的人生色彩

忘掉你。

初戀，

已轉換成一個夢幻，

一個幻想，

在緊密的愛情城堡中，

靜靜的待著。

平靜的心，

再也不會起伏，

簡單的心，

不再被擾亂，

屬於自己的愛情城堡中，

初戀，

只是一個過往。

在音符的城堡中，

我再次沉溺在愛中，

只是，

是沉溺在

音符之愛。

　　賴亭安若有所思地想著：「在此，使我感受到我們的愛並不是一個定義，而是隨事情而改。我的愛，在每人心中都有不同的想法，只是讓我迷惘的是愛的真誠與它的自由，沒人能了解我的花戀中放手的自由是對是錯，可能只是一時的想法，沒有依據。不切實際的詩，充分表達了我的情感。到現在，我還不能確定它是不是我的過往，或許就像老師所說的『戀花』只是一個過往，是我的過往。我自己無法意識到只求別人來讓我明白。一陣聲音畫過我，

或許就此我已知道了，我的內心對愛並不是虛空的，而是擁有著豐富的情感（賴亭安）。」

「接到這裡，黃老師花比較多時間就是要跑出這一個，在愛裡面不能比較的就是因為這個『心』、『意』，你心裡付出的關心跟關懷不在多跟少，而是你有那一份心意。你有那一段很真實的心意在裡邊。但是依照你的能力，表面上讓你看到的多跟少已經不重要了，付出的多跟少已經不重要了。付出的多少就要重新來做衡量，也要從看得見的來衡量。但是從看得見的跟看不見的地方，請問，你會偏重在哪一個地方？哪一個地方是你認為是最重要的？」黃老師說著這段話時，已在安排下一個關鍵問題，他看著坐在前面的陳依雯演說著：「我買一個鑽石給你，跟我要買一個一百塊的戒指給你，看得見的鑽石比較好，有價值對不對？但是看不見的呢？一樣多嗎？認為不一樣的舉手。」

「說不定買一百塊戒指的人沒有錢，但是他付出了很多心意。」鄭自強心想著：「大家的眼睛是否是盲目的？一個人如果只是看外表，而忽略了真正內心世界的想法，那就大錯特錯了。一百塊雖然便宜，但那個人卻是帶著心意想給予對方，在挑選的時候，心想著對方喜歡什麼而努力挑選出來的，這才是最好的禮物。所以在內心世界裡卻是比鑽石更亮的，這份心意就彷彿薰衣草香，所謂內心世界最好的忘憂草。（鄭自強）」

「他付出了很多心意去買那個戒指，包括去找這個戒指，所以這一份心意是很多的。但是實際上看的到的只是一百塊的戒指而已？」黃老師示意陳羿妃站起來說。

「嗯。」

「所以你認為他的愛也是很多的。」

「嗯。」。

「那那個拿鑽石的人勒？」

「可能是拿來取悅。」有同學插進來這話題。

「拿鑽石的人有可能是拿鑽石來取悅對方？好，如果你做選擇的話，你會選擇哪一個？同樣有兩個男生，都很喜歡你。一個給你鑽石，一個給你一百塊的戒指，你做選擇時，會偏向哪一個？」

「不知道。」她笑著坐下來。

　　陳羿妃說完坐下後，還是埋著頭手上不停的寫一些東西，好像游走在看見與看不見的「無法用言語表達的思念」這詩裡的世界，下課時間大家都跑到教室外享受今天的好好的陽光，她和上次一樣在桌面的資料上書寫：

我與你的邂逅，
就像流星一樣神奇……
在睡覺的時候，
我偷偷的看了星空，
它把星星偷偷帶走了……
至今……
總是跟你渡過辛苦的事，
但……
現在你已不在我身旁……
臉頰上濕熱的淚水，
隱約的閃爍著光芒，
不過……
我相信……
我們就像太陽和月亮，
不論距離是多麼的遙遠，
都能感受到彼此的光芒……

「在天空的另一邊，
是什麼呢？
或許……
是好久不見的你吧……」
這句話仍然在我腦海裡和心中的最深處徘徊著……
但……
我卻看見了未來，
也看見了沒有盡頭的宇宙，
卻看不見你的身影……
彩虹的弧度，
劃越了整片雨過天晴的天空，

擋住了天空最美麗的東西，

那一刻是最美的景色，

但最美的事物，

總有一天，

是會消失不見……

黃老師把教學鏡頭從前面第五組的近距離拉開，從第四組的蔡碧瑩發球。

「一百塊的。」

「你會選一百塊的？我就選十塊的。好，為什麼你會選一百塊的？」

「因為他是用心去買的，所以可能戴久了，比較有紀念價值。而且戴久了，也許就會琢磨出別有一番風味的感覺。」蔡碧瑩說著。

「那是什麼感覺，褪色了？生鏽了？愛情也會褪色也會生鏽。你說這是什麼感覺？裂開？鑽石是很堅固的，怎麼敲，愛就是這麼堅固的。那個一百塊會生鏽，你要選擇一百塊的？」黃老師特意檢視她的觀點而說著。班上的同學聽著老師這樣講演而笑著。

「可能鑽石戴起來是冰冷的，而一百塊的因為有心就是比較有溫度。」她說出自己的想法。

陳岡一直舉手要插話，「可能兩個都會拿。」黃老師沒等他說完就接話：「為什麼？搞不好他兩個都不拿。」陳岡站起來說：「我只是補充蔡碧瑩可能兩個都會拿。」

「來，張育綺，妳說：『愛到後來一定要做選擇，這個時候你選擇什麼？』」

「不一定。」

「不一定，不要睜著眼睛說矇話。這個時候必須要做選擇了，這個時候要看他錢多不多？看他帥不帥？」

「看他有沒有誠心。」

「有時候誠心是看不見的。你怎麼辦？很為難？選擇有困難？全世界就剩下這兩個人而已。」

「看不出來。」她沒有對這價值作最後的表達。黃老師也轉向邱彥翔身旁，拍著他的肩膀請他說：

「一百塊的。」

「為什麼你選擇一百塊的？」

「一百塊那個可能比較愛慕虛榮。」邱彥翔還不知全班笑什麼，等他再想一下剛才說的內容，才不好意思地轉頭更正內容，「啊！不，是鑽石那個。一百塊那個比較真實。」

「什麼東西真實？」

「情意。」

「因為情意，所以你會選擇一百塊的。雖然別人不喜歡你，你還是會選擇一百塊的？」「嗯。」

「嗯，他是會堅持的人。他雖然對方不喜歡他，他還是會選擇一百塊的，堅持到底。漂亮！你們怎麼不問我？如果我選擇的話我會選擇哪一個？」

洪珮玲很注意每一個同學所說的，從蔡碧瑩、賴亭安、張育綺、邱彥翔的觀念連結點上，讓她像走在自己詩中的人生「階梯」：

這個階梯
沒有人知道有多長、有多遠
在這個階梯有時不用煩惱前面是否有沒有危險
有時煩惱會不會沒有人幫忙

在這個人生階梯
千萬不要被
梯旁黃色的果子吸引住了
不然就會狠狠的摔了一跤

我們在這個階梯上
所踏出的每一小步
都是為了要走完
最後一階

雖然我不知道
最後一階
但我們都像海裡的魚
想要躍出水面
看一看太陽。

許家維統整了大家所說的，「這是一份心意的禮物，因為禮輕情意重啊！」

「那麼你們要畢業時，我就要送你們那個禮輕情意重的喔？每個人倒一杯水給你們。」

「好啊！好啊！」班上正起鬨著。也有同學說：「不要糊弄我們。」

「OK，其實我們都很注重看得見的，而不去注重看不見的這一份心意。其實我們人常常會停留在看得見的部分。老師以前也犯這個毛病，所以老師的回憶裡面覺得最美的是，我送給一個女朋友真的是一百塊的戒指，那時候老師當學生沒有錢，我們去逛夜市就只有一百塊。我就把那一百塊買了那個戒指，結果那個戒指她上廁所時掉到馬桶裡。不小心的。結果，那個女朋友，手伸進去把它拿出來。那個時候她是尿尿，她手彎進去的時候找不到，結果拿出來後手是紅紅的。她沒有找到很緊張，那手這樣一直鑽一直鑽都紅了。結果那個戒指有找到，我跟她說，再買一個就好了嘛。她說，這是你跟我去逛夜市所送我的第一個戒指。第一個，那一份心意，代表我對她的感情。一百塊的戒指對她來講沒有什麼，因為他是董事長的女兒，那一百塊對她來講沒有什麼，洗澡的香皂一塊就八百五十元。所以那個一百塊的戒指對她來講沒有什麼，為什麼她要這樣把手伸下去，弄的手都紅了ㄋㄟ？因為什麼？這一份心意。那一個戒指是老師第一個送給女孩子的戒指，到現在我都記得這一件事情。有時候我們會注意那個看得見的或看不見的，在這個時候，請問哪一個會是最重要的？」黃老師指著白板上看得見和看不見的部分而補充他的人生經驗，說出這一段回憶的盒子。

「看不見的。」

「看不見的？以後人家去吃西餐廳，你每次都吃那個陽春麵。人家去吃牛排，你在家隨便煮，請問這個時候你不會嫉妒嗎？」

「不會啊！吃泡麵啊！」

「我喜歡吃泡麵。」

「好，OK！老師停留在這個看得見和看不見的，你們認為看不見的心意才是特別重要的。從這一份心意才能知道他是愛你的，還是表面上在糊弄你的。請問爸爸媽媽的愛，是偏重在心意，還是偏重在看得見的？」

「兩個都有。」

「但是，從你的經驗到現在趕快整理一下，偏在哪一個地方？認為在看不見的舉手，好大部分的人偏重在這個地方。這一個經驗，請把他接到文章的最後兩句，文章最後兩句請唸一遍。」

「像掛入夜空深處不見了的滿園子星花，／／她不會離開任何一個孩子甜美的夢。」同學們一起唸出這兩句詩。

「好，愛有一天會離開，真會不見了嗎？爸爸媽媽有一天會離開你會先死掉啊，我爸爸、媽媽死掉啦！走啦！不見啦！真正能夠看得見的，他人的部分已經沒有啦！」黃老師說完對著班上同學，「說個道理來聽！」

「我覺得爸爸、媽媽死了，但是會活在你的心裡面。」陳岡這麼說。

「活在心裡面？怎麼個活法呢？來，抓出來看，看看是我爸爸、媽媽，好，再放回去。」「用感覺。」

「怎麼感覺？」

「心裡感覺。」

「心裡怎麼感覺？像小鹿亂撞？好，先告訴我們那種感覺是什麼感覺？」黃老師接著暗示：「酸酸的？辣辣的？」

「很懷念的。」他找到更好的用詞了。

「很懷念的？」黃老師希望他有更貼切的表達而疑問著。

「苦中帶甜。」

「苦中帶甜。漂亮，給他拍手！還有嗎？」

「百感交集。」陳岡再次追上這感覺而說出百感交集。

「還有？」

「溫暖。」

「還有？有沒有千山萬水？」他們師生好似一同找到共同的焦點而放鬆下來。

「好，請坐，謝謝。」

黃老師整理了和陳岡這一段對「懷念」的感覺是苦中帶甜、百感交集、溫暖，好像人生活著的感覺，是這樣漸次主動從經驗中建構的一般，黃老師想起汪履維校長的一段話：「建構教學是一種生活方式，而不是一種教學方法。」

陳岡也說了個造句：「好像黃老師對我們的教學是千刀萬剮。」黃老師請第一組的吳采璇說一說「心」的感覺，她依舊保持沉默，黃老師補充了：「有時懷念的感覺是會有千刀萬剮的感覺。」她似乎有著懷念深刻的經驗，像她的「相遇」之詩：

經過雨水洗滌，

我與你相遇，

這點點滴滴……

彷彿……

一道彩虹，

蔚藍天空中，

閃爍一道光芒，

銀色微風吹過，

展開夢幻無比的翅膀……

灑下甜美時光……

你對我的呵護，

圍繞我，守護我，

直到，

風吹過……

彩虹消失……

屬於你我回憶，

順著七彩的雲朵，

隨風飄到另一個……

永不熄滅的夢幻童話……

我對你還是傻傻的……

等待……

還想要再一次與你擁抱……

離別的淚水……

模糊了你我的回憶，

再次吹散了我的心……

　　王基麟說這心的感覺是：「麻煩的感覺。」現在大家都陷入了沉思中，好像都在思考這種麻煩的感覺是怎麼樣子的感覺？這種滋味是無法比擬的，這也是在夢裡……其中一個人生的隱藏含意嗎？（崔爾軒）

　　「他說麻煩的，因為他不喜歡，所以覺得是麻煩的。……不見了，真會不見嗎？回到心裡面的時候會有溫暖、懷念、苦中帶甜。請問作者在這第二十句『像掛入夜空深處不見了的滿園子星花，』為什麼放這一句『不見了』？

他既然要強調父母的愛，後面為什麼要掛上一個不見了呢？作者的想法請思考一下。我們討論到這裡，作者為什麼放了『不見了』。明明是存在的，為什麼要掛一個『不見了』？」

「把有形的愛化為無形。」蔡碧瑩起來說著。

「這個有形的愛已經化為無形了？」

「嗯。」

「所以那個無形的愛，反而是……」

「更高境界的了？」黃老師欣賞她的接話。

「所以那個無形的愛，反而是更高境界的了。」黃老師把這一句重述一次讓全班聽到。

「嗯！嗯！」

「喔！你用『境界』兩個字喔！。帥！給她拍手。所以作者是把有形的、看到的愛，慢

慢把它提高境界到無形的愛？」

「嗯。」她高興的點頭坐下後，許家維接著說：

「他實質上已經不見了，但他會活在你的心裡，有時候會感到莫名的關愛。」

「那是鬼啊～喔～這樣很可怕耶，陰森森。」黃老師故意伸出十指裝作害怕的模樣說著。

「不會啊！他是你的親人啊。他那麼關愛你，你為什麼要怕他？」

翁郁唐問著許家維說：「說不定是別的鬼勒？」

「我跟他無冤無仇。」

「其實許家維要說的，不管爸爸、媽媽在不在，這種感覺是一種無形的愛，這種感覺有時候會像靈魂，有時候這種感覺好像跟他靠在一起的感覺。」

「那，那種感覺是什麼感覺？」翁郁唐追著問。

「心裡暖暖的。」許家維試著這麼說。

「心裡暖暖的！漂亮！作者有這樣的用意嗎？」

黃老師請林佩靜接話，她說：「還好。」

「什麼是還好，說具體一點好嗎？」

「各一半。」林佩靜一向簡潔的說著。

「什麼是各一半？來，許家維說他了解你，來，許家維說說看？」

「她說的各一半是你有一半溫暖，我有一半溫暖，只要一想到的時候，兩個人的溫暖就會靠在一起，連成一條線。」許家維伸出雙手從分開狀，慢慢靠在心坎的位置，用肢體動作協助自己能說得清楚。

「是不是這樣？」黃老師問著佩靜。

「嗯。」

「是喔！你真的了解她！」

班上也在這個地方瞭解地下課了。

這第二天的天氣回暖了，小朋友的外套也一件件地脫解了，有如釋重負的感覺，從服裝上來看，班級的色彩變輕了，人也輕鬆許多，像一些人生的觀念經過體驗、反思、重新安置自己的生活概念。給自己一個位置便可以清楚明辨，人類命名的名詞和語言使用是一般性的一樣，但我們很少在生活經驗中，重新驗證每一個命名背後的文化意識與個人信、解、行、證的差異性有何不同，當然了解自我的一段路，就更需要參與小班級文化主動建構的引導、同情、認同，在群體面前公開自己的價值觀，珍視每一個獨立的個體，一起走完一個小文化故事。這個班級正參與這樣的歷程，黃老師上課前請小朋友先小組聊天，針對前兩節的三個教學歷程聊一聊，從蔡碧瑩愛發自內心的概念、張育綺的星星會照顧人嗎？和看得見的愛與看不見的愛的生活實踐。黃老師一上台便先以講述教學法，對前兩節的概念重點做分類與重述簡要內容，他也補充了以自己愛情的經驗做例子，是因為「愛」、「情」這主題中「愛」的類別包括「親情之愛」、「友情之愛」、「長輩之愛」、「異性之愛」、「對人類的眾人之愛」、「對大自然之愛」。而「情」字在人類的發展過程是一樣的內涵，會有「互動」、「相處」、「心情相同」、「了解」、「知心『知道他的想法、做法、價值觀』」、「尊重」、「平等性的憐憫」。我們也把這一些概念連結到「心」的概念，用一份關懷的愛，這我們生活中面對的類別是「知」的部分。用一份關懷的情，這我們生活中行為體驗的經驗是「行」的部分。我們把這一個心提升到關懷的感情，跟關懷的行為表現。這還不夠，我們接下來把這個關懷放到大自然裡面去了，開始關懷你身邊生活中的所有東西，所以我們發展了關懷這一個觀念。以後我們用此來面對生活實踐，實踐對整體人類之愛情，實踐對大自然之愛情。這一些和張育綺所說的星星會照顧人嗎？星星會實際從天上跑下來照顧人嗎？這是很現實的問題，現實是「現在」很「實在」，我們也明知道不會，但作者為什麼在文章中提及「星星」，這裡

連結蔡碧瑩愛發自內「心」的概念，再連結到作者在文章的背後所隱藏的人生思索是什麼的，作者思考時，別有一番琢磨之處。黃老師從自己的愛情經驗跟愛的這個表現，看得見、看不見的心跟表現，談到他的愛情經驗當例子，也談到孩子們自己也都有的愛情經驗。他對孩子們說：「但是你們這個到底是友愛？還是愛情？這個愛跟情是屬於友愛呢？還是男女之間真心的相愛？這個感情發展，你們也都有這個經驗，上一次我們做過調查，我們班上幾乎都有一個經驗，連六年級都有這個經驗，對不對？從這個經驗裡面，我們把這個愛推到心，這個心最後是在關懷這個地方，表示作者可能有這個體會，作者有這個經驗，他把這裡往上推，如果他要推到的是關懷，跟他文章裡面所選擇的，他選擇的星星有沒有關係？是要請小朋友討論的。」他在白板上把這一些線索牽線，讓同學們方便循線求索後，提問著：

「究竟作者在文章背後要告訴我們的人生道理是什麼？請小組討論！」

黃老師看著第一組，鄭自強這孩子冷靜中充滿感性，他的詩「離別」也為「不見了」的心情註腳：

離別了
就像鋼琴沒了弦
彩色回憶中
卻彈不出聲響

分手了
就像風箏斷了線
肆意的飛翔
消失在永無止盡的遠處
望著你
感覺不在
僅有的溫存
慢慢下降……
冷卻……

林慧敏一直在討論中侃侃而談，她在追問著什麼？這個充滿活力的孩子，在她的想像世界和生活經驗中尋找她要的心情，她的詩「這是愛情嗎？」或許是她現在心中想問的另一個人生答案：

安靜的藍色咖啡廳，
你走到我身旁，
把我的頭，靠在你胸膛。
我，
好像喜歡上了你，
當我看到你，
使我的心跳加快，
當我孤單時，
我會想起你。

這是愛情嗎？
我常常這樣問自己，
我想為你做些事情，
卻不知道該怎麼做。

當我生日那天，
你送給了我，
二十朵玫瑰，
你對我說，
「我喜歡妳，希望妳接受」
我不知怎麼辦，
因為這是第一次，
我喜歡上一個人，
我回了他的笑，
緩緩的接受。

我們，
手牽著手，
一起走在海邊，
看著那海平面，
深怕我失去了你。

你說，
你會永遠愛著我，

這是真的嗎？
你說，
你想讓我開心，
這是真的嗎？

時間的沙漏，
一直不停的走……

當你說要離開我，
我很難過，
我願意放開手，
是因為想讓你自由。
我想著那已枯萎的玫瑰，
使淚停不了，
我只好利用時間，
慢慢把你，
掩蓋掉……

黃老師請第一組的代表說說他們討論的結果，鄭自強從小組中站了起來說：「我們這一組認為作者用的『星星』是個象徵，譬如說那個『星星』象徵的是眾人的親情和愛。」

「星星這一個是象徵，文學裡面的象徵，象徵什麼？」黃老師問著。

「眾人之愛。」鄭自強直接給老師他們的看法。

「為什麼你們這麼說？」蔡碧瑩問著。

「蔡碧瑩同學，妳要問他還是要發表？」黃老師走近蔡碧瑩，她說：「發表。」

蔡碧瑩隨即站起來補充說：「因為在天上星星的數量很多嗎，然後他在天空上面感覺就是在看著下面的人啊，所以才會說是眾人之愛。」

黃老師聽他們倆說完，便笑得很狡訐地說：「作者提到的星星，只是單純的說是天上的星星而已，根本看不出是象徵意義。所以我提出反對意見。而且星星是一個個星球，是一物體，根本沒有感情的，況且離我們那麼遠，為什麼要把它牽扯上呢？」

「但這是作者的象徵意義啊！」陳岡說著。

　　師：「但是黃老師認為不是象徵意義啊？而且我舉出一個證據，那是一個物品，那是一個星球，一個星球，那個星球跟我們沒什麼關係啊？」黃老師強辯著。

　　陳岡搔搔頭還是說：「但是文章裡面在天空的看，就好像……就好像在看著我們。」

　　「那是一個星球，沒有感情的星球，只是每天按照自己的軌道繞呀繞的，根本不理會我們，是我們看著星星，星星根本不看我們，是我們解釋成星星在看我們。」黃老師一直強調他自己的觀點，想把孩子們的思考拉向他這一邊來。

　　「老師！這是一個心情上的慰藉。」邱彥翔一脫口而出，第五組的同學即叫好，全班同學好似扳　一個棋局一樣興奮異常，反正能讓老師語塞的都會是一個幽默。

　　「老師，我覺得他說的『星星』像是擬人法一樣。」翁郁唐發表著他的想法。

　　「星星是像擬人法，好像人一樣，對不對？好像人一樣，具備了什麼條件，才叫做像人一樣？」

　　「會有感情。」翁郁唐說。

　　「我不認為星星是在文章裡面，也不認為他是象徵，也不認為他是擬人，我認為他就是一個星球就這樣繞而已，是固定單一的軌道，他根本不管你啊？有的小朋友說星星具有感情，星星也好像有感情，請發表你的看法。」

　　蔡碧瑩一見爭執便站起來說：「老師，我倒覺得句子就是有把那種星星……」……黃老師搥著桌子說：「有的人已經把這個討論拉回文章中的細節了，有沒有注意到？」全班同學說著：「有。」蔡碧瑩才繼續接下說：「文章中第二句『都愛打開窗簾數著，心底埋藏的像夢一般的星星。』我是看星星的名稱，還有別的字詞，星星裡埋藏應該是，他說他把他擬人化了。」

　　「喔，心底埋藏，他已經把他擬人化了。」

　　「對啊！那個時候就已經把他擬人化了，因為……。」黃老師替她說了：「因為星星是不會埋藏的？」蔡碧瑩接著：「對啊！就是他心靈的東西，所以……。他的心理慰藉，然後這個星星才會有感情，才會有生命。」

　　許家維也唸出文章：「第十四句『晴朗的夜空裡，為許多孩子唱起晚安曲說起不同的親吻故事。』這個『為』這個字很重要，為許多孩子，那許

多就是代表很多很多的人，他去為許多的孩子做些事情，而星星為什麼會說是擬人化？這星星是代表那個眾人之心的人，星星就好像是有眾人之心的人。像我『為』陳泓宇做一件事，『為』這個字就有關心、關懷的互相關懷。」黃老師也重述著：「作者使用『為』那個字裡面就有關懷的心意了。」指定邱彥翔補充，她說：「還有第二十一句，他不會離開任何一個孩子甜美的夢，那個『任何』，就是有很多孩子，他說會去關懷他，所以是眾人之愛。」黃老師也邀請張育　而說：「張育　，老師想聽聽看妳的看法。有的小朋友已經從文章細節來舉出證據了，單單『為』這個字，你有沒有自己的生活經驗？」

「媽媽平常就會為我們煮飯。」黃老師問著：「然後我們在想，為什麼媽媽要為我們煮飯？因為……」

「她的關心。」黃老師接著她說的話：「媽媽的關心跟擔心，她想只要她把飯做完了，她預估得到小孩子吃了以後會更健康，所以這個是媽媽為我們做的。」

「好，這個『為』字在生活經驗裡面，為誰做一件事情的經驗。我們從生活經驗來推論。請問，你的生活經驗裡面，有沒有為誰做一件事情？來，我們請邱彥翔說說。」

邱彥翔說：「狗算嗎？」

「啊？狗喔，也算啦！可以算！」

「餵狗吃飯。」邱彥翔又讓全班在笑著。

「在什麼時候？」

「牠死掉了。」全班因著邱彥翔的逗趣正高興呢！同學們見到黃老師無所適從就更樂了，黃老師只好說：「牠死掉了會變成星星嗎？」

「會。」

「會，好，請坐。我現在要一個經驗是你的生活經驗，為某一個人做一件事情的。」黃老師的雙手交叉在胸前，問起小朋友的經驗。

「幫他隱藏他的秘密。」蔡碧瑩高興地站起來說了。

「為什麼你要為他隱藏這個秘密？」

「他說不能說。」她發表時還是習慣性的動作，身體是一種舞蹈。

「他說不能說所以你做到了尊重，對不對？」

「對。」

「你這樣算不算關懷？」黃老師讓她的想法回到她自己的觀念裡來說。

「算。」

「我現在要一個經驗是男生為女生做，或者是女生為男生做，我要這樣子的一個經驗？」

「我阿媽家以前有一個我喜歡的女生，她有一次在外面受傷，然後她好像走不動，我就幫忙扶她回家。」許家維說了早年的經驗。

「把她扶回家，為她所做的？你喜歡她喔？」黃老師逗著他心理的感覺。

「嗯，喜歡她。」許家維的肯定句讓黃老師尊敬般地盯著他的內容，黃老師喜歡教學情意目標裡的公開表達自己的價值體系，他喜歡孩子說真實的內心感覺。

「喜歡她後來你有再去看她嗎？」

「那是我很小很小以前的事啊！」

「那你後來會不會想這件事？」

「會啊！」。

「為什麼？」

「老師，我覺得許家維應該已經把她放在心裡的某個深處了。」陳岡心有所感的插入這一句話。

「那個深處叫做地窖。」黃老師笑鬧地說。

「隱藏十五年。」邱彥翔隨即插播一段的說，全班因此鬆懈了許多，黃老師也跟著全班的笑容，笑著蹲了下來。幾個同學也因看著這社會性互動的被支持而說出自己的經驗。

「我幫弟弟做習作。」

「我幫她寫情詩啊！」

「幫他寫功課。」蔡碧瑩剛說到幫他寫功課。黃老師便故意聽成：「幫他洗澡。」全班的逗鬧聲讓蔡碧瑩收起笑容，有點嚴肅地生氣，等老師示意全班別鬧了，他才補充著：「幫他寫功課。我幫他查字典查很久。」一個字一個字加強重音的說完。和老師的互動中他也說了，很認真地幫他寫功課，如果是別人他不會幫人寫功課，有的話也只是隨便交差了事，隨便寫一寫才不會管那麼多，但這個男生會讓她有這一份心意這麼做，因為她欣賞他。

　　幾個同學說出自己的生活經驗，也和黃老師個別互動了情感的細微歷程，說著：「好，請問，爸爸、媽媽對你的這一份心意，跟天上的星星有沒有關係？」黃老師聽到鐘聲響著，開始追問這個問題。

　　「就是整個……比較有心意吧！」潘勇誌下課前給了全班一個小統整。

　　「好，下課。」

　　黃老師一下課就走回導師室休息室，他正在為自己沖上一杯黑色古巴藍山咖啡，古銅色的圓形咖啡磨豆機，恰巧可以整個手掌握住一種感覺。他在練習的過程中，讓手的搖動勻稱地發出碾碎豆子的窸窣聲音，是一種慢條斯理的韻律動作才有的音樂，他的腦子裡想著咖啡的香味遊逸在這個小空間裡，像方才小朋友的討論，他喜歡這原來單純的教學味道，等一下這個地方，會推論出整個詩感的主軸，他在激發自己的美感。喝了一口醇香淡甜的咖啡，看看窗外，三月的風依稀有感覺地走動著，苦楝樹淡紫色的花兒依稀是靜謐中的迷人，山的顏色更清朗了，走出這裡又有另一番體會，他走上講台即輕步轉身看著小朋友說話：

　　「好了沒？作者在這一首詩背後要告訴我們的是母愛，這種母愛是屬於眾人之愛，是這樣子嗎？他背後想要在這首詩傳達的是這樣子是不是？請找出證據。而且這一種母愛是除了眾人之愛以外，還可以是什麼？會改變的嗎？請看到第二十句跟第二十一句，我們上一次有討論過，『像掛住夜空深處不見了的……』，『看不見了』，『離開了』，你們會推論到這一個心意，永遠都存在的。作者所強調的這一份心意，是會改變的，還是不會改變的？請小朋友找出文章中的細節證據，來支持你分析心意會不會改變。是不是像戀愛一樣：『今天有，明天沒有；今天在一起手牽手，明天分手？』」

　　孩子們在討論中慢慢進入文章裡尋找細節，教室的小組討論更集中在討論的焦點上，幾組的小朋友不斷地在文章中抄抄寫寫、說說談談。林佩靜看著文章說：「第十五句。還有第二十一句。」

　　黃老師的白板筆敲著文章唸出：「第十五句，『他不會離開任何一個孩子的夢』，第二十一句，『他不會離開任何一個孩子甜美的夢』，作者講，他說他不會離開任何一個孩子的夢，不是任何一個孩子的身邊，作者為什麼用『夢』？第二句重複，變成『甜美的夢』，作者都是用了『夢』，為什麼作者不用離開孩子，不寫離開身邊，不會離開孩子的身邊？而把它寫成『夢』？

這個『夢』是什麼樣的『夢』？惡夢連連？甜美的夢？或者是其他的什麼夢？還能不能找到其他的細節？」

「夢就是夢想。」邱彥翔說。

「這一個是一個什麼樣的夢想？」

「甜美的。」

「為什麼你說它是甜美的夢想？離開的呢？他不會離開。但實際上不在身邊啊！作者為什麼強調不會離開？」

「因為心意。」

「心意不會離開？這一個心意是一個夢想？」

「是。」

許家維舉手補充著黃老師和邱彥翔的互動內容，他說：「第一個夢是任何一個孩子的夢，他不會離開，就像我們上次講的，愛已經離去了，但是它還在心裡。第二個是甜美的夢，那孩子們的心裡，可能父母已經離去了，但是我們想要想念他們，最後我們……很甜美，因為我們看見了朝思暮想的……」

「在心裡在思念他，在想念他的時候，有時候在夢裡面會出現，當出現在夢裡面看見的時候，這個是一個甜美的感覺。」黃老師澄清他說的。

「算是一個甜美的夢想。」

「那如果說，沒有想念的時候，會不會有這種甜美的夢想？無時無刻都一定會有？」

「都一定會存在你的心裡。」老師的追問讓許家維確定了自己的一個位置。

「請問，怎麼存在心裡面？ok，我可以贊成存在心裡面，請問這一些怎麼存在心裡面？你的提款卡一放進去，按，數字會跑出來多少錢，如果是領的話，那一本存摺就沒有錢了嘛，對不對？像你都有儲蓄，都會存錢嘛，我贊成家維的看法，存在心裡面，像存摺這樣存都看得見數字啊！有多少？一百萬、兩百萬、三百萬、五塊、十塊都看得見的，但是存在心裡面這一個地方是看不見的，我們肯定他存在心裡面，請問怎麼存啊？」黃老師希望能追出生活上的實務操作，因此問著許家維。

「但是在心裡面看得見啊！他不像那個銀行的存摺看得到，但是你……還是可以看得到。」許家維已把想念的思緒認為是自己看得見的，由抽象拉到較為具體的層面。

「贊成嗎？」

「贊成。」全班同學同意了這一些觀點的推展。

「好，我們把這個心和心連在一起，而這個生活曾經在一起的這一些關懷的影片，我們把它稱為『回憶』。回憶有時候是痛苦的，有時候是甜美的，作者在這個地方把回憶稱為什麼？」

「甜美的夢。」全班同學的觀點更加凝聚著說。

「好，人生的回憶是不是一個故事？」黃老師提問著。

「是。」

「人生的回憶都是很多故事，非常多的故事把它組合起來的，變成你的回憶，校長也講過，我們要儲蓄自己的回憶，美好的回憶，所以校長每天都笑嘻嘻的。他存在心裡面的有沒有很多美好的畫面？」

「有。」這一個舉證，在孩子的學校生活中成為一個肯定的經驗而說著。

「有，所以他每天都有這一些畫面在支持自己。所以這一個地方，這一個回憶是美好的回憶，都是一個故事，很多的故事、一群故事把它組合起來的，這個故事作者把它說成什麼故事？」

「童話故事。」

「好，『童話故事』。為什麼掛上這幾個字？」黃老師在白板寫上『童話』故事後問著：『為什麼不講伊索寓言故事，為什麼作者把它說成童話故事？請發表你的看法。』」

「因為童話故事它代表就是有一點虛擬。」陳彥翔說著。

「童話故事有一點虛擬，你是說作者他對這個人生也認為是虛擬的？」

陳彥翔接著老師的追問而互動地說：「它不在心裡，它印象雖然是完好的，可是它必定不是真實存在的。」

「但是以前存在過呀，對以前來講是存在的，現在不在了，存在心裡面的是虛擬的，只是一個印象而已。好，只是一個印象，一個生活的印象，一個印象可以支持一個人走很遠的路嗎？」

「可以。」他對自己的觀點有著信心。

師：「可以？就一個生活的印象、意象而已可以支持一個人走下去？」

「童話算是美好的。」陳岡接著。

「童話雖然說是虛擬的，但是只要你的回憶一想起來，就會覺得快樂而且美好。」潘勇誌也這樣說。

「只要你一回想，它就存在，它就跟你在一起了。所以這個地方雖然是虛擬的，只是一個印象而已，但是你要讓它在就在，不在就不在，那關鍵在哪裡？你要怎麼讓它存在？」

「讓它印象深刻。」蔡碧瑩說。

「怎麼讓它印象深刻？或者你用你自己的經驗來講，我怎麼讓它存在就存在，不存在就不存在？或隨時存在？」

「讓他感動。感動的話就會記在心裡。」陳岡的補充讓很多同學點頭支持。

「記在心裡，我現在問的問題是你怎麼讓它存在，怎麼讓它不存在？誰可以說？你的經驗裡面一定有。」黃老師重述了他的提問。

「好，你家裡有錄放影機，有 DVD 對不對？你想看的時候，一放，一按 play，它就跑出來了，存在不存在？」

「存在。」

師：「你不看的時候把它放起來、收起來對不對？（全體：對）好，我們人跟這個 DVD 有沒有一樣？」

「有。」

「怎麼個一樣？」

「自己的頭腦可以想。」王基麟說著。

「自己的頭腦可以想，你要讓它存在只要你想，那一個畫面它就存在了。請問那一個畫面存在的時候會不會離開你？」

「不會。」

「別人知不知道？不知道。你現在心裡面偷偷想著某一個男生、某一個女生，你只要想他的時候，他在不在你的腦海裡面？」

「在。」全班同學說了。

「因為有記憶、有回憶，所以這些東西，你可以決定什麼時候讓它存在，什麼時候讓它不存在。上體育課的時候大概都不存在，因為打球打到都忘記它了，等一下打完球了，又想到某個人了。有時候會不見，有時候會見，因為你回憶到他了，因為你想念他了，作者為什麼用童話故事，這個是象徵手法嗎？算嗎？」

「算。」

「算？『童話故事』是作者刻意安排的象徵手法？」

　　「童話故事就像我們一般看到的，結局都是完美的，都是很好的結局，不會像一般的小說，最後也許是悲劇。」林慧敏以她閱讀課外書籍的經驗說著。

　　「童話故事的結局都是甜美的？」黃老師追問著。

　　「不一定，但是童話故事會讓小朋友印象深刻。」她說著。

　　「童話故事的情節都讓讀者很快就記得很清楚，而且裡面充滿了很多美好的回憶。可能因為結局大部分是美好的，所以作者故意寫這一個。」

　　「童話故事會記載一頁又一頁的回憶。」吳采璇終於開口說話了。這孩子不太說話，老是把感覺和想說的話存在心底，這時開口倒像她的詩「相遇」：

經過雨水洗滌，
我與你相遇，
這點點滴滴……
彷彿……
一道彩虹般的美麗，

彩虹的弧度，
像極了，
那回憶中
我對你的思念

蔚藍天空中，
閃爍一道光芒
眼睛一閉
銀色微風吹過
展開夢幻無比的翅膀……
灑下甜美時光……

你對我的呵護，
讓我不禁捨不得放手

直到，
風吹過……
無垠的彩虹也隨風消失……

但屬於你我回憶，

卻

順著七彩的雲朵，

隨風飄到另一個，

永不熄滅的夢幻童話……

我對你還是傻傻的……

等待……

還想要再一次與你擁抱……

離別的淚水……

模糊了你我的回憶，

再次吹散了我的心……

「童話故事有記載回憶嗎？」黃老師對這也好奇的問。許家維說了一段很長的話後，黃老師接著延伸這觀點，「人生的故事不一定是甜美的，童話故事裡面也不一定都是甜美的，但是大部分童話故事的結局都是甜美的。比如說灰姑娘，到最後也是甜美的。中間會碰到很多挫折，到結局是甜美的，大部分的童話故事都是這樣子，作家幫小孩子寫的時候希望結局是有夢想的、有甜美的，我們說大部分，沒有絕對一定是這樣，只有很少部分的悲慘的。好，請說。」

「老師你不是有看過那個『美麗的秋天』嗎？」邱彥翔從以前上課的經驗對老師提問著。

「對。」黃老師像學生一樣回答著。

「秋天一般給人的感覺都是很悲愁的，可是你就是可以決定秋天是怎麼樣的。」邱彥翔的舉證令第二組的謝學函讚賞著。謝學函他的詩寫的就是「夢想」：

夢想

是一種

奇妙

不管大人或小孩

都有

一個

夢想

實現夢想
需要努力的去朝著夢想實現
實現了夢想
有如在空中飛翔
我們
要努力的
實現
夢
想

　　黃老師整理著邱彥翔的觀點統整著說：「邱彥翔所說的意思是，我們上過日本漫畫家阿保美代『美麗的秋天』，秋天大部分帶給人的感覺是感傷的，但是那個作者阿保美代就把秋天的每一個片段都變成美麗的，所以他題目就定為『美麗的秋天』。美麗不美麗，是你自己來決定的，你自己的想法，你自己的心來決定的，存在不存在也是你自己的心來決定的。好，那我們現在要回來看這一個作者，他的人生思考在這裡，他要做一種決定，他要決定這一篇稿子背後要表達的是什麼，到現在你可以同意，人生是美好的事，還是不美好的事，是自己可以決定的請舉手！」接下來他把教學丟回小組提問說：「到這裡，作者想要告訴我們的人生思想是什麼？單就這一首詩，包括他定的題目，你把這一些討論的觀念把他接起來的時候，請用一句話告訴我，作者想要告訴我們的人生道理是什麼？小組討論，開始！時間兩分鐘。」孩子們又回到小組中整理這一小段教學重點，提出的觀點在小組中交流著，黃老師也順著休息嘴唇。

　　第二組：「美好的人生是用心去思考的，然後結局會像童話故事一樣甜美。」

　　第四組：「在作者背後他要跟我們講的是，要把私人的愛進化成眾人的愛，還要讓它存在心中，成為甜美的回憶。」

　　第六組：「所有心中的夢想都可以是甜美的，永遠都不會消失。」

　　第一組：「美好的回想會帶來美好的回憶。」

　　黃老師整理著這一些觀點說：「好，從這幾個小組的發表我們可以發現，作者在背後想要告訴我們的人生思考，每個人的體會可能都不一樣，但是有沒有共同點？」

　　「有。」

「好，共同點是什麼？剛才這四個同學的共同點是什麼？」

「共同點是都有講美好的回憶。」

「用心來去想比較美好的事情，這樣會感覺到美好、變好。」蔡碧瑩補充得更完整了。

「請你們看到文章中的第二段。如果作者要強調的是美好的回憶，為什麼在第二段的時候會出現反面的內容，說了『不真實的話』、『不誠實的孩子』，為什麼要把這些事挑出來？作者為什麼要把這些事講出來？他就全部都講美好的就好了呀，為什麼挑出第二段『就算你是個白天說了不真實的話或是做錯事的孩子』？」

「人生都是有瑕疵的，所以這些事發生過後是一種回憶，不管任何事都是很美好，不會因為這麼一點點事情，就變得全部都不好，這個也是曾經有過的一個回憶。」蔡碧瑩說完，心中卻暗自想著：「不知道是不是太過粗心，都不曾發現過，窗外的那一片天，原來是這麼的蔚藍，寬廣又無垠，望著望著，我們都漸漸出了神……（蔡碧瑩）」

「曾經有過的一個回憶，但是那些回憶是負面的呀，說了不真實的話，說了謊呀。」

「不會因為這樣就變得不完美呀，可以把它想得很好。」

「把不真實和說了謊我們把它想成甜美？」

「把它想成完美。」

「把它想成完美？把它想成完整的？但是它還是會有缺口呀，有負面的呀，並不是甜美的呀。作者說甜美，但是第二段這裡就不甜美呀。」黃老師的反對意見讓這孩子更需要為自己的觀點找到一個立足點，所以他接著說：

「可能他過程中有迷失，所以後面就……。」

邱彥翔一見爭論時，他就想說話：「我講一個故事。有一個人他被老虎追殺，他看到一口古井就跳了下去，看到下面有四條蟒蛇，於是就抓住一條藤蔓，但是看到黑白二鼠在咬藤蔓，然後忽然飛來了四隻蜜蜂，滴下了幾滴蜂蜜，那個人剎時覺得那口蜜甜美無比，就這樣。」

黃老師順勢整理與追問著說：「他講這個故事是說，人生經過很多苦難，都是在生死邊緣，人生的很多經驗可能是很多負面的、很坎坷的，但是那時候他能夠去體會到不一樣的世界，他終於體會到了甜美，請問你們的經驗對爸爸、媽媽的愛，你們體會到了什麼？爸爸、媽媽有罵你呀，打你呀，要求

你寫測驗卷呀，寫作業呀，考試不好就罵你呀，你要每天緊張兮兮的呀，考試到了心情就很不好呀，但是到後來你又體會到了什麼？請發表。」

「雖然爸爸、媽媽會這樣要求我們，他為我們好，但是我們有時候會感覺不出來。」許家維說。

「好，請看這個地方，老師要把一些東西塗掉了。」黃老師擦拭白板上的一些字跡重點說：「我們在這首詩中討論這麼多的觀念，到最後我們把那些討論的東西都塗掉了以後，請問這首詩讀完了，如果頭腦裡面只有留下一張圖片會是哪一張？這一首詩讀完了到最後你把眼睛閉上的時候會留下什麼東西？」

「星星。」同學們說著。

「請問那個星星會不會閃爍？」

「會。」

「你留下的星星會閃爍嗎？」

「會。」

黃老師開始在白板上作畫，他在白板上畫上許多星星，加上閃爍的光，問著同學：「請問這一個畫面，是不是作者到最後故意要留下來給讀者的？」

「是。」

「是，好，這一個星星連接什麼？他是在天上的，連接什麼？」

「童話，童話故事。」

「留下來的星星所連接的這個東西到底下，我們人在這底下，這底下就是張育綺所說的星星會照顧你，這一個照顧是屬於什麼的照顧？煮飯給你吃嗎？什麼的照顧？」

「心靈。」

「心靈的照顧，就是邱彥翔所說的心靈的慰藉。在文章裡面還有連接哪些東西？這些星星都在亮閃了連接什麼？文章裡面可以找得到用詞。是作者故意要留下來的，甜美，夢想，還有連接什麼？請趕快找。」

「父母。」

「永恆。」

「秘密。」

「童年往事。」

　　「這一首詩讀完了，眼睛一閉上，就剩下這一幅作者故意安排的圖片，也是作者的人生思考，這一個作者在你頭腦裡面要留下這一張叫做『心靈圖片』，這一張心靈圖片，你自己要能夠去翻譯，從詩裡面的句子去找到和他連接的，你就是在翻譯詩作者的心靈世界了。從文章中找出還有哪些的用詞是作者要連接這一個星星的？為什麼作者把這個地方說成星花？」

　　「很多。」

　　「很漂亮。」

　　「像花一樣。」

　　「星星說得像花園，作者用一個花園，請問作者用這一個花園要表示什麼？這一個圖片要表示什麼，所以作者用花園？」

　　「有很多星星。」

　　「每一朵花都是夢想。」

　　「花園都會開花，都會有不同的花，不同的顏色，不同獨特的孩子，都會開啟不同的花，作者也用了花園，有這樣的暗示作用。作者在文章中的第二句、第七句、第八句說的是什麼話？」

　　「都愛打開窗帘數著，心底埋藏的像夢一般的星星。／／或是做錯事的孩子，星星就選擇在你入睡時，／／開始說起最甜的童話故事。在你的夢裡。」同學們唸出這一些詩句。

　　「好，請問還有那一些是作者要連接天空的星星的？」

　　「花園。」

　　「星花。」

　　「畫～～眉～～鳥。」

　　「畫眉鳥跟連接這個星星有什麼關係？請說明原因？」

　　「快樂的。」

　　「好，來，作者選擇了除了語言，除了眼睛看得到的，還有沒有耳朵聽得到的？」

　　「有。耳朵聽得到的就是畫眉鳥聲音的部分，然後畫眉鳥是很快樂的。」

　　「好，畫眉鳥在唱歌的方面，跟星星來有什麼樣連接的關係？」

　　「花園裡面會有很多的鳥……然後，畫眉鳥唱歌很好聽。」

　　「請問作者為什麼用森林？而且作者選擇的是『綠色森林』，請問有什麼跟這個連接著什麼關係？」

「花園、樹蔭的手裡就是春天。啊！春天的時候畫眉鳥就會快樂的唱歌。」

「作者在詩裡，他根本沒有寫春天兩個字，但是在這個地方你可以知道這個季節是～春天。作者特別強調綠色森林。你看鳥都來了」這時窗外飛來一隻麻雀停在窗台上唱歌，黃老師停下來說：「注意聽牠，注意聽，注意聽，噓！聽到了嗎？」

「嗯。」同學們都安靜片刻地享受這悅耳的歌聲。

「這是鳥的聲音，剛才你聽到的是那隻麻雀要飛起來的時候～～啾～啾～啾～啾跟這個連接，畫眉鳥的聲音非常美。星星它的亮光，你看到隨時亮閃的星光，為什麼作者選擇這張心靈圖片？來，請說。」

「感覺好像是每個星星都是他的孩子，然後……」黃老師幫他接腔說：「所以他生了很多孩子，像星星多的孩子」

「因為他希望他的孩子都像星星一樣閃亮。」

「作者沒有提到亮閃，但是你去看天空的時候，你會知道星星是亮閃的，有些地方作者有寫出來，有些部分作者沒有寫出來。春天是作者沒有提出來的，亮閃也是作者沒有寫出來的，但是在圖片裡面，你可以慢慢的找到這一些訊息，他隱藏在文章背後是要你去體驗和感覺的，而且你注意到他的題目，『在夢裡愛說童話故事的星星』，請問哪兩個字？亮閃的感覺會連接到題目的哪兩個字。」

「星星。」

「動作ㄋㄟ？」

「愛說。」

「對，愛說。兩個字跟星星的亮閃是一樣的。誰可以表演給我看，一個媽媽對兩歲的小孩子講話。」黃老師邀請一個表演者，他想讓孩子們經驗操作課程的概念，而且這是有趣的生活體驗，上學就這麼好玩，閱讀就這麼有樂趣。他說：「我當嬰兒，你當媽媽。有看過爸爸、媽媽在對一歲小孩子動作或者講話的舉手。」

「他就是說『哎唷，你好棒唷，你好可愛唷！』」陳岡先演出內容，班上同學的記憶被喚醒了。

「這是那個爸爸、媽媽愛說話嗎？」

「嗯，很愛說。」班上同學有同感地說著、笑著。

「很愛說，特別地愛說，好像這輩子裡面講最多話就是那個時候。」

「對。」

「在照顧嬰兒的那個時候，『哎呀！好棒阿！好可愛唷！』而且講話像瘋子一樣，連陪孩子在看一個小東西的時候，都會一邊說一邊重複再重複地，表演著吸引孩子注意的戲劇：『你看看，你看看，你看看！哎唷！哎唷！會動ㄋㄟ！會動ㄋㄟ！』這還不夠，孩子是他們生命中最重要的觀眾，然後他的小孩子在那邊嘎嘎叫、嘎嘎笑的時候，又會馬上鼓勵地說：『好棒喔！再來胳、胳、胳、胳。』～～有沒有？跟這個愛說可以連接起來嗎？」

「可以。」

黃老師看著小朋友鼓勵性的眼神，也投入這戲碼講演著：「你看爸爸、媽媽來操場跑步的時候，他一定胳、胳、胳、胳，再後退讓他的小孩子跟在後面跑，對不對？」

「有。」

「作者有沒有把你小時候的經驗放在這裡面？否則作者就寫『常說』或『說』就好了。或者在夢裡『說』童話故事的星星就好了，不用提到『愛說』。這個作者高明不高明？」

「高明。」同學們嗤嗤地笑著。

「老師就是你嘛！」

「我們來看作者到最後會留給讀者是心靈圖片，到最後的心靈圖片，一張圖片、兩張圖片、三張圖片，因為詩留下最美的東西就是意象圖片，意象圖片會讓你在眼睛閉上的時候就看到一個世界，這一首詩的作者就是故意要留下這一個。那麼留下這張圖片，你要找到一些跟它有意義關係的語彙，這些意象組合的時候，這些星星就特別有意思啦！台東能不能看到最美麗的星空？」黃老師期盼這詩的教學能留在孩子的生活裡，所以他問起台東的星空。

「可以啊。」

「可以？在哪裡？在哪裡？」

「山上。」

「海邊。」

「海邊，晚上的時候，差不多在黃金海岸那邊。台東可以看到的星星是非常美的，因為晚上的時候你站在山上……」

「都蘭山。差不多在停機坪那個地方。」同學們把生活經驗指出位置來。

　　「老師是躺下來看星星的，那個星星好像整個要跑到你身體一樣。跟范永奕騎到寒舍再過去階梯那裡。三角點那個地方，底下就是懸崖，那時候在山上就只有兩個人。兩個可愛的男生（眾人笑）看著可愛的星星，還有整片的燈海，整個台東就是 360 度的視角，前面都沒有東西擋住後面可以看到知本。下來的時候差不多晚上十二點多了，老師這時候就是驚訝地呼喊著說：『哇！香港、香港。』」黃老師又表演了，他索性站上講台，比手畫腳地投入戲中，他現在就是心裡看見那個夜晚的星空，他跟著那晚的表情動作和感覺，走這一趟甦醒著的記憶，彷彿現在的他是站在夜晚的山中，看著燈海一般回憶著：「中華大橋中間那塊是黑的，為什麼是黑的？因為那邊如果很亮的話，飛機飛降下來的時候，會看不清楚，它會撞到橋，所以那一塊不可以有燈，所以中華大橋兩邊有燈，中間是暗的，你可以眼睛矇在黑暗的地方鑽過去，黑黑的裡面是海，這一邊是黑，這一邊是亮，路燈整個連接……」咚、嗚、嗚、嗚的聲音他跳下講臺，一個平穩的姿勢說著：「帥吧！」

　　「帥！」同學們見他摔了下來，是因為他表演得太興奮了。

　　「差點就摔死了。摔下來的話，我就在馬偕看星星了。」他不忘記快樂的逗笑，：「好，請問作者這個夢連接到這個星星，做了什麼暗示，這個夢是不是個象徵？」

　　「是。」

　　「好，都在象徵什麼？」黃老師習慣性地追逐全班孩子的思考組織而前進，他的提問類型結合著發問的技巧與文章基架的形式思考，讓孩子的生活內容安排在每一格的資料儲備表。

　　「夢像星星一樣多。」

　　「每個星星都有每個星星的夢想，請問夢想在人生裡面，你認為重要不重要啦？」

　　「重要。」

　　「請說明。我認為不重要，我故意提反對意見，這是胡思亂想。夢想還會有什麼？」為了教學概念的辨認，黃老師會在概念形成的歷程中，提出反對意見或做比較不同概念的相同點、相異點，讓孩子們更能接近瑞士認知心理學家皮亞傑的同化、調適觀點。

　　「夢想能讓人有力量。」

　　「夢想能讓人有力量……什麼力量？」

「一種讓你想要去……」

「妳想要去結婚喔？」他不忘逗笑般的情緒經營，所以開了個玩笑，全班也跟著樂了。

「夢想可以讓你有力量去實現夢想。」她還是笑完之後，一個字一個字說完，已是正經其事，並讓老師知道她不太喜歡這個玩笑。當然黃老師會敏感地在全班面前說聲對不起、別生氣、我開玩笑的，讓人際之間的分寸得到認可。

「力量，什麼力量？」

「努力實現的力量。」

「努力實現的力量？」

「那個意念……」

「那個意念就會實現？」

「永不放棄信念，就會讓他有力量。」蔡碧瑩跟著和老師的一問一答，找到這一點觀念。

「作者也用了兩個字『眨眼……』有沒有用意？在第十三句『滿園子眨眼的星花』，為什麼用眨眼？星星閃爍會眨眼，還有……如果和爸爸、媽媽連接在一起的時候，這個眨眼……」

「在笑。」

「拋媚眼……」

「笑到眼睛變一條線。」

「笑到眼睛變一條線。Ok。作者有沒有將笑到眼睛變一條線暗示在裡面？」

「喔，第十八句『清晨一張開眼你的清純掛在你的眉梢』的『一張開眼』。」

「第十二句『當你好好闔上雙眼這秘密的種子就開在花園裡』的『闔上』。」

「請你找一下作者定的題目『在夢裡愛說童話故事的星星』注意喔！關鍵喔！作者定的題目『在夢裡愛說童話故事的星星』那個『在』字拿掉，變成『夢裡愛說童話的星星』同意不同意？」

「不同意。」幾個不同意的聲音傳到黃老師的耳裡蹲著。

「為什麼？應該要拿掉。愛說童話的星星，你看！多寬廣阿！所以星星就打開了，那『在』我認為要拿掉，你們認為呢？說個道理原因來聽聽。好，小組討論兩分鐘開始。」黃老師先提出自己的意見再請孩子們討論。

第四組說著:「『在夢裡愛說童話故事的星星』意思可能是說在夢裡面,回憶心靈圖片的情形,然後『夢裡』就是在夢想裡面回憶。『夢裡愛說童話故事的星星』是在夢想裡,而沒有『在』,夢想裡面愛說回憶心靈裡面的情形。所以有加跟沒加都一樣。」

「妳們討論說到後來有加跟沒加都一樣?」黃老師噗嗤地笑出聲來。

「意思就是說不知道要不要確定季節,有『在』的話就是確定在這個季節。」第四組補充著。

第六組說:「老師,這有點為難,這個為難就會產生夢想的力量。」

第五組說:「我們這一組覺得那個『在』很重要,因為『夢裡愛說童話故事的星星』,它沒有跟你說是哪時候,沒有時間,它在夢裡就是要開始了,就是……」

「你說『在夢裡愛說童話故事的星星』,有加這個『在』就是在裡面了,對不對?」黃老師澄清了第五組的看法又得到她們證實後,一邊延伸她們的觀點:「『在夢裡愛說童話故事的星星』是進入到這裡面了,所以旁邊其他的雜事就已經不見了,只有單一個『在夢裡』就已經進入這世界。而『夢裡愛說童話故事的星星』可能還在外圍繞,就在夢的外面團團轉,這樣子是嗎?你的看法是不是那樣?」

「是。」

「來,第四組有意見請說。」

「老師,它那『裡』也是代表在裡面啊?那有那『裡』就好啦,為什麼還要有那個『在』?」第四組對第五組的說法有意見地說出她們的看法。黃老師跟著重述,讓全班同學都可以清楚的聽到這內容而說著:「『夢裡愛說童話故事的星星』有這個『裡』字就可以了,已經在裡面了,那麼這個『在』到底有什麼用意?」

「指定性。」第五組的代表很有信心的站起來回答,同組的小朋友也跟著頻頻點頭。

「為什麼要指定?」潘湧誌從位置上突發一語。

「哈?」黃老師只笑了一聲,他正等待著友伴對話的教學張力點。

「對,為什麼要指定?」黎諺霖也補上一句。

　　「問他們。那問他們，不要問我，我也不懂啊！」黃老師眼見其他同學提出不同觀點的意見時，他更想讓孩子們自由交流討論不同的觀點而說著，並且保持置身事外的旁觀者角色退到教室的角落。

　　「在人生中你或許會有很多的夢想，你可能只是『在』訴說其中一個而已。」第二組的許家維協助著第五組，讓「在」字的語詞界定焦點扣緊「指定性」。

　　「在人生的過程中，可能有很多夢想，這個『在』是用這個指定性特別指這一件、這一個夢想，是不是？這是一個針對父母的愛提升到上面來的親情之愛，是不是？所以加上這個『在』字？還有……」他也不忘在適宜的時刻給予學生引導。

　　「目前為止品質開始出來，百分之六、七十了，後面的寫作技巧才是關鍵啦！那個地方能夠弄出來就不容易了，來，請說。」他鼓舞著孩子們繼續前進，一起找到閱讀思考教學的歷程而說著。

　　「我們覺得『在』是現在進行式，然後只是比較虛幻。」

　　「漂亮，『在』是現在進行式。他們這一組的認為，你們的看法呢？」

　　「現在進行式加上－ing，正在進行當中，還有，看得見，那個愛到底是看得見還是看不見，你們都已經找到心意是最重要，對不對？心意就因為你的想念就會在；不想念就不存在，對不對？那麼跟作者用這個『在』字，跟這個現在進行式，跟這一個指定，有沒有關係？如果老師說這個『在』字是整篇文章最關鍵的地方，是那一個字，如果，你肯定那一個字不可以拿掉，是非常重要的，你能夠找到作者的想法嗎？作者～的思考？這一個『在』字跟這一些內容有關係的，而且是很重要的，誰可以找到？」

　　「畫眉鳥。」

　　「綠色森林。」

　　「夜空。」

　　「永恆。」

　　「夢、流星。」

　　「祕密。」

　　「星星、童話故事、花園。」

　　「第二十句『不見了、滿園子、星花』，這些回憶，請看黑板，我們在黑板所畫這一些；你所推論的畫眉鳥、綠色森林、祕密、童年往事、童話故事、父母的愛、永恆，都是存在的，作者在表達一種存在。什麼存在？是表

達了永恆的存在，所以作者把這個『在』字，把它放進去喔，特別指定這個地方它是重要的，存在的，在人生中不管看得見、看不見，在你心裡面永遠都是存在的，所以作者特別掛那個『在』字。是作者特別掛上去的，高明不高明？」

「高明，高明，好高明喔。」黃老師知道同學們又故意要戲弄他一番了，並不以為意的笑著說：「我這一個輩子如果有一些小小的成就，都要感謝你們的鼓勵和支持。」

「剛才有一個地方你們沒有討論到的是，親吻、親吻故事、晚安曲。好，這個也是作者放在文章中要連接星星的字詞。」黃老師隨後補充著未被說出的一小部分內容。

「來下一節課我們就要討論作者的寫作技巧，這邊黑板不要擦掉，下課。」黃老師走向導師休息室的途中，陳怡君伸開手掌和老師掌對掌的拍著玩，黎諺霖也湊過來這樣做。孩子們下了課堂鬆了一口氣，有的趴在桌上休息片刻，有的走到教室外面透透氣，有的忙著整理一些上課內容，有的在教室閒聊她們自己的生活話題，這個時刻一向熱鬧非凡的充滿趣味。

「現在要討論的是這一個作者背後的思考，剛才文章的細節你們討論的很豐富，段落跟段落連接的地方，跟作者背後的思考，……同學現在如果沒有深入的參加小組討論，沒有從文章裡面去找，你回家的作業是沒辦法寫完這個第十六張作業單的，最後這張作業單是最困難的，你要從頭自己找一遍，兩分鐘。」黃老師一上課便在小組中講述著：「『從段落跟段落連接上，作者怎麼安排？為什麼這樣安排？作者的人生思考是什麼？作者在時間上的安排，有沒有表現出作者的人生思考？比如說作者文章裡的，『夜晚』，文章裡面只有出現夜晚嗎？』黃老師引導著孩子先針對作者在時間上的形式思考，從文章的段落中找出證據。」

「清晨。」

「清晨。請問清晨放在第幾段？」

「第五段，第十八句。」

「清晨開始放在第五段。好，我們看到第一段是白天還是夜晚？」黃老師等著有同學已找到一些細節。

「夜晚。」

「夜晚。我們看到時間的連接怎麼連接？第二段呢？」他開始要求同學們回到文章中一段一段地，找出每一段作者的時間安排思考。

「白天、夜晚。」

「第三段呢？」

「夜晚。」

「第四段呢？」

「白天到夜晚。」

「第五段呢？」

「清晨。」

「第六段呢？」

「夜晚。」

「好，請回來看到第四段這個地方。第四段的夜晚是入睡以前，入睡以前的夜晚到睡著了。那麼第三段是要入睡的時候。第五段也就是快要醒來的時候。夜晚的時間佔的最長的是第五段，從入睡到清晨，這個是整個夜晚，作者這個時間的安排，跟作者的思考，有沒有連貫？」他在白板上書寫每一個段落的時間思考，成為一個時間安排的綱要問著。

「有。」

師：「好，他時間的安排有沒有問題，先檢查一下。夜晚、白天加夜晚、從白天跟夜晚配合、入睡前到睡著了，睡整個晚上到清晨，到第二段不會離開任何一個孩子的夢。不見了，這裏為什麼在第二段插進一個不見了？那個不見了，是星星不見了，第二段清晨的星星就退到後面不見了，請問作者用這三個字『不見了』，在時間安排，有沒有特別的暗示和用意？什麼用意？」

「消失。」

「消失，消失不見了。夜晚到清晨消失不見了，白天沒有星星了。」

「是白天看不見星星了。」

「對，作者用『不見了』三個字，有沒有特別的暗示？這裡能夠找得到的，那是非常難的，作者在這個地方有沒有不愉快？請自動舉手。」

「雖然沒有星星，只不過他是暗藏著⋯⋯」陳怡君回答著。

「星星並不是不見了，是暗藏怎樣？」

「因為有太陽。」

「所以他不見了。好，從這裡連接到經過時間，會不會找到作者跟這個連接？可能是在暗示什麼？好，以前有一首歌，在唱給嬰兒聽，嬰仔，嬰嬰睏，一暝大一寸，有沒有聽過這一首歌？經過一個晚上長一寸，經過這個時

間，經過這個夢，不見了跟長大了有沒有連接起來？」黃老師唱著這首母親的歌曲，希望孩子們的經驗被喚醒著，以作為一個與教材銜接的經驗。

「有。」

「等你越長越大的時候，其實很多東西都退到幕後，是不見了，但是心不會不見。星星沒有不見，眼睛看不到就是因為太陽光很大，因他藏在背後了。作者的用意在這個地方，把爸爸、媽媽的愛轉化成『永恆的關懷』，隱藏在你一生的背後，默默的關心你、祝福你。所以作者在這個地方用『不～見～了～』，這種藏在背後的愛要讀者在閱讀中體會的。你長大了，她不需要隨時跟在你旁邊，那時候你也會覺得很煩了，要求自主權地想決定自己的生活樣式，所以他退到後面，爸爸、媽媽對你的愛有智慧了，默默的觀察你、照顧妳，你的需要是什麼。當你心情不好或需要她們的時候，她就會出現。當你心情好的要命，她也去聽，然後她不管理你那麼多的生活事件，盡量去尊重妳。爸爸、媽媽的愛，到你長大之後就會做這樣的思考了，而作者用三個字而已……」

「不見了。」同學們把老師的話嫁接得恰如其份，黃老師也再強調一次地說：『『不～見～了～』做為表現內在的人生思維。」他好像在這裡很得意學生和自己的雙向表現而聲音轉柔、轉淡、轉輕了說話：「整篇文章的安排到清晨不見，從夜晚到清晨，這一段時間的連接，然後把星星隱藏不見了，隱藏在文章背後，作者在時間形式上的安排，做了這樣子的安排，做了這樣子的組織材料的思考，如果你不小心，你就忽略了作者在時間上所暗示的深層含意了。」

「好，我們把段落大意以概念階層式的金字塔、原因、經過、結果排出來之後，再去推論全課大意，對不對？」

「對。」

「我們也把這一篇文章的每一段時間獨立排列出來，對不對？」

「對。」

「從每一段時間抓出來之後，你就只有看時間，作者在時間上有沒有做背後的考慮，我們發現也有。從時間上的考慮都有了，這個時間上夜晚到清晨，星星不見，簡單的講，那是從每一段的時間連接，它是慢動作的，這一個慢動作表示什麼？母親、爸爸媽媽給你的照顧都是慢慢的、很慢的，白天、夜晚入睡，入睡前睡著了，她一定偷偷的去看一下，對不對？」

「對。」

「為什麼作者不寫出來，你的生活經驗也有嘛！入睡前到睡著了，這一段時間，爸爸、媽媽會偷偷的去看一下，或者是抱抱妳吧！對不對？但是你的經驗告訴你能不能推論了？」

「可以。」

「你必須繼續把你的經驗放進去推論，到早上這裡，就是作者對時間上的安排，而且這個時間上的安排，一、二、三、四、五，這樣子的連接就是小孩子，慢慢的、慢慢的、慢慢的、慢慢的長大。這也是作者在文章形式上的思考意涵。」黃老師把時間的作者思考配合著文章事件基架的形式和兒童的生活經驗，推論出作者在文章背後的人生思考說著。

「OK，這個是時間上的安排，好，我們回來看空間的安排，有沒有表現出作者背後的思想？請小組討論。」各組的意見發表完之後，黃老師把作者在各段落的空間安排內容，條列式地寫在白板上。

第一組：「第一段空間安排是地上到天上。」

第二組：「第二段空間安排是天上下來地上。」

第三組：「第三段觀星、天上、地上。」

第四組：「第四段空間安排『他不會離開任何孩子的夢』是天上跟地上兩個連接起來。」

第五組：「第五段空間安排是地上。」

第六組：「第六段空間安排是天上跟地上連接起來。」

「作者的空間安排，可能暗示背後的人生思想從在地上的人間，如果你私人的愛能夠提昇成為眾人的愛，你這個心就跟天上的星是一樣的，兩個是合在一起，是平等的，這個地方也是平等劃上等號的。每個人都具有一個心，你只要把私人的心提昇成為眾人的心，你就是一片星空了。然後作者從地上的人間要走到天上，再從天上走到地上來關懷這裡的人群，天跟地合在一起了。」黃老師簡要地說出作者的意涵，再提問：「請問作者的思考星空跟這個地上人間的這一個人，作者的位置為什麼擺在這兩個上、下位置做轉換？如果這也是象徵，為什麼是變成天空，請說說這隱藏的意義？」

「世界廣大。」

「眾人之心。」

「廣大無私。」

「沒了？等一下我請你們躺在操場喔，請問為什麼我會叫你們躺在操場？請說！」

「因為看到天很廣大。」

「就是要看天，你有看到天空有蓋一棟房子把你擋住嗎？」

「天空之城。」

「你出去外面，你眼睛往上抬，整個天空就是那麼大，白天、藍天、晚上、銀河，美不美？」

「美。」

「這個作者的思想在這個地方，是我們推論出來的，一篇文章像這樣子上課，短短的一首童詩，有的人上這個課會很煩。你寫這個作業也寫一個學期了，寫到最後你們都翻臉了，那上課上到這裡，文章是這樣子在讀的，你覺得這樣子上課對你來講有沒有收穫？或者根本沒有收穫？或者這樣是很煩的？請小組討論，等一下也發表你個人的意見，我們請兩個小朋友來說說。」黃老師說著。李東洋不知該說什麼，一路上他傾聽的時間多，有一些東西在生活中醞釀，有一些或許是像他的詩一樣「哭泣的記憶」：

夜間
廣大的天空裡，
白色的雲，在夜空中哭泣……
突然
一陣寒冷的風吹過了我的心裡，
在我心中的你已慢慢的模糊，

記得你
想念你
想成為你的專屬，
守候在你身邊，
看著你，喜怒悲傷……
想成為你的天使
伴在你心裡，默默的守護你
直到永遠……

冷漠的風，
穿過我的心中，
不斷吹走我快樂的回憶，
吹走我守護著你的快樂回憶，
心裡只剩下你的背影。

風
想讓我忘了你，
我想反抗，
讓他吹走我的記憶，
可是已經來不及了，
風已吹走了我的回憶，
讓我無法回憶了……

　　黃老師等孩子們稍微整理一下自己的學習過程後，他請林佩靜站起來和大家分享，黃老師陪著她慢慢再看一次自己的學習經驗。她說著：「雖然很累。但是學到很多知識啊。」

　　「知識？我如果插嘴的話提醒我。」黃老師示意著說。

　　「譬如說這個閱讀作者的思考，還有文章細節的思考。」林佩靜把這一些稱為知識學習而說著。

　　「如果沒有這樣上的話，你自己可以這樣子嗎？」

　　「不知道。」她沒想過這樣的問題。

　　「你自己來，你自己在讀文章的時候，你自己有沒有？」

　　「還好。」

　　「還好？會不會做這麼多準備？」

　　「應該會。」

　　「會找得很仔細嗎？」

　　「不一定。」

　　「不一定？你覺得這樣子的上課累？」

　　「還好。」

　　「還好？剛才你不是說雖然很累，現在又說還好。」

　　「就是說不會很累，也不會太輕鬆，就中間。」

「那個對你的幫助是知識上的？」

「我覺得對我們的好處是，能清楚本來自己的思想，深入越久的文章，老師教我們的金字塔，能清楚的排出他的細節。然後排完之後，就可以推出他的人生道理。」

「所以這樣的學習對你來講，是……？」

「有幫助的。」

「有幫助的。請問你會把這種方法用在哪裡？」

「讀書。」

「怎麼讀啊？」

「每科都可以用。」

「我覺得很煩，但是對我很有幫助。」

「很煩但是有幫助？」

「我聽，然後做了思考，還有排金字塔的時候，會慢慢推、推、推，推出文章之內的意義跟文章之外的意義。閱讀作者思考可以知道，作者在寫這篇文章的時候他是怎麼安排的。」

「他是怎麼安排的？怎麼考慮的？請教你最後一個問題，這樣的上課方式，有沒有影響你的人生？想三分鐘，坐下。你的人生有沒有被影響？以前怎麼樣，現在怎麼樣，這中間有什麼變化？」

「以前知道的人生道理比較少。」

「現在知道的比較多？」

「嗯。」

「多出來的東西講給我們聽好不好？多出哪些東西，長角了？舉個例子吧。」

「關懷的方式。」

「關懷的方式？就這樣子？請坐。」

「我覺得對我們的幫助很大。」

「什麼幫助？自己說。」

「比如說，人生的道理呀。」

「這一節課到目前為止我不滿意，而且很不滿意，你可以講沒有，為什麼沒有，『老師，你這樣上課讓我覺得很困擾，因為我本來就不喜歡去想那麼多，不喜歡去找細節的，我覺得讀書不需要這樣子，老師為什麼你要囉哩巴嗦的弄這麼多的東西』，你可以這樣子的發表，但是你有內容要告訴我，

不管你是正面的意見或反面的意見，你有這些內容要告訴我，ok？到現在我還不滿意喔。」黃老師也希望孩子能有表達不滿意的例子，他說了這段話。他希望孩子看看自己，聽聽別人的學習經驗，他請蔡碧瑩能做個示範。

「就是寫文章的時候，會沒有原因沒有結果，寫起來不完整，然後上完課之後那個文章的細節會比較會安排。然後還有很多寫作技巧，比如說明喻、暗喻什麼的都懶得把它放在文章裡面，不曉得要怎麼把它擺在裡面，上課之後就比較會用。形容詞、副詞什麼也是不會放，上課之後才會放。還有閱讀文章的時候不會像無頭蒼蠅一樣亂看亂看的。還有上課的時候會講一些人生道理呀，比如說上次那個水的呀，還有那個耶穌基督等的那些道理，吸收到那些東西是很幸運的，因為那些道理外面的人不見得會知道。」

「這樣子對你的人生有什麼幫助啊？對你現在的生活有什麼幫助？」

「思想成熟。」

「思想成熟？水果早熟就會早爛下來。你需要那麼早熟嗎？」

「每天保養就好了啊。」

「每天保養，用什麼保養？ok，好。下一節課我們只有……，掃地的時間動作快一點，然後趕快回來坐好，下一節課針對寫作技巧。」溫挺傑一聽到下課，這一切好像他詩中一個夢的「秘密公園」：

入夜了，
天空的雲在哭泣，
公園裡的樹互相呼喚著，
聞到一股淡淡的清香，
一陣陣的冷風吹了過來，
大樹、花、草好像都撐不住了，
它們一直喊著：好冷。

蝴蝶們，
飛到花朵上，
靜靜的停在那兒休息，
蜜蜂從我眼前飛過，
默默的跟著我，

我看著它，
不斷的把我的回憶存起來。

這個廣大的大地，
好像是它們生活的地方，
每天都互相的呼喚。

我的心裡只剩下樹的影子，
我跟樹們招招手，
樹也用它的樹葉跟我揮揮手，
揮來揮去，
終於是離別的時候了。

「看黑板！作者的寫作思考裡面有這一個人生中的信念，我們把它擦掉，擦掉段落跟段落的連接，擦掉這個文章的形式跟內容組合的金字塔，擦掉剛才我們談到寫作思考的時間跟空間安排，這個也是他文章結構安排的寫作技巧。擦掉另外一個作者的寫作思考是內容上的，我們注意看他內容上的寫作技巧，引起了你的情緒反應的內容部分。擦掉他寫作技巧的句子結構就是主角，加怎麼樣，加結果，這句子的句型。擦掉這一首詩裡面有很多的句子變成段落，段落的原因段、經過段、結果段組合成篇。這組合起來的是一首詩，請問詩最重要的是什麼？」黃老師的白板上依循著教學歷程，一個區塊一個區塊慢慢加上去的，像一種拼圖慢慢組合成一張圖像，現在他卻一個區塊一個區塊慢慢地擦掉，越來越少，像一種人生的進程。

「意象。」同學把黃老師曾提過的意象說了出來。

「有小朋友說詩最重要的是在意象的部分，還有？」

「感受。」

「人生的思考。」

「在心裡的重要性。」

「他的所謂寫作技巧就是他的技巧用得好不好，他的材料是不是那麼好，表現得好不好？這是技巧。打球是技巧，投籃，得分是內容，但是得分前的這個姿勢技巧，優美不優美，是一個欣賞角度。在文章裡你欣賞作者寫作的技巧是優美的，或者是技巧很高明的，也是值得探究的部分。這是一首

詩啊，也有原因段、經過段、結果段啊，你們剛才說一首詩裡面很重要的是意象、感受、人生思考，還有呢？」黃老師再舉了技巧的生活例子來說。

「看、聽、做、感、想。」

「看、聽、做、感、想是具體描寫的技巧，還有沒有？」

「自我反省。」

「自我反省？人生的思考跟自我反省，是文學上對我們精神層次最大的貢獻。文學作品裡面最被重視的是詩，一般都肯定一輩子裡面，你至少都還要去讀詩，那麼表示詩在文學作品裡面一定有一些特別重要的部分。好，我們就從這幾點來看他的寫作技巧。意象的部分，他意象的安排成功不成功？你可以說不成功啊。你或許可以這麼說：『這一部作品老師你寫得不好。』，如果他是成功的，作品裡哪裡是成功的？請說說看。」

「第二段比較成功『就算你白天說了不真實的話』因為很多人會有做錯的時候，這一段就有描寫到我們做錯事的感想，那這一段就比較成功會讓我們想到做錯事的時候被保留的感覺。」許家維發表著。

「你以前的經驗被這張圖片引出來了，所以最成功的是這一段。」

「我覺得最成功的是那個星星的意象，比如說很喜歡那個星星，他的孩子，他的星星會發光跟閃耀。」

「所以你認為意象寫得最成功是這個星星，那意象星星的感覺是會閃亮的。他的技巧，選擇的這個象徵手法成功，是因為找到了星星，是嗎？」

「是因為他把星星的意象表現出來了。」

「把星星的意象表現出來。好，他的人生思考，在這一首詩的人生思考表現是成功嗎？還是不成功？」

「成功。」

「怎麼說？」「來，看這裡，這裡由老師來講，會造成意象的，什麼東西會造成意象？英文裡面是這一個字『N』，名詞會不會造成意象？」

「會。」

「狗，有沒有馬上跑出一個狗了？」

「有。」

「選擇意象的部分是在名詞。你看他所選擇的名詞裡面，有哪一些意象的組合？這一些在黑板上的這一些東西，是不是都是意象？」

「對。」

　　「這一個作者在選擇意象的時候有沒有特別經過考慮？他做了什麼考慮？所以你才說他的表現是成功的。就名詞來講喔，你會跑出圖片的部分，而且他選擇的意象，是會動的，還是不會動的？一首詩裡面，有動態的跟靜態的，那麼這一個作者在選擇這一些意象圖片的時候，他的寫作技巧是讓它動還是讓它靜？或者是他在動靜之間的安排？有些圖片會動，有些圖片是靜下來的，在動跟靜之間，他做了什麼樣的連接？請問這首詩裡面有動的嗎？」

　　「有啊！『第八句。』」

　　「可是他這裡的動作比較微小而已。」

　　「作者故意要讓這一個圖片開始產生動的時候，他所使用的是動詞，你注意去檢查他的動詞使用配合他的名詞的地方，他那個動作動詞的地方就在表現他的動態，好，我們把全部的動詞趕快用筆圈起來。第一組找第一段，第二組找第二段，六組剛好每一組找一段。用鉛筆只有圈動詞，時間只有一分鐘。」孩子們開始在文章中找尋動詞的字詞。

　　第一組：「第一行是『愛』，第二行『打開』還有『數』跟『埋藏』，第三行沒有，第四行『把』，第五行有『種在』。」

　　第二組：「第六句是『說』，第七句是『做』跟『選擇』、『入睡』、『甦醒』。」

　　第三組：「沒有找？」

　　第四組：「我們的是『離開』。」

　　第五組：「『入睡』『張開』、『掛在』、『唱歌』。」

　　第六組：「『掛入』、『離開』。」

　　「好，他選擇的這一個動作讓你感覺怎樣？」

　　「微弱。比較微小的動作。」

　　「雖然是動作，但他比較微小。」

　　「作者選擇的動作是比較微小的動作，有沒有大動作？」

　　「責罰。」

　　「責罰？大動作只有一個責罰，還有沒有其他更大的動作？比如說什麼較大動作？暴力、打、踢、翻，這些動作比較大，但是作者在這邊的動作選擇都是比較微小的，請問他有沒有考慮？」

　　「有。『輕柔』、『呵護』。」

　　「動作微小要表現什麼？他的寫作技巧特別選擇動作微小的部分，輕柔、呵護、跟這一首詩的題目跟內容有沒有連貫起來？」

「有。」

「作者有做這樣子的考慮。他特別挑的動作是真的細微的、輕柔的、或者是慢慢的。有沒有靜態的部分？」

「有。」

「有，哪些部分？」

「唱起晚安曲。」

「夜光。」

「夜空。」

「親吻故事。」

「好你把它動態的跟靜態的，作者在表現靜態的感覺是怎樣的？靜態的親吻故事啦、晚安曲啦、夜空啦那個感覺是怎樣？」

「想睡覺。」

「靜中有動。」

「就靜中有動？靜中有動那種感覺是什麼？」

「有一點慢慢的。」

「很想睡覺。」

「像霧濛濛的感覺。」

「像湖底……」

「湖面上面有波動，但是在湖底下比較深的地方，幾乎看不到什麼波動，一點點一點點，有動，但是看起來像是感覺不到的，但是要很深的……」

「很深的體會？」

「那一種是叫做深入？你有沒有感覺到作者在選擇這一些東西的時候，已經安排到深不可測？有沒有慢慢有這一種感覺？他要帶你深入到底下，更深入的地方、更細微的地方，去察覺到這一種永恆，有時候別人不知道、沒注意的。還有請你們注意，他所使用的形容詞，特別挑過的，什麼感覺？請找，每一組找你那一段，形容詞的部分。」

「在名詞的前面叫做形容詞，你不要找錯了喔。動詞的前面叫做副詞喔！」

第一組：天高遠的，夜的。

第二組：不真實的、做錯事的、甜美的。

第三組：滿園子，晴朗的。

第四組：沒有。

　　第五組：甜美，綠色。第六組？

　　第六組：甜美的。

　　「好，作者所選擇的形容詞，表現出來的感覺是什麼？溫和嗎？柔和嗎？有嗎？」

　　「有。」

　　「作者的寫作技巧每一個篇、段、句、字詞，一個用詞，一個名詞的選擇，一個副詞、一個形容詞、一個動詞，都是有作者的考慮的，他的技巧用的好不好，請你在 E-mail 單自己把它找出來寫進去，E-mail 單我已經把它傳上去了，你回去就開始看 E-mail 單第十六張。然後我要問你最後一個問題，下課前最後一個問題，看這邊，這是一個意象，詩的題目也是一個意象，這裡的每一個名詞都是一張心靈圖片，都是一個意象，把這一些意象，把它全部組合起來就是這一首詩裡面全部的意象群，就是意象跟意象連接連接連接的，每一張意象、每一張圖片連接起來的，好像變成一部影片了，這個意象群，讓你整體產生什麼感覺？想一分鐘。整體的感覺，整體的感覺是什麼，有沒有張力？如果有，這張力是什麼張力？什麼叫張力你們知道嗎？你有沒有看到這個花苞快要『撲』起來了？這個叫做張開的力量，有沒有看見這個力量？ok，好。意象群有沒有什麼張力？意象群造成整體的感覺是什麼？最後這個問題而已。兩分鐘以後請說。」

　　「今天禮拜幾？（全體：禮拜四）今天回家的功課也就是從今天開始四五六日有四天的時間，E-mail 第十六章那個裡面的題目就是我們今天上課的內容，你要負責把它全部組合起來，尤其是閱讀步驟，老師有加上一張參考表，那張參考表就是老師做的閱讀思考步驟，閱讀作品，閱讀讀者，你自己當一個讀者，讀你自己的經驗，有三大方向，你用那三大方向來讀、來寫這些題目。第十六章就是在夢裡全部教學都結束掉了的最後一張作業單。」

　　「眼睛，耳朵。」

　　「看老師。」

　　「眼睛閉上。閉上眼睛是面對白板，當我說打開的時候你頭腦裡面就看到白板這些東西，然後這一些意象群在你腦子裡面馬上跑一遍，今天上課的這一些，意象群給你整體的感覺是什麼？你把這個感覺說出來讓我知道。」

「好，眼睛睜開，舉手。每個人的感覺都不一樣，你也可以說悲慘啊，好悽慘喔。」黃老師請孩子們自己感覺在詩中的意象感覺，他走在小組中，邀請每一個孩子，都能說說自己的感覺。

「很溫馨。」

「還有淡淡的。」

「淡淡的，可以把它合起來『淡淡的溫馨』可以嗎？」

「可以。」

「好，謝謝，來，你。」

「我感覺到有一種動中有靜，感覺到……感覺的時候，感覺到安安靜靜的感覺，在滿安靜的時候，就感覺到有一種動力一直推著我的感覺。」

「OK，有一種動力在心裡推著你，雖然你是安靜中，但是他有一力量在推著你，OK。」

「平靜的。」

「安詳的。」

「安詳的，要死了喔？安享晚年？」黃老師笑得很開心的說。

「老師，那是用在你身上啦！」

「靜靜的，霧濛濛的。」

「溫暖。」

「靜靜的。」

「複雜。」

「複雜？怎麼複雜，說一下，怎麼的複雜。他的感覺跟人家不一樣，複雜，說一下，其他不要插嘴。」

「細節很多。」

「細節很多，所以很複雜，這個作者不是很簡單的。」

「被呵護的感覺。」

「安靜。」

「靜靜的。」

「平淡的回憶。」

「溫暖的。」

「快樂的歌聲。」

「靜靜的。」

「快樂。」

「靜靜的。」

「悠閒的。」

「寧靜。」

「柔和的。」

「好，差不多的感覺是接近這個樣子，是這一個作者想要表達的，這一篇，這一首詩的作者是老師，你們在這邊在做推論的時候，其實已經把作者的寫作思考真的有抓到了，他背後的思想你們也有抓到。在閱讀一首詩，或者閱讀一篇文章的時候，從文章中的細節去推到作者的思考，或者從他的寫作技巧來看的時候，其實如果你有保持這個方向，你慢慢可以當一個深入的閱讀者，有些部分是老師在創作寫這一首詩時所沒有考慮到，你們卻讀出來了，後來我才有讀到，春天，這一首詩表現的像春天的感覺，我那時候是在春天的時候，自己很愉快的心情之下創作這一首詩的，這一首詩寫作修改的時間修改了十幾次，光光那一個題目『在夢裡』的『在』，跟那個『愛』、『說』，那個地方是後來幾個月以後加上去的，我覺得那個很重要要放進去，放在詩的題目上面。謝謝你們，陪老師讀這一首詩讀到結束。然後回去把 e-mail 單第十六章把它寫完，我要看你的程度和品質，是不是把以前語文科上課到現在，把一些技巧，把一些表達都能夠讀出來，都能夠寫出來。好，今天上課到這裡，謝謝各位。好，準備放學了。」張育綺聽完這一段話，像她的「無題」詩一般細雨絲絲……

你給我的粉紅，

早已化為渺煙，

再也不能彩繪我心內……

自私的淚，

沖淡你我唏噓的感情，

我只能在遠方

默默為你閃爍……

已經凋謝的玫瑰

褪色的呵護，

彷彿
天鵝滑過藍色湖畔之後的漣漪……

細雨絲絲……
慢慢模糊我窗帘……。

但這並非唯一
人生漫長，
這只是絲絲輕羽，
真正的華麗花朵，
總是被遺忘後又再綻放，
等待
真正和諧的愛向我繚繞……。

縹緲，
並非殘酷的空虛。

甜蜜但虛構的回憶，
彷彿天空中永不熄滅的星點，
在那天空中看不見的深處。

魔幻瑰麗，
只是夢幻泡影，
虛構的透影……。

秋冬片葉雖然飄落，
成光禿、
銀白的世界。
但悲傷蒼翠，
終究能被綺麗的春天點綴。
在空中繚繞的七彩音符，
將鬱悶拂去，
轉換成，
另一個光鮮亮麗的夢幻國度……。

閃爍的淚光，
將哀傷染為透明。

在那荒涼草原的忘憂草，
被那看不見的風影，
無聲地掃過。

從前你和我渺茫的晶瑩童話，
也隨風吹散。
我和你從此沒有任何牽連。

蒲公英，
隨風逐浪，
隨著那遠方的銀色微風，
彷彿母親撫摸那柔軟般安祥，
順著那皎白的曲調，
終究能找尋到另一個生根之地。

現在，
這樣簡單的自己，
彷彿隱隱約約剎見那道屬於自己，
屬於自我的貞潔，
順著那道，
彷彿彩虹的七彩光芒……。

　　孩子們收拾學用品、揹起書包，雖然是累，但看得出收穫的行囊寫入臉上的神采，走起路來較前些日子紮實許多，幾個孩子留在教室看黃老師在做些什麼事，她們更不害怕和黃老師多接觸一些生活上的點點滴滴，一直問著兩性教育的生理學、心理學、社會學什麼時候要上這課程？友情和愛情的人生課題會接下來上喔？會教寫情詩喔？黃老師愉快地回著：「情詩就是表現內在情感的詩，那一棵樹如果有情的話，寫下就是情詩。」孩子們也一起回答他：「老師！你老得很故意喔！」她們也笑著說：「反正不管怎麼樣，你一定要上友情、愛情課就對啦！」她們離開教室交頭接耳地笑出一種這個年紀該有的情愫，黃老師也想起當時年紀還小的美好回憶，露出笑容地走在校園中，看花、看樹、看待這裡的一切氣氛。

　　茄冬樹綠色的花絮開滿校園的中庭花園，鼻子更細心的話，是可以聞到樹上傳下來淡淡春天的香氣，在樹下圍繞樹幹的白色圓形休閒椅上，坐著放學後的時光，校園中吵雜孩子們的笑鬧聲退出這空間之餘，午後就屬於幾個閒情、閒心的家長在這兒享受一天的片刻寧靜，綠色操場的鐵線草和牛筋草也不再較量地盤，這群落早已和諧共生，享受光線漸漸褪成灰色的和諧，幾隻野鴿子也來到這兒蹓步，求索牠應有的一份晚餐，黑色的八哥鳥也成對的在這兒覓食，沒有聲音的撿食曾是繁華聲響落盡的一切，這空間的世界如果有配音的話，那該是烏頭翁在黃昏上頭所佔據的時間了，好像時間短暫地靜止下來，靜止下來，人得到了安歇大自然的嗓音裡頭，只看，看牠對待黃昏的詩歌，不需要誰為牠譜曲，這歌聲已是一個宇宙了得，只看牠豎起頭上的羽毛自由揮灑著自己、指揮著黃昏的色彩，鼓動胸腔撞擊胸前的空氣粒子廻盪，黃老師走過這裡，他也只能靜聽、聆聽，他想起剛剛還停留在教室裡的教學影像，每一個孩子都可以讓他品味生活點滴，走到後校門，那兩棵老樟樹彼此相對一起生活，樹上的綠色花絮更是滿滿纍纍地香，他抬頭望深了遠方，天際還是藍了，綠色的葉縫交疊著葉縫，微風動起來的時候，停下腳步在這兒等一下，像極了沖開普洱綠茶的樟香盪在鼻腔深處，他有時候不知不覺地出了神，笑了。不知他是在笑著什麼？是樟樹上結出的果子，他會好玩地壓碎果子，就為了聞那青澀的樟香後，淺淺的一個低頭微笑？他緩慢的步法消失在校園中，好像畢業前他送給孩子畢業日記上的一首詩「給六年四班的孩子們」：

回憶的目光從我們的世界拉出
一張張的生活照片。
這個窗口外的風景，
由數個鏡頭從童年的深處按下快門，
校園好像無邊地想對妳們說些什麼？

天空的不固定形狀
有我們曾在一起的位置？
妳們的未來
有陽光在它的風箏上飛翔？

夢想的、希望的歌聲，
在這裡把祝福一起
為妳們別上微笑。

夢想可以到達任何一個地方
一大早就想看到明天的太陽
所以這一天，好好地行腳日子
所以這一天，好好地日記生活

　　這個夜晚，黃老師想著友情、親情與愛情的相同點與相異點，同樣都是人類文化情感的發展，究竟「永恆」是什麼？這個語彙該放在什麼位置？他想起潘勇誌寫下的人生經驗：「經過老師這一次『在夢裡愛說童話故事的星星』的主題教學後，我看見了人和人互相關懷和互相照顧。弟弟因為得了白血病，所以我捐骨髓給弟弟，我看見了我給弟弟的關懷。」這無條件的自然之愛，是從他的心靈湧現的，他清楚自己該做什麼，他明白自己在那裡，他看見自己的這一份，就是他所有的一切答案。黃老師想到在教室中的潘勇誌，朗然的大笑聲可以震動教室裡的一顆顆空氣粒子，黃老師閉上眼睛，清晰地回到教室，看著潘勇誌的右手撐著太陽穴轉頭笑看師、生的逗趣，他懂得的如他的詩「珍惜」：

看著天上悠閒的白雲，
鳥兒在樹梢上跳躍玩耍，
風中淡淡的花香，
讓我想起了那一年，

我們倆坐在那一棵木棉花下，

聽著樹上的鳥在唱歌，
口裡含著濃密的巧克力，
樹上落下了木棉，
像是你的美麗，

落在回憶裡，
我把她取名為珍惜。

是清晨的早陽來的季節，告訴他這就是日子，這就是習慣過生活的一種形態，這就是教學相長，這就是教學、學習與發展。這裡的陽光從東方來的時候，漫散開來的是二○○五年六年四班的學習生活回憶，像加入了一種特別的味道。

整個童詩閱讀教學也在三月十八日作為一個大段落的結束。我事先準備的教學整作業單「在夢裡愛說童話故事的星星作業單」第十六張，也在這一天放在我的 E-mail 信箱中，其內容是：

8-1. 討論完文章後，你再一次閱讀這一首詩時，你的閱讀步驟會有什麼不一樣的調整？（和你第一次的閱讀步驟比較後，你學到了什麼？請舉例子說明！）

8-2. 請把自己的生命經驗寫出一首詩？並說出你這麼寫的思考表白步驟？

8-3. 從自己的這一首詩中，你看見了什麼？（想法的發展過程？寫作經驗？閱讀自我經驗的感覺？）

8-4. 經過黃老師這一次「在夢裡愛說童話故事的星星」的主題教學後，說說你自己在閱讀、寫作、個人對生命經驗的看法，你看見自己的什麼？你看見別人的什麼？

8-5. 這樣的課程對於你的意義是什麼？（請舉例子說明）

請孩子們在三月二十八日前，以 E-mail 傳回來給我以利論文寫作，在這一張作業單中，我也放入了參考資料一：「金毛菊閱讀寫作思考步驟」如下：

一、閱讀文本內容（寫什麼？）

(一) 融入文章中的世界

1、走入文章中的小世界（走入每一個作者經營的情境世界）

2、享受文章中的啟發（觀察力的啟發、趣味的啟發、感受力的啟發、敏感度的啟發、人生領悟的啟發）

3、享受閱讀文章中的心情（文學與人生中的趣味：平、化、智、去、趣、味）

(二) 文章之內意涵（敘寫文本大意：這一篇文章都是在說什麼？）

(三) 文章之外意涵（作者在文章背後想要傳達的人生意義是什麼？從文章中的細節、段落中的內容與形式、自我經驗來推論作者在文章中所暗示隱藏的人生意涵有哪一些？）

(四) 文章內容歷程之替代性人生經驗

　　1、深入人物的生命歷程,與文中人物同理、同情、同心地面對生命成長課題。

　　2、如果我是文章中的人物,我會如何面對這一段人生過程?我該再學習什麼,才能活在生活中實踐自己的想法。(知行合一的自證歷程)

二、閱讀作者寫作思考(怎麼寫?)

　(一) 作者主題思想

　　1、作者觀看人生的人生思想

　　2、作者寫作中的人生哲學象徵

　　3、文本中作者的人生位置(主觀、客觀、旁觀、超越觀)

　(二) 閱讀作者文本形式結構思考

　　1、文章類型的文章基架(概念階層表:金字塔)

　　2、文章段落選材、組織的承轉安排

　　3、文章中的時間順序安排

　　4、文章中的空間順序安排

　　5、文章中的作者位置(文學的意境)

　(三) 閱讀作者寫作技巧(敘事描寫技巧、修辭技巧)

　　1、語句結構主詞與述詞的書寫方式

　　2、事件敘述描寫技巧

　　(1)語句通順

　　(2)語句優美(形容詞、副詞的使用)

　　(3)語句生動(動詞的使用、眼睛看的視覺、耳朵聽的聽覺、鼻子聞的嗅覺、舌頭嚐的味覺、臉上、肢體的表情動作觸覺)

　　(4)語句情感(心裡感覺心覺、心裡想像世界、意象經營的心靈圖片)

　　(5)語文修辭技巧(語句修辭技巧的譬喻、類疊、排比、對偶、倒裝、轉化、象徵)

三、閱讀自我(主動建構人生中的自我體驗?)

　(一) 閱讀自我經驗

　　1、書寫閱讀文章之時所喚醒的經驗或被喚醒的想像

　　2、按照文章基架與段落承轉過程書寫自我經驗

　　3、閱讀類似文章內容之生命發展歷程

(二) 閱讀自我想法、價值觀、信念

　　1、從行為中瞥見自我生命的價值

　　2、自我省思（如果人生在學習的路程上，我可以再修正一次的話，我
　　　　會如何想的？我還可以怎麼做？我會如何做的？我會預見這樣生
　　　　活實踐的結果？）

(三) 閱讀自我生命史

　　1、閱讀自我早年經驗（閱讀過去）

　　2、閱讀生活實踐的主動建構歷程（閱讀現在）

　　3、閱讀未來的夢想（閱讀未來）

　　4、閱讀統整自我生命史的心靈工程

　　這是我在語文教育教學中，依照閱讀文本內容、閱讀作者寫作思考、閱讀自我的三個方向，在不同文本中走完教學的，也以這綱要統整這一年的語文教育方向。而參考資料二「享受閱讀詩中的感覺」如下：

　　1、文本意象情緒感覺表現。

　　2、作者意象切割經營的表現。

　　3、詩中的想像空間安排表現。

　　4、引發生活回憶經驗的表現。

　　5、作者空間位置的情緒表現。

　　6、語句的情緒節奏經營表現。

　　7、字詞的情緒經營表現。

　　8、讀者生活自我省思的表現。

　　9、讀者自我人生領悟的啟發表現。

　　10、作者段落安排的人生思想表現。

　　11、文本閱讀中的印象深刻表現。

　　這是我對於閱讀詩的細微處所編的初步類目。希望孩子在對作品進行深度閱讀時，能參考我的閱讀寫作思考步驟，而把詩作為一個「體驗」的文本時，能停格在每一個詩的類目去覺察自己被喚醒的「回應」處。像 L.S.Vygotsky（trans. 1997）以社會——歷史的觀點建立的發展心理學理論，發展是『一種複雜的辯證歷程，包括不同功能在發展上的規律性與不均衡、某種形式變成另一種形式的蛻變或質的轉變、外在與內在因素的糾葛、以及適應的過程。』事實上，在這種想法之下，他以同樣的觀點看待個體的歷史以及文化

的歷史。」(Cole, trans. 1997, p.192)在孩子傳回給我的第十六張 E-mail 作業單,結果是令我欣喜的,例如蔡碧瑩的作業內容寫下了如下的敘說:

8-1. 討論完文章後,你再一次閱讀這一首詩時,你的閱讀步驟會有什麼不一樣的調整?(和你第一次的閱讀步驟比較後,你學到了什麼?請舉例子說明!)

我的閱讀步驟:

一、閱讀文章內容

二、文章中的作者位置(文學的意境)

三、語句通順

經過老師教導過後的閱讀步驟:

經比較後……很明顯的跟之前的閱讀步驟差很多。

第一次的閱讀步驟,都只是之後閱讀步驟的一小部分,後來學到的部分會閱讀文章外之意涵,(例如:再閱讀文章時,能夠從細節、段落內容、形式、自我經驗推論作者背後之人生意義,從在夢裡教學中可以看出來。)閱讀作者思考(例如:時間、空間安排,能清楚了解。從山上看風景之教學可以看出訓練之成果,會應用在生活中。自己在閱讀小說時,會對空間安排有特別敏感,證實這些教學深深影響我。)閱讀自我(平常閱讀並不會管到自己的自我經驗,因此讀到的東西無法自我對應在人生經驗上,也或許沒有想到自己有這個經驗過程,而無法感同身受。)

如果沒有這樣閱讀,我們吸收到的東西並不會很完全,也無法吸收到人生經驗。經過比較之後,發現讀書如果沒有方法,就沒有效率,吸收知識像在大海撈針一樣。

8-2. 請把自己的生命經驗寫出一首詩?並說出你這麼寫的思考表白步驟?

梅子綠茶

紫色的風鈴,輕聲響起……

緩緩抬頭若有所思的看著窗外,

那棵帶有回憶香味的櫻花樹,

望著淡綠色的小茶杯,

輕嚼一口杯子裡的綠茶

呼吸著那淡淡的梅子香味

像初戀的滋味

讓人想多嚐一口

眼睛裡瀰漫著煙霧

深遂迷濛的眼

使我走向那年夏天的午後

靜悄悄的躺在飄落的櫻花樹下

小睡片刻後

慢慢地將惺忪的眼神睜開

望見你依舊溫柔的背影

你踏著穩定的步伐向遠方走去

回頭一望，一個眼神，一句再見

再見了我的夏天

風兒輕輕的在臉上盤旋

我們都有那未知名的留戀

睜開一樣惺忪的眼

卻沒見一樣溫柔的你

瞧見桌上的畫冊

翻到有過最美好的那一頁

不應該把它丟掉

要掛在那樹的枝頭上成為永遠的印記

要讓它開出綺麗的花朵

跨出魔幻的第一步

前方會有通往幸福的天堂

一、閱讀文本內容

　(一) 融入文章中的世界

　(二) 文章內之意涵

　　　　本文之大意：敘述主角喝茶時，望見窗外的櫻花樹，想起往事、
　　　留戀著往事，還想把不好的記憶全都丟掉，可是後來才知道，就是要
　　　有苦的、酸的記憶，才會有幸福的將來。

(三) 文章外之意涵

　　　　文章背後的人生意義從細節、段落內容、形式、自我經驗來推論作者所要暗示隱藏之人生意義：梅子綠茶本就酸酸甜甜，像人生一樣，遇到痛苦悲傷的事情，不要想用忘記、消除等念頭來處置這段記憶，他是人生中的一部分。

(四) 文章內容之替代性人生經驗

　　　　當主角跟她同心、同情、同理：主角留戀在初戀裡，結局非圓滿的，所以常沉浸在回憶中……。

二、閱讀作者思考

(一) 閱讀作者文本形式結構思考

1、文章基架：原因：望見櫻花樹，回到那年夏天。經過：男主角的離別過程，還有想要丟棄回憶的事。結果：想開了，走出第一步。

2、段落選材、組織轉成安排：像鈴啊！櫻花樹啊！茶杯，都會注意到選的顏色都是淡淡的，因為那些回憶，也是像這一樣，淡淡的、柔柔的，卻深深印在心頭。

3、文章時間安排：下午——去年夏天——下午

4、文章空間安排：房間——窗外的院子——房間

5、文章中作者位置：房間內——房間外的院子——房間內

(二) 作者主題思考

1、作者觀看人生的人生思想：梅子綠茶像人生一樣，酸酸甜甜的。

2、作者寫作中的人生哲學象徵：梅子綠茶、畫冊。

3、文本中作者的人生位置（主觀）

(三) 閱讀作者寫作技巧

1、語句結構主詞與述詞的書寫方式

2、事件敘述描寫技巧

（1）語句通順：踏著穩定的步伐向遠方走去。

（2）語句優美：依舊溫柔的、穩定的、惺忪的……

（3）語句生動：翻掛開跨……

（4）語句情感：（心圖：坐在櫻花樹下、睡午覺、還有片片櫻花飄落的圖片。）

（5）語文修辭技巧：呼吸著那淡淡的梅子香味，像初戀的滋味（譬喻）

三、閱讀自我

(一) 閱讀自我想法、價值觀、信念

　　1、從行為中瞥見自我生命的價值

　　2、自我省思：不要把任何一段記憶消除，那是生命中的全部。

(二) 閱讀自我經驗

(三) 閱讀自我生命史

　　1、閱讀自我早年經驗：想要忘記不好的事。

　　2、閱讀生活實踐的主動建構歷程：不要忘記他，因為那是記憶拼圖的
　　　一部分。

　　3、閱讀未來的夢想：擁有完整的拼圖。

　　　　閱讀統整自我生命史的心靈工程；想要忘記不好的事，但是不
　　要忘記他，因為那是記憶拼圖的一部分，未來還想擁有完整的拼圖。

8-3. 從自己的這一首詩中，你看見了什麼？（想法的發展過程？寫作經驗？
　　閱讀自我經驗的感覺？）

　　我看見了主角的矛盾，主角的雨過天晴，從短短的幾句到有些許長的句
子（但是不通順、優美、不具情感）再慢慢的有通順、優美、具情感，還有
從一盤散沙到會安排段落，原因、經過、結果（文章基架）。時間、空間安
排，象徵自己的想法越來越完整了。

　　跟從前的寫作經驗比較時，作品可是越寫越好了，只想喊～天啊！～這
是我寫的嗎？閱讀自我經驗的感覺：能感同身受的投入，像是看著自己的經
驗又重現的樣子……）

8-4. 經過黃老師這一次「在夢裡愛說童話故事的星星」的主題教學後，說說
　　你自己在閱讀、寫作、個人對生命經驗的看法，你看見自己的什麼？你
　　看見別人的什麼？

（1）閱讀 VS.人生經驗：

　　是啊！到底閱讀跟人生經驗有甚麼關係？人人都說閱讀有多好多好，可
每次讀過後，就只感覺到自己在作者所編織的世界中和主角一起冒險、經歷
事件，到最後看完整本書了。別人問你吸收到甚麼？卻甚麼也不知道。閱讀
只是娛樂而已，在課程之後，深入閱讀了文章，才吸收到真正對自己有好處
的東西，像那文章背後的人生意義和作者所要留給我們的心靈圖片及文章真

正美的在哪裡？我們需要有背後的人生意義來和自我經驗做交流、學習，我覺得這是重要的，要充實自己的人生經驗，又有了那讀書方法，這一切都是有意義的，讓未來的自己懂得生活。

（2）寫作 VS.人生經驗：

　　每次老師一出作文就用一堆奇怪的題目，寫作的領域又那麼寬廣，好困難啊！等年紀大點了，開始想把人生經驗透過寫作表現出來，或獻給讀者，可是那寫作的領域依舊廣大無邊（沒那麼強啦～），卻苦無方法表達。

　　經課程過後，延續了閱讀，因為知道一篇好的文章裡要有甚麼和那些寫作技巧，所以呢，功力就進步許多啦，發現其實寫作並不難，是一門有趣的學問，對我的作用很多（啊！因為喜歡寫作的關係吧？）我能如願以償地將自己的想法，用詞句、詩、散文形式表現出來。

（3）個人 VS.人生經驗：

　　對於人生經驗毫無看法的我，現在開始重視這樣東西了，為甚麼是重要的？

　　可能是覺得人要有心靈層次上的成長吧？但是，想卻不一定有方法（真不曉得是上輩子積陰德還是怎樣，遇到大蝗蟲～）就這麼幸運的找到了方法。因為少女的求知慾吧？才會想學這門學問，對於這門學問，我認為不可多得。

　　我看見了……
　　自我
　　處事能力發展
　　生活品質概念
　　還有自己的成長歷程

8-5. 這樣的課程對於你的意義是什麼？（請舉例子說明）

　　從完全不懂閱讀、寫作到一開始的基架教學（模仿貓）、（青春列車），時間安排教學（月光秋涼），空間安排教學（山上看風景），意象教學（無題），五感教學（孤挺花），心靈圖片教學（在夢裡愛說童話故事的星星）等……，老師好像把整個思考表白步驟拆成一塊塊來加以說明，（拆成這個樣子，害我們搞到亂七八糟的，還沒弄清楚就一直叫我們做思考表白＝＝氣氣氣氣氣）（啊！……忍不住給他抱怨一下）我最吸收到的地方，是老師停下來說些道理和故事時，水的那段和付出深淺的爭議，印象很深刻。會閱讀文章，

例如：國語科會抓大意、排文章基架之類的。會寫作，例如：從近日作品可以看得出來吧？都有五感或者時間、空間安排，文章基架的原因、經過情形、結果的。會充實人生經驗，例如：閱讀文章、小說等。創造自己的思考表白：（參考 8-1）。讀書方法應用：（課堂上會用）。對生活品質之概念（會想未來的路和做生活習慣調整）。如果要說這是意義的話，我會說這是毛毛蟲變蝴蝶的關鍵期，在這冬眠的過程裡，吸收了這些知識，它就像是肥料一樣營養，為未來打造一條橋樑，它會慢慢的指引我們到目的地……社會。在不久，我們會展翅高飛，不論路上有些甚麼，會用這些東西去面對、解決，這是一個完美的關鍵期！！

再者，崔爾軒也在這樣的課程後，給了我許多面見自我的機會，例如：「不想錯過，也許可以等待，愛一個人就是那麼的簡單。」、「只要想像未來，就會感到充滿著不可思議的感覺，不是任何人可以理解的，自己可能有自己的夢想，但是那是他的所有，他可能會把他所珍藏的秘密藏在星星上……」、「人生不需要妳刻意去添加什麼色彩，重要的是你留下了些什麼，你留下的事物都可能為你添加更多的顏色，在你的軌跡上填上了彩虹般的顏色，就算是一個小男孩，也有可能為你的人生的觀感有著重大的改變，不要小看了這個世界任何事物的力量了。」這一些生命的映照可以不分年齡地被感動，我私心地想，這是語文教育的一個重要里程，我在享受著教學相長的人生滋味，這個教室和大自然有著一樣的自然，人生百態中是「不需要妳刻意去添加什麼色彩，重要的是你留下了些什麼？」，我把這孩子的敘說，在這裡分享他的內心世界，如下敘說：

8-1. 討論完文章後，你再一次閱讀這一首詩時，你的閱讀步驟會有什麼不一樣的調整？（和你第一次的閱讀步驟比較後，你學到了什麼？請舉例子說明！）

以前在看「在夢裡愛說童話故事的星星」這篇文章時，我都是用單純「看」而已，其實是根本無法認真去看，因為我們以前不了解閱讀文章與閱讀作者，現在想起來那個時候，就連寫作也是如此，但是黃老師教我們利用分段技巧分出原因、經過情形、結果與小原因、小經過、小結果，當我利用單獨這個分段技巧時，我發現個人的感官、想像空間、閱讀作者的思考以及作者的心情完全不同，對詩與對文章感觸也是大有所不同的了，當我只用看的時候，完全只是單單用猜、想像而已，但是這個技巧讓我增加許多技巧，讓我

能真正的看透作者，能分析文章，讓我更徹底的了解作者與這篇文章背後的象徵意義！

在閱讀、寫作時，同樣也要加入看、聽、做、感、想，現在老師上的山上看風景，利用小呆瓜（不止這些，只是沒寫出來）等技巧，才知道那些字與詞，在文章中的意義，那個時候「山上看風景」的林良，我以為是他在看風景而已，沒想到背後的含意這麼的深厚。當然，那個時候我發現到了時間與空間的安排，後來才知道為何如此。「月光秋涼」雖然空間安排、時間安排有異，卻是作者背後的原因，雖然一般人看到這首詩都會覺得很好，但是他們卻不知道作者背後的涵意，把在夢裡的題目看一遍，覺得還好，但是那個時候就在想為何定這題目了，但是一拿內容來跟「我的」人生比較，有何差別？在哪個地方跟我人生裡所發生的事情有同？有異？在我比較出來的時候，再加上老師教的寫作技巧、分段，從很不會寫作的我，開始有了一個新的獨特寫作方式。

以前閱讀這篇文章，與寫（回答）這篇文章的問題時，我都以為老師單純在上孩子與星星的秘密，並沒有想過父母親的愛如星星般之多啊！當看透了這篇文章，才知道父母對我們的愛與寬容是多麼的深厚，從老師教了金字塔後，可以看出人生思想、哲學、思考發問、類別分段、細分文章（詩）的內容、涵意所在？探討自我人生位置與作者人生位置調整、掉換、文章基架中內容與時間的安排、隱藏象徵的閱讀方式（解讀）、伏筆思考、回憶中被喚醒與喚醒前的比較、閱讀自我（問我有何感觸、體驗？）、將自己轉換成作者與自我書寫比較方式？和自我實踐的經驗過程、自我夢想轉換成作者思考的夢想，與心靈圖片的感動、觸動，是否與自己相似？相似在哪個地方？與自己的人生有何關聯？有沒有什麼新的心靈工程呢？經過每個字每個詞閱讀，發現有何對思考中與自我有什麼相同？經過閱讀與磨練後、有什麼新的人生志向呢？有什麼人生的改變，對自己有何影響力？到最後閱讀自我人生，與未來想像的思考，做心靈圖片的工程，在看過這篇文章後，看到的自我未來想像圖與之前差異許多！（持續吸收老師的功力，也不敢保證耶，可能會比現在增加更多）我之前做的閱讀步驟是：

閱讀步驟１：觀看內容（閱讀內容、文章、詩）。

閱讀步驟２：閱讀完後，思考自己的人生、過去是不是跟詩的內容相似的
　　　　　　地方～

閱讀步驟 3：思考完後，再針對文章中所下的隱藏伏筆、背後象徵的意義。

閱讀步驟 4：題目內的每個字，是否有著隱藏的人生感觀？伏筆？

閱讀步驟 5：往整個文章想像，它整個文章背後所要告訴我們的是？

閱讀步驟 6：找錯字

我思考、討論過後的閱讀步驟：

我之後做的閱讀步驟差異是：

閱讀步驟 1：利用基架檢查文章的人生，回憶過去，想像未來，並融入文章，把自己的身分轉換成作者，融入作者的思考內，作者的心情、分析作者的象徵與連貫性等。

閱讀步驟 2：想像作者所要的表達、走入文章的細節、利用金字塔等技巧，把作者的人生感觸重點抓出來。

閱讀步驟 3：想像作者背後思考的問答，以及作者內心深處的心靈圖片、想法，在想像回憶自己以前的人生，利用平、化、智、去、趣、味的方式，抓出題目的思考與內容涵義、作者內心想像加入伏筆等。

閱讀步驟 4：分析文章時間安排、位置安排、基架安排、篇段句字詞的分析，加入金字塔，加以融入作者，在分析作者文章（詩）裡的位置。

閱讀步驟 5：詩中（文章）內是否有安排著任何的寫作模式呢？所下的伏筆為何？作者在安排著文章、詩內的人物、地點時，內心所思考的圖片。

閱讀步驟 6：用小呆瓜推出作者身心體驗的感觸，在作者內心裡的回憶，與自己加入文章的人物內心所產生的矛盾，人物是否對自己有任何的意義？是不是對作者的身心有寫這首詩（文章）的啟發呢？還是對作者有深厚的意義與重大的改變？

8-2.　請把自己的生命經驗寫出一首詩？並說出你這麼寫的思考表白步驟？

內心的世界與綻放的櫻花樹

在孤單、孤獨時，

我總是蜷縮在內心的谷底打轉，

想要暖暖的擁抱，

更不曉得什麼時候，

生命中才有真正的微笑，

在我孤單時，
開始發覺自己內心的櫻花樹，
在我孤單時，
開始欣賞著自己心裡下的櫻花雪，
有了櫻花樹陪伴，
好像不是只有我一個人而已，

在我胡思亂想的時候，
突然想到媽媽小時候對我的擁抱，
當我想到爸爸小時候對我歌唱時的微笑，
開始感覺自己的櫻花樹正在綻放了，
當人們嘲笑我時，
我不會是在孤單，

一直以來，
我的內心不分季節、不受拘束
我會把我的內心世界，
封閉在我的內心深處，
我會耐心的等，
等到我有了一個真正可以聊內心的朋友，
我將會邀請他，
到我的內心世界，
欣賞我內心世界中的綺麗……

思考表白步驟：

　　當我想到我小時候的模樣，我會不知不覺的沉睡在我的童年回憶之中，但人生總是難免會有挫折、失敗，就在我被老師責罵、跟朋友吵架後，總是感覺孤單，那種心情，就是跌落谷底，也無法想像的沉痛。當我發現，我不是只有我一個人的時候，那種心情是用比擬也說不出來的。當我回憶起以前小時候爸爸對我的愛，與我回家媽媽對我的擁抱中的溫暖時，我就不會再孤單、難過了。

8-3. 從自己的這一首詩中，你看見了什麼？（想法的發展過程？寫作經驗？
　　閱讀自我經驗的感覺？）

　　當我在思考要怎樣想的過程中，我好像被施了魔法，突然好像被一陣風，吹進了自己內心的回憶裡，我看見了我小時候，就好像是在夢境內，是想像不到的內心世界，就像是在內心世界中，輕輕的飄動，輕輕的流動，當我想到我以前和朋友吵架或被老師責罵時，總是非常的想哭，但是卻憋在心裡頭，不敢說出來，就是爸媽再怎麼安慰，也是無法挽回，在我內心的深處，留下一道疤痕。當我在爭吵後，總是好孤單，好落寞，真想回家找爸媽。在幼稚園的時候，我最期待的就是回到那溫暖的家，當我跟爸媽爭吵時，那種悲痛及寂寞的心情，是任何人都無法體會的，我總是窩在被窩，偷偷地哭（可惜我沒弟妹，無法訴說心中之苦），當我跟爸媽和好、朋友和好、幼稚園老師和好時，總是特別的珍惜著我們之間的親情與友誼。

　　當我有一個夢想的時候，我就會像儲蓄一樣般的，存到我內心世界中的撲滿，當在我決定這個夢想是私人性還是公眾性的時候，總是有一股比擬不出來的感覺、想法，當我看到自己落寞的模樣時，總是產生了關懷之情，現在想起來，真像是個小傻瓜呢！突然中，我像是被風的聲音給喚醒了，想著以前我對自己現在的想像，然而時間跟風一樣的在流逝，以前的想像，不再是想像了。

最後的話：

　　我開始感覺到我的寫作技巧開始豐富了，當然，在之前回答的題目，也讓我感到更成熟了，讓我更有一個想像讓我預知未來的能力。

8-4. 經過黃老師這一次「在夢裡愛說童話故事的星星」的主題教學後，說說你自己在閱讀、寫作、個人對生命經驗的看法，你看見自己的什麼？你看見別人的什麼？

　　在尚未教「在夢裡愛說童話故事的星星」的主題教學前，我對閱讀、寫作、個人的生命經驗看法，只是個淺灘，看不見海的底部，當黃老師教了這個課程以及觀察、摹寫文章的種種技巧，並且教了金字塔、基架、小呆瓜……等分解、分析文章內對人生的技巧，當我學得這些技巧，我看到了爸媽給我的關愛，也看到了在夢裡爸媽對小孩的愛，像是老師教的「林良」所寫的「山上看風景」這篇文章，也同時讓我看見在山下的乘客們以及在山上的林良爺爺，我最期待的時刻，就是繁星點點，彎月閃爍的夜晚，每當看到星空上無數的星星，就好像爸媽為我付出的愛一樣，每當看到彎彎、圓圓的月亮時，就好像爸媽為我付出的關懷，掛在那麼高的高空上，發出沒有任何人能比的光芒，這種親情，有可能是友誼所比不上，愛情所比不上的。

　　以前我都認為爸媽對我的愛不夠，或者是爸媽對我們的關懷與照顧視為理所當然的事情，但是現在想起來，爸媽現在對我的愛，好像少了很多，我好想回到從前，再給爸媽關懷、照顧，不過這是不大可能的事了吧，就當作是我的夢想好了。有很多很窮的國家出生的小孩，很需要愛與關懷，我很慶幸我出生在台灣，也很慶幸我出生在經濟好的時代，也許，我該為我感到有這份榮幸，出生在好的家庭裡，在我從這種幸福的角度，去觀看那些非洲小孩的角度，我看見了他們更需要我們對他們的愛，就算是一碗飯，也夠他們吃上整個禮拜了。

8-5. 這樣的課程對於你的意義是什麼？（請舉例子說明）

　　當我們把我們的秘密埋藏在天上的星星裡時，是否有想到爸媽有沒有把秘密埋藏在充滿著星星的夜空呢？讓我想到小時候追求的夢想，那個時候的我很天真，直率到都會把自己的秘密告訴好朋友，那個時候的我，是個很受歡迎的人，現在的我，努力的在追求以前那個我，我的夢想雖然有了小小的改變，但是人的個性卻是不變的，當我開始長大，當我開始改變我喜歡的人時，我開始發現我懂得為我所喜歡的人做些事情，雖然把愛藏在心裡，但是我對他的心意還是不變的，有可能，未來我會改變我所愛的人，但是現在我會盡能力的為他做點事，未來充滿著些什麼，我不敢確定，雖然只要想像未來，就會感到充滿著不可思議的感覺，不是任何人可以理解的，自己可能有自己的夢想，但是那是他的所有，他可能會把他所珍藏的秘密藏在星星上，或許會藏在自己的房間，雖然不敢透露，但是對他的心意仍然還是不會變的，雖然有些人 Love 一個人，但是尋求的過程中，還是有可能 Miss，當錯過一個人的時候，再尋求另外一個心所愛的人，要確定你們的心是可以交換的。

　　不想錯過，也許可以等待，愛一個人就是那麼的簡單。當想要交付或追求一個人的時候，是要看對方給你的愛有多少，如果像是 0 度 C，那可就不要了，將來他還可能會虐待妳呢＝　＝。

　　從「模仿貓」不要模仿任何人，「人生的跑道」就算跌倒了也要爬起來，「天人菊」堅毅不拔的精神，「在夢裡」感受父母對你的愛與關懷，將星星裡的童年往事找尋出來。如果可以體會，人生還可以向前再邁進，不要錯過時間的每一刻，就可以了解，愛永遠是不分國界的。掌握在你手上的，都是要珍惜，因為那是上天給你最好的禮物，好好珍惜每一刻，不然也許以後上天有可能會收回這些禮物了，在阿保美代「美麗的秋天」中，讓我學習到了，

不管任何事務都可以化為好的，就算是悲哀的，也可以化為樂觀；同樣天人菊的精神，給我有了一個不屈不撓的精神，自從黃老師教了這個課程，讓我的人生添加了許多的色彩，讓我知道關懷別人，也讓我知道什麼是愛，同樣的讓我學到如何分析作者的內心，我也能了解到了人生是需要勇往直前的。

　　人生不需要妳刻意去添加什麼色彩，重要的是你留下了些什麼，你留下的事物都可能為你添加更多的顏色，在你的軌跡上填上了彩虹般的顏色，就算是一個小男孩，也有可能為你的人生的觀感有著重大的改變，不要小看了這個世界任何事物的力量了。

第六章　　結果與討論

　　從教學提問單的初步階段，我沒有做教學引導，但是列問的作業單題目正逐漸地按照文章段落列問，以引導孩子進入文本。其實這也是一種教學樣式，交給孩子自己進入「閱讀、思考、寫作」的領域，我也在其他文本中進行閱讀教學、思考教學、寫作教學，等待實際進入童詩閱讀教學時，這一些先備知識便面臨統整的工作，我也在進行實際教學錄影時，和孩子們一起統整童詩閱讀教學的「閱讀、思考、寫作」面相。在研究後從孩子們這樣的作業單，可以看出孩子們在童詩閱讀理解的取向，包括文本理解、經驗聯結、情緒聯結三個方向，以及童詩解讀表現的影響、童詩解讀策略的影響、閱讀自我經驗文本的表現。

第一節　　國小高年級學生對童詩閱讀理解的取向

一、童詩閱讀理解的文本理解取向：

　　陳依雯的敘說中寫著：「這句話會讓我先看『星星』、『童話故事』，因為它代表的意義是一種非常溫馨的感覺。再把『在夢裡愛說童話故事的星星』這句話想清楚是什麼意思？是什麼含意？給我們什麼幻想？」這也是班上孩子對文本理解的一些取向，包括對詩內容的感覺、推取詩內容的含意和對於詩內容的想像等等，其餘的取向再細分的話，約略如下細目：

(一) 融入文本內容體會文本：例如：馮皓欽「先讀一次，然後自己再到這一句詩裡面當一次主角，再當別的人你就會知道了。」

　　　　這是閱讀常見的閱讀取向，孩子會跟著文本中的主角人物，進入模擬性的文本情節，隨著情節的發展，孩子也跟著走完一次替代性的人生經歷。這融入文本跟著段落場景進展的閱讀趣味，也讓孩子有了「心情相同」的「同情心」。班上孩子的這一部分閱讀取向偏多，我只引證一個敘說例子。

(二) 針對文本內容提問：例如，潘勇誌「我的閱讀步驟是看詩提問題，例如：『在夢裡』是什麼樣的夢？『夢裡』有什麼東西讓你寫出這個東西？『愛說』是愛說什麼？是愛說話還是愛說故事呢？『童話故事』是代表什麼

意思？『童話故事』是在說一個什麼樣的故事？故事中有什麼是一個美麗的故事還是好笑的故事？『星星』是指天上的星星還是故事中的星星？」鄭自強「先思考『在夢裡愛說童話故事的星星』這句話代表什麼？思考這代表什麼意義？是代表在某個地方的在嗎？還是還有別的意思？思考『在夢裡』這句話代表什麼？是在人的夢裡嗎？還是在動物的夢裡呢？思考『童話故事』是代表什麼種類的童話？思考星星是在哪裡的星星？是在天上的嗎？還是自己做的呢？」陳彥翔「先讀一遍，再思考『在夢裡愛說童話故事的星星』是什麼意思？是否有隱藏著一些意思？然後看這句子有著什麼含義？『在夢裡愛說童話故事』的意思是在夢裡喜愛說童話故事呢？或是在夢裡就愛說著童話故事？『星星』為什麼是星星？不能用其它的詞嗎？像『在夢裡愛說童話故事的月亮』、『在夢裡愛說童話故事的太陽』……。只在夢裡說嗎？一定只能講童話故事嗎？」

孩子在針對文本內容提問的取向是散落的，並不是依據文章基架結構而對文本有系統的列問問題，而是分別散見對於字詞、句子與段落內容或根據文本訊息推論界定「是什麼」的列問，散見於對內容、文本訊息推論的發展列問「怎麼樣？」列問「還有什麼？」、「什麼樣的？」。

(三) 針對文本內容一邊閱讀、一邊提問、一邊回答問題：例如，賴亭安「『在夢中』，永遠在我的夢中。在夢中永遠、永遠愛說童話故事的星星。星星為什麼在說童話故事？是因為要讓我們有好的睡眠，還是他很愛讀書呢？這真令人摸不著頭緒，或許他永遠都在夢中說故事。其實啊！星星，是一個俏皮可愛的小東西。他能讓人快樂，也能讓人感到恐怖。在夢裡的小星星一定是個充滿溫暖的小東西。帶給人家有好的夢鄉，所以他才會講童話故事。然而小星星也充滿著書卷的香氣。能讓人喜歡上讀書，我盼望著能有一天，小星星會出現在現實生活中。讓大家都會喜歡讀書了！『夢裡』，是個怎麼樣的情境？相信大家都清楚，有著溫暖的一面，也有著恐怖的一面。」

這邊提問邊理答也是孩子閱讀的常見取向，孩子會跟著文本內容好奇，把自己的想像世界或生活經驗帶到文本中，讓閱讀與自我的經驗世界連結而產出閱讀的諸多樂趣，類似解題歷程的工作滿足心情、趣味、推論、或演繹或歸納的猜謎、解謎的遊戲閱讀世界。

(四) **根據文本上、下內容推測文本內容涵意**：例如：邱彥翔「我是先讀一遍這句詩，然後再慢慢分解這句詩的內容，或者是從後面讀讀看，要不然就是換個有感動的地方，或者是換掉其中的一個字，看會不會意思變得不一樣。要不然就是聽音樂，或者是換個有感情的地方讀讀看，我就會大概知道這句詩的內容。」

　　　　這亦類似解題歷程的工作，滿足心情、趣味、推論、或演繹或歸納的猜謎、解謎的遊戲閱讀世界。而文學作品特別加入了「情感」觸動的部分，孩子特別在屬於自己感動的字、詞、句、段、篇逗留情感，以進入作者經營的文字世界，以進入讀者自己的情感世界。

(五) **根據文章形式基架推取文本意涵**：例如，張揚法「我會先去翻一翻有關星星的書，再把這首詩分成原因、經過情形和結果。我會去思考這首詩是在說什麼事情，有什麼涵義？」

(六) **預測作者寫作內容**：例如：溫挺傑「在夢裡愛說童話故事的星星在天空上，輕輕的跑到我的夢裡去，感覺星星在說童話給我聽一樣講到我睡著為止，等我睡著時，星星就會飛回天空上。」李東洋「在夢裡愛說童話故事的星星在星空上，輕輕的飄盪在漂亮的星空上，星星趁我睡著時，進入我的夢境裡，說著好聽又有趣的童話故事。等我入睡時，他就會悄悄的離開，到星空上方飄盪。」王基麟「在夢裡愛說童話故事的星星在天空上，忽然輕輕的跑到了我的夢裡去，感受星星、月亮在說童話給我聽，聽到他們講完為止，我才慢慢的睡著了，等我睡著時，星星、月亮就慢慢的飛回天空上去了。」陳怡君「我覺得作者會寫出『在幸福裡微笑』，『在幸福裡微笑』的意思是，因為你在很幸福的時候笑一個，別人會很高興，在這同時別人也會給你一個幸福的微笑，你就會感覺到你越來越幸福。」陳依雯「一顆希望之星帶給人們希望，也讓大家知道希望不只是幻想，只要每個人努力去做一定能實現，一顆希望之星永遠在你心裡，照亮你永遠的一段幻想故事。」

　　　　這是孩子預測作者可能會書寫什麼內容的敘說，從這樣的內容上我也有趣的發現，孩子敘說文本可能的發展，是有著很清楚的事件基架結構，有原因、有經過情形、有結果，這亦是人類生活經驗中早已發展成形的生活事件基架，只是孩子並不容易在監控的後設認知觀點，看清楚自己正在使用一種基架，來寫出預測的文本內容。

(七) **根據文章形式基架預測文本內容**：例如，林慧敏「我把它分成『在夢裡』、『愛說』、『童話故事的』、『星星』，這是運用記敘文的基架寫成的，因為……『在夢裡』是原因段，『愛說童話故事的』是經過情形段，『星星』是結果段。」

　　這是孩子們在初步童詩閱讀理解的文本理解取向的一些經驗，我身為教學者會看見孩子的初步閱讀與閱讀引導教學後的顯著不同（詳見本章二、三、四節），孩子也漸漸地比較個人與友伴不同的閱讀文本理解取向的相異點，更透過老師的引導閱讀教學步驟的比較之後，更能有意識地整合出自己日後的閱讀步驟，這閱讀步驟也將隨著年齡與學習經驗而重新建構的，或加深或加廣或更清楚地知道自己的閱讀文本理解取向，這是「我的」一個閱讀面相，從重新建構「閱讀的語彙概念」以一個新的「閱讀行動實踐」表現自我的閱讀。像情感的發展面相，也將隨著年齡與學習經驗的互動交流，而重新建構「情感的語彙概念」，以一個新的「行動實踐」表現自我，重新面對自我的。這一個經驗就是成長的契機，我們也從經驗的返照自我而了解自我。

二、童詩閱讀理解的經驗聯結取向：

　　潘勇誌「這一句詩讓我想起七夕時，聽著媽媽說織女和牛郎的故事，一邊看著天上，一顆顆閃爍的星星。這一句詩引發我的想像，是我好像跑到故事中看著天上一顆顆閃爍的星星，這也夢想著自己搭乘太空梭飛上天，看著一顆顆閃爍的星星。」陳彥翔「『在夢裡愛說童話故事的星星』，這句詩的『在夢裡』讓我想起已經往生快要三年的阿媽。阿媽她是位開朗的人，雖然她看不懂國字又要洗腎，只會講台語。阿媽往生的那年是 91 年 4 月 19 日，當時我才三年級，在回家的路上，姐姐哭了，我也抱著難過的心情回到家，當時看到阿媽，大家哭成一團，有人還在旁邊安慰著說：『阿媽在睡覺。』。那些天我有做一個夢，就是我看到一個模糊又像阿媽的人，坐著蓮花往上升，而上面有一塊地，有一些人，其中我看到一個人很像是比阿媽早去世的爺爺，坐在椅子上面帶笑容，且好像在等著什麼似的，坐著蓮花的阿媽到了那塊地。結果我就醒來了，醒來後，我把這夢告訴給媽媽和姐姐，沒想到媽媽和姐姐在晚上的時候，趁我還沒吃完晚飯，就把這夢告訴了大伯，結果我吃完飯時，他們已經講完了，大伯還問我是不是真的呢？喪事過了後，那夢還是一直在我心裡。」溫挺傑我還很小的時候，媽媽常常唸故事給我聽，我都專

心的聽媽媽說，在我要睡覺前，媽媽也是會唸給我聽，我才會睡著。因為現在長大了，媽媽就不再唸給我聽了，媽媽跟我說『你長大了，要自己去看書了。』」王基麟「有一次，我做夢夢到我在天空上和星星、月亮們一起玩，我們一起到雲裡面玩，想不到突然有一顆流星掉下來，打在我的身上，那顆星星一打到我，我嚇了一跳，就被嚇醒來了。我天天晚上夢想，我可以到天上去摘看看星星。一顆、二、顆三、四顆、五顆……，我夢想摘了一大堆，天上的星星幾乎都被我摘光了，七彩的彩虹又美麗又漂亮，我真想把他們連在一起，做成七彩的大房子、衣服、家具……等。還有我心裡的感覺是什麼？我感受到的是，希望和夢想隨時都會在你的身旁替你加油。」鄭自強「這句詩讓我想起，有一次我做夢，夢到有一朵花種在王宮裡，每當王子要睡覺時都會去花園放音樂，於是這一朵花就會跳起舞來給王子看，每當王子看到這朵花跳起舞來，心情都會很高興。」蔡碧瑩「我很喜歡看星星。因此，晚上我會站在窗台上看星星，雖然看的不是很清楚，但是只要看到那一點點的星光，心情就會好起來，看著看著就睡著了……夢裡，我離它們好近呀～～於是，我許了一個願，至於內容，純屬秘密 ＾＾。不久，我醒了，新的一天來了，我真希望白天不要來 ＞＜。後來……我後悔許那個願了，不知要怎麼樣取消它，再遇見它們嗎？？用眼淚洗去它？？或者，把它送給屬於這個願望的主人？」

　　陳依雯「在暑假的時候，我坐在星光下，看著遙遠天邊的星星，心裡想著我快樂的回憶與我的夢想，我想像著大學的我，也想像著畢業的喜樂，一切是多麼多麼的美好，這一種幻想的感覺是我無法忘記的快樂與期待……。」

　　孩子因著閱讀文本內容而自己的生活經驗被喚醒了，這喚醒的經驗聯結著文本內容，閱讀的另一層意義便成為藉助閱讀文本重新「閱讀自我」的人生經驗文本，在回憶的經驗中面對自我，讓自己從每一次的經驗上轉化為成長的契機，這生命課題的人生功課，是自己可以完成的自我了解。再者是生命中的夢想，孩子也在閱讀文本之中有著人生的夢想，而生活中被重新閱讀與被反省後的早年經驗，已重新建構成為實踐夢想的支援系統。

三、童詩閱讀理解的情緒聯結取向：

　　潘勇誌「這一句詩讓我感覺故事是一顆顆閃爍的星星，也讓我感覺很輕鬆自在。」馮皓欽「這一句詩有一種很神秘的感覺，因為在夢裡的感覺就是

很神秘。」李東洋「當我在念這首詩時，就像媽媽在給我們念故事，會有一種安全感，讓人覺得很溫暖。」邱彥翔「這一句詩『在夢裡愛說童話故事的星星』」給我的感覺是很溫馨，因為：『在夢裡』給我的感覺是霧濛濛的、很神秘的。『童話故事』給我的感覺是很幸福、美滿的。『星星』給我的感覺是很可愛、淘氣的。所以這一句詩整句串起來給我的感覺是很溫馨的。」范振彥「我覺得這顆星星很像一直陪伴我們的媽媽，她的聲音可以編織成搖籃曲，讓我們進入夢鄉，每一個搖籃會帶給我們不同的睡意，有時搖的快，有時搖的慢，讓我們吹著涼風慢慢的進入夢鄉。」崔爾軒「那調皮又愛說故事的星星，對著我溫柔的瞇著小眼睛。它，讓我回想起那古老又好聽的神話，我回到了那從前從前的神話故鄉，我思念著那無底的童話。它讓我要看他卻看不到。我，在彩虹橋遇到了它，它讓我無比的快樂頓時成了悲傷，我要他陪我一起度過那奇怪的小溪，它卻說：『他只是個夢。』帶著你的夢想飛翔，我要它留下，它留下的卻是讓我無法抹去的眼淚。千呼萬喚，喚不起它以前對我講的故事。我想告訴它，我好想念它，可是讓我看到的卻是，地球來回的旋轉，它讓我忘卻世界，它在夢裡卻對我說晚安。當我醒來要去捉它時，它卻讓我眼睜睜的看著它飄上那……擁有無數星星的天空。」蔡碧瑩「這一句詩的感覺是有笑聲、快樂的、很天真的。」林慧敏「這一句詩的感覺很寧靜，有關星星的童話故事和星空。」吳采璇「這一句詩的感覺很不可思議，因為星星竟然會說童話故事。」賴亭安「我覺得這一句話讓我感到又俏皮、又可愛，也覺得愛說童話故事的星星是長的怎樣呢？我很愛聽童話故事，因為我覺得充滿夢幻與溫馨的故事讓人有安全感。愛說童話故事的星星，一定是一個很小、又很可愛的星星，在他的夢幻世界裡，一定有比我更多的童話故事。他也一定很喜歡看童話故事。喜歡童話故事，不一定代表著幼稚，而是有一份感情寄託在童話故事上。像我小時候，我如果在睡覺前聽到鬼故事，我那天晚上肯定要跟我媽媽睡。可是，如果我在睡覺前看了溫馨的故事或童話故事，那我那天一定會睡的很好。現在雖然不會了，但是我對童話還是有深刻的感情。」林育妃「第一眼看到就覺得很有趣、很好玩、很好笑，之後覺得有點不可思議，為什麼這顆星星會喜歡在夢裡說童話故事？有什麼不一樣？會想像這顆星星長什麼樣子，是不是手上隨時都拿著一本童話故事書呢？」解易儒「這一句詩讓我感覺到很溫暖的氣氛，有時感覺到快樂的氣氛，沒有什麼糾紛和吵架的聲音或場景。」

　　孩子的這一些情緒在文本中聯結著，情緒有著不同的類別，如喜、怒、哀、樂、悲、歡……等等。看著孩子能再次停留在情緒聯結的回應裡，敘說出自己心裡的情緒反應，這也是透過閱讀文本，教導情緒學習的另一個課題，在這裡我看見孩子們開始覺察自己的情緒並且寫下了這一些敘說：「輕鬆自在、安全感、溫暖、溫馨、很神秘的、思念、想念、千呼萬喚、有笑聲、快樂的、很天真的、喜歡、感情寄託、不可思議、很有趣、很好玩、很好笑、很溫暖的氣氛、快樂的氣氛」。

第二節　引導教學對國小高年級學生童詩解讀表現的影響

　　經過這一段童詩閱讀教學探究的歷程，孩子們也都在作業單中敘說了，自己在閱讀、寫作、個人對生命經驗的看法有了不同的體驗，這影響是我所樂見的，例如：陳彥翔的敘說寫著「在這一次『在夢裡愛說童話故事的星星』的主題教學後，我覺得我在閱讀、寫作、個人對生命經驗的看法有所改變，在閱讀方面我的改變是我不只會從頭默讀到尾端，只是看過而已，我現在閱讀一首詩的題目時，會找出自己的心靈圖片。閱讀文章、詩的時候要用原因、經過、結果抓出作者思考，而作者為什麼要用這個句、這個詞、這個字，其中這個句、這個詞、這個字只要一更改，文章、詩的感覺意義就會有所不同。也學會靠作者的修辭技巧找作者思考。在寫作上的改變是以前我的作文寫的非常的短，上完『在夢裡』，我學到了如何運用形容詞、副詞、如何正確運用修辭技巧，例如：譬喻、排比、頂真、借代……等，運用五感：眼睛看的視覺、耳朵聽的聽覺、鼻子聞的嗅覺、舌頭嚐的味覺、臉上、肢體的表情動作、觸覺和運用情感的表現：心裡感覺心覺、心裡想像世界、意象經營的心靈圖片。生命經驗上我的改變是文章、詩並不是看過而已，而是要閱讀作者寫作思考並作自我省思。這樣的課程使我看見了別人對這篇文章的思考，每個人的思考都不一樣，有的人意見相反，有的人意見也有相同，這都讓我更了解他們的思考方式。」而范振彥敘說著：「我看見書寫文章所喚醒的經驗或被喚醒的想像和文章基架與自我經驗，和自己努力的成果，也看見別的同學辛苦的結晶。」陳依雯的敘說中也寫下：「在老師上『在夢裡愛說童話故事的星星』的主題教學後，閱讀時我的閱讀步驟會變的深入了，也會試著去融入文章，讓這篇文章讀起來是我自己的一項經驗，也是別人在開導我進入

自己的經驗，一起體會作者給我在文章中的一舉一動，不管是溫馨、快樂、悲傷，這都是我看見我自己的體會。而在寫作時我可能也會想去告訴讀者我現在的感受，或去猜測別人的心裡是什麼感覺，我也會加進人生，讓讀這篇文章的人了解我對人生的看法，以前的想法只是想到什麼寫什麼，把心裡的感受寫出來，完全不知道自己接下來的內容，與這一篇要告訴別人什麼重點。閱讀、寫作在我生命中改變了我，生命經驗中閱讀給我一份參考，給我一份體會，寫作，給我一份分享，這些生命的經驗對我來講只是我人生的開始，往後還有更多的挫折等著你，而你就可以以經驗克服。而情詩也變得更好，黃老師也教導我們把自己心裡的『情』表達的更有味道，更有屬於自己『愛』的味道。」房于琳的敘說是：「經過黃老師這一次『在夢裡愛說童話故事的星星』的主題教學後，我覺得自己在閱讀、寫作、個人對生命經驗的看法有了很多的改變。在還沒上老師的課之前，在閱讀時，都只是看一看而已，都從來沒去想過這篇文章的『時間安排』、『空間安排』、『作者位置』、『象徵意義』、『作者寫作技巧』、『文章內意義』、『文章外意義』、『心靈圖片』、『自我經驗』……等等。但上完課後，現在我在閱讀每一篇文章的時候，都會特別注意這篇文章的『時間安排』、『空間安排』、『作者位置』、『象徵意義』、『作者寫作技巧』、『文章內意義』、『文章外意義』、『心靈圖片』、『自我經驗』……等等，讓自己在閱讀每篇文章時，都有很多的收穫。在還沒給老師上課的之前，在寫作時，我都不會去注意到『象徵意義』、『作者寫作技巧』、『文章內意義』、『文章外意義』，但現在我知道了，不要敷衍了事，亂寫文章，這樣就讓那些，讀過你的文章的人失望了，還有，在文章內加入象徵意義，可以使文章變的更有趣，會有更多人來閱讀自己的文章，定題目也很重要，要定題目時，必須非常謹慎，題目必須要能夠吸引人，才可以告訴閱讀自己作品的人自己發現的人生道理喔！」張育綺的敘說：「經過黃老師這一次『在夢裡愛說童話故事的星星』的主題教學後，體會到閱讀時不只只有表面的閱讀，而是有更加深入、不同方式的閱讀方法。我再一次閱讀時會較仔細的閱讀每個細節，並仔細思考、提問為什麼作者要這麼安排。並同時注意作者安排的篇、段、句、字之用意。體會、融入文章中的情境做思考，而會更加注意作者所放入的字、詞安排是否有所用意；閱讀同時也會配合讀者我自己的人生經驗。閱讀時會深入，並用不同的角度，作者的不同位置、『天空的眼睛』來配合思考、閱讀。文章中的體會，也是配合我個人經驗而產生喜、怒、

哀、樂。而經過黃老師這種閱讀課程對生命中的經驗也有不同的收穫，也知道了遇到困難可以如何解決……。而不同的人對人生、閱讀的觀點也各有各的看法，在討論中我們可以猜測、同意、推翻原先的推論，而且我們也可以從討論中得知許多不同的經驗以及看法。」

從這一些敘說裡，我也品嚐豐碩的果實，孩子在閱讀的思考步驟會思考著作者的寫作技巧，思考與作者在文章裡隱藏的人生意義，這樣的閱讀方式也影響了孩子成為一個寫作者的思考動向。而更可貴的是他們注意到了閱讀自我經驗與閱讀他人經驗的閱讀思考。例如：陳依雯的另一個敘說中表達了：「當老師還沒上『在夢裡愛說童話故事的星星』時，我只是一個未見過世面的井底之蛙，對人生毫無感覺，更沒有人生的自主行為，每天生活只為了活下去，當老師在上文章的金字塔、基架、小呆瓜、穿衣服……等一一分解時，我從睡夢中清醒，比如說：『模仿貓』的基架、人生道理。『跑道』對我們的人生體會與人生的鼓勵。『美麗的秋天』老師交給我們的基架、人生道理、作者思考、每件事都是美麗的。『山上看風景』最主要的象徵人生的作者思考、作者的基架、作者背後要告訴我們的人生看法。另外，老師還教了我們情詩的寫作，可以從寫作表達我們對愛情的瘋狂。這些課程對我的感覺是人生的禮物，是一種親情、愛情與友情的探索，這都是老師要送給我們人生的禮物，是一種人生的過程。」

這樣的閱讀教學引導，實際在孩子的生活層面與學習經驗產生了一些效用，語文教育與文學教育的契合點上，是可以嘗試由「閱讀、思考、寫作」的教學引導，漸次地與孩子們一起品嚐文學中的趣味、藝術與美感，更可以看見自己在人文思想上的成長，人生也是一種美學上的問題思索與表現。

第三節　引導教學對國小高年級學生童詩解讀策略的影響

看孩子隨著我在不同文章裡所加入的閱讀教學思考，漸漸地孩子在解讀策略上亦有明顯的調整，從上課之前的書寫閱讀文章步驟，到教學後比較現在的閱讀文章步驟時，閱讀思考的引導教學是可以在教室中落實，這亦會影響著孩子的解讀策略。例如：第十六張作業單中蔡碧瑩與崔爾軒閱讀步驟的敘說經驗可以明顯地看見這樣的影響。另外吳采璇的敘說：「討論完文章後，當我再一次閱讀這一首詩時，我的閱讀步驟有不一樣調整的：

「首先，我學到要更深入的融入文章的世界，當我融入文章之後，我知道了作者在文章背後所想的人生意義是『在人生中無論你做錯了什麼事，爸爸、媽媽還是會愛著你。只是有時候你看不見爸、媽那個無形的愛』，我是從文章中的第 10 句『爸爸媽媽責罰你的話語都是變成一顆顆』才推論出作者在文章背後所隱藏的人生意義。

第二，當我深入瞭解文章後，我推論出文章的全課大意，『大家的童年往事和秘密，永恆地掛在天空中，由父母代替星星為我們守護著。當我們體會到父母的愛。夜晚，將做一個屬於父母安心又甜美的夢……並好好孝順父母』，這是我把每一個段落的大意組合起來，再利用原因、經過、結果和我的人生思想修改完成的大意。

沒上過黃老師閱讀文章的課之前，我閱讀步驟是：

步驟1：閱讀文章內容：閱讀一遍，簡單了解文章意義。

步驟2：思考文章內容：簡單問幾個問題，想一下。

步驟3：閱讀完內容後的感想。

上過黃老師閱讀文章的課之後，我閱讀步驟有所改變是：

步驟1：深入閱讀文章標題：我深入閱讀文章標題之後，我覺得『在夢裡愛說童話故事的星星』這篇文章是很夢幻的感覺，因為爸爸、媽媽的愛，是別人無法取代的，所以令我感到很夢幻。

步驟2：思考文章內容，並融入文章世界：我會融入文章思考，安排時間與空間安排思考。

步驟3：人生中，不同經驗與回憶思考：我會有心靈圖片迴響。

步驟4：把文章作分析並思考文章中的每個小細節、小小細節、小小小細節……：思考語句通不通順。

步驟5：文章的時間、空間安排作分析：想想作者為何要做這樣的結構安排。

步驟6：分析文章中的象徵意義：我覺得作者在文章的背後隱藏的人生意義是『在人生中無論你做錯了什麼事，爸爸媽媽還是會愛著你。只是有時候你看不見爸媽那個無形的愛』我是從文章中的第 10 句『爸爸、媽媽責罰你的話語都是變成一顆顆』才推論出作者在文章背後所隱藏的人生意義。

步驟7：分析文章詞語的用意與意義：我會利用形容詞、副詞讓語句優美。

步驟8：探討自我經驗：我用我的經驗和作者的文章聯想在一起，閱讀我自己。」

　　林育妃的敘說：「還沒閱讀體會這首詩時，我是先閱讀完文章後，想想自己的人生經驗，詩是一整段的去了解這首詩，並沒有認真、仔細的去體會每個字在文章中所代表的意義，只是表面上揣測它的意思，想想題目的意思。沒想到經過討論後，才知道原來每個字、詞在文章中都是重要的，字中的象徵、代表著小時候對自己、他人都有的某種珍貴東西，這是作者想表達出來的。除了這個，我還學習到在文章中提問題，用推論的把答案找出來，最重要的是要融入文章中，慢慢體會出作者想要表達的意思，不管是文章中或是文章外，都有著作者要跟讀者說的人生道理，是要自己用心去了解出來的；在文章中要注意作者的空間安排、時間安排，就能了解到作者的用意。

之前的閱讀步驟：

步驟1：閱讀內容。

步驟2：再閱讀內容時，並想想自己的人生經驗（回想小時後發生的事）。

步驟3：想完後，猜測它文章中的意義（從作者用的字詞去想、去推論）。

步驟4：想想題目是否是在文章中是重要的。

步驟5：猜測它的背後人生意義（將文章仔細的解讀之後，再去想想作者要告訴我們的人生意義）。

討論過後的閱讀步驟：

步驟1：融入文章裡去閱讀內容並回憶人生中的經驗。例如：在某個詞或字會讓我聯想到之前的經驗在『在夢裡』第一段『爸爸、媽媽責罰你的話語都是變成一顆顆，愛說故事的星花掛在夜空等著』會讓我回想到小時候被爸爸、媽媽罵的情形。

步驟2：想想詩中的篇、段、句、字是否有著作者想表達的意義。

步驟3：找出並分析作者所用的空間安排的意義。

步驟4：找出並分析作者所用的時間安排的意義。

步驟5：作者在文章中所安排的位置。

步驟6：找出文章裡是否有著象徵意義（任何一個詞字都要去注意作者的用意）。

步驟7：推論出作者要在文章中所表達的人生體會。

步驟8：推論出作者想要在文章外所表達的人生思想與經驗。」

　　房于琳的敘說：「經過這次深入的討論之後，當我再度閱讀這一首詩時，我的閱讀步驟開始有了不一樣的調整。像剛開始我都是用步驟1，我會先把題目看一遍。步驟2，然後看看文章。步驟3，再根據文章基架來思考。步

驟４，想一想這篇文章有什麼寓意。步驟５，再把想到的事和人生經驗配合。但是現在，當我再次閱讀這首詩時，我的閱讀方法有了新的看法，像現在我都用步驟１，使用金字塔。例如，老師在上『模仿貓』時，有印表格讓我們練習這篇文章的金字塔，寫完金字塔後，要討論就變得容易多了。步驟２，文章組織的安排。例如，美麗的秋天中，作者安排得很用心，也很隱密，必須很認真，才能找出作者對人生的看法。步驟３，文章中的時間順序安排。例如，我覺得月光秋涼的時間順序安排的不錯，因為作者把這篇文章的時間順序從小時候的回憶到清晨又到夜晚，然後又回到了清晨。步驟４，文章中的空間順序安排。例如，林良爺爺把山上看風景這篇文章的空間位置安排的很棒，從山上、學校、樓房又有醫院、郵局，然後是溫暖的家。步驟５，文章中的作者位置。例如，在夢裡愛說童話故事的星星，這篇文章的作者位置，一直都屬於父母，他就像是在對每個孩子說話，可見作者有話想對他的孩子說。」

　　經過孩子這一年的閱讀教學探究，孩子比較自己的初步閱讀步驟與教學後的閱讀步驟，更知道由一位「生手閱讀者」到達「熟練的閱讀者」之間，是要經過一段長時間的練習，一段長時間的比較學習前、學習後的異同之處，從這裡每一次的思考表白中，發展閱讀策略、調整閱讀策略，發展閱讀監控策略的學習。而更重要的是閱讀策略是一個良好的工具，良好的人生思想才是生命的哲學基礎，一個良好的生命目的，像人生學習一樣。

第四節　國小高年級學生對閱讀自我經驗文本的表現

　　孩子們在這樣的教學歷程中，也開始寫作。自己的經驗成為另一個文本後，孩子也從自己的文本中去理清自己的思考過程，更在這經驗中閱讀自我經驗，我除了欣賞每一篇有感覺的詩作之餘，也看著孩子的寫作思考，更看著作品裡的人生思索，這詩創作物或思考表白步驟，無一不是一種表現生命活過的例證，孩子更在創作思考表白中閱讀自我，這閱讀與思考與寫作的雙向交流。例如：張揚法的詩敘說：「

夏天太陽的降落

夏天的下午，
我走到我的秘密花園。

一走進，
葉子就對我招手。
樹上的葉子，
看著我。
對我施著魔法，

放下，
手邊的重物。
緩緩的前進，
注視著每一個景色；
一陣風，
拂過我的身體。
風裡面的微小生物，
輕輕的說著悲歡離合的故事。
眼前的魔法石，
刻著許許多多的竊竊私語。

等待著魔法的瞬間，
將一切變回一樣的和平。
可惜一直沒有答覆，
只好等待著下一個春天。

春夏秋冬……，
都還是老樣子。
心裡的沉重，
像是一張張薄薄的色紙。
紅色代表緊張，
紫色代表孤獨。

淡淡的濃霧，
圍住了我的視線。
可是這股淡淡的花香又是什麼呢？
我沿著路線慢慢走，
漸漸的看到了。
看到了一朵花，

　　　　　　　　他的香味像這股霧，
　　　　　　　迷一樣的……香……；
　　　　　　　　又酸甜苦辣。

　　　　　　　它卻輕輕的在我耳邊，
　　　　　　　　說起童年往事。
　　　　　　　把我以前的回憶，
　　　　　　　慢慢的埋藏起來。

　　　　　　　漸漸的太陽降落了，
　　　　　　　　一層層的薄光；
　　　　　　　　　淡淡的變色。
　　　　　　　變成黑黑的顏色，
　　　　　　　　　我很害怕；
　　　　　　　　　害怕孤獨，
　　　　　　　　　害怕孤單，
　　　　　　　　　害怕夜晚。

　　　　　　　　　我抱著小熊，
　　　　　　　　慢慢的對他說。
　　　　　　　輕浮的夜晚慢慢的，
　　　　　　　　　慢慢的過了，
　　　　　　　　　過了就算了。
　　　　　　　　時間的那道門，
　　　　　　　清楚的顯示我們的終點。

　　夏天是戀愛的季節，我走到我私人的花園，可是一走進去，有淡淡的香味吸引著我，讓我想要擺脫一切的想要進去，看一看那股香味到底是什麼？我還想放下手邊的任何一個有重物的東西，讓我能夠自由自在，輕鬆自如。我慢慢的看著任何的東西，不管是花、草、樹木、人的心情，我都想要看到，可是卻來了一陣霧，擋住了我的視線，讓我不知道該怎麼辦才好？可是這股味道卻很奇特，像人生一樣的複雜，我沿著霧留下來的痕跡，慢慢的走，卻看到了一朵花，就是這個花散發著香……又變成酸、甜、苦、辣，像愛情一樣，酸酸的，令戀人擔心，甜甜的，令戀人陶醉，苦苦的，而戀人最怕的就

是走到苦苦的路，苦到令人害怕，辣辣的，令人麻木。而他卻長得像一位我喜歡的人，慢慢地靠近我，可是卻被破壞了，它吸走了我的愛情，把愛情帶走，我被迫的必須放手。我雖然哭了，可是我也讓她和我自由了，這不是夢，夢是睡眠時因身體內、外所受到的刺激而產生的幻覺，夢是很夢幻的，可是夢想卻是可能會去實踐的。

寫這首詩讓我對愛情有了不同的看法，以前只知道只有在一起才會幸福愉快，可是寫了這篇詩之後原來愛情不只是有這種觀念，離開會令人傷心難過，可是這也能讓人得到一種自由，在一起可能就不知道對方有什麼缺點，大家都遮遮掩掩的，離開能讓大家開開心心的，快快樂樂的過自己的生活。」

許家維的詩敘說：

生命的體驗

生命在一瞬間化成
雲
要生命自己去體會
風慢慢把雲吹走
看不到了
在深深的湖水上
綠綠的
和眼前的一片樹林連在一起
陣陣波圈
緩緩的展開
仔細往下一看
是安靜的
沙沙聲
由左到右……
從白光到金色
才回家

雲是飄遊不定的東西，我們的生命也一樣是漂泊不定的。它也是說散就散的東西，就像生命一樣，那怕一閉眼就起不來了。所以要用自己的生命來體會生命，這才是人生中最值得的事，通常我一想到這些就會偷偷的哭。

風是地獄的使者，也是天堂的使者。冬天的風、狂風、颶風，都是風，但我都不要。我只要微風，微風像時間一樣慢慢的把雲吹走，雲是生命標籤，移動一格，就是人間一年。風慢慢的就代表微風不疾不徐，有助於沈思。雲一定會不見，一不見就是盡頭到了。

湖是深的，但有一大堆的水草把水變綠，並填滿湖底讓湖變淺，所以湖是綠的，另外湖邊樹的倒影也會讓水變綠，倒影的根和在陸地上樹的根連在一起，成了一幅畫，但這幅畫一定有許多的人去觀賞，其中的觀賞者會有不一樣的看法，也許是嗤之以鼻，也許是讚美，也許是，感到春天來臨。

一滴水珠：『咚！的一聲掉下去』聲音非常美妙，可以說是樂器的聲音都比不上，激起的陣陣漣漪，用非常圓的圈圈擴散開來，這時仔細一看水中的生物，他們都被嚇到。但是水的餘音過了後，就沒了聲音。風又玩弄著漣漪，樹的沙沙聲由遠而近，我的生命忍不住擁抱了一下風，並撫摸他，並對他說：『你是有生命的！』

晚上與天黑，白天與清早，我的生命一一地觸碰他。四季是熟悉的，只希望我能在自然中。

寫這首詩再閱讀自我時，我的人生是一個未知數，我並不知道路程，一盞一盞的路燈，是為了照亮更遠的路程，但是我不知道我的人生有沒有路燈，能照亮我的未來，所以我要找到一盞燈，不是一般的一盞燈，是可以照亮全人生的燈。但燈是照不遠的，所以我要無數個鏡子。每一個鏡子都是一件完美的事，不成功、不完美的也會是一面鏡子，只是反射的光比較弱，越弱就越照不遠，一定要完美。但人生不是完美的，一定有一面最弱的鏡子，這樣人生就是完美的。」

陳羿妃的詩敘說：

無法用言語表達的思念

我與你的邂逅，

就像流星一樣神奇……

在睡覺的時候，

我偷偷的看了星空，

它把星星偷偷帶走了……

至今……

總是跟你度過辛苦的事，

但……

現在你已不在我身旁……

臉頰上濕熱的淚水，

隱約的閃爍著光芒，

不過……

我相信……

我們就像太陽和月亮，

不論距離是多麼的遙遠，

都能感受到彼此的光芒……

「在天空的另一邊，

是什麼呢？

或許……

是好久不見的你吧……」

這句話仍然在我腦海裡和心中的最深處徘徊著……

但……

我卻看見了未來，

也看見了沒有盡頭的宇宙，

卻看不見你的身影……

彩虹的弧度，

劃越了整片雨過天晴的天空，

擋住了天空最美麗的東西，

那一刻是最美的景色，

但最美的事物，

總有一天，

是會消失不見……

　　天空和宇宙是這麼的廣大、無垠，沒有人知道盡頭在哪，何時才會到盡頭，我們的未來是什麼，沒有人知道，就像是宇宙中還有著什麼樣子的等等神秘生物，而宇宙的盡頭在哪？我們也不曉得，只要每天過著，總會知道這些未知謎題的答案；人生就像彩虹一樣美，只要你相信著未來，就一定能像彩虹一樣美，但是所有的東西一定會有消失的那一天，因為這就是大自然的

原則，但是宇宙不會消失，天空也不會消失，所以我以宇宙和天空代表著『長久』，希望我們最喜歡的人（家人、朋友等……）都能夠活得長久。

當我仰望著這片無垠的夜空，看見了最美的星空，我想把星空獻給遠方的你，雖然我辦不到，可是你和我都住在同一片天空下，現在的你，一定看到了這片我無法獻給你的星空吧！每天，我們都一直一起仰望著這片天空，無時無刻……我喜歡以天空或宇宙的某種東西作為詩，因為天空和宇宙是這麼的廣大、無垠，也沒有人知道盡頭在哪（神秘感），而且只要掛在天空和宇宙中的東西都很美麗（星星、月亮、太陽、彩虹以及雲等等……），所以我決定在這短短的四天內看看電腦旁的窗外（在四樓），夜晚雖然沒有流星，白天好像也看不到彩虹，但是我用以前所看到的「回憶」放在腦海裡寫，不過以前的那些「回憶」現在也顯的有些模糊、不清楚了，所以不太會表現出它的真實感。

再閱讀我的詩作時，我看見無垠的宇宙，到處都是滿天星，就像是有破了許多洞洞的黑色窗簾，遮住在白天的燦爛陽光上，美麗的彩虹讓我們爬上了萬里長城般的七彩階梯，七彩階梯連接了天空的白雲上，接著，我們乘坐在軟綿綿的白雲上，翱翔在夜空中，往下一看，看見了一點一點在閃爍著的燈光，在身旁的是缺了一塊又有點傾斜的月亮，我們乘坐的白雲穿越了圍繞在山峰的霧，不應該說是雲，接著黑色的布簾漸漸的打開，金黃色的陽光照在層層雲朵上，然後雲就像破了一個個的大洞似的，讓陽光穿透過去，一道道的曙光變成了一大片的光芒，覆蓋在整個大地，陽光照在我滿心歡喜的臉頰上，好溫暖的陽光啊！

第一次這麼覺得……我邊吸著早晨來臨時的新鮮空氣，邊吹著早晨的冷風，因為早晨的陽光，使得風變得不冷了，底下的一條迤邐小路，盡頭就是我的所在處，雖然時間只有短短的幾分鐘而已，但……至少……那一刻是最美的……也是無法用言語表達的『美』。」

楊晴的詩敘說：

你還記得嗎？

你還記得嗎？
曾經屬於你我的幸福回憶
那段甜美

幸福的回憶

你還記得嗎？

你對我說

你會保護我

照顧我

現在呢？

你跑哪去了？

但

為什麼我的眼淚流不停呢……

寫這首詩時，我沒有想得很多，只是慢慢的憑著感覺去寫，所以沒有什麼象徵、空間的安排，因為這首詩是關於在我幼稚園時發生的事情，在幼稚園時，是我們最單純的時候，所以我並沒有考慮太多。我記得那時，有個小男孩跟我說：『他以後會保護我、照顧我』，我那時傻傻的，就跟他說：『你一定要做到喔！』我還記得我們兩個還打勾勾，在幼稚園還沒畢業時，我們常常在遊戲時間一起玩耍，也玩一些扮家家酒這些女孩子玩的遊戲，那時覺得自己好像公主一樣，他就像王子一樣，童話故事裡的王子、公主，都是過著幸福、快樂的日子。那時，我們都想像長大以後可以像那樣過生活，雖然天真又有點幼稚，但那是屬於我和他的甜美回憶。現在我們都大了，我也記不清楚他長的樣子，他的名字，更不曉得他記不記得我，但是在回憶起一起玩樂時，心裡總有些幸福的感覺，到現在再回想這件事情時，還會滴下眼淚來。我也不清楚，每當回想這個回憶時，心裡就會酸酸的、甜甜的。我也不知道，他記不記得我，但這個回憶，我不想、也不要失去他，因為他是我到現在最美好的回憶，我會保存到永遠、永遠……。」

孩子從嚐試以詩作為敘說自己經驗的文本，和再一次以閱讀者的視角閱讀自我經驗文本時，生命的體驗總有一些再次被看見的體會與生命思考，我身為老師的成年人，能在此被孩子的文本喚醒是我生命中的幸福，更大的幸福是看著孩子覺察自己的生命歷程與思考，最後的幸福是看見孩子反省自我的生命觀點，我想他們會在實踐自己的夢想中享受自我、享受人生，做一個簡單生活的僕人，找到自己的生命位置，關懷所在的每一個處所，因為我的來到生活更有趣味，因為我的來到生活更有笑容。

第五節　研究問題與討論

　　語文教育中的「閱讀、思考、寫作」教學，是可以實際落實在小學教育的課堂嗎？這三個面相是可以互有轉換的連結嗎？如以鉅觀和微觀的視角來思索「閱讀、思考、寫作」三個面相，我思考著：如以「閱讀」為鉅觀歷程，「思考與寫作」便是微觀歷程，教學中的教師即是有意識地在「閱讀」教學上提高一個層次，進行「閱讀作者的思考」、「閱讀作者的寫作」。如以「思考」為鉅觀歷程，「閱讀與寫作」便是微觀歷程，教學中的教師即是有意識地在「思考」教學上提高一個層次，進行「思考閱讀的歷程」、「思考寫作的歷程」，由此發展出「閱讀的歷程策略、寫作的歷程策略」。如以「寫作」為鉅觀歷程，「思考與閱讀」便是微觀歷程，教學中的教師即是有意識地在「寫作」教學上提高一個層次，進行「寫作思考包括寫什麼？怎麼寫？寫給哪些讀者群閱讀的？寫作目的？材料的取材、剪裁、組織？引起讀者的反應？選擇的寫作技巧？對於寫作文本影響力的道德批判思考？」、「寫作對作者文本的閱讀，即是文本分析」。

　　我身為一個小學老師，我會如何在教室的教學中進行語文教育？這一些教學概念的教學推展與教學表徵的活動呈現，是可以在教室中逐漸發展出有計畫的語文教育教學步驟嗎？教室中的語文教育教學步驟，有利於語文教育的課程規劃嗎？「閱讀、思考、寫作」由「內容學科」轉換成「工具學科」時，有利於所有學科的學習嗎？國小語文教育的專業基礎與走向，該朝向哪一個方向感，這一些提問也成為我在研究之後深思的課題。另外在這「閱讀、思考、寫作」連結之中，如何把人生思考的自我成長、自我發展課題與之結合？在這「閱讀、思考、寫作」的連結之中，如何把列問技巧發展成為孩子的自我列問策略，以協助孩子成為獨立學習者的自我「閱讀、思考、寫作」，而主動建構是一種生活方式，孩子如何透過「閱讀、思考、寫作」與群體分享自己的生活探索，在小組社群的討論中具有領袖人才的特質，有傾聽、有了解、有尊重、有不為難他人情感的同時亦不為難自己的情感、有關懷、有謙卑、有清晰的思辯組織能力、有一起努力的團隊概念，這一些教學課題也是我一直在深思的小學教室教學文化。

第七章　教學反省

　　走過這一段教學探索之路，我好似回到每一次的教學現場逗留，我想這是教學迷人之地。

　　整個教學之後，我也看見孩子們把「閱讀、思考、寫作」實際地應用在學習生涯之中，孩子們還是陸陸續續傳給我他們成長世界裡的敘說，我也看著他們的敘說文本有自己生活中的「自我面相」，我們命名這是「收藏回憶」，收藏每一次的自我。「這也讓我相信人類在其個人的生存上是一位積極和活力充沛的參與者，並且在每一個發展階段中，兒童學得了方法，透過這些方法他們能夠有力地影響他們的世界與他們自己。」（Cole, trans. 1997, p.194）這也是一種生命之樂趣，「敘說探究」會是一連串的「生活敘說」組合成一個個的生活故事。正「所謂寫作是一種展現陶鑄新意的歷程，開啟心窗來領受創造性寫作的玄妙，從而為自己生命尋找新價值。」（周慶華，2004，頁序 1-2）例如孩子們現在的詩、散文文本如下列分享：

馮皓欽：

聚會

下午的天空是白色的
下午的雲白色的
彷彿今天就好像神秘的日子
等著我們去探索。

我們相約在白色的小屋
聚會著。

一起走向茂密的黑森林
看著黑森林裡的琵琶湖
被微風吹動的湖面
就好像軟軟的果凍。

看著釣魚的人，
的浮標是否有魚上鉤。

安靜的聽著海浪拍打岸上的聲音
聽著鳥兒在唱歌
和聽著魚兒挑釁的言語。

隨著天色漸漸的暗下
我們回到海岸咖啡館吃著
千層海鮮麵、喝著哈密瓜冰沙
一直到回家的那一刻
才結束。

陳彥翔：

屬於風雲的午夜

白色的天空
白色的雲
今天彷彿是屬於白色的日子

風帶著白雲
遊過湖面
湖面律動著
就像一隻隱形鳥
低空飛過
釣魚人的浮標是否上鉤
魚兒跳躍著
像是挑釁的言語
釣魚人的耳朵
是否聽見
魚兒的言語

風帶著白雲
遊過叢林
鳥兒高歌歡迎
他們玩著捉迷藏
他們是否注意到

在微笑的朋友
呼……呼……
這是風？
這是浪？

夜晚迫近
白雲散開了
雖然依舊追隨風
落單的白雲
顯得無精打采
風停了
他又吹
落單的白雲
跟上了腳步
不孤單了

風和白雲
停在
白色的木屋
風和白雲
對話的聲音
似乎要把屋子
摧毀

白雲少了一朵
我似乎孤單
一句
「少了一朵白雲你會不會覺得孤單？」
我愣住了！

我是否有對它的情
或許有或許沒有
或……

溫挺傑：

秘密公園

入夜了，
天空的雲在哭泣，
公園裡的樹互相呼喚著，
聞到一股淡淡的清香，
一陣陣的冷風吹了過來，
大樹、花、草好像都撐不住了，
它們一直喊著：「好冷！」

蝴蝶們，
飛到花朵上，
靜靜的的停在那兒休息，
蜜蜂從我眼前飛過，
默默的跟著我，
我看著它，
不斷的把我的回憶存起來。

這個廣大的大地，
好像是它們生活的地方，
每天都互相的呼喚。

我的心裡只剩下樹的影子，
我跟樹們招招手，
樹也用它的樹葉跟我揮揮手，
揮來揮去，
終於是離別的時候了。

黎諺霖：

夏天的到來

在春天過後早晨
當我仔細的觀察四周

有著微微的氣息
慢慢的飄過來
當那股氣息來到我身旁時
我便知道夏天到來了

夏天的午後
我抬頭看著天空
突然之間
天空的附近
散發著耀眼的光芒
當我往那光芒閃耀處一看
看到的是炎熱的太陽

在那一天
我總是感到很悶熱
這種感覺
讓人不知如何是好

在這時
不知從哪來的烏雲
將太陽給遮住了
天氣不再那麼熱了
當我一到了外頭
烏雲在這時又悄悄的走了
太陽又再度將陽光射下來

這時的我在想
烏雲為什麼不再多待一會兒
但雲畢竟是自由的
誰也無法讓它不動
除了風

這天夜晚
我原本一直想夏天快點走

但我想了一下
如果沒了夏天
就會很難看到許多，只有在夏天
才會看到的動、植物
牠們畢竟是只有這個季節
才見得到的

這時的我想法改變了
因為有夏天的存在
我才能看到這些
美好的事物

李東洋：

哭泣的記憶

夜間
廣大的天空裡，
白色的雲，在夜空中哭泣……
突然
一陣寒冷的風吹過了我的心裡，
在我心中的你已慢慢的模糊，

記得你
想念你
想成為你的專屬，
守候在你身邊，
看著你，喜怒悲傷……
想成為你的天使
伴在你心裡，默默的守護你
直到永遠……

冷漠的風，
穿過我的心中，
不斷吹走我快樂的回憶，

　　　　吹走我守護著你的快樂回憶，
　　　　　心裡只剩下你的背影，
　　　　　　　　風
　　　　　　想讓我忘了你，
　　　　　　　我想反抗，
　　　　　讓他吹走我的記憶，
　　　　　可是已經來不及了，
　　　　　風已吹走了我的回憶，
　　　　　讓我無法回憶了……

王基麟：

風～吹過你和我的回憶

　　　　　　　　晚風
　　　　　　　呼呼的吹
　　　　我們一起待在一個小屋裡

　　　　　　風吹進屋裡
　　　　　　時間過去了
　　　　　　回憶走了
　　　　　　時間將

　　　　　永無止境的流動著
　　　　　又卻～再次的
　　　　　讓我給跌到谷底

邱彥翔：

童年，風的生活

　　　　　風往哪裡吹了？
　　　　　雲往哪裡飄了？
　　　　　風撫過湖面，
　　　　　飄動的漣漪，
　　　　　震動的浮標，

捲線器不停的旋轉。
風飛梭過森林，
鳥兒不停的飛走，
沙～沙～沙～，
湖面裡的我們，
Ｖ字型的大雁，
五隻嬉戲的麻雀，
沁涼的水，
你們傻笑的臉。

夕陽下的我們，
舞動的芒草，
白色的矮房，
嘴裡的果汁，
真的好鹹。

人生的轉捩點，
地平線模糊了我們……

張揚法：

心裡不斷的說這句話

快樂美好
「海岸」！
心裡不斷的說這句話
高高的古典高塔
有好幾個屬於自己的方位
不同的……
海風踏著綠葉
雲被風帶著
看著浮動的河面
聽著河的旋律
大樹……

搖擺啊搖擺的
綠樹搖曳著
等待著新的美好

一座湖
倒映著自我
湖面的一波波
是綻放的快樂
陽光一射
劃清了界線
黑色的巫婆來了
淡黃色離開了
一群小貓
在一間小屋
停留了⋯⋯
吃著美味般的大餐
享受著蝗蟲的叫聲
到最後⋯⋯
美夢還是離去了⋯⋯

許家維：

恨處的深淵嗎？

今天
是怨念集合的一天
老師
我
恨
但恨
有什麼用
當初的快樂
好像似乎不真實的樣子
因為恨

但恨不是長久的
雨過天晴就好了
但金色的陽光
真的照得到
恨處的深淵嗎？

崔爾軒：

琵琶遊

天氣　　不是預料的那麼好
天空　　也不像是妳漂亮的雙眸
天空灰灰的雲
是在向我們招手
還是在向我們示威
當下起綿綿小雨的時候
小雨是否　　在親吻我內心的深處呢
不同的人　不同的感受
一個人的想法
可使一個人　　誤入歧途
也能讓一個人　　走入正途
當腦子在思考
要怎麼把　　前幾天旅遊的事情
輸入電腦內時
風呼呼大吹
吹到我都站不穩了
看到白雲　　躲在烏雲的身後
是否在怕我們呢
當我們在享受　　琵琶湖的風光時
風總是呼呼大吹
是風在和我們　　開玩笑
還是在和雲　　玩追逐賽呢
我們和這個大自然　　共處了一天
也和同學玩得很快樂

烏雲帶著小雨
慢慢的　　把小雨丟了下來
雨滴們嘩啦啦的　　掉了下來
我把這次的人生旅遊
當成是我人生必修的課程
把這份資料　　永遠存在電腦裡
永遠沉睡在　　我的內心世界中……

鄭自強：

微笑中的回憶

　　午後，陽光般的彷彿跟著我們似的，遠方的花草跟著風在玩耍，風微微地吹過花花草草，彷彿輕吻著他們，與他玩耍共舞，享受著這悠閒自在的日子，陽光仍然跟著我們進入那相框般的世界，海藍藍的，風輕輕吹過，浪聲慌張而過，白雲不自主地也跑過來探個究竟。在那一剎那，陽光就不再跟著我們了，霎時之間，我才回過神，跟著腳步向前走，這時來到了一個涼亭，看著這十四層階梯，啊！爬上去看看蔚藍的大海吧！遠方而去，漁船彷彿螞蟻般渺小地朝向我前進，就像是迎面而來。

　　黃昏，走進森林步道，兩旁的木麻黃隨風搖曳，形成不可思議美妙般的晃影，走進琵琶湖，風微微地吹過，風聲與盤桓的鳥叫聲，變成美妙的歌聲在我耳旁繚繞，看著湖在飄動，倒影著鳥和木麻黃，成了一幅動人的畫，夜色近暗，於是我們就走回海岸咖啡館，走著走著，越走越快，前面就只有我和潘勇誌，陳泓宇及四個女生，那時，夜色昏暗，還真的陰森森的，真恐怖啊！過不久，看見了遠方白色的平屋，雙腳不由自主地加快速度，終於到了讓人放鬆心情的咖啡館。

　　在那，笑聲不斷，不時傳來聊天的話語，看著窗外黑暗的景色，享受著聊天中的晚餐，但是快樂的時光總是咻！的一聲就沒了……。

蔡碧瑩：

環遊世界之……

環遊世界之……
柏拉圖的永恆

那天，在海岸

　　香濃咖啡廳裡，一個個能平靜聒噪心靈的優美音符，輕輕的透著有墨綠色流利曲線構成的風扇，和著復古的微風，悠揚環繞在四周。暖色燈光，伴隨旋律形成如月光般，溫柔的曲調。

　　眼神，專注在盛滿淡黃色花茶的玻璃杯，順著杯頸緩緩流下來的透明小水珠，注視著，淡色的吸管，上面有著一顆心，那香氣四溢的茶兒，名為真愛花語，是否，我開始尋找我的真愛？是否，我在探索夢幻的花語世界？來回裹著清透茶水裡的小湯匙，像裹著腦裡千千萬萬的思緒，裹著裹著，已把頭兒托在手肘上，如同這純白的木桌，一片空白。長相清新的女服務生，柔聲的問候，和一抹溫暖而親切的微笑，讓心暖了起來，仔細一瞧，角落那消瘦卻和藹的微笑，像極了淺意識裡的那個身影，永遠支持我的那個人！

　　歡笑聲，傳自隔壁桌那些正打著牌的男孩，與窗台前悠悠談心的女孩們，避離人群，我漸漸邁向白色柱體所圍成的拱門，外面閃耀著不同剛才的陽光，更加的溫暖且燦爛了。用手擋住刺眼的光芒後，將眼睛慢慢張開，見到的是一座寬大空曠的白色半圓形平台，天空是萬里無雲，晴朗的使人心情好不愉快的開朗，煩惱全部一掃而空，愉悅的擁抱照亮這片大地的太陽，用力呼吸新鮮的空氣之間，卻在空氣中發現了海水的鹹味和海洋的氣息、聲音，帶著自然反應著的興奮，立即向前眺望著風景，看尋著藍色海的蹤跡。目光在還沒有找到蹤跡前，停留在低處的白色平房身上，櫛比鱗次又高低有所起伏的佇立在金黃色海灘邊，看到了！！望見了那蔚藍的海，一望無際的延伸到世界的地平線，也連接到另一個未知名的世界，只是一昧的奔向那裡，只是踏在溫熱的沙堆中，或感受海水經過腳邊的清涼，穿過腳指的觸感，只是望了一眼眼前真實的景色，就不能自己。

　　沙沙海浪聲，席捲而來的是一個精緻的心型琉璃空瓶，裡面還裝有水藍色的信紙，這就是所謂的瓶中信吧？打開它，發現瓶裡裝的是一種堅定的信念，叫做柏拉圖的永恆。或許，這是個傳說，但是，它帶著我，走過你們所發生的情節，只相信著，眼前所看到的，是的，我見證了你們的愛情，雖然，它已不在，但它的美麗卻也在此刻，和這片蔚藍海融在一塊，我們稱它為——愛琴海！就這樣，讓長髮飄逸在風中，讓心跟著這海洋戀曲一起開始、結束，漸漸，黃昏的到來，讓雙腳不聽使喚的走去，離開這片屬於戀人的藍色愛琴海，還有著不捨……在一個踏步後，遠方海洋的氣息消失在天

際，再從夢幻的白色拱門，望去，耀眼的陽光已不在，又是另一片不同的景色，一片漆暗的柔美夜景。

而咖啡廳裡的人們，卻還是依舊做著她們的事，彷彿一切都沒發生過，我靜靜坐著，望著窗外一閃一閃的燈光，像霓虹一般唯美，被愛神維納斯庇護的舞池又傳來足以炒熱氣氛的音樂，輕柔的絲質窗簾模糊了我的視線，突然的一隻大手從我眼前掠過，沒錯，我收到了一張邀請函，卻來不及回應，就已來到月兒高掛中央的舞池，不同於白色拱門的是，我從透明玻璃窗台越過，在邱比特微妙的奏樂下翩翩起舞，忘情的舞動著靈活的雙腳，一首接著一首的曲子，一段又一段的心情演變，化成了一個個震人心旋的動作，不知不覺，成為了這場奇幻舞會的焦點，享受著人們如雷貫耳的掌聲。

落幕後，我又回到了那原點，那個寧靜咖啡廳裡，再凝望一眼窗外的景色，又是一片沉寂，彷彿一切，都不存在過，但，這裡的溫暖感覺與歡樂的笑聲，能否就這樣一直都不變？就像柏拉圖的永恆一樣，這裡，是一切的起始，只是結局，還未完成，留下的只有在背後支撐我走下去的美好憶景。

森林。誰在哭泣

天色接近夜之晚時，
那成堆成群的燕兒，
正翱翔在深遠天際，
是在傳達什麼嗎？

毫無目的地，
只管往前走，
微香的芬多精呀！
微微散發在談吐之間，
在高可參天的林子裡，
探索著一幕幕優美景色。

輕盈小巧的精靈呀～～
是不是在指引我的路？
看著你在寧靜的湖面翩翩起舞，
可那配樂怎麼那麼地感傷？
眼神　　空洞了⋯⋯

只是不知道，
樂音從何而來？

紫霧，
濃的化不開來，
模糊了眼眶，
漸漸地把眼淚燻出來，
聞不到花兒的香氣，
也無法感受花兒心情。

森之林呀！
你是否很傷悲？
森之林呀！
你是否在嘆息？

若是被美麗咸豐草兒的刺螫疼了，
若是你的葉片枯萎了。

從水的倒影看去，
才看清，
是誰在哭泣

天空

藍藍的天，白白的雲，
暖暖的心，微微的笑。

萬里無雲的天空，
像萬里無雲的你。

擁有了獨一無二的你，
就好像擁有了這一片，
寬廣無垠的——天空。

陳怡君：

白色小屋

在迷幻般的
黃昏午後
在白色小屋裡發出
一首首曲子的芳香

芳香隨著我們精采的旅程
也跟隨著我和他在一起的時分

踏進鳥語花香的森林
看著迷濛的天空

讓我想起了他
他的笑臉就像那微微的風
讓我沒有束縛

走著走著
看見了平靜的湖
湖面倒映出
他的身影

一剎那⋯⋯
走出了那回想他的國度

走回白色小屋
裡面的氣氛音樂
和酸酸甜甜的水果茶
有如談戀愛一般

洪珮玲：

白色鋼琴

如果你是為鋼琴而白，
那願我是那黑色鍵盤。

為你譜出一首戀之歌，

I love you

無法用言語表達的感覺，

只好用最單純的符號說明，

月光下，只有你的存在。

直到永遠……

吳采璇：

永不熄滅的友誼

友誼的回憶，

引來我的淚水，

喚起溪水的漣漪……

我哭著想起，

你我回憶中，

也有滲入淚水空隙……

這條溪，

使我想起，

我們曾經走過的彩虹。

我想要，

再一起翻出，

你我的快樂日記……

存有心願的紙藤，

並還沒有編好，

串在一起的感覺，

我想嘗試……

期待有一天，

紙藤裡的心願，

我能看見……

在一起的感覺。

我記載在……

我們的交換日記裡。
有一天，
我一定會忘記，
我們同在一起的感覺。
我不會忘記，
我們曾經在一起。

在交換日記裡，
我似乎
可以看見我們的心願。

營火燒著，
微風吹過，
我的不捨得，
留在心裡的深處……

看著，
充滿回憶的舞蹈，
想著，
朋友的關懷，
不知道什麼時候，
才能再次感受到這種快樂……

拿著永不熄滅的蠟燭，
只屬於我擁有的，
快樂童年，
跟著蠟燭一起投進，
營火之中……

說出祝福語言，
讓——
漫長的夜晚結束……

賴亭安：

何時

一陣涼風吹來，
一陣笑聲傳來，
何時才有這種歡樂時光，
每個人的思緒都不同。
看著迎海而面的空框，
彷彿踏入另一個世界。

漂亮的雜草搖擺著，
傾斜的躺著。
碧綠的湖，
有著輕微的波動，
像小仙女般的踏在
湖面上。
綠洲，
是讓人摸不著頭緒的人。
裡面的聲音，
是神秘的。

晚間，
慢慢的走，
笑聲不斷，
有快
有慢。
第一次的
經驗，
每個人的腳步不同。
走了多久，
不知道。

但是，
身體毫絲沒有疲憊，
只是
流著汗。
帶著，
快樂和回憶。

陳依雯：

憶難忘

赤熱中的開朗，
從我踏出的第一步，
即將登場。
載滿期待的遊覽車上，
擊破了，
長不大的冒險。

急湍的川水，
從我腳下致命的流過，
沖走的，
不只是天真的幼稚，
還有終於的清涼。

成長的迎接，
勝利的喜悅，
從彩色與尷尬中通過，
這時，
不再是，
哈拉的八卦。

耐心的改造下，
使我顯得長大。

光亮的星空中，

火焰的祝福，

和音樂的歡呼。

因為小小的蠟燭，

使得，

畢業的哀愁，

再度的從亮光中亮起，

但是，

回程中只有的語氣，

就是唉聲嘆氣～～～～

林育妃：

放開手，去追求

穿過溪流，

湍急的水，

沖溼了褲子。

增加了負擔，使步伐逐漸沉重起來。

腳底下的石頭，

似乎也在阻擋我們？

緊握住繩子的雙手，

越來越不想放開了……

營火燃燒著，

紅色的火，照亮了黑暗，

也照亮了大家充滿笑容的臉，

卻無法……

吞噬掉，躲在心裡的那份不捨

手上的蠟燭，

被點燃了……

風，輕輕的吹過

擺動的燭光
差一點就要熄滅！

小心的拿著，
走到營火旁。
我朝著熊熊的烈火，用力一丟！
便在眼前消逝了……
只聽見，火靜靜把它溶化的聲音。

摻有灰的白煙，
離開了營火的懷抱，
獨自的飄著，
仍不時的回頭……
或許是懷念，或許是捨不得。
但也只能……
選擇放開手
去追尋，
屬於自己的另一個世界吧！

陳羿妃：

秘密砂糖

夜空的流星，
劃過了整片夜空，
劃過了正在閃爍的星星，
流星劃過的地方，
將留下美好……
最後……
流星掉落在天空的另一邊，
化成了……
被封在玻璃罐裡
小朋友最愛吃的星星砂糖。
也許沒有人知道，

沒有人發現，
只有小朋友，
因為這是小朋友與流星之間，
說好的秘密，
也是那晚的童年秘密回憶……

房于琳：

無題

夕陽的紅橙，
把天空染為紅霞。
風
把原本
平靜無波的湖，
吹出漣漪……
湖旁的防風林，
宛如棵棵聖誕，
掛入眼簾……
白色的牆，
淡黃的燈，
純潔而透明……
風信子在心中，
永遠搖曳，
而不停擺……

楊晴：

無題

一個人……
會遇到許許多多的人，
若是找到一個真正愛你的人，
就該把握，
許多的事物、人

是等到失去後才會想珍惜，
有些東西是失去後……
不會再回來，

徘徊在原點的兩人……
該選擇哪走出……還繼續徘徊？

第一次的空虛……
是你陪伴我……
第一次的失望……
是你陪伴我……
第一次的心痛……
是你鼓勵我……

回想起……
你陪伴我真得很多，
但從不知曉如何說謝謝，

第一次讓我感覺到被愛的感覺……
還是你，
而我們從不知如何表達自己的感受，
會傷心
會難過
甚至會吃醋
緣分，
不是靠命運的安排，
而是要由我們來創造，

無法在一起的愛……
很痛……
真得很痛……
一個真正被你愛過的人……
你會捨得放手嗎？

你若真正愛過她……
請你別放手，
你會難過，
她會失望，
而這……
是注定沒有結果的結果，
你若真正愛過她……
就應該……
不放棄的……追……

解易儒：

大自然的海

微微的海聲
淡淡的海味
徘徊在我們身邊

風吹過
那快感
使黝黑的頭髮
跟著大自然起舞

一大片的草原
像是長了頭髮
隨風飄逸起
那幅畫……
那景色……
給我說不出的美感

站在塔上
風兒徘徊在四周
站在中間
許許多多個門

難道……
這就是該選擇的道路？

綠色的湖泊
風兒輕輕地滑過
湖的臉蛋多加幾條皺紋
難道……
是因為歲月的關係嗎？

走在黑漆漆的森林
有著大家的陪伴
孤單、寂寞
一時不見了
歡樂、快樂
通通跑到我這裡玩耍

要是
他們通通不見了
孤單、寂寞
又會回來這鬼混
難道……
這是人生必要課程？

張育綺：

顏色，沒有停過，沒有有過相同

望著門外天空沒有底的藍顏色。絲絲薄雲伴隨著沒有空間的蒼穹，只是浮在空氣中。帶點鹹膩的海風，從白色的門框緩慢的將室內的空氣染上一絲清涼。我想，等會兒同學們進來就不像現在那麼地舒爽安靜了。

這是一棟純白色的咖啡館，外面看來只是普普通通，但是在咖啡聽裡面，旋旋的白色，卻將死寂拂去，吟唱了一種屬於白的綺麗。我坐的咖啡桌旁，用霧面的乳白色亮片縫成的門簾，隨著似絲羽拂過的微風，緩步的擺動，亮片隨著柔淡的黃燈光，不停的變換出不同的燦爛顏色。沒有停過，沒有相同過。老師說現在要帶著同學從綠水湖回到這裡。我知道，等到他們快到時，

一定會聽到些混雜的談論、聊天聲，彷彿一種與我通報的語言。我輕輕啜了一口水果茶，這帶了點酸，但又帶了點甜，似乎不只這些，更多，或更多……。突然，一串急促的腳步聲，像是興奮的跑步聲。原來，同學們到了。之前都沒有注意，原來天空已經轉為屬於夜晚的深藍，像海洋的最深處，觸不到的藍。

　　濃得化不開的興奮，只存在我與朋友。這時的室內，從原本安靜單純的空間，像是突然一聲猛擊定音鼓的一破散開，在一瞬間充滿了熱鬧的氣氛，彷彿總有說不完的話題，講不完的趣事。之間，彷彿沒有所謂空間隔絕……。已經轉涼的晚風，從隔壁窗口，竄入你我之間。此刻，像是最豐富的畫面，瀰漫著每個人最甜美的笑顏，像是剛綻放開的花朵。坐在位置上久了，覺得有些單調、無趣。久了，總要起來走一走。漫步在外面的木頭地板上，不定時的發出嘎嘎聲。外面的樹木，隨著風沒有節奏的擺動，沒有節奏的沙沙聲。

　　這是它們之間的溝通？現在的合聲，彷彿最美的和弦，聆聽這沒有節奏的談話聲音……

　　2004 年的除夕夜，我遠走他鄉，自己一個人在羅東的街上行走，獨處的除夕夜像一個故事。就為了求索一個習慣的滿足，就為了找到一份感覺，像愛自己一樣，想在這個自己的夜晚給自己一份禮物，因此我一條街又走過一條街，好似一種聲音告訴著自己：「我自己的故事必需自己走完。」好似我必需在每一個腳印底下複誦著這一句話：「我自己的故事必需自己走完。」我還能走，所以必需用腳。

　　眼前的一個藍色招牌醒目在我的眼前說話：「藍山咖啡店」。那是一個位置，那是一個方向，我會在那裡休憩，一杯黑咖啡。老闆和我同樣是五年級生，我一坐下來便問：「哪裡的藍山咖啡豆？」老闆還看著他的 TOSIBA 日本原裝進口五十吋液晶電視，眼睛在電視螢幕裡，回著：「亞買加藍山咖啡豆。」這神采裡有一絲我們會是同路人的話不投機半句多調調，我要了一杯，請他給我黑咖啡，他說著：「你不加奶？不加糖？」我笑著與他對話：「我要原味的果香和果甜！磨豆機刻度調到三刻度，順便給我一顆豆子。」我拿起豆子放入口中，細嚼那花生一般淡香與清脆的口感，這清脆的聲音我們都微笑著。我說：「新鮮，沒話說。」老闆的注意力開始在豆子上琢磨，我又問著：「老闆，你用哪裡的水？」他說：「山泉水。」我只點頭稱讚：「這美啊！」我看著他煮這一杯咖啡的歷程，飲下第一口後，他謙虛地問我：「還可以嗎？」我娛樂的眼神專注在咖啡裡神遊，說著：「謝謝今晚，謝謝這一杯藍山咖啡，

謝謝你這一家店。」我感動地說：「這個除夕夜很美。你把咖啡表現得很美。」他興致來了，眼神亮地說：「你怎麼會把煮咖啡用『表現』兩個字來說？」我說文學與藝術都用「表現」或「湧現」才能入微。他說他第一次找到了最適切的語彙，而我們成了朋友。沒有互通姓名的朋友，不過我們都記得這個除夕夜。

這個朋友邀請我到他的二樓音響室，簡單的空間設計，約二十五坪的空間裡，只放著一套百萬音響，一套雙人白色沙發，一個精緻木雕櫃子，米黃地毯，天花板漆成黑色用來消失空間的視覺極限，我彷彿置身在一個盡量原比例縮小的錄音室裡，置身追求傾聽一個原音重現的契機，進口 CD 片的聲音迴繞在這裡，空間裡頭的每一個細節都是聲音在空間中彼此交流的迴盪。「共鳴」是像吉他撥動一條絃後，按住這一條剛剛被撥動的絃時，我們還會清晰地聽到其他的四絃與此聲音共振的音，可聽到音在音箱裡頭的迴鳴，這是共感的變化。而我此時聽到的是「迴盪」的原音在空間中流動，音迴的頻率變化層次，有深有淺、有近景有遠景的立體感，這迴盪一直存在著。

走在街上，滿滿的豐富感讓腳步輕盈了，我知道我現在走路都會笑，一種可愛的笑容。我想著：「有一種愛叫做關懷，有一種愛叫做淡雅地簡單素樸。不立文字這『不立』的重視現場直覺般的體驗，是用整個人安靜自然地喝下那音符飄揚在空間的『香、甜』。」這個除夕夜的美好感覺，隻身一人在濛濛潮潤的街角，找到一杯咖啡，受邀請地聆聽這場夢想般的音響表現聖境，這是詩文字所要追求的現場再現。教學莫不如此，我夢想著……

再次以閱讀者的角度，閱讀自我的教學思考，閱讀自我的教學技巧、閱讀自我的教育與人生的思考、閱讀孩子們的創作物、閱讀這麼小的孩子一樣有纖細的思考世界與生活內涵，閱讀這樣的一個小小年紀一樣有著藝術化的生命表現、閱讀語文教育中「閱讀、思考、寫作」教學的契合點，這一些閱讀面相都是一道道的自我列問，敘說探究的研究方法會是一條小學教師可以互為分享與交流的特殊領地，這敘說經驗的連結亦是教學師徒制的文化經驗傳承，提供更能揣摩的經驗連結，我想教室小說寫作是一條路徑，如何把生硬的教學理論與實務性的教學探索實錄融入在小說寫作上，是一條該冒的險徑，讓小學教師的專業尊嚴活在教學小說的情節裡再現，這個同時我也看見自己的未來走向。

後記

　　這是我的同學范信賢所給我的一份喚醒，他在完成博士論文的歷程中，與我分享了一份重要的生命故事「在力力的報告中」，這是他敘說探究中的一份整理稿件，我為一位小學教師留下感動的眼淚，更欣喜我同學為小學老師做了一件重要的事──「小學老師有他不一樣的歌來唱，這是詩質的核心世界。」我也在這被召喚、被喚醒，更重要的是我自己是一個小學老師，對於自己的熱情感染，九十二年四月二十九日的那一年的，那一天。我寫下了這一篇感言，也以此感言做為此論文的後記和做為我的思念：

　　在力力的報告中，我會看見自己和他一樣的過去：一樣熱愛小學教育工作，一樣面對對生命的索求，一樣在教育大環境與同儕團體互動中，不停地調整自己的生命位階，但不曾忘記自己的生命位置，我隨時問著自己：我要的是什麼？我只能用心地前進，不管我會不會走到目標地，我在反省、修正一個「好老師」的生命發展。

　　我一直教導孩子們面對自我，看看自己在做什麼？注意你自己要的是什麼？尊重自己的內心優先需求，與人分享、與人合作、關懷他人，以良好的工作態度與自己相處，情緒學習優先於智力學習，有一套批判思考的方法作為自己的讀書方法，學習平靜中看著一切現象的發生，我們都是一個藝術家，我們都在找到自己，用自己的筆觸刷出自己的一片天空，而在天空中的每一顆星星都是閃現自己的範圍，夜晚的美是因為有眾多的星光閃爍，每一顆星星裡頭都住著一連串的故事，這一連串的故事就是人生，所以我們要閱讀文學作品、閱讀電影，像閱讀星光一樣，沉醉在自己正發生著的故事，陶醉在別人閃爍的藍光裡，我們一直在傾聽這一片天藍與黑暗與星光與清晨的曙光，這是我重視文學教育的緣由，這便是我的人生位置。當我在教學上受挫時，我是會回到自己的位置上思考人生的，這其中有許多掙扎：行政上的、同事們對教學的熱忱、我父母親對於我的期望、人際上的哲學思考。而我隨時提醒自己：我是一個好老師，我在示範一個人如何「成為一個人」的，如何在「做人」、「處世」上做理性思考，如何做決定？處在行動中的尊重自己的選擇？我如何陪伴他人走在他自己的人生途中？我比「力力」幸運的地方是：在自我完成的路途中，我是一個男老師，我身旁有一群生命中的重要他人不斷地鼓勵我、支持我，他們都願意聽我的人生故事（教學故事、感情故

事、人際故事、家庭故事),他們相信我會走出自己,他們也把我的自己交給我來發展,也就是說:「他們把我放回到我自己來看,這個孩子累了!他稍做休息就好,一個港口一個夜晚對這孩子來說就夠了!」雖然他們有一些擔心,但是日子會經過的,像一種水。故事的事實性當中,自然有一種真摯引動的召喚力量,力量是由心思自然凝成的看不見的物質,像空氣一般的一種真實存在,但很少人一下子就見到。我一直在教學行動中享受教學故事,那是一種很深的力量,植根於人生大地的力量,當我人生面臨困境之時,這一些孩子們和我一起走過的教學人生,穩定了我,告訴我路在前方,我會像以往一樣,走完這個過程。

像「吃自己的水果」中的對話:

> 「一位弟子有一次抱怨說,『你告訴了我們故事,但是卻不曾把意義提示給我們。』
>
> 大師說,『如果有人送你水果吃,卻在給你之前先行咀嚼,你喜歡嗎?』」(Mello, trans. 1999, p.15)

我的老師、我的父母、我的朋友、我的學弟妹都和我一起分享了我的人生故事,而這人生故事是由小學教育串連起來的:我在教導一個孩子「成為一個人」,同時我也在教導自己成為一個「我的自己」,我在教人、教自己,我成就我心目中的自我,看著我一路上的軌跡,我都在含淚當中擁有微笑的光彩,在人群當中,我孤獨而豐富,喜歡任何一個人,隨他們的成就而心生歡喜,我愛看著每一個人的笑容,像看著我孩子的、我新娘子的淡淡笑意。

東方的眼睛

我又見到那眼睛掛在天空
沒有人知道,這海的窗口對我的意義遙遠
像妳看著我的神采中
有妳的倒影,如我的一切
我的一切妳都可以翻閱
我看見的時間
在每一天的每一時刻浮游
我看得見的時間

　　　我又見到那星光般的環
　　　　穿在耳隙說話

　　　從我懷抱妳的雙耳之唇
　　　　是指間、是滑落
　　　是散步在妳月光般肌膚的清晨

　　　閒情的黃金海岸的白色位置
　　　我又在那兒望向一片黑等待
　　　等待如黑色的海幕翻了萬千
　　　我沉醉在那一個夜裡的核心深處
　　　閱讀妳的每一點憂鬱與笑容

　　　　等待妳回來伴我
　　　　找尋那花落般的耳環
　　　　　愛的掉落
　　　　如葉落在風中的舞
　　　　如葉落在風中的紅
　　　讓我倆依偎，靠得好近的暖

　　　當滿天的星斗褪了光彩
　　我正想著妳睡夢中的環，如此時此刻
　　見到唯一的一顆星光掛入東方的金黃
　我面對著海的呼吸對這躺我懷中的天使
　　　輕輕悄聲：「早安！吾愛！」

　　　我不會冷，因為星光讓我記得妳
　　　　清晨的聲音與曙光，我知道
　　　　　　我在等這一刻
　　　　所以我涉過夜黑找妳、看妳
　　聽妳，亮亮的琴聲從眼眸幻成著星光閃爍
　　　我知道妳淚裡有微笑的甜在耳畔
　　連漪如妳交在我的掌心抿嘴而笑
　　　捧著的海，摟著蘭花般的天空

如果妳還記得這裡
我就在藍色的晨光初露的海
以唇輕輕拈妳的眼
喚妳醒來晨間，握住妳的手
如果妳還深深記得這夜晚之末
我就在粉紅色的微晨欲初的天空裡
吻妳輕輕笑起來的唇走下來

我又見到那東方的眼睛不再有淚
如我的臉交在妳掌心把晤
閱讀浪花如妳心上的琴鍵，如的笑聲
閱讀潮音如妳心底的音符、如妳的笑容
以心的眼睛與妳共舞
與人群扶風舞潤

妳攤開在我面前的森羅萬象都是
完整的潔淨，天使的翅膀之輕
尋著這間隙穿流而過
如水，透明之淡輕
如愛掉了，如葉之落地
如風，在妳的周圍
我的唇語如風
在妳耳邊輕拂晨光散落所有的舞姿
（金毛菊寫於 2003）

　　蔣勳在葉朗「中國美學的開展『上』」一書的序中，概略說了：「歷史除了事件的『現象』之外，還有極複雜豐富的心靈現象，這些人類不曾停止過的『願望、夢想』直接驅使著我們的血脈與呼吸，構成人類生命的狀態，是更本質的歷史，是更真實的歷史。」（蔣勳，1987）他更引用亞里斯多德的一句話：「美比歷史還真實。」又說了「美中有探索、掙扎、沉溺，大的徹悟與解放，是新生、死亡的喜悅與淚水啊！我們發現『美的存在』之後，攀升的精神信仰領域的，一次近宗教的生命信仰與價值的總完成。美學，以『委

屈隱晦』的方式紀錄一個民族精神的生沉起伏。若能靜下來，開始審視生命的美，可以重新在廢墟上唱出美麗的詩歌。」（蔣勳，1987）

這一年我正巧四十三歲，是心理學上的所謂「中年危機」。這個階段的生命發展任務，可說是：「對生命自我認同」的契機，這如同一道「生命符咒」一般，在生命的轉彎處，暫時停下一些腳步，回頭看看來時路的種種機緣，是如何在履行自己的生命價值的？從這個窗口發現新的生命力，發現生活步調慢下來時，我們看見自己不同往前的生活味道，原來生命可以慢慢的優游，可以在安靜當中享受最實在的充滿，可以看見一株綠芽展現初生嬰兒般的綠意向前。我也從這處重新出發「閱讀自我的人生面鏡」、「閱讀歷史上的典範生命」，期盼因著自己「內在優先需求」開始的內在心靈之旅，能在生活書堆的眷顧中，瞥見一位「生命歷史上的重要他人」，讓他心靈上煥發的美感召喚著、映照著我這平凡的人生閱歷，讓我多認識自己的多重樣貌，讓我多見見自己的一點自己。

恰巧在聆聽自我更深淵的自己時，我幾度「淚與極樂等同」，每一天的我都更接近、貼近我的自己多一些些，開始喜愛騎著藍色單人車，獨處琵琶湖的生命象徵，「或臥」、「或睡」、「或陶然忘我一般地行走小徑林中」。生活當中很少時間如是這般淡淡來過，這曾是不安靜的靈魂，多麼渴求繁華落盡的時刻呀！我曾幾度忘了！忘了回到固定的時序，瞬間的發生璧華（2001）在南山佳氣一書中選註陶淵明先生的幾句詩：「『人生無根蒂，飄如陌上塵。分散逐風轉，此已非常身』（頁 75）、『戶庭無塵雜，虛室有餘閑。久在樊籠裏，復得返自然』（頁 44）、『養真衡茅下，庶以善自名』（頁 10）、『問君何能爾，心遠地自偏。採菊東籬下，悠然見南山。山氣日夕佳，飛鳥相與還。此中有真意，欲辯已忘言』。（頁 94）」這足以令我不知所以，除了詩中的意境美感之餘味外，更令我沉醉在靖節先生的詩中品嚐「復返自然」、「質樸自然」、「物我兩忘」以一種豁達閒適的心情觀照生命的和諧。我從這裡應合著「沖淡」的人生意境，「返照」我日後的人生路途自當如何來過，便開始想著手探究這東晉詩人的生命歷程，如何從曾是想以充滿熱烈生命情懷的人生價值觀，投入官場，而又從這熙攘的塵網「息駕歸閒居」，隱退在田園，找到自己的平淡自然，表現著「優美、和平、靜謐」的生命謳歌。我見到璧華在陶淵明「歸去來辭」與「桃花源詩并記」兩詩中引用魯迅先生說的，「一個人倘有取捨，既非全人，更加抑揚，便離真實。」（璧華，2001，頁 8）的

生命情調走到了平淡出於自然的生命情懷。如靖節先生四十一歲的詩作「歸去來辭」:「歸去來兮!田園將蕪胡不歸?既自以心為形役,奚惆悵而獨悲?悟已往之不諫,知來者之可追;實迷途其未遠,覺今是而昨非。」(林玫儀,2000,頁 203-204)五十七歲的詩作「桃花源詩并記」:「欲窮其林。林盡水源。便得一山。山有小口。彷彿若有光。便舍船,從口入。初極狹。纔通人。復行數十步。豁然開朗。土地平曠。屋舍儼然。有良田、美池、桑竹之屬。阡陌交通。……黃髮垂髫。並怡然自樂。……此中人語云,不足為外人道也。」(璧華,2001,頁 155-157)自此我想,我來是回憶,我走是回憶,最後的後記獻給怡然自樂的阿爸、阿娘:

懷抱,來的地方

夜間走向微塵的路途
靜謐的小燈和人群憩息
睡眠在深的懷裡
微風在兩個輪子上交叉聲音

為何在最寂滅的時刻
還有菜園子的綠葉在呼吸大地

我在母親海洋中的氣味
是這樣的懷抱
我亦尋覓這條臍帶
抱懷,來的地方

回到來的地方

(金毛菊寫於 2003)

慈愛七月

愛情放在古典位置上頭
出生的如同死亡
死亡的如同再生的
同一時刻裡那一片葉落的同時
我以什麼樣的願望看待?

詩人無需再命名
大地無需再有名字
交談的存在靜默之間
音符停息在休止符中

打開七月的慈顏
尋找出生

生靈啊！
七月是天地間的慈容
生靈啊！
七月是揭開生命奧秘的聖典
七夕是牛朗、織女的寓言
七夕是見面的那一刻
七夕是妳已經找到我了

七月，你已經找到我了
生靈啊！七月，
你看見什麼自己？

打開這道門
打開這道靜默之河
當你坐落群數的根源
你還要個什麼願望？

打開這道門
打開這道靜默天空
當你坐落雲端的根源
你還要個什麼命名？

靜默啊！
你還要個什麼？

（金毛菊寫於 2004）

希望

蝸牛和月光在玩耍夜晚
石竺的葉綠留下
吸吮月光的痕跡

一大早就想聞到
陽光的笑容

一大早就想聽到
腳步微微地笑

一大早就想看到
明天的太陽

（金毛菊寫於 2004）

參考文獻

王文科（2003）。課程與教學論（5版）。台北市：五南。

王文華（2003.12.23.）。為什麼要讀小說？聯合報，第7版。

王丹（2003）。王丹獄中詩。台北市：九歌。

王勇智、鄧明宇（合譯）、丁興祥（校訂）（2003）。敘說分析（原作者：Catherine Kohler Riessman）。台北市：五南。

王炳鈞（譯）（2002）。經驗與貧乏（原作者：Walter Benjamin）。天津：百花文藝。

王瓊珠（審定）（2003）。讀寫新法（原作者：Robert J.Marzano & Diane E. Paynter）。台北市：高等教育。

方瑜（2003）。台大中文學報，第十九期。台北：台灣大學。

文楚安（譯）（1998）。讀者反應批評：理論與實踐（原作者：Stanley E‧Fish）。北京：中國社會科學。

申丹譯（譯）（2002）。解讀敘事（原作者：J.Hillis Miller）。北京市：北京大學。

江寶釵（2004.3.18.）。傾聽原音。聯合報，第7版。

李士勛、徐小青（譯）（2003）。班雅明作品選（原作者：Walter Benjamin）。台北市：允晨。

李元洛（1990）。詩美學。台北市：東大。

李魁賢（譯）（2002）。歐洲經典詩選：博納富瓦／阿米亥（原作者：Yves Bonnefoy；Yehuda Amichai）。台北：桂冠。

宋文里（譯）（1990）。成為一個人（原作者：Carl R. Rogers）台北市：桂冠。

余光中（譯）（2001）。梵谷傳（第15版）（原作者：Irving Stone）。台北市：大地。

汪裕雄、桑索（2002）。藝境無涯——宗白華美學思想。安徽市：安徽教育。

谷瑞勉譯（譯）（2002）。教室中的維高斯基（原作者：Lisbeth Dixon-Krauss）。台北市：心理。

吳幸宜（譯）（1994）。學習理論與教學應用（原作者：Margaret E. Gredier）。台北市：心理。

林玫儀（選註）（2000）。南山佳氣——陶淵明詩文選。台北市：時報。

苗育秀（總監修）（1989）。簡明大英百科全書。台北：中華書局。

吳惠玲（2003）。小學老師與兒童閱讀活動。國立台東大學兒童文學教育學系碩士論文，未出版，台東市。

吳慧貞（譯）（2001）。故事的呼喚（原作者：Robert Coles）。台北市：遠流。

李宜真（2002）。國小高年級學童閱讀課外讀物之研究。國立台東大學兒童文學
　　教育學系碩士論文，未出版，台東市。

李淑珠（2004）。創作詩教學之探究。國立台東大學兒童文學教育學系碩士論文，
　　未出版，台東市。

林谷芳（2003.12.10.）。小說是生命中最好的座標。聯合報，第 7 版。

林良（2002）。淺語的藝術。台北市：國語日報。

林佩蓉、蔡慧姿（譯）（2003）。統整式語文教學的理論與實務（原作者：Christine
　　C. Pappas, Barbara Z. Keifer & Linda S. Levstik）。台北市：心理。

林清山（譯）（1990）。教育心理學──認知取向（原作者：Richard E. Mayer）。
　　台北市：遠流。

杭生（譯）（1987）。思維‧學習與教學（原作者：Ed Labinowicz）。台北市：五洲。

宗白華（2004）。美學的散步。台北：洪範。

宗白華（1996）。宗白華全集（2）。安徽：安徽教育。

吳有能（1994）。自覺心的探索──勞思光教授的道德文化哲學。中國文哲研究
通訊，第四卷第三期。台北：中央研究院中國文哲研究所。

范信賢（2003）。課程改革中的教師轉變：敘事探究的取向。國立台北師範學院
　　國民教育學系博士論文，未出版，台北市。

周慶華（2001）。七行詩。台北市：文史哲。

周慶華（2002）。未來世界。台北市：文史哲。

周慶華（2003）。閱讀社會學。台北市：揚智。

周慶華（2004）。語文研究法。台北市：洪葉。

周慶華（2004）。創造性寫作教學。台北市：萬卷樓。

柔之（譯）（2003）。莎弗（原作者：Nancy Freedman）。台北市：新雨。

侯吉諒（1999.11.9.）。童年。中國時報，第 37 版。

南方朔（2003）。詩戀記。台北：大田。

洪月女（譯）（1998）。談閱讀（原作者：Ken Goodman）。台北市：心理。（原著
　　出版年：1997）

洪婉莉（2002）。國小推動兒童閱讀運動之研究。國立台東大學兒童文學教育學
　　系碩士論文，未出版，台東市。

姜椿芳（總編）（1986）。中國大百科全書。北京：中國大百科全書。

柯慶明（2005.6.29.）。高中國文也應該是人文教育。聯合報，E7 版。

夏林清等（譯）（2002）。行動研究方法導論（原作者：Altrichter，Posch ＆ Somekh）。台北市：遠流。

孫周興（譯）（1993）。走向語言之途（原作者：Martin Heidegger）。台北市：時報。

孫周興（譯）（1997）。路標（原作者：Martin Heidegger）。台北市：時報。

孫周興（譯）（1994）。林中路（原作者：Martin Heidegger）。台北市：時報。

孫周興（選編）（1996）。海德格爾選集（上）（原作者：Martin Heidegger）。上海：三聯。

孫周興（選編）（1996）。海德格爾選集（下）（原作者：Martin Heidegger）。上海：三聯。

孫宜學、郭洪濤（譯）（2001）。文學的哲學（原作者：古斯塔夫繆勒）。廣西：廣西師範大學。

尉天聰（編選）（2005）。是夢也是追尋。台北：圓神。

陳玉慧（2003.9.1.）。愛上心理學。中國時報。

陳克華（2003.12.23.）為什麼要讀小說？聯合報，第 7 版。

陳正治（1999）。兒童詩寫作研究。台北市：五南。

梁宗岱（2002）。詩與真。台北：商務。

陳重仁（譯）（2001）。波赫士談詩論藝（原作者：Jorge Luis Borges）。台北市：時報。

陳蒼多（譯）（1999）。鳥之歌（原作者：Anthony de Mello）。台北市：新雨。

國立編譯館（1995）。國小國語課本第十一冊。台北：國立編譯館。

康軒文教（2004）。國小國語課本第十一冊。台北：康軒文教事業。

莫渝（編譯）（1993）。夢中的花朵。台北：富春。

梁秉鈞（2002）。書與城市。香港：牛津。

黃光雄（主譯／校閱）（2003）。質性教育研究──理論與方法（原作者：Robert C. Bogdan、Sari Knopp Biklen）。嘉義市：濤石。

葉朗（1987）。中國美學的開展（上）。台北市：金楓。

葉朗（2000）。現代美學體系。台北市：書林。

葉維廉（1994）。從現象到表現。台北市：東大。

詹志禹（主編）（2002）。建構論。台北市：正中。

董崇選（1997）。文學創作的理論與教學。台北市：書林。

董崇選（2004）。台灣詩學──現代詩與現代性專輯。台北：台灣詩學季刊。

聖經公會（1984）。聖經。香港：香港聖經公會。

賈馥茗（主編）（1992）。我們如何思維（原作者：John Dewey）。台北市：五南。（原著出版年：1933）

趙滋蕃（2001）。文學原理。台北市：東大。

墨明（1999.4.3.）。爸爸缺席的童年。台灣時報副刊。

墨明（1999.7.15.）。在夢裡愛說童話故事的星星。台灣時報副刊。

劉炳善（等譯）（2004）。普通讀者（原作者：Virginia Woolf）。台北：遠流。

蔡敏玲、余曉雯（譯）（2003）。敘說探究（原作者：D.Jean Clandinin、F.Michael Connelly）。台北市：心理。

蔡敏玲、陳正乾（譯）（1997）。社會中的心智（原作者：L.S.Vygotsky；Michael Cole 等主編）。台北市：心理。

蔡敏玲、彭海燕（譯）（2001）。教室言談（原作者：Courtney B. Cazden）。台北市：心理。

鄭麗玉（2002）。認知心理學——理論與應用。台北市：五南。

劉自強（譯）（1997）。夢想的詩學（原作者：Gaston Bachelard）。北京市：三聯。

廣梅芳（譯）（2001）。艾瑞克森——自我認同的建構者（原作者：Lawrence J.Friedman）。台北市：張老師。

賴明珠（譯）（2001）。聽風的歌（原作者：村上春樹）。台北市：時報。

賴賢宗（2002）。論現象學詮釋美學在台灣的發展。思與言，40-2。臺北市：思與言雜誌社。

簡冬青（1998.12.14.）。這一天，他們為天竺鼠舉行葬禮。中國時報，第36版。

簡政珍（1991）。語言與文學空間。台北市：漢光。

簡政珍（1999）。詩心與詩學。台北市：書林。

簡政珍（2003）。放逐詩學。台北市：聯合文學。

鍾曉云（譯）（2004）。森林小語（原作者：阿保美代）。台北：張老師。

璧華（選註）（2001）。陶淵明。香港：三聯。

龔卓軍、王靜慧（譯）（2003）。空間詩學（原作者：Gaston Bachelard）。台北市：張老師文化。

龔鵬程（2002）。台灣美與人文。思與言，40-2，臺北市：思與言雜誌社。

附錄（教學實錄）

附錄一　國立台東大學附小六年四班 2004.10.8.獨處經驗敘說

潘勇誌（2 號）

　　可怕的獨處：星期日早上我在房間獨處，我聽音樂，一開始覺得這是一次人生旅程，1 個小時過了，我開始覺得無聊，在這 1 個小時的時間，我開始覺得自己好像在無人島一樣，時間越過越慢，又過了 30 分鐘了，我開始覺得害怕，因為自己好像被大家遺忘似的，當又 50 分鐘時，我開始覺得自己好像魯濱遜，一個人生活在無人島一樣，終於過了 2 個小時，我興奮的從房間衝出來，這時的我好像逃離無人島一樣，終於了解到獨處的可怕，我發誓以後要珍惜和家人相處的時間。

馮皓欽（3 號）

　　獨處：剛開始我聽音樂都還不是很害怕，時間過得很快，還沒到 30 分鐘的時候我就開始覺得很害怕和孤單，因為都沒有人陪我玩和陪我講話，我很想打開電視機看電視，但是又怕媽媽罵，時間過得很快，一下子就過了 50 分鐘我越來越害怕，因為都沒看到我的家人，我還再想事情的時候，時間已經不知不覺過了 1 小時又 50 分了，我越想越害怕因為我都沒有下樓看外面的情形，不知道媽媽和爸爸有沒有帶弟弟出去了，所以我會越來越害怕，時間終於經過了 2 小時。從這些事裡我發現如果一個人獨自生活，將會是一件很可怕的事情。

陳彥翔（4 號）

　　獨處：獨處其實不是那麼可怕，或者是因為有音樂可以聽吧！以我而言，在一個小時裡都不做任何事，只聽音樂，簡直無聊透了，但到第二個小時時，我已經有點不耐煩了（心情很浮，靜不下來），要是換成我姐姐，她大概可以想很多事情吧！獨處又讓我想到已經往生快三年的阿媽，我想到大概在我是幼稚園的時候，阿公就往生了，所以我對阿公的印象很少，或者幾乎沒有吧！老師說：「當一個人感情跟你很好，某一天，他（她）突然都不

理你，那時是最痛苦的。」這句話使我想到阿公比阿媽早了大概六年往生，我想阿媽當時一定是最難過的人，一個跟她生活那麼久的人，感情一定很深的人，突然走了，阿媽一會覺得奇怪又害怕，少了一個最能夠傾聽她的苦、她的心的人，一定不好受，而且她一定會想把心事告訴別人，可是我們都沒有這麼做，雖然後來是三年級的我有時候星期三下午會跟她聊天，但好像不是內心話。我在獨處的時候，從人群之中離開，獨自一人，我發現當你已經習慣了待在人群之中，突然只剩你一人，你不知不覺心中就會開始產生焦慮，就會害怕，久而久之你要是不找個人把心思放在他（她）身上，那焦慮就會變成痛苦，哪怕你的「人群」只有一個人，我很難想像那些流浪漢到底是怎麼解決心裡焦慮和痛苦、睡覺？一個人過生活，還是有另外的什麼陪著他們，他們不會覺得無聊、不耐煩（心情很浮，靜不下來）嗎？還是對他們而言，家人已經不是重要的（指可以能夠傾聽他們的苦、他們的心的人）了。但是他們要做到這樣，一定吃了不少的苦。

溫挺傑（5 號）

　　獨處：當時我在獨處的時候，我在聽音樂，所以我一開始覺得很無聊，時間越過越快，我就開始慢慢的害怕了，當時已經過了 1 個小時了，我已經開始害怕了，覺得好像都沒有人要陪我玩，那個時候，我還在想事情，又過了 30 分鐘了，我開始覺得害怕起來了，因為我都沒看到我的家人，已經過了 1 小時又 50 分了，我越來越緊張了，那時房間只有我一個人而已，終於過了 2 個小時，我高興的從房間衝出來，跟我的家人聊天，我就沒那麼害怕了。

黎諺霖（6 號）

　　當我在獨處的時間中，因為只可以聽音樂，所以我一開始還覺得沒怎麼樣，但當時間越來越久，我的心中也開始慢慢的開始害怕起來了，當時間過了三十分鐘後，我已經很害怕了，我還在想外面不知道有沒有怎麼樣，當時間過了一小時後，我感到更恐懼了，因為我在這一段時間中都沒看到我的家人，讓我感到很不安，時間已經過了一個小時又三十分了，我非常的緊張，因為在房間中只有我自己一個人，讓我沒有任何的安全感，我害怕的東張西望，最後兩個小時終於到了，我高興的從房間裡跑出來，當我一看到家人就覺得心中非常非常的溫暖。

翁郁唐（7 號）

獨處 2……小時

我從中午 2：30 開始獨處

我想時間應該過得很快

滴答滴答滴答……

想應該 3：30 了

結果才 3：00 而已

我就發著呆……

想我可以做一個玩具幫我做事

做一個萬能工具箱甚麼都可以做出來

做一個……

想著想著 3：30 到了

我卻睡著了……

李東洋（8 號）

　　今天，終於要開始獨處了。一開始好興奮，終於開始了，我放了好聽的音樂，一邊躺在旁邊，那時真無聊我就聽著歌的快感，在床舖上跳來跳去，滾來滾去，過了 1 小時我累的要命，真想去碰一下電腦，可是不能，因為那時電腦放在旁邊是陷阱已經開始誘惑我了，可是手真想去碰他，突然我看到遙控器，我心越來越緊張，我心想算了還是去聽音樂好了，因為那時我每個禮拜都要去花蓮，因為有時候我會去幫我爸媽工作，但\這天我要在家裡寫功課，可是我坐在那裡聽音樂、跳床舖、滾來滾去、坐著已經過了 1 小時又 50 幾分鐘了，我就一直看著時鐘慢慢的走向 11 點，到 11 整我開電視、打開電腦、打電話給爸爸說我肚子好餓喔，終於度過了「獨處」。

邱彥翔（10 號）

　　獨處：記得在昨天，老師出了一個作業，叫作「獨處」，當時大家很疑惑，什麼是「獨處」？老師跟大家解釋說：「獨處就是自己一個人在房間不受別人打擾，只能聽音樂，不能做別的事情，就叫做獨處。」原來這就是「獨處」，老師還說晚上做最好，因為晚上比較會胡思亂想，所以晚上做最好，

聽了大家都異口同聲的說「哇ㄟㄎ一笑」，真希望馬上明天，早點體會獨處的感覺是什麼，我好興奮。

聽著音樂做獨處，剛開始還覺得還沒有什麼嘛！獨處就只不過這樣子而已啊，到後來我慢慢的覺得獨處越來越恐怖，真想趕快逃出這個恐怖的地方，可是不行，越待越久我不禁胡思亂想，我想到我前幾天看的鬼片「惡靈古堡」，我的寒毛就不禁立了起來，我一想到裡面的腦怪和殭屍，我就心理碰碰跳，忽然我聽見了一個聲音，好像腦怪的怒吼聲，我從窗戶一看，原來是一隻狗在叫而已，害我嚇一跳，聽著音樂，我又想到我喜歡的人，不知道她過的好不好，我又想到我以前做的種種壞事，心理想著我真不應該這樣做，我又想到我被人家欺負時，應該拿我手邊的棒球棍，給他個紅不讓，讓他爽到爆。

想著想著，不知不覺已經過了 2 個小時，終於可以脫離了這片苦海，我真的好高興，請老師別再出這個作業了。

感想：這次老師出這個功課的含意是要我們坐下來靜一靜，我叔叔常說要是越不好的事越要去克服和忍耐。我在暑假時，媽媽帶了一本有關佛的書，裡面有一句話對我影響很深入，這句話叫做「心靜來自於禪修，禪修來自於內心」。所以老師出的功課對我有很大的影響。

范振彥（13 號）

今天的功課是獨處這一項作業，老師要我們知道獨處好不好玩，雖然我第一次獨處，但是我很樂意的接受挑戰，當我在獨處時，我先打開收音機，想聽一點音樂，沒想到我聽到的是，讓我覺得很失望，我想到家人高興的在客廳看電視，那種快樂的心情讓我想了很久，讓我想加入他們的行列，這時我才知道獨處是多麼痛苦，新聞我聽膩的時候，我抱著一線希望，去轉別台的廣播，終於轉到一個說故事的廣播電臺，於是我認真地聽，不知不覺中，我看一看手錶，發現已經兩個小時了，我就覺得很累，於是我就安然的進入夢鄉了。

林慶璋（14 號）

獨處：一個人獨處的時候，我靜下心來，坐在窗邊，望著窗外，天空披上一層黑色的薄紗，小星星一顆顆探出頭來，月亮高掛在空中，我仔細聆聽

到昆蟲的叫聲，腦中過去的點點滴滴，一幕幕浮現出來，有苦有甜，想著想著，我應該珍惜父母所給我幸福的一切，把握現在，為將來好好努力用功讀書。

崔爾軒（15 號）

剛剛進去房間……覺得要怎麼做才不會害怕呢？後來就放了我喜歡的歌……聽了 30 分鐘……又一直唱唱唱……過了 1 小時……感覺時間好快阿！後來因為聽膩了，換別首……有夠難聽！所以不聽了……然後……漸漸的……有點莫名的害怕？就是一直沒事情做……怕了起來了……但是我還是一直在那裡唱歌……還有看著天花板……就這樣……過了 1 小時 50 分鐘……想想，要出去了沒差了～忍一下就 ok 了！果真，咬咬牙，10 分鐘過去嚕～感動……馬上衝出去了！

鄭自強（16 號）

獨處：獨處其實不是那麼可怕，可能是有音樂可以聽吧！對我來說在這 2 個小時裡，只聽音樂簡直無聊透了。過了一小時，我簡直快煩透了，什麼事都不能做，讓我的心情顯的有點沉重，讓我靜不下來，這時，我突然想到一則鬼故事，這則鬼故事是同學告訴我的，當我想起，突然嚇一大跳，原來就是電話響了，這時，我的心情終於比較平靜了！時間一分秒的過了，突然我想起以前和朋友一起快樂的時光，讓我不由自主的高興了起來，因為童年往事總是會有許多的酸甜苦辣，讓人永遠不會忘記這個回憶。到了一個小時半，我的心情又開始高低起伏了，這時我又想到以前上小廚師的研習營，讓我想到流口水，因為我們研習營裡都會教我們做很多好吃的東西，例如：「小蛋糕、煎蛋、鮪魚土司、麻花、花之黃……」。因為這些東西都有特殊的味道，所以我才會想到流口水，而且又想馬上做來吃！讓我一直想要用什麼材料，所以剩下的半小時一下就過了。

蔡碧瑩（17）

令我驚奇的是我並不覺得孤獨，反而可以有時間思考其他事，可能是因為天性吧處女座的人，本來就是安安靜靜不說話＋鬱卒，只是我是猴年生的，比較外向。如果有一天他真走了，我會一個人，一個人，勇敢地活下去……2 小時中想到的事……1.功課還沒寫完@@怎麼辦？？2.好想睡覺ㄟ……

啊……以後我一個人「獨處」，我該不會變「睡美人」一直睡覺吧？？（那叫睡死豬＝　＝）

陳怡君（18 號）

　　當我在獨處時我的感覺是，離開人群時那種感覺覺得很無聊，因為在吵雜的人群裡有許多的人會和我講話，不過離開人群就覺得很孤單又很寂寞，心裡就慢慢的痛苦起來了。

　　在我慢慢痛苦起來的時候，我想起了一件事，我想起我小時候我們家隔壁的一個爺爺，因為我小時候他都對我們很好，後來過不多久隔壁的爺爺過世了，我親眼目睹看到隔壁的爺爺裝在一個玻璃箱裡面，我被嚇得魂飛魄散，隔壁爺爺怎麼躺在玻璃箱裡面呢？我衝回家問奶奶為甚麼隔壁的爺爺躺在玻璃箱裡面呢？奶奶說：「隔壁爺爺過世了」，我有點難過想哭。

　　我夢完隔壁的爺爺，就想起我小時候在媽媽的學校裡面跑殘障步道，後來我腳打結了我就跌倒了，當我站起來的時候我 2 隻腳都破皮流血，我就一步一步走到媽媽的辦公室，媽媽看到我的腳趕緊帶我去保健室，然後保健室的阿姨就趕緊幫我擦藥。

　　夢完阿姨幫我擦完藥，我就醒了我不知不覺覺得，如果都沒有人陪在我們的身旁，萬一我們發生事情就沒有人幫你就和安慰你。

吳采璇（21 號）

　　晚上，我跟家人說我要準備做獨處的功課了，所以不能吵我，雖然剛開始我覺得這種感覺很好，因為常常煩我的討厭弟弟沒有來煩我了，不過 30 分鐘後，我感覺越來越好寂寞喔！我試著裝作我身邊有家人的感覺，但是一不小心想要咳嗽，就讓我「裝作我身邊有家人」的感覺不見了，這時已經過了一小時了，我越來越緊張了，所以，我不敢再胡思亂想了，不久，我鼓起勇氣的看看時鐘，生怕著時間沒到二小時，好顯時間剩二分鐘，我高興的走到門前，數了 120 秒，就快樂的衝出房門，找到我的家人，我真的鬆了一口氣，心想「我真的知道媽媽常常跟我說的（快樂的時光，過的很快，而傷心的時光，卻過的非常的慢）的意思了」。

陳依雯（23 號）

　　獨處：我，獨自坐在椅子上感覺著孤單的感覺，也想著孤單是什麼。

　　獨處其實並沒那麼可怕，我覺的只是離開人群，獨自享受自我的空間，當我一個人的時候想的事情更廣更遠，想像也一起跟你玩。在那時我想到了在遠方的外婆獨自和外公接受兒子搬離家，女兒嫁出的事實，這些的孤獨，留給了一對無依無靠的老人一起吃苦，還好小舅媽即時生了一個可愛的小男嬰，可愛，讓兩個孤單的老人，生活增添一份美麗的色彩，讓生活變的更有意義，所以一個小生命是多麼的讓人感到喜悅。在暑假過幾個月後，小舅媽又傳出喜訊，生了一個活潑的小女嬰，當媽媽打電話給外公時，外公說了一件關於小女嬰的命個格，就是──「她」選對吉時出生，將來小女嬰的命個格會很好。孤單也許現在的我沒有感覺到，等「它」來找你時，會更珍惜現在擁有的。

林育妃（25 號）

　　獨處感想：晚上，我把房門鎖起來，打開音樂，準備獨處了。

　　剛開始，我覺得沒什麼大不了，反而很開心。因為總是在我旁邊吵吵鬧鬧的弟弟不見了。耳朵也輕鬆多了！我躺在床上幻想著，如果每天都是這樣該有多好。沒人管我，輕鬆自在。要做什麼就做什麼。

　　可是，慢慢的我越來越無聊，越來越覺得孤單。可是我強忍住了。過了一小時，我換了張 CD 後。發現那種感覺越來越強，我開始勉強自己想像弟弟就在我旁邊要找我玩。可是還是不行，我突然有一種想要衝下去找弟弟玩、跟爸媽聊天的想法。慢慢的我腦海裡浮現出來，以前跟爸媽邊看電視邊閒話家常、還有和哥哥、弟弟在一起玩的畫面。

　　我走到窗邊，看著天空，我又想起我的好朋友，常常打電話給對方，聊聊天，講講八卦，突然可怕又想哭的感覺又來了。我趕快想其他比較快樂的事，心情終於比較好了，不再那麼的悲傷。

　　這難熬的二小時，終於過了，我開心的衝下去找爸媽和哥哥、弟弟玩。這時，我才發覺家人不在我身邊的這兩個小時，對我而言有如生活在地獄二年一樣的痛苦、難熬，我終於知道原來有家人在身邊陪伴你，是多麼的幸福，失去了，就什麼都沒了。沒人了解你、關心你、知道你要的是什麼，沒人比

家人跟朋友更了解你了。所以從現在起我要珍惜跟家人、朋友在一起的一分一秒……。

陳羿妃（26 號）

　　獨處：我把音樂打開、把門關好，準備要開始獨處了。一開始的十五分鐘，我覺得沒啥好怕的，不過我漸漸害怕哪種沒有家人在身邊的感覺，所以感到十分的不安，過了一小時後，我換了一片 CD，看著窗外那兒藍藍的天空，想起了我去世的外婆，因為外婆也受過這樣的痛苦。

　　我記得我一生出來，外公就去世了，但是外婆還活著，所以我想，外婆就像老師說的一樣，一定孤單了很久很久……，如果我小時候能夠了解外婆的心情，我一定會每天晚上去陪她睡覺，不過外婆沒像老師說的一、兩年就過世（還好沒像老師說的那樣），他反而多活了七年，我想他在外公去世的這幾年，每天晚上都在哭吧……，不過外婆說不定是為了他的孩子和孫子才以意志力多活了七年，現在回想起來，我真的好後悔，為甚麼我不去陪她睡呢？

　　想著想著，我便回想起外婆以前和我在一起的日子，在那時我哭了，眼淚一滴滴的流下（很丟臉吧！那麼大了還在哭。），因為我真的好想她，她以前總是在媽媽罵我時維護我、袒護我，外婆是對最好的人了！不過說也奇怪，每當我想起外婆，我都會一直哭、一直哭，而且外婆在我一年級時就去世了，為什麼我對她的記憶還是如此的深呢？

　　就這樣，我過的這一小時（有一小時在發呆），都在想我那慈祥的外婆，我邊想邊哭，過了兩小時，我決定不想了！要不然我會越想越難過。

　　到了現在，我才明白那種身邊沒有家人的溫暖日子，我才明白老師的感覺，每到早上，沒有人叫你起床、到了中午，沒有人煮給你吃、到了晚上，客廳沒有家人在客廳看電視、吃水果、聊天；其實我現在就已經有點這種感覺，因為我的哥哥和姊姊都出外讀書了，所以在功課、電腦方面，都沒有人能幫我，所以我只好打電話問他們；我只不過獨處了兩個小時就受不了了，那以後的四、五年，或七、八年，不！或許是好幾十年，那我不就崩潰了嗎？

房于琳（27 號）

　　獨處：晚上，我把房門鎖起來，打開音樂，準備獨處了。剛開始我覺得這種感覺很好，因為沒有弟弟來煩我，不過半小時後，我感覺越來越孤單，

不過我試著轉移注意力，讓自己忘掉那種感覺，還好我聽見有小貓叫的聲音，讓我跑到窗外看〔不過沒看見〕，這時已經過了 40 分鐘了，那種孤單的感覺又來了，我才感覺到原來奶奶和外婆每天都要忍受孤單的這種感覺……。

　　我換了一張 CD，又開始想我應該怎樣讓奶奶和外婆天天快樂，又過了半小時我看看時鐘，感覺時間過的很慢……很慢……。

楊晴（28 號）

　　剛開始，心中覺得無聊，我聽著音樂心想著很多事情，像功課沒寫玩怎麼辦？

　　出去後要幹嘛？會不會睡著？？反正就是想些有的沒的，就這樣過了一個小時，我居然沒有害怕的感覺（可能因為想那些有的沒的想過久@@？），反而覺得無聊，慢慢的我覺得不內煩＝＝一直聽著音樂和時鐘發出的滴答聲~"~還是沒有害怕的感覺（怪怪）～～一小時 30 分……還是想些有的沒的@_@而且越來越想睡～～最後～2 個小時終於過了……我一下來先是妹妹跟我說一聲：「結束拉～～」然後我只是回應她一聲就跑去玩電動了～～這兩個小時我覺得無聊～～並沒有害怕@@～

陳岡（31 號）

　　獨處：老師給我們出了一項作業叫「獨處」老師說獨處就像修行一樣，遠離人群，獨自相處，我一開始獨處覺得很無聊，不知道為甚麼，我開始回想以前跟朋友玩的時候，突然在心裡有一個聲音在說「我們去找朋友玩吧」，「我們去找朋友玩吧」！！！後來我靜靜的睡著了……。

　　我現在知道為甚麼獨處是很痛苦的事情了，因為人從小就需要有人關愛，當這些關愛你的人，有一天不理你了，你的心真的會跌到谷裡去，所以當你跌倒時一些支持你的人來鼓勵你，不管是誰都會感到很溫暖，「朋友的話，就是最好的藥方」就是這個意思，還有老師的學生說的那一句：「一句話可以幫助一個人！」我的結論：「每個人都是需要關愛。」

附錄二 「模仿貓」

1、有一隻黑貓，住在綠色山谷中的一個農場裡。他嫌自己的毛太黑，鼻子太小，尾巴太長，叫的聲音也不好聽。他一直羨慕別人，模仿別人，因此農場主人叫他「模仿貓」。

2、他羨慕院子裡的大公雞，有漂亮的羽毛，鮮紅的冠子，驕傲的眼睛，尤其是好聽的金嗓子。他一心要學大公雞叫，可是他叫的聲音仍然是「喵嗚」、「喵嗚」。大公雞笑他是個大傻瓜，他很難為情的走開了。

3、他經過羊欄，看見農人在剪羊毛。他決心向綿羊看齊，摸摸自己身上的黑毛，趴在農人膝前，等著替他剪。沒想到農人把他推開，拉過另一隻綿羊來繼續剪下去。他只好夾著尾巴走了。

4、他走到池塘旁邊，看見大白鵝在水裡游來游去，輕鬆自在。他也學大白鵝一樣的伸長脖子，跳進水裡，沒想到直水底下沉。要不是大白鵝趕來救他，可能就要送掉一條命。

5、他聽見樹上很多小鳥兒在叫，好像譏笑他剛才做的那件傻事。他很不服氣，以為自己也能像小鳥一樣的飛，要表演給他們看。他爬到樹頂上，張開兩條前腿當翅膀，猛然向空中一跳，砰的一聲就摔在地上了。

6、模仿貓覺得自己總是失敗。他做不成大公雞、綿羊，也做不成大白鵝、小鳥兒，只好躲起來。

7、他傷心的走進森林，看見森林裡的大樹，強壯、瀟灑，一點憂愁也沒有，他又想學大樹。這一次更是吃盡了苦頭，因為他挺直的挺直的站了很久，簡直累得要死。

8、他失望的走回家去，走著走著，來到池塘邊，聽見大白鵝說：「白羽毛容易髒，如果我有像模仿貓那樣的黑毛就好了。」他很驚奇，大白鵝居然羨慕他。他經過雞棚，聽見小雞正在唧唧的吵鬧，大公雞發脾氣說：「你們吵死了，為什麼不像模仿貓那樣文雅？你們應該跟他學學好樣兒。」大公雞這樣誇讚他，他更驚奇了。

9、他走住穀倉，又聽見農場主人自言自語的說：「老鼠偷吃我的玉蜀黍和稻穀，必須有貓來趕走他們才好。」

１０、模仿貓這時候才發現自己的優點，於是他的頭抬高了，鬍子也翹起
了。從此他建立了自信心，善用自己的長處，不再隨便模仿別人了。
（國立編譯館，1995，國小國語課本第十一冊第五課，台北：國立編
譯館。）

附錄三　「跑道」

1、男生四百公尺接力賽就要起跑了。這是校慶運動會的壓軸項目，也是目前積分共同領先的六年五班和六年六班，爭奪總錦標賽的決勝戰，政彬站在起跑點，看著五班的選手充滿自信的表情，手中的接力棒頓覺沉重起來……。

2、前幾天集訓時，老師突然宣布要政彬和名揚調換棒次，他解釋說：「名揚最近進步很多，表現很好，而且後段衝刺比較需要有爆發力，所以由他跑第四棒。」

3、政彬對於失去最重要的第四棒，感到十分委屈。因此當第二天身為隊長的名揚要他一起搬運器材時，本來就心存芥蒂的他，便借題發威，大聲拒絕。還好老師及時趕來安撫，又有兩位同學自願幫忙，這才化解了尷尬的場面。事後，政彬對自己的無理取鬧，雖然深感後悔，卻拉不下臉來向名揚道歉。

4、不幸的事發生了，在今天上午的跳高比賽中，名揚不慎撞傷膝蓋，把幾乎到手的冠軍拱手讓人。原本勝券在握的四百公尺接力，也因而變成一場旗鼓相當的比賽，使班上爭奪總錦標之路，更添變數。

5、老師憂心忡忡的問名揚：「你傷的重不重？還撐的下去嗎？要不要換候補選手上場？」名揚不但猛搖頭，還原地慢跑幾步，說：「已經不要緊了，只不過是有一點點皮肉傷，難不倒我的。」第二棒的子豪拍著名揚的肩膀說：「你放心，我們會拼命跑幫你領先一段距離。為了班上的榮譽，我們拼了！」子豪轉頭看著政彬：「別忘了，我們還有短跑健將跑第一棒！相信只要有大家團結一條心，我們一定可以打敗六班年五班」。政彬聽了，心中百感交集，卻不知該說些什麼，只好難為情的低下頭來。現在，政彬凝視著向前延伸的跑道，突然想起老師曾對他說：「接力賽就是團隊精神的表現，只要每位選手都能全力以赴，一棒接一棒的傳遞下去，直到成功抵達終點，不管第幾棒，都是跑道上最閃亮的明星。」

6、當裁判高喊「各就各位」時，政彬已經有所領悟：「對！我應該放下個人的得失，為自己也為班級的榮譽努力向前」此時，政彬全身就像冒著

濃煙的火山，充滿爆發能量。就在發令槍響的剎那，政彬像脫韁野馬般向前飛奔，很快就繞過彎道交棒給子豪。當政彬趕到終點附近時，第三棒的家豪已經交棒給名揚了。

7、這時加油吶喊聲四起，只見名揚和對手並駕齊驅，拼得難分難解。政彬緊張得心臟幾乎要從嘴裡蹦出來，他看到名揚的臉因奮力而扭曲著，並在瞬間超前其他選手。最後，十公尺……五公尺……終點！

8、政彬再也壓抑不住興奮的情緒，猛然衝向前去抱住名揚，忘形的喊著：「你贏了！你贏了！」名揚楞了一下，隨即也抱著政彬，喘著氣大叫：「我們贏了！我們終於贏了！」

（康軒文教，2004，國小國語課本第十一冊，台北：康軒文教事業。）

附錄四 「沉思三帖」

第一帖 「心中的花園」

　　盲人住在市郊，他的院子裡有一個花園。一有空閒，他就在裡面細心的除草、施肥，輕輕的跟花兒說話，花兒似乎知道他的好意，不時回報他滿園燦爛的花園。

　　一個朋友來看他，被院子裡的花吸引住了。「花開了，你知道嗎？開了好多呵！」朋友急著把花開的消息告訴他。

　　「知道阿！我一朵一朵撫摸過它們，也聞到了花香，有的濃郁，有的散發出淡淡的清香。」

　　「哇！五彩繽紛，真美！」朋友由衷的說。

　　「謝謝你的讚賞。」他說。

　　左鄰右舍、路過的人、來訪的朋友……都喜歡他的花園，他們看見園裡的花，也都發出相同的讚嘆。

　　盲人種下這些花，想讓世界更美麗。他想，自己看不到沒關西，只要周遭的人看了喜歡，看了高興，他就想滿意足了。他深深覺得‧‧美，並不在我們的眼睛看到神麼，而在我們心中感受到神麼。想到這裡，盲人開心的笑了，他看見自己心中的花園，開滿了燦爛的花朵。

第二帖 「少年與海鷗」

　　每天早晨，少年都要到海邊散步。海鷗跟他熟了，見他前來，不但毫不畏懼，還大膽停在他的頭上或肩上。他經常把捕獲的小魚，帶來與海鷗分享。他輕撫著他們的羽毛，彼此仿佛認識多年的朋友。

　　少年的家境拮据，父母很少給他零錢花用。有一天，他聽說街上有人收購海鷗，一隻一百元呢！對他來說，抓海鷗是易如反掌的事，這麼好的價錢，讓少年不禁動了貪念。

　　第二天早晨，吃過飯，他便踏著興奮的步伐走向海邊，幾隻海鷗飛近又飛遠，他把小魚空中撒去，海鷗好像沒看見似的。他高舉手臂，不停的揮動，海鷗卻只是高高的天空盤旋，沒有一隻肯飛下來。

「奇怪，海鷗竟然知道我要捉牠們？是不是我有了不好的念頭，使自己的行為和平常不一樣，而洩漏了心中的秘密呢！」他在沙灘上思索著。

第三帖　「石頭裡的巨人」

那塊大石頭躺在礦場外面已經很久了。雖然它的材質極佳，表面也細膩光滑，可惜有一道細微的裂痕劃過整塊石面，許多雕刻家興致勃勃的前來，看過以後都打了退堂鼓。

這天，有位先生來到大石前，沉思良久，又仔仔細細打量一番，才向主人表達購買的意願，主人見他溫文儒雅，謙恭有禮，並且對大石情有獨鍾，立刻答應了。

主人好奇的問他：「裂痕這麼長，值得買嗎？」

「現在還不知道。」他神秘的笑著說：「等石頭裡的巨人誕生了，它就值得啦！」「石頭裡的巨人？」主人聽得一頭霧水。其實，他再審視時，目光已貫穿整個石頭。他撫摸著它的紋路，像探索裡面的靈魂。此時，他腦海裡的雕像已經成形。他在大石上面搭起帳棚和鷹架，花費三年的時間，終於把這塊石頭，雕成舉世無雙的巨人大衛雕像。那道裂痕在他巧手的斧鑿下，居然一點也沒影響到雕像的完美。

不同的雕刻家，面對同一塊石頭，心中構思的影像也不一樣。這位購買石頭的先生，透過靈敏的頭腦和犀利的眼光，去思考、去觀察，才能看到別人看不到的，也才能看出這塊石頭的真正價值。他便是義大利著名的雕刻家—米開朗基羅（Michelangelo）。

（康軒文教，2004，國小國語課本第十一冊第 10 課，台北：康軒文教事業。）

附錄五 「在夢裡愛說童話故事的星星」作業單（16）

「在夢裡愛說童話故事的星星」（文本）

１、小時候，不管男生、女生都愛。

２、都愛打開窗簾數著，心底埋藏的像夢一般的星星。

３、這顆種子是孩子和星星的秘密，

４、大家把她的童年往事

５、永恆地，種在天高遠的天空，夜的花園。

６、就算你是一個白天說了不真實的話，

７、或是做錯事的孩子，星星就選擇在你入睡時，

８、開始說起最甜美的童話故事。在你的夢裡。

９、孩子！你別害怕。

１０、爸爸、媽媽責罰你的話語都是變成一顆顆，

１１、愛說故事的星花掛在夜空等著。

１２、當你好好地合上雙眼，這顆秘密的種子就開在花園裡，

１３、一朵一朵都是一個個夢的童話故事。滿園子眨眼的星花。

１４、晴朗的夜空裡，為許多孩子唱起晚安曲說起不同的親吻故事。

１５、她不會離開任何一個孩子的夢。

１６、孩子！你別害怕，

１７、快快入睡等著。

１８、清晨一張開眼，你的甜美就已掛在你的眉梢，

１９、像在綠色森林裡頭唱歌的畫眉鳥。

２０、像掛入夜空深處不見了的滿園子星花，

２１、她不會離開任何一個孩子甜美的夢。

「個人作業題目」

8-1. 討論完文章後，你再一次閱讀這一首詩時，你的閱讀步驟會有什麼不一樣的調整？（和你第一次的閱讀步驟比較後，你學到了什麼？請舉例子說明！）

8-2. 請把自己的生命經驗寫出一首詩？並說出你這麼寫的思考表白步驟？

8-3. 從自己的這一首詩中，你看見了什麼？（想法的發展過程？寫作經驗？閱讀自我經驗的感覺？）

8-4. 經過黃老師這一次「在夢裡愛說童話故事的星星」的主題教學後，說說你自己在閱讀、寫作、個人對生命經驗的看法，你看見自己的什麼？你看見別人的什麼？

8-5. 這樣的課程對於你的意義是什麼？（請舉例子說明）

黎諺霖（6）

8-1. 討論完文章後，你再一次閱讀這一首詩時，你的閱讀步驟會有什麼不一樣的調整？（和你第一次的閱讀步驟比較後，你學到了什麼？請舉例子說明！）

　　當我討論完文章後，我把我以前的閱讀步驟拿出來時，我突然覺得我以前所寫的沒那麼好，但當我再仔細一看，我的並不是完全都不好，它是一點一點在變好，這時我便知道老師出的作業單雖然越變越難，但是這卻使我們的閱讀步驟能力越來越好，像是當我在寫閱讀步驟時，雖然還是會想很久再寫，但是，我卻寫的越來越詳細，也越來越可以了解作者的步驟，在以前的時候，我只是以為老師給我們寫「在夢裡愛說童話故事的星星」作業單，只是一樣為了讓我們可以學習閱讀能力的功課而已，除了這樣就沒什麼用了，但當經過好幾個禮拜後，當我在寫作業單時我越寫越好，這時我發現了原來老師給的作業單，並不只是一樣單純的功課，而是一樣可以讓我們不管在讀什麼文章時都可以知道它的閱讀步驟、不論是在讀國中、高中和大學時，都可以很輕鬆的把作者的文章步驟分析，雖然這樣的功課很難寫，需要花上好幾天才能寫完，但當我們用到時就會成為很方便的東西，像當我在閱讀「模仿貓」時，我就可以將它的文章步驟寫出來，不只有「模仿貓」，還有「月光秋涼」、「山上看風景」……等等，都可以用這種方法，都讓我們更可以將文章了解得更詳細。

8-2. 請把自己的生命經驗寫出一首詩？並說出你這麼寫的思考表白步驟？

星星的力量

寧靜的夜晚中，
只有星星陪伴著，

　　　　夜晚總是瀰漫著一股

　　　　　恐怖的氣氛，

　　　　但當你看著星星時，

　　　　你一定就不會再害怕，

　　　因為星星總是在遙遠的夜空

　　　　　守護著你。

　　　　當你抬頭一看

　　　　在這寬廣的夜空，

　　　　你就像是走入了

　　　神秘的星星花園一樣，

　　　當你走完這神秘的星星花園，

　　　　再看看四周時，

　　　就會不再害怕夜晚。

思考表白

一、文章中的內容

　1、文章場景

　　（1）我先描寫寧靜。

　　（2）然後再把星星當作為一陪伴他的人。

　　（3）接下來我再敘述作者在看星星時的感覺就像是走入星空的花園。

　　（4）最後作者因為走入星空的花園再回來後，就不再害怕夜晚。

　2、心情描寫

　　（1）我先描寫作者在晚上時，很害怕。

　　（2）然後因為有星星在作伴變的比較不害怕。

　　（3）最後星星的力量讓他有勇氣不再害怕夜晚。

　3、文章中的動作

　　（1）我先描寫作者看著星星。

　　（2）然後作者再走入星空的花園。

　　（3）最後當作者在看看四周時，不在害怕。

　4、想像描寫

　　（1）作者走入了神秘的星星花園。

8-3. 從自己的這一首詩中，你看見了什麼？（想法的發展過程？寫作經驗？
　　　閱讀自我經驗的感覺？）

　　我看見了，作者很害怕夜晚，因為夜晚時會變的很少人，而作者在的地
方，正好是一個沒有人的地方，在這時的作者，感到很孤獨，使他開始擔心，
想著草叢裡說不定會有凶惡的動物出來把他吃掉，但作者並沒有這樣就一直
害怕，他設法克服黑夜的恐怖，信心使作者最後還是克服了黑暗。

8-4. 經過黃老師這一次「在夢裡愛說童話故事的星星」的主題教學後，說說
　　　你自己在閱讀、寫作、個人對生命經驗的看法，你看見自己的什麼？你
　　　看見別人的什麼？

自己和閱讀：

　　經過黃老師這一次「在夢裡愛說童話故事的星星」的主題教學後，我看
見自己以前在閱讀時，雖然沒有很好，但經過黃老師這一次的教學以後，我
的閱讀能力很快的就提高了很多，連我自己也感到十分的訝異，當然，並不
是只有我的閱讀能力提高了，我們班上的每一個人當然也跟我一樣，都變的
很會閱讀，但我還是覺得自己的閱讀能力是很好的，而我知道大家的能力變
好，是因為黃老師讓班上閱讀文章，當黃老師發資料時，大家雖然都讀的非
常辛苦，但也因為這一次的寫作，大家也都知道，黃老師的教學，讓我們的
閱讀能力提高了。

自己和寫作：

　　經過黃老師這一次「在夢裡愛說童話故事的星星」的主題教學後，我的
寫作變好了，也不只是只有我的變好而已，大家的寫作都變的很棒，而寫作
棒的地方就是加入了看、聽、做、感、想，如果是以前，當我們的在寫作時，
都沒加入，使得文章都不生動。而大家能力變強我想是從一次老師要我們寫
作，題目為「孤挺花」，「孤挺花」這篇寫作，讓大家寫了很久，也想了很久，
雖然寫了很久，但因為這次的寫作，使大家知道了自己的寫作能力變好了許
多，讓大家也一直想繼續跟老師學習寫作能力。

自己和個人對生命經驗：

　　經過黃老師這一次「在夢裡愛說童話故事的星星」的主題教學後，我對
生命經驗覺得，不管什麼東西都有生命，如果你不珍惜，到時候你就會後悔，

就像有一次，老師看到班上的椅、桌子被割時，老師便叫全班起立，並把椅子靠好，便說椅子也是有生命的，你不愛惜它，所以老師在那一節課跟大家說站著上課，這時我便知道世上萬物沒有東西是沒有生命的，任何東西都要珍惜，從那次上完課之後，我一直在學習珍惜任何東西。

8-5. 這樣的課程對於你的意義是什麼？（請舉例子說明）

　　我覺得，這個課程對我很好，不但讓我學會了閱讀能力寫作基架……等等，使我對任何課程的文章都可以輕鬆的閱讀，在以前剛開始的時候，雖然我很不喜歡上，但久而久之，慢慢的，我不但開始喜歡上，而且黃老師教的越多我學的越多，最後當黃老師覺得我們的能力很好以後，就請了許多對詩能力不錯的人來，但沒想到我們的能力比他們好，當那些大哥哥大姐姐走了以後，我就在想什麼時候我們的能力這麼好？之後的作業當大家在寫時都寫的很好，這都是因為黃老師教我們的關係，從今以後當黃老師在上「在夢裡愛說童話故事的星星」時，大家都很專心。

賴亭安（22）

8-1. 討論完文章後，你再一次閱讀這一首詩時，你的閱讀步驟會有什麼不一樣的調整？（和你第一次的閱讀步驟比較後，你學到了什麼？請舉例子說明！）

　　在第一次做閱讀思考表白時，我發現我是用「1.『模仿貓』認為自己的毛太黑、鼻子太小、尾巴太長、叫的聲音也不好聽。所以羨慕別人、模仿別人。所以大家都叫他模仿貓。讀到這裡，我發現『模仿貓』的名字來源是因為牠自己的因素所造成的。因為他隨便模仿別人，可是也讓他知道了不能模仿別人的道理。我很懷疑，為什麼『模仿貓』認為自己不好，而處處羨慕別人。我覺得羨慕別人有時候是好事，但有時候卻變成壞事」這種方式來閱讀文章和詩，我沒有深入的去體會，沒有去注意到每一個字所代表的意義。

　　在「愛夢裡愛說童話故事的星星」的第一張學習單時，我慢慢的有在注意到每個字的用意和象徵意義，像「在夢中，永遠在我的夢中。在夢中永遠永遠愛說童話故事的星星。星星為什麼在說童話故事？是因為要讓我們有好的睡眠，還是他很愛讀書呢？這真令人摸不著頭緒。或許他永遠都在夢中說故事。其實啊！星星，是一個俏皮可愛的小東西。他能讓人快樂，也能讓人

感到恐怖。在夢裡的小星星一定是個充滿溫暖的小東西。帶給人家有好的夢
鄉，所以他才會講童話故事。然而小星星也充滿著書卷的香氣。能讓人喜歡
上讀書，我盼望著能有一天，小星星會出現在現實生活中。讓大家都會喜歡
讀書了！」這一段我已經有愛看每個字的意思，和寫出我自己的想法，只是
沒有提出問題。而我發現每一張學習單我所做的思考表白並沒有都完全相
似，像「模仿貓」這篇我有提出問題，也有寫出一些背後人生意義，但是在
「在夢裡愛說童話故事的星星」裡面，我比較偏向注意每個文字的意義和背
後人生意義和個人經驗和心靈的圖片。

　　一直寫學習單到現在，我再來讀這首詩時，我發現我已經會在每個字每
個字裡面思考為什麼作者要這樣寫作？也會提出許多問題？像在於「都愛打
開窗簾數著，心底埋藏的像夢一般的星星。」我會提出為什麼作者要說心底
埋藏的像夢一樣的星星？每個人都有不同的想法，我的想法是，因為小孩子
童年有許多幻想的事物，而這些事物都是小孩的秘密，就像它們的夢一樣，
要隱密的藏起來。我覺得這樣的想法很好玩，也覺得很像小孩子的想法。在
每個文字裡面，我發現作者覺得夢和星星是一樣的東西，都是小孩子喜歡的
物品。而爸媽責罵的話，也不是那麼的恐怖，而是要教育我們的星星而已。
讓小孩覺得做錯是就應該要接受處罰。除了我會在每個字每個字裡面思考為
什麼作者要這樣寫作？也會提出許多問題？我還會注意到自己的心靈圖
片，而且每次的圖片都不同喔！

　　屬於大家的東西，
　　無法剝奪。
　　屬於私人物品，
　　無法剝奪。
　　每一分
　　一秒，
　　都有一個東西，
　　圍繞著你。
　　她屬於大家，
　　並不屬於你。
　　但是，
　　你卻有不同的她……

這首詩是我當時的心靈圖片，而我現在覺得是
每個小孩擁有他，
他是一個夢想。
每個小孩想要
佔有他，
但卻做不到，
因為他每一分
一秒
都陪在我們身旁，
讓我們覺得
自己是擁有不同的
他……
所以我覺得心靈圖片和其他的思考並不是固定的東西，而是可以自由的。

8-2. 請把自己的生命經驗寫出一首詩？並說出你這麼寫的思考表白步驟？

戀花

我不知如何是好？
因為你隨風漂泊。
在茫茫的人海中，
你在哪？
在轉角的直線上，
彷彿有了你的身影～
遇見你，
卻不知如何是好？
痴痴的等著，
希望你有一天能悄悄的注意到我～
初戀的滋味，
是玫瑰花不能代替的，
這種純情，
是淡淡的香，
是薰衣草的香。

在藍藍的天空上，
多出了一道綺麗的彩虹，
卻無法，
代替對你的思念，
心情的起伏，
讓我上下不安。
櫻桃，
讓我害怕洩漏心中的秘密。
像個隱形人，
悄悄地注視你、
在意你，
卻害怕，
沒時間追求你～
深夜，
是我苦惱的時間，
我無法忘掉你的身影，
身影，
在我腦中一一浮現，
我心中平靜的線條，
在此出現一波一波的浪。
時間，
悄悄的過，
你，
不知不覺的注意了我，
我更無法面對你。
想，
從回到以前，
默默的關心，
默默的暗戀，
默默的，
默默的……

我常用，
幻想來彩繪自己內心，
現在卻不管用。
日子一天天的過去，
在兩人的表面上，
即使是孤獨，
卻是溫馨的孤獨，
因為兩人，
有著相同的默契，
關懷著對方。
在太陽雨後，
絢麗的彩虹再次出現，
這次，
並不是孤獨一人，
而是兩個人。
初戀，
在這時，
是艷麗的，
是盛開的玫瑰花。
我沉溺在愛河，
內心的堅強已經慢慢的萎縮，
仍然察覺不到的我，
只覺得他
給我了許多安全感。
悠揚的琴聲，
伴隨我們，
度過了須多甜美的
回憶。
不知不覺，
你，
傷了我，

一陣刺耳的聲音，
喚醒我的沉溺。
內心
的堅強早已消失。
在櫻花樹下，
下起了一場大雨。
臉上的水，
早已分不清是淚還是雨水，
黯然的臉，
顯示出我的傷痛，
疲憊的身影，
消失在雨中。
我，
已經是一個褪色的花，
凋零的花瓣，
看不出當時我的快樂，
察覺不出我的驕傲。
你所給我的幻想，
在一夜之間破滅，
凋殘的回憶，
讓我更加難過。
色彩，
早已不見。
對你的愛，
到了雲霄外，
伴隨著水蒸氣，
一滴一滴的蒸發。
渺小的我，
無力為你再做什麼，
只是，
用新的人生色彩

忘掉你。

初戀，

已轉換成一個夢幻，

一個幻想，

在緊密的愛情城堡中，

靜靜的待著。

平靜的心，

再也不會起伏，

簡單的心，

不再被擾亂，

屬於自己的愛情城堡中，

初戀，

只是一個過往。

在音符的城堡中，

我再次沉溺在愛中，

只是，

是沉溺在

音符之愛。

動機：

　　是因為之前我所寫的一首詩（不是學習單上的）還沒寫完，所以我決定再繼續寫完。

文章內：

　　時間安排：我原本只想要用在暗戀這段期間就好了，不過後來改為暗戀，初戀，失戀。

文章內的涵義：

　　一個小女孩從暗戀到初戀到失戀時的情緒變化，以及她對於初戀的看法。每個其他的想法，心情，總是到來不及才後悔。雖然受傷害，卻不想把整個回憶丟掉，想到卻又傷心。最後，她把回憶鎖在自己的愛情城堡中，再勇敢地面對未來。

文章外的涵義：

　　每一個人都會有初戀，有的人是甜，有的人是酸，有的人是苦，有的人是辣，而我是酸甜苦辣都有。大家面對這些戀愛時，都是不同的情形。失戀後，或許大家都選擇遺忘。但是，保留這段回憶，也是讓你能再重新站起來。

　　在暗戀時，每個人都有許多苦衷，都會很難受，但當你不在暗戀時，卻會想暗戀。

作者的感想：

　　其實這就是代替人們的戀愛，因為每個失戀的人都有傷心的時期，那你要怎麼站起來，就要看你自己。

8-3. 從自己的這一首詩中，你看見了什麼？（想法的發展過程？寫作經驗？閱讀自我經驗的感覺？）

　　我看見每一個人在暗戀時，一定都害怕被別人發現，可是這樣害怕，有可能只會露出馬腳。而且在暗戀時，每個人一定都不好受，一定都會一直想著那個人。而主角那時也是一直尋找他的身影，一直害怕被發現。

　　然而在失戀時，我看見主角在選擇遺忘掉他和不要遺忘時的掙扎，我覺得主角後來的選擇才是對的，因為這一段回憶，讓她成長了不少，也學會更堅強，最後，她終於恢復了平靜，再度回到快樂時光。

　　我也看到，每個人放手自由的方式都不同，失戀了，等於是單戀。因為你無法忘懷他，當如果你真的不再對他有任何牽絆，你將會走出來，在面對任何事情，也不再憂鬱，也不會一直哭一直哭，而失戀也讓你體會更多的人生，教你如何樂觀。或許大家的痛苦時間的長短都不同，但是在旁身為朋友的我們，也應該適度的鼓勵他們和安慰他們，這才是朋友的真正情誼。

8-4. 經過黃老師這一次「在夢裡愛說童話故事的星星」的主題教學後，說說你自己在閱讀、寫作、個人對生命經驗的看法，你看見自己的什麼？你看見別人的什麼？

　　我在閱讀，已經有更深更深的人生的體會，我覺得在每篇好文章中，處處都有暗藏玄機，當然，在閱讀時也會有不耐煩的時候，讓我覺得這些事情都是浪費時間，以後又沒有要用，可是仔細的往另一個方面去想，卻覺得老師教我們這些方法都是在上國中後有用的，而且有時候深入的閱讀文章也會

讓我更懂許多道理，像在夢裡愛說童話故事的星星，就讓我了解父母所做的每件事，都是很盡心盡力的完成，不管那些事情是大是小，他們給我們的誠意永遠是最高最高的誠意。而父母責罵我們永遠是為我們好的，因為就像每個人生故事一樣，都是在教我們該往正面向前走。

　　在寫作方面我認為我的文章更會用象徵意義，就像「櫻桃，讓我害怕洩漏心中的秘密。」就是用象徵意義來象徵臉紅，怕洩漏了自己的心意。在「孤挺花」這篇作文中我也用了許多的象徵意義，（抱歉，因為沒有把孤挺花打入電腦，所以沒辦法舉例，因為我的孤挺花文章正在找當中。）而我發現有時我不會只朝一個人生體會來寫文章，會想到用什麼體會就寫什麼體會，不知道這種情形是怎樣。

　　在人生體會上，有時我看了一篇文章，我突然懂了許多事情，像是我昨天（93.3.29）在國語日報看了一個大學生寫的文章，說「失戀是單戀，因為我們都無法和那個人沒有牽絆，而也會因此導致憂鬱症。看完後我覺得其實要放給他自由其實並不是那麼簡單，因為你為他付出了許多。可是當你真正放手，你將會覺得自己會很輕鬆。」而在在夢裡愛說童話故事的星星裡，我覺得我們的童年很重要，雖然會被打、被罵，但我們有屬於自己的夢想，屬於自己的小小的星星夢和秘密。當然我在被罵時會覺得，父母很討厭，可是後來就不覺得了。

　　可是我在故事書中，都沒辦法深入的體會，像在「鐘樓怪人」這類的書中，我沒有辦法可以很仔細的去深入探討。可是在商道裡，我發現商人也不完全都是壞的，而從商的技巧和道德也是很重要，而最重要的是要獲得人心而不是利潤。堅持公正，不要小手段才會一步步的往上爬，偶而也要積極的去爭取許多事情，才會成功。在裡面告訴我要看適當的時機才去做適當的事情，才會成功的。

8-5. 這樣的課程對於你的意義是什麼？（請舉例子說明）

　　當在第一張學習單上，因為老師之前就有教我許多的方法和技巧，使我可以寫得很順手，而且也有很深的體會，像「『在』這一個字表示存在的意思，而『夢裡愛說童話故事的星星』沒有一種歸屬感，雖然一個『在』字而已，卻讓人有著不同的感覺。『夢』是一個廣大無際的情境。在一個廣大無際的地方，你的童話是漂流不定的，就像流浪漢一樣，沒有一種歸屬的感覺。可是，當我們加上一個『在』字時，我們有地方的限制的意思了。就好像……

在家中的感覺。一切是多餘的，就好像在夢裡愛說童話故事的星星一樣，永遠在我的夢中為我講永遠聽不膩的故事。」現在這段讓我感覺到，其實家庭就是一個有界線的地方，不是無垠的。我們不像流浪漢，沒有安定的家庭，也沒有溫馨的笑聲。夢，就好像家庭。而在我的寫作方面也有很大的幫助，因為我了解，情詩，只要用內心真正的感情，和形容詞，就能寫出一首完美的詩，上面那首是用了我許多的感情，雖然不是我真正的經驗，但我還是寫出來了。

　　而總結是，我認為這種課程很有意義，也可以磨練我的耐性，增加我的知識和體會，我希望以後這些知識可以派上用場，也可以很適用。

國家圖書館出版品預行編目

童詩閱讀教學探究：以『在夢裡愛說童話故事
的星星』為例 / 黃連從著 . -- 一版 . -- 臺
北市：秀威資訊科技，2007.08
　面；　　公分 . --(語言文學類；AG0072)
參考書目：面
ISBN 978-986-6732-00-3 (平裝)

1. 童詩　2. 寫作法　3. 小學教學

523.313　　　　　　　　　　96015126

語言文學類　　AG0072

童詩閱讀教學探究——
以「在夢裡愛說童話故事的星星」為例

作　　者 / 黃連從
發 行 人 / 宋政坤
執行編輯 / 詹靚秋
圖文排版 / 黃莉珊
封面設計 / 李孟瑾
數位轉譯 / 徐真玉　沈裕閔
圖書銷售 / 林怡君
法律顧問 / 毛國樑　律師
出版印製 / 秀威資訊科技股份有限公司
　　　　　　台北市內湖區瑞光路 583 巷 25 號 1 樓
　　　　　　電話：02-2657-9211　　　傳真：02-2657-9106
　　　　　　E-mail：service@showwe.com.tw
經 銷 商 / 紅螞蟻圖書有限公司
　　　　　　台北市內湖區舊宗路二段 121 巷 28、32 號 4 樓
　　　　　　電話：02-2795-3656　　　傳真：02-2795-4100
　　　　　　http://www.e-redant.com

2007 年 8 月 BOD 一版
定價：500 元

讀　者　回　函　卡

感謝您購買本書，為提升服務品質，煩請填寫以下問卷，收到您的寶貴意見後，我們會仔細收藏記錄並回贈紀念品，謝謝！

1.您購買的書名：＿＿＿＿＿＿＿＿＿＿＿＿＿＿＿＿＿＿＿

2.您從何得知本書的消息？

　　□網路書店　　□部落格　　□資料庫搜尋　　□書訊　□電子報　□書店

　　□平面媒體　　□ 朋友推薦　□網站推薦　□其他＿＿＿＿＿＿＿

3.您對本書的評價：(請填代號　1.非常滿意 2.滿意 3.尚可 4.再改進)

　　封面設計＿＿＿　版面編排＿＿＿　內容＿＿＿　文/譯筆＿＿＿　價格＿＿＿

4.讀完書後您覺得：

　　□很有收獲　□有收獲　□收獲不多　□沒收獲

5.您會推薦本書給朋友嗎？

　　□會　□不會，為什麼？＿＿＿＿＿＿＿＿＿＿＿＿＿＿＿＿＿＿＿

6.其他寶貴的意見：＿＿＿＿＿＿＿＿＿＿＿＿＿＿＿＿＿＿＿＿＿

＿＿＿＿＿＿＿＿＿＿＿＿＿＿＿＿＿＿＿＿＿＿＿＿＿＿＿＿＿＿

＿＿＿＿＿＿＿＿＿＿＿＿＿＿＿＿＿＿＿＿＿＿＿＿＿＿＿＿＿＿

＿＿＿＿＿＿＿＿＿＿＿＿＿＿＿＿＿＿＿＿＿＿＿＿＿＿＿＿＿＿

讀者基本資料

姓名：＿＿＿＿＿＿＿＿＿＿　年齡：＿＿＿＿　性別：□女 □男

聯絡電話：＿＿＿＿＿＿＿＿　E-mail：＿＿＿＿＿＿＿＿＿＿＿

地址：＿＿＿＿＿＿＿＿＿＿＿＿＿＿＿＿＿＿＿＿＿＿＿＿＿＿＿

學歷：□高中(含)以下　　□高中　□專科學校　　□大學

　　　□研究所(含)以上 □其他＿＿＿＿＿＿＿＿＿

職業：□製造業 □金融業 □資訊業 □軍警 □傳播業 □自由業

　　　□服務業 □公務員 □教職　□學生 □其他＿＿＿＿＿＿

(請沿線對摺寄回,謝謝!)

秀威與 BOD

BOD（Books On Demand）是數位出版的大趨勢，秀威資訊率先運用 POD 數位印刷設備來生產書籍，並提供作者全程數位出版服務，致使書籍產銷零庫存，知識傳承不絕版，目前已開闢以下書系：

一、BOD 學術著作—專業論述的閱讀延伸
二、BOD 個人著作—分享生命的心路歷程
三、BOD 旅遊著作—個人深度旅遊文學創作
四、BOD 大陸學者—大陸專業學者學術出版
五、POD 獨家經銷—數位產製的代發行書籍

BOD 秀威網路書店：www.showwe.com.tw
政府出版品網路書店：www.govbooks.com.tw

　　永不絕版的故事・自己寫・永不休止的音符・自己唱